CÓDIGO DAS SOCIEDADES COMERCIAIS
E GOVERNO DAS SOCIEDADES

CÓDIGO DAS SOCIEDADES COMERCIAIS E GOVERNO DAS SOCIEDADES

PAULO CÂMARA
RUI DE OLIVEIRA NEVES
ANDRÉ FIGUEIREDO
ANTÓNIO FERNANDES DE OLIVEIRA
JOSÉ FERREIRA GOMES

CÓDIGO DAS SOCIEDADES COMERCIAIS
E GOVERNO DAS SOCIEDADES

AUTORES

PAULO CÂMARA
RUI DE OLIVEIRA NEVES
ANDRÉ FIGUEIREDO
ANTÓNIO FERNANDES DE OLIVEIRA
JOSÉ FERREIRA GOMES

EDITOR

EDIÇÕES ALMEDINA, SA
Avenida Fernão de Magalhães, n.º 584, 5.º Andar
3000-174 Coimbra
Tel: 239 851 904
Fax: 239 851 901
www.almedina.net
editora@almedina.net

PRÉ-IMPRESSÃO • IMPRESSÃO • ACABAMENTO
G.C. GRÁFICA DE COIMBRA, LDA.
Palheira – Assafarge
3001-453 Coimbra
producao@graficadecoimbra.pt

Janeiro, 2008

DEPÓSITO LEGAL
268120/07

Os dados e as opiniões inseridos na presente publicação
são da exclusiva responsabilidade do(s) seu(s) autor(es).

Toda a reprodução desta obra, por fotocópia ou outro qualquer processo,
sem prévia autorização escrita do Editor,
é ilícita e passível de procedimento judicial contra o infractor.

APRESENTAÇÃO

O debate sobre o governo das sociedades adquiriu uma reconhecida pujança. A conhecida série de episódios traumáticos revelados em sociedades cotadas de largo porte no início do milénio (Enron, Worldcom, Tyco, Parmalat *et al.*) precipitou uma vaga de intervenções normativas, à escala global: estas, por seu turno, foram inspiradoras de uma renovada reflexão na literatura, em particular jurídica e económica.

Em Portugal, o fenómeno também se afirmou, sobretudo devido às amplas modificações introduzidas pelo Decreto-Lei n.º 76-A/2006, de 29 de Março, no Código das Sociedades Comerciais. Não que a lei portuguesa antes dessa data desconhecesse os problemas relacionados com a direcção e a fiscalização das sociedades comerciais: mas em 2006 o governo das sociedades é pela primeira vez assumido como objecto principal de uma reforma legislativa, o que por si merece ser notado.

É neste contexto que surge esta colecção de estudos motivados pela reforma do Código das Sociedades Comerciais. A sua origem não é comum: alguns resultam de estudos académicos apresentados na Faculdade de Direito de Lisboa, na Universidade Católica Portuguesa e na *New York University School of Law*; outros serviram de base a intervenções em conferências ou seminários proferidas no Conselho Distrital de Lisboa da Ordem dos Advogados, na Faculdade de Direito de Lisboa, na Universidade Católica Portuguesa e na Faculdade de Direito de Coimbra; outros ainda foram resposta directa ao projecto desta obra colectiva. Todos são contributos individuais, que não vinculam as instituições com que os autores estejam profissionalmente envolvidos.

O percurso é iniciado com uma visão panorâmica das novidades legislativas, apresentada por Paulo Câmara. A maior atenção incide, de um lado, sobre a disciplina dos deveres fiduciários dos membros dos órgãos de administração e de fiscalização, ensaiada através da renovada versão do art. 64.º CSC. De outro lado, procura-se examinar os modelos de governo das sociedades – onde se reflectiram as mudanças de maior fôlego no diploma societário. O texto aprecia as alterações de regime e adianta reflexões sobre a interpretação das novas soluções legislativas.

Uma vez que os administradores independentes constituem ponto de referência de todas as discussões actuais sobre a governação societária, é-nos presente uma análise daquela figura, pela pena de Rui de Oliveira Neves. Merece destacar a apreciação crítica aos critérios de independência, à luz do que agora dispõe o n.º 5 do art. 414.º do Código das Sociedades Comerciais, a propósito da independência dos membros dos órgãos de fiscalização.

Não se poderia deixar em claro as implicações trazidas pela reforma de 2006 para o âmbito da responsabilidade civil dos administradores pela violação dos deveres inerentes à sua função. Tal a tarefa confiada ao estudo de António Fernandes de Oliveira, que se debruça sobre a responsabilidade perante a sociedade, sobre a responsabilidade perante os credores sociais e sobre a responsabilidade perante sócios e terceiros.

A outros protagonistas centrais na temática do governo das sociedades – os auditores – são dedicados dois estudos deste livro. A José Ferreira Gomes cabe tratar o tópico da responsabilidade civil dos auditores, através de uma exposição que percorre, em termos sistematizados, os vectores principais do problema. Esta matéria, apesar de não ter sido abordada em 2006, volta agora ao centro do debate europeu, na sequência do relatório apresentado pela Comissão Europeia em Setembro de 2006.

A reforma societária de 2006 antecipa a transposição de um dos preceitos da Directiva n.º 2006/43/CE, respeitante à segregação entre o órgão de fiscalização e o órgão de revisão de contas, em algumas sociedades anónimas. Mantêm-se, porém, em aberto as opções de transposição do corpo principal do novo texto comunitário relativo à auditoria. Um dos temas que nesse contexto reclama maior atenção

Apresentação

é o da independência dos auditores, interessando nomeadamente tomar posição sobre a discussão sobre a necessidade de vedar a prestação de serviços adicionais por parte dos profissionais de auditoria. O tema é revisto criticamente por André Figueiredo, que desafia a tradicional visão proibicionista, muito enraizada desde os episódios Enron/Arthur Andersen, e, – apoiando-se dos contributos da análise económica do Direito – constrói uma proposta de soluções alternativas.

Proporcionar ao leitor um exame crítico e independente das novas disposições sobre o governo das sociedades e sugerir perspectivas de desenvolvimentos futuros: eis a proposta que toma corpo neste volume, o qual – pela natureza ciclópica do tema tratado – promete ter continuação.

Os Autores

O Governo das Sociedades
e a Reforma do Código das Sociedades Comerciais

Paulo Câmara

SUMÁRIO: **§ 1.º – Introdução**: 1. Eféméride e reforma do Código; 2. O contexto da reforma; 3. O processo legislativo; 4. Caracterização geral da reforma. **§ 2.º – Temas Gerais**: 5. Os deveres fiduciários dos administradores; 6. Os deveres de cuidado; 7. Os deveres de lealdade; 8. A extensão dos deveres fiduciários aos membros dos órgãos de fiscalização; 9. A exclusão da responsabilidade em caso de actuação empresarialmente racional (*business judgement rule*); 10. A protecção de créditos indemnizatórios sobre titulares de órgão de administração e de fiscalização; 11. Sociedade da informação e governo das sociedades; 12. O reforço da fiscalização; remissão. **§ 3.º – Os Modelos de Governo das Sociedades Anónimas**: 13. Apresentação do tema; 14. A superação do quadro dicotómico tradicional; 15. Tipologia e classificações dos modelos de governo; 16. Traços do regime comuns aos vários modelos. **§ 4.º – O Modelo Clássico**: 17. Principais etapas de evolução histórica do modelo clássico em Portugal 18. A revitalização do conselho fiscal. **§ 5.º – O Modelo Anglo-Saxónico**: 19. Experiências próximas em ordenamentos jurídicos estrangeiros: os *audit committees*; 20. O acolhimento do modelo anglo-saxónico no direito nacional. **§ 6.º – O Modelo Dualista**: 21. O modelo dualista em ordenamentos jurídicos estrangeiros; 22. Acolhimento do modelo dualista no direito nacional. **§ 7.º – Balanço intermédio**: 23. Principais diferenças entre os modelos; 24. O direito de escolha do modelo de governo; 25. Plasticidade e equivalência funcional dos modelos. **§ 8.º – O Código depois da reforma: balanço final e prospectiva**: 26. Vectores de fundo nas intervenções legislativas em matéria de governo das sociedades; 27. A recepção das novidades legislativas pelas sociedades comerciais.

§ 1.º
INTRODUÇÃO

1. Eféméride e reforma do Código

I – No ano em que se celebra o vigésimo aniversário desde a sua aprovação, o Código das Sociedades Comerciais[1] sofreu a sua revisão mais profunda.

As modificações introduzidas pelo DL n.º 76-A/2006, de 29 de Março, incidiram sobre mais de um terço dos normativos do diploma: a intervenção envolveu alterações a 206 artigos e introduziu 26 novos preceitos no Código. Pese embora seja variável o grau de reformulação legislativa, havendo nomeadamente uma porção importante dos ajustamentos relacionados com modificações na terminologia de identificação dos órgãos, a extensão desta intervenção não deixa de ser notória.

A republicação do Código das Sociedades Comerciais em anexo ao DL n.º 76-A/2006, de 29 de Março, permite confirmar a magnitude das novidades trazidas por este diploma. Por esse motivo, dir-se-á ser adequado falar em *reforma*, e não apenas em *revisão* do Código das Sociedades Comerciais.

II – A reforma apresenta um âmbito limitado. Apesar de ter, de modo reflexo ou incidental, tocado em diversos tópicos da disciplina das sociedades comerciais[2], a modificação da disciplina societária não abraçou todo o Código, tendo sido centrada em duas principais vertentes: o governo das sociedades e a simplificação formal e processual dos actos societários.

Mau grado em certa perspectiva se possam descortinar motivações comuns a ambas as vertentes da reforma – ligadas ao objectivo genérico de colocar a regulação societária ao serviço da eficiência –,

---

[1] Pertencem ao Código das Sociedades Comerciais os preceitos citados sem indicação expressa da sua fonte, salvo se outra proveniência resultar do contexto.

[2] São disso exemplos as alterações ao regime das menções aos títulos accionistas (art. 304.º), das obrigações convertíveis em acções e das obrigações com warrant (arts. 365.º, 368.º e 372.º-A CSC), que não se reconduzem aos vectores fundamentais da intervenção legislativa mas que aproveitaram, de passagem, o movimento reformista.

os dois temas arrolados convocam problemas jurídicos distintos, pelo que esta análise se deterá apenas e exclusivamente nas novidades relacionadas com a governação das sociedades.

Para tanto, convém identificar preliminarmente o contexto normativo em que surge esta reforma no que concerne ao *corporate governance* (§ 1.º), e recensear os principais vectores de mudança (§ 2.º), para depois cuidar, mais em pormenor, das implicações que nos foram trazidas por esta ampla modificação do Código das Sociedades Comerciais (§ 3.º-§ 6.º), o que permitirá a final extrair algumas conclusões (§ 7.º-§ 8.º).

III – A circunstância de as próximas páginas se deterem nos aspectos inovatórios do regime que o Código das Sociedades estabelece em matéria de governo das sociedades não deve perder de vista o pluralismo de fontes existente nesta matéria.

Com efeito, à semelhança do que é agora comum nos sistemas jurídicos ocidentais, vigoram entre nós fontes recomendatórias e regulamentares, dirigidas a sociedades emitentes de acções admitidas à negociação em mercado regulamentado, que complementam decisivamente as normas legislativas no âmbito do governo das sociedades. As primeiras encontram-se nas Recomendações da CMVM sobre o Governo das Sociedades, aprovadas em 1999, e subsequentemente actualizadas em 2001, 2003 e 2005. O texto regulamentar mais relevante é o Regulamento n.º 7/2001, que igualmente sofreu modificações em cadência bienal. A interligação entre fontes recomendatórias e regulamentares surge sobretudo em virtude do dever, imposto às sociedades cotadas, de informar anual e publicamente sobre o grau de cumprimento das recomendações e sobre as razões dos desvios em relação às recomendações não observadas (*comply or explain*)[3].

As mencionadas fontes infra-legislativas não são aqui examinadas *ex professo*, mas elas devem de todo o modo ser tidas em conta, para uma apreensão correcta do sistema de normas sobre governo das sociedades vigente em Portugal.

---

[3] Paulo Câmara, *Códigos de Governo das Sociedades, Cadernos MVM* n.º 15 (Dezembro de 2002), 65-90.

2. O contexto da reforma

I – O exame do regime trazido pela reforma do Código das Sociedades Comerciais no domínio do governo das sociedades obriga a
dedicar alguma atenção ao respectivo contexto internacional. E merece
invocar, a este propósito, que as etapas decisivas de evolução do
tratamento legislativo do governo das sociedades constroem-se as
mais das vezes em reacção a escândalos societários – ou seja, a
episódios reveladores de patologias causadoras de elevada danosidade e por isso fundadoras de dúvidas sobre o acerto das soluções
legislativas historicamente vigentes[4]. A comprová-lo, e em ordem a
situar a reforma em termos internacionais, relembra-se que com o
início do presente século vieram a lume uma sucessão de escândalos
contabilísticos envolvendo sociedades de grande dimensão cotadas
em bolsa, de aquém e além-Atlântico.

O legado principal dos episódios Enron, Worldcom, Parmalat e
de outros de taxinomia patológica similar, à parte da evidente – e não
pouco importante – mediatização e popularização do tema da governação, decanta-se numa constelação de célebres decisões judiciais
(muitas ainda não transitadas em julgado)[5], de documentos de reflexão e, em consequência, de medidas legislativas.

II – Lugar de destaque no rol de iniciativas legislativas aprovadas em reacção é devido ao *Public Company Accounting Reform and
Investor Protection Act* norte-americano, popularizado através da
designação *Sarbanes-Oxley Act*[6].

---

[4] STUART BANNER, *What Causes New Securities Regulation? 300 Years of Evidence*, Washington University L Q 75 (1997), 849-855.

[5] À data de Maio de 2006, eram conhecidas decisões judiciais condenatórias nos
tribunais de primeira instância nos casos Enron (fraude em valores mobiliários, fraude em
telecomunicações, falsificação de documentos, abuso de informação privilegiada e conspiração), Tyco (grave apropriação ilegítima de património societário (*grand larceny*), fraude
em valores mobiliários e falsificação de documentos) e Adelphia (fraude em valores mobiliários, fraude bancária e conspiração), além de homologações judiciais de transacções referentes à Royal Ahold N.V. (fraude em valores mobiliários) [WSJ, (29.05.06), 14-15;
Securities Regulation and Law Report vol. 38 n.º 26 (2006), 1144-1145].

[6] Pub. L. 107-204, 116 Stat. 745 (2002). A lei foi assim baptizada na gíria em nome
dos dois autores de diferentes anteprojectos do diploma, Paul Sarbanes e Michael Oxley,
respectivamente Presidente do *Banking Committee* do Senado e Presidente do *Financial
Services Committee* da Câmara dos Representantes.

O índice deste texto normativo – considerado invariavelmente nos Estados Unidos como o mais relevante texto federal no campo societário e mobiliário desde os anos 30 – apresenta os seguintes capítulos:

Título I: Autoridade de supervisão dos auditores (*Public Company Accounting Board*)

Título II: Independência dos auditores

Título III: Responsabilidade de membros de órgãos sociais e auxiliares de sociedades

Título IV: Divulgação melhorada de informação financeira

Título V: Conflito de interesses de analistas

Título VI: Recursos e poderes da autoridade de supervisão mobiliária (*Securities and Exchange Commission*)

Título VII: Estudos e relatórios

Título VIII: Responsabilidade por fraude societária e criminal

Título IX: Agravamento das sanções criminais

Título X: Declarações fiscais

Título XI: Fraude sociedade e responsabilidade

O diploma cunharia um estilo, não apenas pela extrema rapidez com que foi aprovado, mas também pela severidade e monolitismo das medidas consagradas. Cedo surgiram críticas ao intervencionismo excessivo[7] e ao unilateralismo[8] patentes no recente regime norte-

---

[7] Consulte-se a colecção de argumentos e contra-argumentos em ROBERTA ROMANO, *The Sarbanes-Oxley Act and the Making of Quack Corporate Governance*, *Yale Law Journal* (2005) 1521-1595 e, com perspectiva antagónica, J. ROBERT BROWN, *Criticizing the Critics: Sarbanes Oxley and Quack Corporate Governance*, *Marquette Law Review*, Vol. 90, (2006), 309-335; JOHN C. COATES IV, *The Goals and Promise of the Sarbanes-Oxley Act, Journal of Economic Perspectives* vol. 21 n. 1 (Winter 2007), 91-116 (sustentando que a lei trará benefícios a prazo – embora admita que a sua quantificação seja difícil). Cfr. ainda JEFFREY GORDON, *Governance Failures of the Enron Board and the New Information Order of Sarbanes-Oxley*, (2003), <http://ssrn.com/abstract=391363>; STEPHEN BAINBRIDGE, *The Creeping Federalization of Corporate Law*, (2003), UCLA Research Paper n. 03-7; LARRY E. RIBSTEIN, *Market vs. Regulatory Responses to Corporate Fraud: A Critique of the Sarbanes-Oxley Act of 2002*, < http://ssrn.com/abstract=332681>; LARRY C. BACKER, *The Sarbanes-Oxley Act: Federalizing Norms for Officers, Lawyer and Accountant Behaviour*, *St John's Law Review* 76 (2002), 1-57.

[8] LAWRENCE CUNNINGHAM, *From Convergence to Comity in Corporate law: Lessons from the inauspicious case of SOX*, *International Journal of Disclosure and Gover-*

14 Código das Sociedades Comerciais e Governo das Sociedades

-americano: as sociedades tiveram que suportar custos elevados – sem as suficientes excepções devidas a pequenas sociedades – para cumprir pontualmente todos os novos deveres, designadamente relacionados com controlos internos, julgados desproporcionados em função dos benefícios atingidos[9]; outros profissionais (analistas, advogados, sociedades de notação de risco) viram a sua conduta afectada pelo diploma; o quadro sancionatório foi considerado demasiado severo; a lei *Sarbanes-Oxley* apresentou ademais um âmbito de aplicação extraterritorial, visando também as sociedades de lei pessoal estrangeira que tivessem as suas acções negociadas em mercados norte-americanos; as restrições impostas à exclusão voluntária de bolsas do além-Atlântico agravariam o cenário para as sociedades sujeitas a lei pessoal estrangeira, designadamente causando dificuldades a muitas sociedades europeias que encetaram processos de saída de mercado. O *Sarbanes-Oxley Act* levaria ainda, em consequência, a uma diminuição acentuada das novas entradas em bolsas norte-americanas[10]. E pode conduzir, a prazo, a um aumento exacerbado de litigância em relação aos actos societários e aos titulares dos órgãos sociais[11].

A lei norte-americana de 2002 ressente-se, pois, da rapidez com que foi aprovada. Nem pode dizer-se que venha colmatar uma lacuna detectada nos episódios traumáticos de grande dimensão, porquanto na barra dos tribunais as condutas aí apuradas foram consideradas ilícitas segundo as regras em vigor *antes* da Lei *Sarbanes-Oxley*[12].

---

nance Vol. 1 n.º 3 (2004), 269-298; LARRY E. RIBSTEIN, *International Implications of Sarbanes-Oxley: Raising the Rent on US Law*, (2003), < http://ssrn.com/abstract=401660>; PAUL ATKINS, *Liabilities of German Companies and the Members of their Executive Board under the Sarbanes-Oxley Act of 2002*, <www.sec.gov/news/speech/spch020403>.

[9] STEPHEN BAINBRIDGE, *Sarbanes-Oxley: Legislating in Haste, Repenting in Leisure*, UCLA School of Law Research Paper n.º 06-14 (2006), 10-13, sublinhando os custos de cumprimento da lei.

[10] JOSEPH D. PIOTROSKI/ SURAJ SRINIVASAN, *The Sarbanes-Oxley Act and the Flow of International Listings*, (2007), http://ssrn.com/abstract=956987; COMMITTEE ON CAPITAL MARKETS REGULATION (*Paulson Committee*), *Interim Report* (30-Nov.-2006), ix.

[11] HENRY BUTLER/ LARRY RIBSTEIN, *The Sarbanes-Oxley Debacle. What We've Learned; How to Fix It*, Washington (2006), 75-81.

[12] Cfr. o rol de decisões condenatórias descritas *supra*, nota 5.

Serve, assim, esta lei de referência e de ensinamento para todas as futuras reformas normativas nesta área: *hard cases make bad law*. Os contributos científicos – provindos da análise económica e do Direito – mostram-se neste contexto decisivos para encontrar soluções adequadas e para corrigir o rumo de intervenções normativas desajustadas.

III – Não escapando ao espírito da época, e procurando resgatar o protagonismo internacional que nesta área sempre lhe fora negado pela OCDE – mercê dos Princípios que oportunamente (1999) esta fizera aprovar –, a União Europeia decidiu-se por um programa de intervenções normativas no âmbito do governo das sociedades.

Esta opção marca uma vincada diferença em relação à abordagem norte-americana corporizada na Sarbanes-Oxley Act e desenvolvimento regulamentar subsequente: em vez de uma reacção política "a quente", a Comissão Europeia preferiu um plano gradual de actos de diversa natureza (englobando actos normativos, recomendações e estudos) para cumprimento ao longo de um horizonte temporal dilatado de 8 anos. Seguindo quase à risca as indicações do Relatório que um grupo de peritos havia preparado[13], assumiu-se um Plano de Acção para o Direito das Sociedades que nos primeiros dois anos de execução já havia dado lugar a duas recomendações e três propostas de Directivas directamente relacionadas com o governo das sociedades[14].

---

[13] HIGH LEVEL GROUP OF COMPANY LAW EXPERTS, *A Modern Regulatory Framework for Company Law in Europe*, (2002) – usualmente referenciado como Relatório Winter II.

[14] EUROPEAN COMMISSION, *Modernizing Company Law and Enhancing Corporate Governance in the European Union – A Plan to Move Forward*, (2003). Mais recentemente, foi lançado um processo de consulta pública para recolher orientações sobre as prioridades do Plano de Acção: cfr. EUROPEAN COMMISSION/ DIRECTORATE GENERAL FOR INTERNAL MARKET AND SERVICES, *Consultation on Future Priorities for the Action Plan on Modernizing Company Law and Enhancing Corporate Governance in the European Union* (2006). Comentários úteis ao Plano de Acção podem encontrar-se em JAAP WINTER, *EU Company Law at the Crossroads*, in GUIDO FERRARINI/ KLAUS HOPT/ JAAP WINTER/ EDDY WYMEERSCH, *Reforming Company and Takeover Law in Europe*, Oxford (2004), 3-20; KAREL VAN HULLE/ SILJA MAUL, *Aktionsplan zur Modernisierung des Gesellschafterecht und Stärkung der Corporate Governance*, ZGR (2004)

16 *Código das Sociedades Comerciais e Governo das Sociedades*

Entre elas, merece salientar a modificação da Oitava Directiva comunitária, pela influência que exerceu sobre o processo de revisão do Código das Sociedades português. A Directiva n.º 2006/43/CE do Parlamento Europeu e do Conselho, de 17 de Maio de 2006[15], determinaria nomeadamente o dever de segregação entre fiscalização e revisão em certas sociedades (art. 41.º). Esta disposição, confrontada com a permissão, vigente em Portugal em termos irrestritos desde 1996, de concentração das funções de fiscalização em fiscal único[16], por si reclamaria um esforço de reponderação global da disciplina nacional sobre fiscalização societária. Assim se fez.

IV – A reacção portuguesa ao cenário pós-Enron não foi imediata. Avisadamente, preferiu-se deixar assentar a poeira dos delitos estrangeiros de histriónica repercussão jornalística.

Relembre-se, porém, que alguns factos foram paulatinamente abrindo caminho a uma intervenção na lei societária. A um tempo, mantendo a sua cadência bienal de revisão do enquadramento normativo sobre governo das sociedades, em 2005 foi aprovada uma alteração às Recomendações e Regulamento da CMVM sobre a matéria[17]. A par desta iniciativa, em Janeiro de 2006, foi dado a conhecer o novo regime dos fundos de pensões, caracterizado nomeadamente por consagrar diversas regras sobre estruturas de governação e mecanismos de governação de fundos de pensões (Decreto-Lei n.º 12/ /2006, de 20 de Janeiro).

Além disso, convém ter presente que a produção de literatura no área do governo das sociedades foi consideravelmente estimulada no

---

484-505; entre nós, MENEZES CORDEIRO, *Direito Europeu das Sociedades*, Coimbra (2005), 90-123; JOÃO SOARES DA SILVA, *O Action Plan da Comissão Europeia e o Contexto do Corporate Governance no Início do Século XXI, Cadernos MVM* n.º 18 (2003), 72-80

[15] JO L 157, de 9 de Junho de 2006, 87-107.

[16] Em referência está o artigo 413.º, na versão resultante do DL n.º 257/96, de 31 de Dezembro, como dá notícia ALEXANDRE SOVERAL MARTINS, *Código das Sociedades Comerciais. Alterações Introduzidas pelo DL n.º 257/96, de 31 de Dezembro, Revista Jurídica da Universidade Moderna*, n.º 1 (1998), 316-317. Cfr. desenvolvimento e crítica à permissão irrestrita de fiscal único, *infra* 14. e 15.

[17] Sobre estas recomendações, permito-me reenviar para o meu *Códigos de Governo das Sociedades*, cit..

contexto pós-Enron – oferecendo diversos contributos adicionais para preparar decisões de política legislativa. Entre nós merece destaque a apresentação, em Fevereiro de 2006, da primeira iniciativa privada de destaque na área da governação: o Livro Branco sobre Corporate Governance, publicado sob os auspícios do Instituto Português de Corporate Governance.

Estes elementos preparariam o terreno, tornando propício o habitat normativo português para uma reformulação significativa no âmbito das prescrições do Código das Sociedades relacionadas com a governação das sociedades.

V – Para repelir qualquer tentação de novo-riquismo dogmático, convirá esclarecer que muitas soluções legislativas sobre governação vigentes em Portugal datam de há várias décadas e que as primeiras intervenções recomendatórias e regulamentares entre nós aprovadas sempre assumiram o seu papel complementar em relação às normas constantes do Código das Sociedades Comerciais.

Porém, se olharmos retrospectivamente apenas às duas décadas mais recentes, pode afirmar-se que em Portugal se seguiu uma estratégia de progressão hierárquica normativa (*bottom up*), na pirâmide das fontes, no tocante ao governo das sociedades. Assim sucede porque, como notado, as primeiras preocupações directas com o tema tomaram a forma de recomendações (1999). Seguiu-se, dois anos mais tarde um regulamento (2001), sucessivamente actualizado, e complementado por intervenções legislativas em 2006[18].

Esta trajectória permitiu amadurecer soluções normativas, em níveis infra-legislativos, antes da sua consagração legislativa. O patamar recomendatório serviu, em muitos aspectos, de laboratório da intervenção legislativa[19]. A título de exemplo, a ideia de equivalência funcional, que atravessa os diversos modelos de governação foi primeiro trabalhada na revisão de 2005 das Recomendações de governo societário da CMVM[20]. Além disso, o conceito de independência dos

---

[18] Cfr. *supra*, 1, III.
[19] Essa, alias, uma das aptidões funcionais dos códigos de governo. Cfr. PAULO CÂMARA, *Códigos de Governo das Sociedades*, cit., 79.
[20] Cfr. *infra*, 12.

18   *Código das Sociedades Comerciais e Governo das Sociedades*

membros dos órgãos sociais, consagrado no n.º 5 do art. 414.º CSC, adiante retomado, embora diferente, é claramente inspirada no que vigorava por via do Regulamento n.º 7/2001.

A título de comparação, observa-se que nos Estados Unidos, o percurso seguido foi distinto. As primeiras intervenções na área do corporate governance também assumiram natureza recomendatória e regulamentar[21]. Todavia, como mencionado, a reacção aos episódios Enron e Worldcom ditou uma abordagem de sentido inverso: após uma reacção legislativa dura, através de lei federal, irrompeu o respectivo complemento através de diversos regulamentos da autoridade federal de supervisão – a *Securities and Exchange Commission* – e do *Public Companies Accounting Oversight Board* (PCAOB).

3. O processo legislativo

I – O início formal da reforma legislativa foi impulsionado através de uma iniciativa da CMVM, em articulação com o Governo[22], de promoção de um processo de consulta pública em inícios de 2006 sobre a revisão do Código das Sociedades Comerciais no domínio do *corporate governance.*

No âmbito do processo de consulta pública foram divulgados dois documentos: um documento de consulta pública[23] e uma ante-proposta de articulado[24]. Entre a divulgação de ambos, realizou-se

---

[21] Para uma ilustração, remete-se para o breve levantamento histórico feito adiante a propósito da génese dos *audit committees: infra,* 19.

[22] As atribuições da CMVM para a adopção de iniciativas na definição de política legislativa em matérias relacionadas com o mercado de valores mobiliários fundam-se no art. 4.º, n.º 1 d) do correspondente Estatuto, aprovado através do DL n.º 473/99, de 8 de Novembro.

[23] CMVM, *Governo das Sociedades Anónimas – Propostas de Alteração ao Código das Sociedades Comerciais* (2006), disponível em http://www.cmvm.pt/NR/rdonlyres/ 9A6DF665-B529-426E-B266-75E08A225352/5654/proposta_alter_csc.pdf.

[24] CMVM, *Governo das Sociedades Anónimas – Proposta de Articulado Modificativo do Código das Sociedades Comerciais* (2006), disponível em http://www.cmvm.pt/ NR/rdonlyres/9A6DF665-B529-426E-B266-75E08A225352/5703/proposta_articulado _csc.pdf.

uma sessão pública muito participada. O processo de consulta pública em si, aliás, revelou um elevado grau de participação – tendo recebido valiosos contributos escritos de advogados, de académicos, de gestores e de empresários. Por fim, como é apanágio dos cânones de boa legiferação – mas, reconheça-se, pouco habitual em Portugal –, o relatório final desse processo mereceu divulgação pública, assim como foram tornadas públicas através da Internet todas as respostas recebidas[25].

II – Embora breve, o processo de consulta revelou um interesse e uma enérgica atenção por parte dos destinatários, com contornos pouco usuais em Portugal. O fenómeno foi importante, tanto mais que se tratava da primeira vez em que uma alteração ao Código das Sociedades fora objecto de discussão pública.

Após o processo de consulta pública, foram os seus resultados encaminhados para o Governo, a quem coube – naturalmente – tomar as decisões legislativas sobre a matéria. Pode observar-se uma ampla coincidência entre as propostas apresentadas à consulta pública e as escolhas finais vertidas no DL n.º 76-A/2006. Contudo, nem todas as propostas da CMVM tiveram consagração no texto final. Um caso relevante é o do tratamento equiparado do Estado no âmbito de limitações ao direito de voto – cujo regime permanece praticamente inalterado após a revisão[26], contrariamente ao preconizado no documento de consulta.

III – O consenso fundamental em torno das propostas publicamente apresentadas permitiu um desenvolvimento rápido do processo legislativo. Concluído o processo de consulta pública em meados de Fevereiro, o diploma foi aprovado na reunião de Conselho de Ministros de 2 de Março de 2006, tendo sido publicado no Diário da República no dia 29 do mesmo mês.

---

[25] CMVM, *Relatório Final da Consulta Pública n.º 1/2006 sobre Alterações ao Código das Sociedades Comerciais relativas ao Governo das Sociedades Anónimas*, disponível em http://www.cmvm.pt/NR/exeres/8B5BA4E0-76F2-41B7-98F5-E9B80EFB 200C.htm.

[26] Art. 60.º DL n.º 76-A/2006, de 29 de Março. Cfr. a propósito MARIA DE LURDES PEREIRA, *O Regime Societário do Estado enquanto accionista*, in Jornadas sobre a Reforma do Código das Sociedades Comerciais, (2007).

20 *Código das Sociedades Comerciais e Governo das Sociedades*

Tal como sucedera em relação à versão originária do Código[27], a reforma de 2006 não dispensou pequenos ajustamentos posteriores, de natureza formal, através da competente declaração de rectificação, datada de 26 de Maio de 2006[28].

4. Caracterização geral da reforma

I – Um relance pelos vectores principais imprimidos pela reforma do Código das Sociedades Comerciais auxilia a compreensão do resultado final decorrente do Decreto-Lei n.º 76-A/2006, de 29 de Março.

Regista-se, como primeira nota transversal, que se evidenciam bastantes traços de continuidade, designadamente no que se refere ao *respeito pelas singularidades do sistema societário nacional e pelas opções sistemáticas do Código.*

A reforma foi preparada tendo por base desenvolvimentos internacionais, mas – como não podia deixar de ser – centrada nos particularismos das soluções legislativas locais.

Uma das opções tomadas foi a de não afectar a sistematização do Código, mesmo no tocante ao regime do tipo societário mais visado pelas modificações – o das sociedades anónimas.

Tal reflecte-se nomeadamente na sistematização das matérias relacionada com os modelos de governação, provavelmente o tema mais afectado pela reforma[29]. O *aggiornamento* do regime dos modelos de governo teria visivelmente sido mais fácil através de uma reformulação da parte geral do Título IV do Código. Não tendo tal sido feito, foi inevitável recorrer a normas remissivas e a normas que estabelecem regimes idênticos para modelos de governo diversos. E manteve-se uma regulação assente na existência de uma taxinomia organizativa tipicamente definida pelos órgãos sociais.

A continuidade com o regime pregresso reflecte-se igualmente na inexistência de modificações no enquadramento sancionatório do

---

[27] Recorde-se o DL n.º 280/87, de 8 de Julho, dirigido a introduzir diversas rectificações no texto do Código.

[28] Declaração de Rectificação n.º 28-A/2006, de 26 de Maio.

[29] Cfr. *infra*, 13.-25..

Código. Porém, neste aspecto, deve frisar-se que o diploma mereceria uma reapreciação, porquanto a actual influência dissuasora das previsões sancionatórias é muito questionável. Com efeito, o regime nacional é claramente desactualizado nas molduras sancionatórias previstas (v.g. art. 528.º CSC). Trata-se de uma diferença marcante em relação à perspectiva norte-americana vertida na lei Sarbanes-Oxley, muito preocupada com o agravamento do quadro sancionatório.

II – Nota-se, como segunda característica geral da reforma, uma *abordagem diferenciada em função do tipo e dimensão de sociedade.* Não houve uma abordagem monolítica, tendo-se recusado uma reforma a impor um padrão de governação único (*"one size fits all"*).

As implicações jurídicas da revisão distribuem-se por quatro níveis, em círculos normativos concêntricos:

- regras gerais, transversais a todas as sociedades comerciais (arts. 64.º, 72.º CSC)
- regras atinentes às sociedades anónimas (v.g. arts. 278.º, 288.º-291.º, 381.º, 384.º, 392.º, 398.º)
- regras dirigidas às sociedades emitentes de valores mobiliários negociados em mercado regulamentado (arts. 374.º-A, 396.º, n.º 3, 414.º, n.º 4, 423.º-B, n.º 4, 444.º, n.º 2 a 5), estendidas a sociedades de grande dimensão
- regras dirigidas às sociedades emitentes de acções negociadas em mercado regulamentado (423.º-B, n.º 5, 444.º, n.º 6, 446.º-A).

Este ponto é relevante na avaliação dos custos e benefícios decorrentes desta reforma. A incidência da reforma mostra-se tanto mais profunda quanto maior o envolvimento da sociedade com o mercado como modo de financiamento ou quanto maior a dimensão da sociedade – entidades nas quais as irregularidades de gestão e, de modo geral, as deficiências de governação podem acarretar danosidade mais elevada.

III – Outro dos vectores profundos revelado na reforma é o da *ampliação da autonomia estatutária.* Este alargamento da autonomia de conformação dos estatutos das sociedades comerciais reflecte-se em plúrimas vertentes, abaixo consideradas.

Uma novidade relevante a este propósito é a da *permissão de número par de titulares dos órgãos sociais* (395.º, n.º 3, 414.º-B, n.º 2). Esta regra confere maior margem electiva na composição do número de titulares do órgão social que se revele ajustado a cada sociedade, evitando a escolha de titulares apenas para preenchimento de lugares sobrantes, tendo em vista o arredondamento ao número ímpar mais próximo. Nessa medida, favorece uma ponderação mais serena da designação de membros e não é adversa a uma diminuição de cooptações. Para tornar viável esta solução, os bloqueios decisórios em órgãos sociais de composição par são evitados através da necessária atribuição de voto de qualidade ao presidente do conselho de administração (art. 395.º, n.º 3 a)) ou a um membro do órgão, em caso de ausência ou impedimento daquele (art. 395.º, n.º 4).

O regime dos modelos de governo, por seu turno, revela agora novos modelos a escolher de entre os possíveis (arts. 423.º-B a 423.º-H) e, através de uma maior simetria na disciplina de cada modelo, conduz a uma maior efectividade da possibilidade de escolha de modelos. É tema que se retoma adiante[30].

No campo da autonomia societária deve ainda ter-se presente que as utilizações das novas tecnologias estão dependentes das escolhas das sociedades (arts. 288.º, n.º 4, 289.º, n.º 4, 410.º, n.º 8).

Por fim, embora não constitua uma novidade, interessa frisar que o regime mais detalhado sobre o presidente da comissão executiva (artigo 407.º, n.os 5-7) não resultou na imposição de uma distinção entre presidente da comissão executiva e presidente do conselho de administração. O fundamento desta opção reside no critério subjacente à demarcação entre fontes legislativas e fontes recomendatórias no tocante ao governo das sociedades. Aquelas devem receber as prescrições incontestadas, temporalmente estáveis e elementares para a conformação de comportamentos dos actores societários. Sucede que a distinção entre presidente do órgão de administração e presidente da comissão executiva, não se inscreve, decerto, nesta categoria. Tanto assim é que se descobrem, sem esforço, bons e maus exemplos

---

[30] Cfr. *infra*, § 3.º-§ 7.º.

na prática societária, nacional e estrangeira[31], quanto à coabitação entre presidente do órgão de administração e presidente da comissão executiva. Crê-se que o motivo por detrás desta experiência irregular reside na circunstância de o papel do presidente nem sempre ser correctamente entendido ou definido. Se o papel do presidente da administração é acanhado, corre o risco de resultar numa função apenas majestática, destituída de efectividade. Se, no extremo oposto, for objecto de leituras muito amplas, pode exorbitar a esfera do presidente da comissão executiva, sendo causador de perturbações na gestão executiva da sociedade[32]. Apesar do que vai dito, cumpre reconhecer que esta separação entre presidente executivo e presidente do órgão de administração pode ser valiosa, ao robustecer a função fiscalizadora dentro da sociedade, evitando uma excessiva concentração de poder nas mãos de uma pessoa[33]. Mas a mesma obriga, para tal, a uma cuidadosa clarificação das competências que cabem em cada um dos líderes societários[34], a ser feita nos estatutos ou em regulamentos internos da sociedade. Além disso, o problema oferece menor relevo em Portugal, por dois fundamentais motivos: de um lado, mercê da maior concentração da propriedade accionista, que se traduz uma maior vigilância em relação aos administradores executivos; de outro lado, dado que uma das funções do presidente da administração em muitos sistemas jurídicos não tem paralelo em Portugal: referimo-nos à presidência da mesa, no Código das Sociedades confiado a um titular autónomo (artigos 374.º e 374.º-A). Assim, a escolha sobre a coincidência ou separação entre *chairman* e *chief*

---

[31] As sociedades norte-americanas afectadas pelos grandes escândalos societários (à excepção da Tyco) preservavam uma separação entre Presidente e Presidente Executivo, como nota JOACHIM SCHWALBACH, *Efficienz des Aufsichrats*, AG (2004), 189.

[32] Veja-se o emblemático texto do CALIFORNIA PUBLIC EMPLOYEES' RETIREMENT SYSTEM, *Corporate Governance. Core Principles and Guidelines,* (Setembro de 2006), que apela a um exame da combinação entre *CEO* e *Chairman*, mas não o recomenda (9-10, 16).

[33] Convincente, a este propósito, é o depoimento de ADRIAN CADBURY, *Corporate Governance and Chairmanship*, Oxford, (2002), 105-112.

[34] DEREK HIGGS, *Review of the role and effectiveness of non-executive directors*, (2003), 24.

24 *Código das Sociedades Comerciais e Governo das Sociedades*

executive officer pertence a cada sociedade – ou, no limite, deve ser relegada ao nível das recomendações de *soft law*[35].

V – A reforma trouxe também uma *densificação dos deveres dos titulares dos órgãos sociais.* Merece anotar, a este propósito a clarificação dos deveres fiduciários dos administradores envolvendo a decomposição analítica dos deveres de cuidado e de lealdade e a hierarquização dos interesses a atender na actividade dos administradores (art. 64.º, n.º 1), a que adiante se regressa[36].

Foi ainda completado o regime de substituição de administrador por faltas a reuniões, através da remissão para a necessária determinação estatutária sobre o número de faltas injustificadas a reuniões reveladoras de falta definitiva, e do estabelecimento do dever de declaração da situação de falta definitiva de administrador pelo órgão de administração (art. 393.º, n.ºs 1 e 2). Além disso, em benefício de uma melhor articulação entre membros do órgão de administração, como mencionado, foram explicitadas as funções principais do presidente da comissão executiva (407.º, n.º 6).

Houve o cuidado de promover a extensão dos deveres de cuidado e de lealdade (art. 64.º n.º 2) e promoveu-se a clarificação dos deveres de segredo dos membros de órgãos de fiscalização (441.º-A). O secretário, por fim, viu os seus deveres desenvolvidos, acentuando--se a sua função auxiliar do funcionamento dos órgãos sociais (446.º-B). Há, assim, um regime contrastante com o britânico, em que o secretário pode ser, e é muitas vezes, um membro da administração[37]. Todavia, neste aspecto, o Decreto-Lei n.º 76-A/2006 deu causa a uma antinomia normativa uma vez que ao secretário compete secretariar as reuniões dos órgãos sociais (artigo 446.º-B, a), mas a mesa da assembleia geral das sociedades cotadas deve ser composta por pessoas independentes (artigo 374.º-A, n.º 1) – o que exclui os colaboradores da sociedade, como é tipicamente o caso do secretário. A lacuna de colisão daqui decorrente deve ser integrada, nos termos gerais,

---

[35] Assim acontece no Reino Unido, desde o Relatório Cadbury, de 1992 – onde 90 % das sociedades obedecem a esta separação (DEREK HIGGS, *Review of the role and effectiveness of non-executive directors*, cit., 23).

[36] Cfr. *infra*, 5.-7.

[37] CHRISTOPHER DOYLE, *The Company Secretary,* Dublin (2002), 59.

através dos vectores profundos do sistema (artigo 10.º, n.º 3 CC), dando-se prevalência à função auxiliar do secretário, que por inerência do cargo deve secretariar as reuniões da mesa da assembleia geral.

§ 2.º
TEMAS GERAIS

5. Os deveres fiduciários dos administradores

I – Um dos dados centrais do debate científico sobre o governo das sociedades e as suas desejáveis implicações práticas orbita em torno da eficácia da prestação de contas e da responsabilização (*accountability*) dos dirigentes das sociedades anónimas perante os accionistas. Tal pressupõe, em termos imediatos, uma clara identificação dos deveres dos titulares dos órgãos sociais, de modo a possibilitar em termos efectivos o escrutínio do correspondente desempenho.

Nesta vertente, porém, o sistema jurídico português revelava-se claramente deficitário. É certo que o enunciado do Código das Sociedades alberga múltiplas prescrições dirigidas aos titulares dos órgãos de administração[38]. Todavia, no Código faltava sobretudo um recorte claro dos deveres fiduciários dos titulares dos órgãos sociais. Em causa estão os deveres emergentes da especial relação de confiança depositada[39] nos membros dos órgãos sociais, que conformam transversalmente a sua actividade e o poder daí decorrente de disposição sobre interesses patrimoniais alheios (i.e., sobre o património da sociedade[40])[41].

---

[38] Consulte-se o recenseamento de MENEZES CORDEIRO, *Da Responsabilidade Civil dos Administradores das Sociedades Comerciais,* Lisboa (1997), 45-55.

[39] Sobre a atitude especial de confiança subjacente às relações fiduciárias, cfr. MANUEL CARNEIRO DA FRADA, *Teoria da Confiança e Responsabilidade Civil,* (2004) 474-479.

[40] O conceito de património há-de entender-se neste contexto em sentido amplo, de modo a abarcar nomeadamente as oportunidades societárias: cfr. a propósito, em ensaio sobre o sistema jurídico inglês, BORIS KASOLWSKY, *Fiduciary Duties in Company Law,* Baden-Baden, (2003), 94-104 e *passim*.

[41] Revisite-se o emblemático volume de ADOLPH A. BERLE/ CARDINER MEANS, *The Modern Corporation and Private Property*, New Jersey (reedição de 1991, edição original de 1932) 196-206.

26   *Código das Sociedades Comerciais e Governo das Sociedades*

Tal deficiência concretizava-se nomeadamente na necessidade de proceder a uma reformulação do preceito emblemático nesta matéria: o artigo 64.º CSC.

Merece invocar o texto em apreço. Segundo a versão originária deste normativo, devem os titulares dos órgão de administração *actuar com a diligência de um gestor criterioso e ordenado, no interesse da sociedade, tendo em conta os interesses dos sócios e dos trabalhadores.* O preceito, de um lado, mostrava-se excessivamente breve. Aí se enunciava um critério de diligência para o cumprimento dos deveres associados às funções de administração, deveres esses que no preceito não eram explicitados. Resultava, por isso, duvidoso saber se a norma continha algum sentido preceptivo autónomo. De outro lado, ainda que possa caber aos códigos recomendatórios de bom governo a densificação de algumas concretizações dos deveres fiduciários mais pormenorizadas ou voláteis, não era aceitável o silêncio legislativo quanto a aspectos essenciais tais como os deveres de lealdade (ou de fidelidade) dos responsáveis societários. A acrescer, os titulares dos órgãos de fiscalização eram deixados de fora da previsão do normativo. Por fim, o dispositivo acumulava ambiguidades, ao tratar em aparente pé de igualdade os interesses dos sócios e o interesse dos trabalhadores. A sua inaptidão para um tratamento cabal dos deveres fiduciários dos administradores era, pois, manifesta[42].

II – O diagnóstico era seguro. Volvidas duas décadas de vigência deste insatisfatório preceito, havia que o renovar. A circunstância de se tratar de um preceito basilar não impede a sua reapreciação –

---

[42] Em sentido concordante: João Soares da Silva, *Responsabilidade Civil dos Administradores de Sociedades: os Deveres Gerais e os Princípios da Corporate Governance*, in *ROA* ano 57 (Ab. 1997), 627; e Menezes Cordeiro, reconhecendo que o art. 64.º, na sua versão original, se apresentava como "tímido" e de uma "grande generalidade": *Da Responsabilidade Civil dos Administradores das Sociedades Comerciais*, cit., 67. O mesmo autor, porém, não aderiu à alteração legislativa, apelando para a necessidade de estabilidade dos arts. 64.º e 72.º: *Manual de Direito das Sociedades*, II, cit., 516-517; Id., *A grande reforma das sociedades comerciais*, O Direito, (2006), III, 448-450; Id., *Os deveres fundamentais dos administradores (Artigo 64.º/1 do CSC)*, ROA (2006), 443-488. Reacção próxima é a de Paulo Olavo Cunha, *Direito das Sociedades Comerciais*, Coimbra (2006), 684.

O Governo das Sociedades e a Reforma do Código das Sociedades Comerciais 27

antes obriga a uma avaliação mais exigente do seu enunciado por parte da literatura e dos aplicadores do Direito. Lembre-se, aliás, a corrente comparatista jus-societária que defende que um dos indícios da qualidade do direito das sociedades é a sua capacidade de reagir agilmente a um ambiente em mudança – em suma, a sua capacidade de se renovar[43].

Além disso, deve ter-se presente a ampla vocação aplicativa do art. 64.º e o seu elevado potencial poder conformador de comportamentos dos titulares de órgãos de administração. Por esse motivo, *o art. 64.º deveria tornar-se numa regra popular* – cujo conteúdo fosse acessível a juristas e não-juristas, carreando com clareza modelos de decisão unívocos e efectivos.

III – A promoção do papel dos administradores não-executivos almejada pela reforma de 2006 colocaria desafios suplementares a uma reformulação do art. 64.º. Importaria encontrar um terreno comum a titulares do órgão de administração executivos e não executivos. Para fornecer um exemplo, a afirmação de que os deveres fundamentais dos administradores são os deveres de gestão[44] é afinal redutora, ao iludir a colocação do problema em relação aos administradores não-executivos – precisamente porque estes actores societários se definem por não lhes incumbir a gestão executiva da sociedade; antes devem aportar visão estratégica e desafiadora, crítica e fiscalização[45].

Interessaria ainda decantar um novo enunciado que oferecesse alguma estabilidade e que se furtasse a discussões doutrinárias que o tornassem rapidamente desactualizado. Para tal, bastou-se a nova versão com a dicotomia elementar dos deveres fiduciários (deveres de

---

[43] KATHARINA PISTOR/ YORAM KEINAN/ KEN KLEINHEISTERKAMP/ MARK D. WEST, *Innovation in Corporate Law, Journal of Comparative Economics,* Vol. 31(2003), 676-694; JOSEPH MCCAHERY/ ERIK VERMEULEN/ MASATO HISATAKE/JUN SAITO, *The New Company Law – What Matters in an Innovative Economy,* ECGI – Law Working Paper n.º 75/2006, (2006).

[44] Para uma apresentação clássica dos deveres da administração, cfr. KARSTEN SCHMIDT, *Gesellschaftsrecht*[4], Köln, (2002), 804-807.

[45] INSTITUTO PORTUGUÊS DE CORPORATE GOVERNANCE, *Livro Branco sobre Corporate Governance,* (2006), 146-148.

28 *Código das Sociedades Comerciais e Governo das Sociedades*

cuidado e deveres de lealdade), optando-se por assinalar a natureza não exaustiva dos deveres fiduciários crismados no preceito, revelado desde logo na correspondente epígrafe – intitulada deveres fundamentais dos administradores[46]. O preceito não preclude, assim, o reconhecimento de outros deveres gerais dos administradores, por desenvolvimento doutrinário[47] ou jurisprudencial. Para reter uma ilustração de um dos temas que o preceito mantém em aberto, mantém validade a discussão da sujeição dos administradores a deveres de boa fé, para quem entenda – tal como sucede na jurisprudência de Delaware[48] e, com fundamentação distinta, em alguma literatura germânica[49] – que destes não derivam os deveres de lealdade societários[50].

---

[46] A nova epígrafe do preceito denuncia a posição de cúpula que as prescrições do art. 64.º ocupam no sistema societário, delas irradiando consequências aplicativas de largo alcance. A literatura norte-americana discute, muito justamente, a qualificação dos deveres fiduciários elementares como princípios jurídicos: LAWRENCE CUNNINGHAM, *A Prescription to Retire the Rhetoric of "Principles-Based Systems" in Corporate Law, Securities Regulation and Accounting,* Boston College Law School Research Paper 127 (2007), 24- -26. Identicamente, no Reino Unido, os deveres fiduciários são recorrentemente tidos como princípios (cfr. a propósito dos deveres de cuidado e de lealdade dos intermediários financeiros, o enunciado lapidar da *Financial Services Authority*: http://fsahandbook.info/FSA/ html/handbook/PRIN/2/1#D3).

[47] A título de exemplo, BERNARD BLACK autonomiza, não dois, mas quatro básicos deveres fiduciários dos administradores: a par dos deveres de cuidado e de lealdade, os deveres de informação e os deveres de comportamento na pendência de OPA: *The Core Fiduciary Duties of Outside Directors*, Stanford Law School, John M. Olin Program in Law and Economics Working Paper n. 219, *Asia Business Law Review* (Jul.-2001), 3-16.

[48] Os deveres de boa fé são reconhecidos autonomamente à luz do direito do Estado norte-americano do Delaware, mas é usual reconhecer-se a sua influência no contexto da *business judgement rule* (tal como o faz o § 4.01 dos Princípios do *American Law Institute*). Os Princípios da OCDE também autonomizam os deveres de boa fé em relação aos deveres de lealdade (Princípio VI.A). Sobre o tema, que não cabe aqui tratar, cfr. nomeadamente MELVIN EISENBERG, *The Duty of Good Faith in Corporate Law*, *Delaware Journal of Corporate Law* vol. 31 n. 1 (2005), 1-75; WALTER PAEFGEN, *Dogmatische Grundlagen, Anwendungsbereich und Formulierung einer Business Judgment Rule in künftigen UMAG*, AG (2004), 245-261 (255-256).

[49] THOMAS M. J. MOLLERS, *Treuepflichten und Interessenkonflikte bei Vorstands- und Aufsichtsratsmitgliedern*, in PETER HOMMELHOFF/ KLAUS HOPT/ AXEL VON WERDER, *Handbuch Corporate Governance*, Köln, (2003), 410-411.

[50] Formulações opostas, reconduzindo o dever de lealdade societário a uma manifestação da actuação de boa fé, encontram-se usualmente na literatura britânica: cfr. designadamente PAUL DAVIES, *Introduction to Company Law*, Oxford, (2002), 159-160; ROBERT

Tudo ponderado, o corpo do art. 64.º do Código das Sociedades Comerciais passou a rezar o seguinte:

1. *Os gerentes ou administradores da sociedade devem observar:*

   a) *Deveres de cuidado, revelando a disponibilidade, a competência técnica e o conhecimento da actividade da sociedade adequados às suas funções e empregando nesse âmbito a diligência de um gestor criterioso e ordenado; e*

   b) *Deveres de lealdade, no interesse da sociedade, atendendo aos interesses de longo prazo dos sócios e ponderando os interesses dos outros sujeitos relevantes para a sustentabilidade da sociedade, tais como os seus trabalhadores, clientes e credores.*

2. *Os titulares de órgãos sociais com funções de fiscalização devem observar deveres de cuidado, empregando para o efeito elevados padrões de diligência profissional e deveres de lealdade, no interesse da sociedade.*

O enunciado transcrito amplia, em termos macroscópicos, a versão primitiva do artigo 64.º, resultando num preceito mais rico e prenhe de implicações. Cada uma das suas componentes é examinada de seguida.

6. Os deveres de cuidado

I – À cabeça do elenco dos deveres fiduciários dos administradores, esta nova versão do art. 64.º isolou os deveres de cuidado. Estes, por seu turno, foram desdobrados analiticamente em deveres de disponibilidade, de competência e de conhecimento da actividade da sociedade.

DRURY, *The Liability of Directors for Corporate Acts in English Law*, in KARL KREUZER (org.), *Die Haftung der Leitungsorgane von Kapitalgesellschaften,* Baden Baden (1991), 106; JOHN FARRAR, *Corporate Governance. Theory, Principles and Practice,* Oxford, (2005), 103-110. Entre nós, remete-se para MENEZES CORDEIRO, *Os deveres fundamentais dos administradores (Artigo 64.º/1 do CSC)*, cit., 469-476; PAULO CÂMARA, *Parassocialidade e Transmissão de Valores Mobiliários*, Lisboa, (1996), 271-294.

Não se crê que os deveres de cuidado se confinem exclusivamente a estes comandos. A ilustração pretende facilitar a tarefa do intérprete-aplicador, mas nada permite supor a sua natureza taxativa. A não ser assim, a categoria dos deveres de cuidado perderia autonomia. Para obviar ao ilogicismo deste resultado, na fixação do sentido interpretativo da alínea a) do n.º 1 do artigo 64.º não nos devemos confinar aos três deveres que surgem como concretizações dos deveres de cuidado. Todos os comportamentos na actividade societária que sejam reveladores de imprudência, esforço ou atenção insuficientes por parte dos titulares do órgão de administração ter-se-ão por ilícitos. Os deveres de cuidado impõem-se em todas as vertentes da administração: no acompanhamento da estratégia societária e sua execução, na avaliação do desempenho dos recursos humanos, patrimoniais e financeiros, na apreciação do sistema organizativo e da política contabilística. A título de exemplo, a não constituição de um sistema de controlo interno em sociedades de elevada dimensão, pode consubstanciar uma lesão desta prescrição, sem que traduza um défice de disponibilidade, competência ou conhecimento da actividade da sociedade.

A esta luz, dir-se-á que a locução "deveres de cuidado" engloba a universalidade dos deveres de comportamento profissional – alguns dos quais com consagração positiva expressa – que, afora os imperativos de lealdade, estejam ínsitos na posição orgânico-funcional do titular do de órgão social e sejam decorrentes do investimento de confiança que lhes esteja associado. Uma vez que a sua consagração é feita através de uma cláusula geral, dotada de um sentido preceptivo autónomo, o seu conteúdo não se esgota nas exemplificações isoladas na alínea a) do n.º 1 do art. 64.º.

II – De entre as concretizações oferecidas dos deveres de cuidado situa-se o dever de disponibilidade dos administradores. A previsão aludida vai de encontro à indicação constante dos Princípios da OCDE, segundo a qual *os administradores devem dedicar suficiente tempo às suas responsabilidades*. No mesmo sentido depõe o Código de governo alemão, a propósito do conselho geral e de supervisão, segundo o qual os membros deste órgão devem *assegurar que dispõem de tempo suficiente para se dedicarem ao seu mandato*[51].

O *Governo das Sociedades e a Reforma do Código das Sociedades Comerciais* 31

Na avaliação do tempo dedicado, deve-se fugir a concepções meramente quantitativas desta exigência (v.g. em função das horas de permanência nas instalações da sociedade). Os modernos meios comunicativos, por seu turno, facilitam um envolvimento na vida da sociedade desacompanhado da presença física do titular do órgão de administração. Porém, esta prescrição de disponibilidade proporcional às funções desempenhadas não pode passar em claro. Para referir um caso extremo, restaria naturalmente vedada a conduta tratada no célebre caso jurisprudencial inglês do final do século XIX, de apreciação da conduta do Marquês de Bute, presidente do *Cardiff Savings Bank* que durante 38 anos apenas assistira a uma (!) reunião do órgão de administração[52].

Além disso, é bom reter que a lei prescreve deveres de disponibilidade – mas não impõe exclusividade de funções. Contudo, não pode descurar-se a limitação imposta por esta nova previsão do art. 64.º a uma acumulação excessiva de mandatos simultâneos em diversas sociedades.

III – Além dos deveres de competência técnica, abaixo aflorados, o Código obriga agora a que o administrador seja dotado de um conhecimento adequado da sociedade. Tal significa que aquele deve reunir a informação necessária para o exercício das suas funções. Fica também confirmado o poder de exigir informações, por parte do administrador: o dever de recolha de informação tem como corolário implícito o direito a estar informado sobre os negócios e a actividade da sociedade. A consagração de um dever de obtenção de informação assume uma importância extrema, e tem uma ligação com a *business judgement rule*, adiante tratada[53]. Com efeito, as decisões

---

[51] § 5.4.5. *Deutscher Corporate Governance Kodex* (DCGK).

[52] O Marquês de Bute foi ilibado de responsabilidade por o tribunal ter entendido que não tinha conhecimento algum do que era relacionado com a actividade societária: *Re Cardiff Savings Bank, Marquis de Bute's Case* [1892] 2 Ch 100. Cfr. comentários em JANET DINE, *Company Law*[4], Hampshire, (2001) 212-213; ROBERT DRURY, *The Liability of Directors for Corporate Acts in English Law*, cit., 115-116 (sustentando que o elevado número de *trustees* e gestores naquele banco – 55 – tornavam o dever de intervenção do Marquês menos intenso).

[53] Cfr. *infra*, 9.

32 *Código das Sociedades Comerciais e Governo das Sociedades*

empresariais informadas, e que preencham os demais requisitos do novo n.º 2 do art. 72.º, são excluídas de responsabilidade civil, ainda que os resultados a que conduzam se revelem um insucesso.

Convirá frisar que o dever de obtenção de informação configura uma obrigação de resultado e não apenas de meios, na terminologia civilística. Os administradores devem estar permanentemente informados sobre a actividade da sociedade – e não basta desenvolver os melhores esforços para que tal aconteça.

No entanto, devem merecer atenção separada os casos em que ao titular do órgão de administração seja fornecida informação objectivamente errada pelos colaboradores societários. Aqui, apesar de uma não consagração expressa entre nós da doutrina anglo-saxónica da *reliance*[54], há que admitir que o administrador (particularmente no caso dos não-executivos) possa legitimamente confiar na veracidade da informação que lhe é prestada, salvo se tiver conhecimento de que a informação padece de algum vício. O que não invalida, por suposto, o dever de exame crítico da informação obtida pela parte do administrador[55].

IV – Em todo o caso, deve ter-se presente que o dever de cuidado, designadamente revelado em deveres de disponibilidade, competência e conhecimento da actividade da sociedade, apenas cobra relevo se tal resultar da aplicação de dois critérios suplementares impostos pela nova formulação do art. 64.º CSC. A avaliação é feita em função da exigência adequada às funções do administrador; e utilizando a bitola da diligência de um gestor criterioso e ordenado.

A adequação dos deveres de cuidado ao tipo de funções desempenhadas obriga a uma clarificação das funções dentro de cada socie-

---

[54] Entre muitos: RICHARD BUXBAUM, *The Duty of Care and the Business Judgment Rule in American Law. Recent Developments and Current Problems*, in KARL KREUZER (org.), *Die Haftung der Leitungsorgane von Kapitalgesellschaften,* cit., 82-85; ROBERT DRURY, *The Liability of Directors for Corporate Acts in English Law*, cit., 116--117; JAMES COX/ THOMAS LEE HAZEN, *Corporations*[2], New York, (2003), 192-193.

[55] Retoma-se o tópico adiante, precisamente por se entender que esta categoria de casos serve para iluminar a distinção entre a previsão do n.º 1 do art. 72.º em relação à do n.º 2 do mesmo preceito: cfr. *infra*, 6. VI.

dade e apela a concretizações diferenciadas, em função do papel que cada titular em concreto exerce. Além disso, a adequação dos deveres às funções implica uma consideração tendencialmente diferente e menos exigente da posição dos administradores não executivos, sobretudo nos deveres de disponibilidade, em atenção ao facto de estarem em causa por natureza pessoas que apenas dedicam parte da sua vida profissional àquela função.

Como segundo critério, emerge o critério da diligência de um gestor criterioso e ordenado. Deste modo, mantém-se um critério de exigência objectivo[56] e comparável ao utilizado em outras jurisdições. Neste contexto, basta referir o *Model Business Corporation Act* norte--americano que, para apreciação da conduta do administrador, utiliza o critério que uma pessoa normalmente prudente na mesma posição utilizaria em circunstâncias semelhantes[57].

V – O confronto entre os deveres de cuidado e os padrões de diligência observados no seu cumprimento suscita leituras desencontradas na literatura e nos textos legislativos. Há que diferenciar:

– concepções sincréticas;
– concepções analíticas.

As primeiras assimilam os dois termos, reconhecendo-lhes natureza uniforme, do que resulta a locução deveres de diligência, ainda muito comum em textos espanhóis (*deberes de diligencia*)[58] e france-

---

[56] Verifica-se algum contraste em textos legislativos recentes de países da *Commonwealth*, que na avaliação da conduta do administrador combinam elementos objectivos (os preponderantes) com elementos subjectivos, admitindo o relevo das concretas capacidades do sujeito em questão: cfr. discussão do ponto em JOHN FARRAR, *The Duty of Care of Company Directors in Australia and New Zealand,* in IAN RAMSAY (ed.), *Corporate Governance and the Duties of Company Directors,* Melbourne, (1997), 81-85.

[57] A propósito do 8.30 (b) do *Model Business Corporation Act*, muito influente nas legislações societárias estatais (consultado na versão de 2005), remete-se para RICHARD BUXBAUM, *The Duty of Care and the Business Judgment Rule in American Law. Recent Developments and Current Problems*, cit., 80-81; JAMES COX/ THOMAS LEE HAZEN, *Corporations*[2], cit., 186.

[58] FERNANDO RODRIGUEZ ARTIGAS, *El Deber de Diligencia*, in GAUDENCIO ESTEBAN VELASCO (org.), *El Gobierno de las Sociedades Cotizadas*, Madrid (1999), 419-445.

34   *Código das Sociedades Comerciais e Governo das Sociedades*

ses (*devoir de diligence*)[59]. As concepções analíticas, ao invés, têm ganho relevo, ao separar o conteúdo do dever fiduciário do esforço exigido para o seu cumprimento.

Ora, é nesta última corrente que se filia o renovado enunciado do art. 64.º. A nova disposição implica uma diferenciação entre os deveres de cuidado (primeira parte da alínea a) do n.º 1) e o grau de diligência empregue no seu cumprimento (alínea a) do n.º 1 *in fine*). Os primeiros exprimem deveres jurídicos autónomos; ao invés, a diligência procura avaliar a intensidade do esforço empregue no acatamento dos deveres legais.

Deste ponto de vista, o legislador propicia uma distinção entre o que releva da licitude da conduta e o que é relativo à culpa do titular. A ilicitude, recorde-se, documenta a contrariedade do facto do Direito, ao passo que a culpa se reporta à censurabilidade da actuação do agente, em atenção à sua vontade interior, normativamente determinada[60]. Ora, a diligência não é objecto do cumprimento, mas medida do esforço imposto para cumprimento dos deveres dos administradores[61]. Este ponto de vista recebe confirmação em outros pontos do sistema jurídico português, que concebem a diligência como critério de apreciação da culpa do agente, e não como dever autónomo (arts. 487.º, n.º 2 CC e 149.º, n.º 3 CVM). O art. 64.º, n.º 2, aliás, no local relevante, mimetiza ostensivamente o n.º 3 do art. 149.º CVM (*empregando para o efeito padrões de diligência profissional*): e não se crê que, nestes casos, as mesmas expressões legislativas possam ter significados distintos, do ponto de vista dos pressupostos de responsabilidade que ilustram.

---

[59] Cfr. ESTHELLE SCHOLASTIQUE, *Le Devoir de Diligence des Administrateurs des Societés. Droit Français et Anglais,* Paris (1998). O recente *Companies Act* britânico de 2006 estabelece deveres de exercício razoável de cuidado, competência e diligência (§ 174: *duty to exercise reasonable care, skill and diligence*).

[60] Regresse-se a CAVALEIRO DE FERREIRA, *Direito Penal Português. Parte Geral,* I, Lisboa, (1981), 201-207.

[61] Parece detectar-se uma evolução do pensamento do Prof. MENEZES CORDEIRO quanto a este tema: na *Resposta ao processo de consulta pública* (2006) a diligência é tomada como "critério de valoração de condutas prescritas noutras normas", ao passo que mais recentemente preferiu reconduzir a diligência a uma "regra de conduta incompleta", cuja violação geraria ilicitude (*Os deveres fundamentais,* cit., 453-454).

O Governo das Sociedades e a Reforma do Código das Sociedades Comerciais 35

VI – A diligência resulta agora, insiste-se, como medida do grau de cumprimento dos deveres de cuidado. Tal implica consequências aplicativas, designadamente ao impor uma aferição dinâmica do cumprimento dos deveres de competência dos administradores. Com efeito, a competência não deve ser apenas sindicada em abstracto, em atenção aos dados curriculares biográficos de cada titular do órgão. Antes deve manifestar-se no efectivo desempenho do cargo, segundo os critérios de actuação empresarial que são expressamente aflorados no artigo 72.º, n.º 2. Este constitui um aspecto importante que distingue o dever de competência das qualificações exigidas aos membros do órgão de fiscalização através do artigo 414.º, n.º 3: Aqui está em causa uma avaliação prévia ao início do mandato, para aferir da idoneidade do titular para integrar o órgão de fiscalização, ao passo que o artigo 64.º, n.º 1 a) consagra uma exigência a ser sindicada no exercício do mandato, em função do desempenho manifestado. Importa referir neste contexto o caso dos membros da comissão de auditoria da Enron, formada por reputados académicos, que todavia não detectaram qualquer irregularidade nos documentos financeiros da empresa, dada a superficialidade das análises empreendidas[62], provando não estar à altura das exigências de cuidado inerentes às suas funções.

7. Os deveres de lealdade

I – A outra vertente dos deveres fiduciários agora consagrada reporta-se aos deveres de lealdade. Numa aproximação, poderia afirmar-se que ao passo que os deveres de cuidado postulam comportamentos positivos, o dever de lealdade concretiza-se sobretudo em deveres de *non facere* – *i.e.*, deveres de abstenção de condutas que se desviem dos interesses sociais, em benefício de interesses pessoais do administrador ou de terceiros[63]. Dito de outro modo, a lealdade

---

[62] JOHN COFFEE Jr., *Gatekeepers. The Professions and Corporate Governance*, Oxford, (2006), 25-26.

[63] THOMAS M. J. MOLLERS, *Treuepflichten und Interessenkonflikte bei Vorstands- und Aufsichtsratsmitgliedern*, cit., 413.

opera como limite endógeno à actuação do administrador, ao impedir a utilização dos poderes inerentes à titularidade do órgão social em ilegítimo proveito próprio ou de terceiro[64]. Mas tal distinção é meramente tendencial, já que o dever de lealdade pode também ser lido, em sentido positivo, como o dever de aportar a maximização de benefícios em prol da sociedade, e não em proveito próprio ou de terceiros[65]. Numa visão compreensiva, dir-se-á que os deveres de lealdade servem como cláusula geral a obrigar a uma gestão adequada de conflitos de interesses em que esteja envolvido o titular do órgão social, em prevalência do interesse social.

É reconhecido que os deveres de lealdade dos titulares do órgão de administração já recebiam consagrações tópicas no direito português antes da reforma de 2006, sob a veste do dever de não concorrência (artigo 398.º) ou do dever de comportamento leal da administração de sociedade visada na pendência de OPA (artigo 181.º, n.º 2 CVM). No entanto, a sua directa consagração no artigo 64.º CSC permite concretizações aplicativas mais amplas, nomeadamente quanto ao dever de segredo, ao dever de comunicação ao órgão de administração e, ou ao órgão de fiscalização de situações que fundam conflitos de interesses e ao dever de não aproveitamento de oportunidades societárias.

II – As sociedades comerciais são organizações que afectam e nos quais confluem interesses de diversas categorias de sujeitos. Assim sendo, perante que interesses é que obedece a lealdade dos administradores? Para atingir uma resposta, mostra-se decisivo o esclarecimento dos interesses determinantes na actuação dos titulares do órgão de administração.

---

[64] J. ROBERT BROWN, *Disloyalty without Limits: "Independent" Directors and the Elimination of the Duty of Loyalty, Kentucky L J* Vol. 95 (2006-2007), 53-54.

[65] Assim: FRANK EASTERBROOK/ DANIEL FISHEL, *The Economic Structure of Corporate Law*, Cambridge/ London (1991), 103; COUTINHO DE ABREU, *Deveres de Cuidado e de Lealdade dos Administradores e Interesse Social, in Reformas do Código das Sociedades,* Coimbra (2007), 22 n. 13. Em sentido menos categórico, alegando dificuldades de delimitação do dever positivo de lealdade: R. P. AUSTIN, *Moulding the Content of Fiduciary Duties*, in A. J. OAKLEY (ed.), *Trends in Contemporary Trust Law*, Clarendon Press, Oxford (1996), 159-161.

A título preliminar, alcança-se sem dificuldade que a clarificação dos interesses a que devem obediência os titulares do órgão de administração releva também para a concretização aplicativa dos deveres de cuidado. Porém, o tema é usualmente tratado no contexto dos deveres de lealdade, que visam mais directamente dar resposta a problemas de conflitos de interesses.

A este propósito, como foi referido, a versão anterior do normativo mandava os administradores actuar *no interesse da sociedade, tendo em conta os interesses dos sócios e dos trabalhadores.* Esta visão sincrética dos interesses a acautelar pelos titulares do órgão de administração – manifestada através da colocação no mesmo plano de associados e assalariados – era confusa e dificultava a avaliação do desempenho da sociedade e dos titulares dos seus órgãos sociais.

Neste ponto, a nova versão do art. 64.º distancia-se claramente do texto pré-vigente. Para uma adequada fixação do sentido hermenêutico do preceito é necessário ter presente que a alínea b) do n.º 1 deste preceito contém duas proposições distintas, a saber:

- Os administradores devem *atender* aos interesses de longo prazo dos sócios;
- Os administradores devem *ponderar* os interesses dos outros sujeitos relevantes para a sustentabilidade da sociedade, tais como os seus trabalhadores, clientes e credores

Esta distinção oferece uma relevância capital na economia do preceito. Através desta contraposição, a lei distingue duas categorias de interesses: (i) o interesse primário a que o administrador deve obediência; e (ii) os interesses secundários que devem apenas ser ponderados[66]. Apenas o primeiro deve ser considerado, *summo rigore,* interesse social[67]. A mensagem legislativa é clara: quando se mostre

---

[66] Cfr., no mesmo sentido fundamental, INSTITUTO PORTUGUÊS DE CORPORATE GOVERNANCE, *Livro Branco sobre Corporate Governance,* cit., 141-142.

[67] É concordante a posição de ALEXANDRE SOVERAL MARTINS, *Cláusulas do Contrato de Sociedade que Limitam a Transmissibilidade de Acções. Sobre os Artigos 328.º e 329.º do CSC,* Coimbra (2006), 636; e de ARMANDO MANUEL TRIUFANTE, *Código das Sociedades Comerciais Anotado,* Coimbra, (2007), 63.

38   Código das Sociedades Comerciais e Governo das Sociedades

em conflito com o interesse dos restantes *stakeholders*, é o interesse de longo prazo dos sócios que deve prevalecer

Os fundamentos da primazia dos interesses dos sócios são conhecidos. Os sócios são investidos no poder de voto que determina colectivamente a conformação dos estatutos e, directa ou indirectamente, a eleição dos titulares da administração; e são os sócios que suportam o risco da empresa, sendo reembolsados, em caso de liquidação da sociedade, apenas após o pagamento aos credores (*residual claimants*). Tudo somado, é perceptível que a primazia dos titulares das participações sociais favorece mais directamente a prosperidade da sociedade, o que apresenta benefícios para os restantes *stakeholders* e para a economia em geral.

Acresce que o enfoque agora firmado na posição dos accionistas serve melhor a vocação do Direito das sociedades – a qual não é, recorde-se, a de resolver conflitos laborais ou de prevenir cataclismos ambientais[68]. Essa limitação intrínseca à disciplina societária não pode ser olvidada nesta sede.

É interessante notar que neste ponto essencial é semelhante, embora não idêntica, a lógica do mais recente código das sociedades europeu – o *Companies Act* britânico de 2006, segundo o qual os administradores devem visar, a título principal, o bem dos sócios como um todo. Tal não obsta que o mesmo texto normativo britânico adiante que, ao *fazê-lo*, os administradores devem ponderar outros elementos, nomeadamente: as consequências das decisões a longo prazo; os interesses dos trabalhadores; as necessidades em promover as relações com fornecedores e clientes; o impacto das operações societárias na comunidade e no ambiente; a desejabilidade na manutenção de elevada reputação em termos da condução de negócios; e o tratamento equitativo entre membros da sociedade (§ 172)[69].

---

[68] D. GORDON SMITH, *The Dystopian Potential of Corporate Law, University of Wisconsin Legal Studies Research Paper* n. 1040 (2007).

[69] Já a *Company Law Reform Bill* anunciava esta orientação básica, embora denotasse ligeiros desvios em relação ao texto que veio a ser crismado como definitivo, dado estabelecer de um lado que os administradores estão vinculados ao bem dos sócios como um todo (§ 156 (1), mas de outro lado adiante que devem ter em consideração (na medida em que seja razoavelmente praticável), entre outros elementos, os interesses dos trabalhadores e a necessidade de estimular relações empresariais com fornecedores, clientes e outros (§ 156

Mesmo a vinculação do novo art. 64.º CSC aos interesses dos sócios *de longo prazo* não surpreende, já que serve a subsistência da sociedade e a sua criação de riqueza, em termos duráveis. Retira-se da nova redacção do normativo que os interesses dos sócios de curto prazo, embora devam ser sopesados em plano superior em relação aos dos demais *stakeholders*, são subalternizados em relação aos interesses dos sócios de longo prazo. Como é fácil de notar, esta parte da norma apresenta também um certo paralelo no *Companies Act* de 2006, no fragmento atrás invocado, a obrigar que o administrador pondere as consequências das decisões no longo prazo (§ 172 (1 a)). Estas afirmações nos códigos societários português e britânico são importantes, numa época em que proliferam os investidores apenas preocupados com o encaixe financeiro decorrente da rentabilização, a curto prazo, do investimento accionista efectuado – onde se incluem tipicamente os accionistas intra-diários (*day traders*)[70] e os fundos alternativos (*hedge funds*). Estes últimos, aliás, pese embora a sua heterogeneidade, exercem frequentemente o seu activismo accionista com base em direitos inerentes a acções detidas em empréstimo ou em instrumentos negociais baseados em derivados (v.g. *equity swaps*), o que faz com que a sua influência esteja muitas vezes desligada do risco típico inerente à participação accionista – prática que, aplicada à participação assemblear, tem recebido a reveladora designação de voto vazio (*empty voting*)[71]. Esta, pois, a constelação de

---

(3)). Sobre este texto: DANIEL ATTENBOROUGH, *The Company Law Reform Bill: an analysis of directors' duties and the objective of the company*, Company Lawyer (2006), 27 n.º 6, 162-169; JONATHAN RUSHWORTH/ DANIELLE HARRIS, *Role and Responsibilities of Directors,* in DANIELLE STEWART/ WARRANER STEWART (ed.), *A Practitioner's Guide to the Company Law Review,* Surrey (2001), 125-134.

[70] É sintomática a confirmação desta conclusão geral de política legislativa num documento recente do INSTITUTE OF DIRECTORS, *Corporate Governance. What the Government Should be Doing*, (2005), que apela ao encorajamento de um conceito de sucesso societário de longo prazo.

[71] Sobre a caracterização da estratégia de curto prazo dos *hedge funds* e potenciais respostas, tem interesse a análise de MARCEL KAHAN/ EDWARD B. ROCK, *Hedge Funds in Corporate Governance and Corporate Control*, ECGI – Law Working Paper n.º 76/2007, 47-53; e o retrato desencantado de MARTIN LIPTON, *Shareholder Activism and the "Eclipse of the Public Corporation"*, (2007), 2. Complemente-se com a descrição das técnicas de alavancagem do poder de influência, típico dos *hedge funds*, feito em HENRY HU/ BERNARD S. BLACK, *The New Vote Buying: Empty Voting and Hidden (Morphable) Owner-*

40   *Código das Sociedades Comerciais e Governo das Sociedades*

accionistas que o novo art. 64.º vem agora discriminar negativamente em relação aos accionistas de longo prazo, reconhecendo a diversidade de interesses, de objectivos e do grau de correspondência com o interesse social subjacentes em um e no outro caso.

III – O artigo 64.º dispensa, por fim, uma tutela reflexa aos sujeitos relevantes para a sustentabilidade da sociedade, de que beneficiam nomeadamente trabalhadores, credores e clientes. Tal radica na ideia de que a satisfação, em termos equilibrados, dos interesses destes sujeitos, acarreta benefícios para a sociedade, influenciando positivamente a sua capacidade de gerar lucros, o que aproveita também aos seus accionistas.

Esta parte do preceito abre porta a um relançamento da responsabilidade social das empresas, embora em termos subordinados, como referido, aos interesses dos sócios. No texto vigente, o atendimento dos interesses dos *stakeholders* supõe, desde logo, um recenseamento claro dos interesses em causa através de fonte idónea (*inter alia*, consoante o caso, relatórios periciais ou reuniões com a comissão de trabalhadores); uma avaliação das implicações da decisão para a sociedade em geral; e uma confirmação de que a decisão não lesa os interesses dos sócios.

A referência aos interesses dos trabalhadores foi recebida desde a versão originária do Código das Sociedades Comerciais, presumivelmente por influência do *Companies Act* britânico à altura vigente[72]. A reforma nacional de 2006 diminui o relevo preceptivo do comando normativo contido no art. 64.º, no que respeita aos trabalhadores. Repisa-se que tal serve adequadamente a clarificação dos interesses atendíveis na prossecução da actividade societária. O que, de resto, condiz com a tradição societária portuguesa, pouco empenhada em

---

ship, Southern California Law Review Vol. 79 (2006) 811-908; e, entre nós, com o texto pioneiro de GABRIELA FIGUEIREDO DIAS, *Regulação e Supervisão de Hedge Funds: Percurso, Oportunidade e Tendências,* in *Direito dos Valores Mobiliários,* Vol. VIII (no prelo).

[72] Section 309 (1) CA 1985: ROBERT DRURY, *The Liability of Directors for Corporate Acts in English Law,* cit., 131-133.

O Governo das Sociedades e a Reforma do Código das Sociedades Comerciais   41

dar aplicação aos preceitos vigentes sobre a influência dos trabalhadores na governação da sociedade. Com efeito, as regras vigentes em Portugal sobre o envolvimento dos trabalhadores nas sociedades[73] nunca lograram uma expressão aplicativa visível[74].

Embora não constitua uma originalidade absoluta no ordenamento jurídico nacional[75], a novidade maior da reformulação desta parte do artigo 64.º reside na identificação dos interesses dos clientes da sociedade como interesses a ponderar neste contexto[76]. O mercado de serviços e produtos exerce uma função disciplinadora em relação ao desempenho dos administradores, que não pode ser ignorada[77]. Certo é que tais interesses podem mostrar-se de importância variável em função do tipo de sociedade considerada. Na governação de sociedades que prestam serviços públicos (utilities, bolsas, empresas de telecomunicações), como é sabido, a sua relevância – no quadro apertado do art. 64.º – é tendencialmente mais aguda.

IV – À guisa de conclusão sobre o alcance do novo art. 64.º, importa reter a complementariedade aqui revelada entre deveres fiduciários e as construções continentais sobre o interesse social, muito

---

[73] Referimo-nos à alínea b) do n.º 5 do art. 54.º CRP, à Lei n.º 46/79, de 12 de Setembro e à Lei n.º 40/99, de 9 de Junho.

[74] Em sentido concordante, apontando um défice de tradição no envolvimento de trabalhadores na vida das sociedades, cfr. RUI PINTO DUARTE, Portugal in KRZYSZTOF OPLUSTIL/ CHRISTOPH TEICHMANN (ed.), The European Company – all over Europe, Berlin (2004), 278.

[75] O relevo desta categoria jurídica não constitui, de facto, uma novidade absoluta. Sobre o conceito de cliente, cfr. nomeadamente o art. 198.º, n.º 2, 210.º, n.º 3, 292.º, 304.º, n.ºs 1 e 3, 306.º, 307.º, 308.º, n.º 2, 309.º, 310.º, n.º 1, 312.º, n.º 2, 318.º, alínea f), 322.º, 323.º, 324.º, 326.º, n.º 3, 332.º, n.º 2, 334.º, n.º 1, 336.º, 346.º, 347.º, 361.º, n.º 3, 382.º, n.º 5, 389.º, n.º 2 e 397.º, n.º 2 CVM.

[76] O que motiva até propostas no sentido de uma refocagem da corporate governance, "para acolher também os interesses dos clientes": assim, COMISSÃO JURÍDICA DO INSTITUTO PORTUGUÊS DE CORPORATE GOVERNANCE, Corporate Governance. Reflexões. I, Lisboa, (2007), 97.

[77] Embora com limites, como aponta MELVIN EISENBERG, The Structure of Corporate Law, Columbia LR 89 (1989), 1489, sobretudo em mercados com concorrência imperfeita ou ante sociedades de elevado porte e com grande capacidade de absorver perdas.

divulgadas e trabalhadas em Portugal[78]. Ao passo que aquelas adquirem maior densidade, estas recebem uma maior clareza aplicativa.

A contraposição entre deveres de cuidado e deveres de lealdade, por seu turno, deve ser entendida em termos integrados e não em moldes antitéticos. A inter-penetração entre ambos é inevitável[79]. A título de exemplo, como se viu, a heirarquização dos interesses determinantes oferecida a propósito dos deveres de lealdade releva igualmente para efeitos da concretização dos deveres de cuidado. A incidência dos deveres de cuidado, e do esforço de desempenho que lhes está associado, varia naturalmente em função dos interesses que, em concreto, estiverem a ser servidos na actuação do administrador.

---

[78] Muito interessante, neste contexto, GUNTHER TEUBNER, *Corporate Fiduciary Duties and their Beneficiaries. A Functional Approach to the Legal Institutionalization of Corporate Responsibility,* in KLAUS HOPT/ GUNTHER TEUBNER, *Corporate Governance and Directors Liabilities,* Berlin/ New York, (1985), 151-156 (155-156). Entre a literatura portuguesa sobre o interesse social, destaca-se MENEZES CORDEIRO, *Da Responsabilidade Civil dos Administradores,* cit., 520-523 e *passim,* reconhecendo incompletude ao critério legislativo; considerando irrecusável a necessidade de atender não apenas aos interesses dos sócios, mas também aos interesses dos trabalhadores, implicando uma ponderação confessadamente delicada: COUTINHO DE ABREU, *Curso de Direito Comercial. II Das Sociedades,* (2002), 286-303 [e na 2.ª edição, (2007) 294-310, já se pronunciando ante o renovado dispositivo]; Id., *Deveres de Cuidado e de Lealdade dos Administradores e Interesse Social,* cit., 31-47; assumindo um défice de sindicabilidade do interesse social: OLIVEIRA ASCENSÃO, *Direito Comercial. IV Sociedades Comerciais. Parte Geral,* Lisboa (2000), 70-72. V. ainda Id., *Invalidades das Deliberações dos Sócios,* in *Problemas de Direito das Sociedades,* (2002), 390-392; PEDRO DE ALBUQUERQUE, *Direito de Preferência dos Sócios em Aumentos de Capital nas Sociedades Anónimas e por Quotas,* (1993), 303-342 (331-332); LUÍS MENEZES LEITÃO, *Pressupostos da Exclusão de Sócio nas Sociedades Comerciais,* Lisboa, (1989), 35-41; PEDRO PAES DE VASCONCELOS, *A Participação Social nas Sociedades Comerciais*[2], Coimbra, (2006) 315-332; JOSÉ NUNO MARQUES ESTACA, *O Interesse da Sociedade nas Deliberações Sociais,* Coimbra, (2003), 83-119; FILIPE CASSIANO DOS SANTOS, *Estrutura Associativa e Participação Societária Capitalística,* Coimbra (2006) 372-401.

[79] FRANK EASTERBROOK/ DANIEL FISHEL, *The Economic Structure of Company Law,* cit., 103.

8. A extensão dos deveres fiduciários aos membros dos órgãos de fiscalização

O Código das Sociedades Comerciais passou também a estender, *expressis verbis*, os deveres de cuidado e de lealdade aos membros do órgão de fiscalização. Resulta, assim, suprida uma omissão relevante da versão originária da fundamental lei societária.

Se ensaiarmos uma interpretação da formulação encontrada no n.º 2 do artigo 64.º, mais curta do que a do n.º 1 do mesmo normativo[80], chegamos a uma dupla conclusão. De um lado, parece subjazer a este dispositivo um implícito sentido remissivo, ao evitar uma duplicação textual do n.º 1 do artigo 64.º, quanto ao conteúdo dos elementares deveres fiduciários. De outro lado, o enunciado parece forçar um exercício remissivo adaptado, que sempre seria necessário no decurso desta extensão do âmbito aplicativo dos deveres de cuidado e de lealdade aos membros dos órgãos de fiscalização. Assim, dispensa-se uma referência ao interesse dos accionistas e dos demais *stakeholders*, dada a natureza da actividade de fiscalização, que se rege por critérios de legalidade e de verificação da conformidade dos actos societários com a estratégia societária e as deliberações sociais; e não se pauta tipicamente[81] por bitolas de oportunidade empresarial.

9. A exclusão da responsabilidade em caso de actuação empresarialmente racional (*business judgement rule*)

I – O tema do governo das sociedades ostenta relevantes ligações com o da responsabilidade civil dos titulares do órgão de administração. Conquanto que não o único, o sistema de reparação de danos constitui um dos elementos atinente à sindicabilidade da actua-

---

[80] Criticamente: GABRIELA FIGUEIREDO DIAS, *Fiscalização de Sociedades e Responsabilidade Civil*, Coimbra (2006), 50-53.

[81] É justo ressalvar do exposto a nova atribuição de legitimidade para a contratação de peritos (artigos 421.º, n.º 3. 423.º-F p) e 441.º p)), a qual – pela sua natureza para-administrativa – pode resultar na prática de actos aos quais possam subjazer critérios de adequação e de avaliação de oportunidades de mercado.

44 *Código das Sociedades Comerciais e Governo das Sociedades*

ção dos titulares dos órgãos sociais e desempenha, nessa medida, um papel profiláctico de actuações desconformes ao Direito.

Paralelamente, não se pode ignorar que o alcance prático do sistema de responsabilidade civil no plano do bom governo societário depende também da intensidade de litigiosidade judicial em torno da prestação dos administradores – aspecto em que o panorama nacional se apresenta como bastante pobre.

Aqui situados, há que apontar a evolução verificada no artigo 77.º CSC, que, mercê da fragmentação de capital e das dificuldades de coordenação colectiva dos accionistas em sociedades com acções cotadas, estabeleceu para estes casos a suficiência da titularidade de 2% para propor acção social de responsabilidade contra membros do órgão de administração, com vista à reparação, a favor da sociedade, do prejuízo que esta tenha sofrido, quando a mesma a não haja solicitado.

II – Do ponto de vista da construção jurídica, o maior problema do regime jurídico pregresso residia na dúvida reinante sobre o alcance do art. 64.º CSC, já aqui examinado, no que concerne às suas implicações na disciplina relativa à indemnização por danos causados na actuação dos administradores. O ponto residia em determinar se ou em que medida aquele normativo funcionava como critério de actuação dos administradores – dividindo-se as posições entre os autores que sustentavam tratar-se de um preceito sem valor autónomo[82], e os que lhe assinalavam um sentido preceptivo efectivo[83].

Esta incerteza era perversa, e não poderia prolongar-se. É a esta luz – isto é: enquanto expediente de clarificação das ligações entre o conteúdo dos deveres dos administradores e o sistema de reparação de danos –, que deve ser apreciado, ainda que a passo largo, o acolhimento da *business judgement rule* na nossa lei societária.

---

[82] Recorde-se MENEZES CORDEIRO, *Da Responsabilidade Civil dos Administradores das Sociedades Comerciais*, cit., 496-497.

[83] A título de exemplo: PEDRO PAES DE VASCONCELOS, *A Participação Social nas Sociedades Comerciais*, cit., 324-325.

III – A *business judgment rule* tem origem norte-americana, surgindo como desenvolvimento judicial e legislativo no âmbito dos deveres fiduciários da administração. O sentido fundamental da regra é o de determinar uma exclusão de responsabilidade civil pelo sucesso das decisões empresariais tomadas em termos informados e sem conflito de interesses.

No plano da motivação económica, a regra emerge da constatação de que a tomada de decisões com risco é essencial à actividade societária. Como refere lapidarmente BUXBAUM: *it is prudent to take risks and imprudent not to do so*[84]. Neste contexto, a regra de *business judgment* visa evitar que os administradores sejam avessos ao risco, procurando eliminar receio de tomada de decisões por causa do risco da litigação abusiva a que alguns accionistas podem dar causa[85].

No plano do desenho normativo, a intenção por detrás da criação da regra é dupla. A um tempo, visa densificar o conteúdo dos deveres dos administradores, sobretudo na vertente do dever de cuidado[86]. A regra exonera de responsabilidade erros honestos de gestão cometidos por negligência[87]. Não evita, assim, a responsabilidade por condutas dolosas[88]. A outro tempo, procura impedir o escrutínio judicial sobre o mérito dos actos de gestão, porque os tribunais não estão preparados nem vocacionados para esse exame[89]. Equilibra-se deste modo a liberdade de decisão dos administradores e a sua sindicabili-

---

[84] RICHARD BUXBAUM, *The Duty of Care and the Business Judgment Rule in American Law. Recent Developments and Current Problems*, cit., 81.

[85] WALTER PAEFGEN, *Dogmatische Grundlagen, Anwendungsbereich und Formulierung einer Business Judgment Rule in künftigen UMAG*, cit., 247-248.

[86] Para Bainbridge, a regra de juízo empresarial está relacionada com a actuação de boa fé, os deveres de lealdade e com os deveres de cuidado, embora a sua ligação seja mais intensa em relação a estes últimos: STEPHEN BAINBRIDGE, *Corporation Law and Economics*, , cit., 283-285; Id, *The Business Judgment Rule as Abstention Doctrine*, cit., 6.

[87] REINIER KRAAKMAN, *The Economic Functions of Corporate Liability*, in *Corporate Governance and Directors' Liabilities*, (1985), 184; STEPHEN BAINBRIDGE, *The Business Judgment Rule as Abstention Doctrine*, cit., 6.

[88] JAMES COX/ THOMAS LEE HAZEN, *Corporations*[2], cit., 196-198.

[89] A discussão deste ponto pode ser agora acompanhada através da pena crítica de KENT GREENFIELD, *The Failure of Corporate Law*, Chicago, (2007), 224-230 (para quem a *business judgement rule* evita uma obediência irracional ao cumprimento dos deveres fiduciários).

46 *Código das Sociedades Comerciais e Governo das Sociedades*

dade[90]. A regra apresenta, assim, uma natureza bicéfala, consoante se procure acentuar a vertente de definição positiva da conduta devida ou a preclusão de escrutínio judicial (*abstention doctrine*[91]).

Embora tenha origem norte-americana, a *business judgment rule* já estendeu a sua influência a outros cantos do globo. Na Alemanha, a jurisprudência já seguia este critério antes de o mesmo ser transportado para a lei[92]. Hoje a *Aktiengesetz* consagra directamente esta solução (§ 93 1 I)[93-94].

IV – Em Portugal, também havia jurisprudência a recorrer à *business judgment rule* enquanto auxiliar da bitola decisória do direito respeitante à reparação de danos[95].

---

[90] Utilizando uma formulação próxima, ao reportar-se a uma tensão entre autoridade e *accountability*: STEPHEN BAINBRIDGE, *Corporation Law and Economics*, New York (2002) 208; Id, *The Business Judgment Rule as Abstention Doctrine*, http://ssrn.com/abstract=429260 (2003), 2.

[91] STEPHEN BAINBRIDGE, *The Business Judgment Rule as Abstention Doctrine*, cit., 5-50; WILLIAM J. CARNEY, *The Monitoring Board, Duties of Care, and the Business Judgment Rule*, in AA.VV., *The American Law Institute and Corporate Governance. An Analysis and Critique*, National Legal Center for the Public Interest, s.l., (1987), 111-137; CHARLES HANSEN, *The duty of care, the business judgment rule, and the American Law Institute corporate governance project*, Bus. Law. 48 (1993), 1355-1376; MELVIN EISENBERG, *Obblighi e responsabilità degli amministratori e dei funzionari delle società nel diritto americano*, Giurisprudenza Commerciale, I, (1992), 621-ss; BAYLESS MANNING, *The Business Judgment Rule and the Director's Duty of Attention: Time for Reality*, Bus. Law. 39 (1984), 1477-1501.

[92] KLAUS HOPT/ PATRICK LEYENS, *Board Models in Europe. Recent Developments of Internal Corporate Governance Structures in Germany, the United States, France, and Italy*, ECGI Law Working Paper n. 18/2004 (2004), 5.

[93] Sobre esta solução, decorrente da UMAG (*Gesetz zur Unternehmensintegrität und Modernisierung des Anfechtungsrechts*), cfr. nomeadamente JOHANNES SEMLER, *Zur aktienrechtliche Haftung der Organmitglieder einer Aktiengesellschaft*, AG (2005), 321-336.

[94] A solução britânica desvia-se em alguma medida desta linha, ao consagrar um dever de actuar no que o administrador considera, de boa fé, que promova o sucesso da sociedade em benefício dos seus membros como um todo: *A director of a company must act in the way he considers, in good faith, would be most likely to promote the success of the company for the benefit of its members: Companies Act* de 2006, § 172 (1).

[95] PEDRO CAETANO NUNES, *Corporate Governance*, Coimbra (2005), reproduzindo a sentença proferida na 3.ª Vara Cível de Lisboa, em 27 de Outubro de 203, 7-44.

O *Governo das Sociedades e a Reforma do Código das Sociedades Comerciais* 47

Além disso, o requisito principal da regra de *business judgement* – a conformação com o critério de racionalidade empresarial – é também utilizado, apenas com ligeiro desvio linguístico, na lei penal, a propósito da incriminação da administração danosa. Recorde-se que o art. 235.º do Código Penal tipifica como crime a infracção intencional de normas de controlo ou de *regras económicas de uma gestão racional* que provoque dano patrimonial importante em unidade económica do sector público ou cooperativo.

Nessa medida, o novo n.º 2 do artigo 72.º CSC não corresponde, *summo rigore*, ao que se designa de transplante legislativo – consagração de uma regra estranha ao sistema jurídico, por pura importação cultural[96] –, antes representando um prolongamento das traves mestras do regime preexistente.

V – Segundo o n.º 2 do artigo 72.º CSC, a responsabilidade dos membros da administração *é excluída se alguma das pessoas referidas no número anterior provar que actuou em termos informados, livre de qualquer interesse pessoal e segundo critérios de racionalidade empresarial.*

Convém em primeiro lugar atentar no âmbito desta regra. O seu campo de aplicação é o das decisões empresariais – isto é, das decisões dos titulares do órgão de administração, tomadas isoladamente ou reunidos colegialmente. Dito de outro modo, não pode pretender--se que esta regra goze de aplicação aos actos dos titulares de órgãos de fiscalização[97]. A norma remissiva contida no n.º 1 do artigo 81.º[98] não é de aplicação cega, obrigando a um juízo de adequação entre o regime da responsabilidade da administração e as singularidades do órgão de fiscalização. Em resultado dessa apreciação, parece claro que a remissão não pode abranger o n.º 2 do artigo 72.º.

---

[96] Sobre este conceito, remete-se para ALAN WATSON, *Legal Transplants. An Approach to Comparative Law*[2], Athens/ London (1993), 116 e *passim*.

[97] Em sentido diferente ao sustentado, cfr. porém GABRIELA FIGUEIREDO DIAS, *Fiscalização de Sociedades e Responsabilidade Civil*, cit., 78-81; ANTÓNIO PEREIRA DE ALMEIDA, *Direito das Sociedades Comerciais*, Coimbra (2006), 450.

[98] Os membros de órgãos de fiscalização respondem *nos termos aplicáveis* das disposições anteriores (itálico meu).

48 *Código das Sociedades Comerciais e Governo das Sociedades*

Crê-se que esta leitura hermenêutica é a única congruente com a letra da norma, com a sua teleologia e com o seu sentido histórico, no sistema jurídico onde primeiro foi aplicada, conforme exposto. Olhando ao elemento literal, parece inescapável que os membros de órgãos fiscalizadores não fazem uso de *critérios de racionalidade empresarial*; utilizam ao invés critérios de legalidade, os quais exorbitam do âmbito e da filosofia da *business judgment rule*. Quanto ao escopo da norma, se é certo que visa evitar comportamentos avessos ao risco nas decisões empresariais, e não limitar *à outrance* o risco de litigância, torna-se apodíctico a sua vocação aplicativa confinada à administração. Retenha-se que os actos dos titulares dos órgãos de fiscalização não envolvem risco, no sentido recortado, ao serem actos aferidores da conformidade das decisões dos restantes órgãos sociais ou colaboradores societários com o Direito em geral ou com as deliberações dos órgãos sociais competentes.

Apenas merecem tratamento separado os actos para-administrativos confiados ao órgão de fiscalização – como sejam a contratação de peritos, agora permitida em relação a todos os modelos de governo (artigos 421.º, n.º 3. 423.º-F p) e 441.º p)). Embora instrumentais ao exercício das funções de fiscalização, são estes os únicos actos em que, por não se reconduzirem ao núcleo da actividade fiscalizadora, se admite a interferência da exclusão de responsabilidade *ex vi* do n.º 2 do art. 72.º CSC[99].

VI – Assim delimitada, a solução nacional supõe uma articulação com dois traços distintos do regime societário:

– os deveres fiduciários estabelecidos no artigo 64.º, n.º 1;
– a presunção de culpa em caso de actuação ilícita dos administradores, consagrada no artigo 72.º, n.º 1.

Ao administrador demandado basta demonstrar que a sua decisão foi tomada: com base em informação suficiente; sem conflito de

---

[99] Por diversos motivos, o mesmo vale para as intervenções dos membros da comissão de auditoria nas deliberações do órgão de administração: nesse caso estar-se-á perante puros actos de administração, aos quais nem se aplica o n.º 2 do art. 64.º – mas sim o n.º 1 do mesmo preceito.

interesses; e numa lógica racional do ponto de vista empresarial. Assim configurado, o artigo 72, n.º 2 assume um sentido comportamental claro, ao estabelecer um ónus de actuação informada, desinteressada e racional para que o titular do órgão de administração possa beneficiar da exclusão de responsabilidade. Constitui, nesses termos, um prolongamento da alínea a) do n.º 1 do art. 64.º CSC. O ónus de actuação informada supõe uma indagação de que no caso concreto o esforço informativo foi adequado às funções do membro e às exigências da decisão que haveria que ser tomada.

A verificação da inexistência de interesse pessoal, por seu turno, far-se-á em concreto: afere-se individualmente, em relação a cada membro do órgão de administração envolvido[100]. Não basta, por isso, a presença de membros independentes em acto deliberativo para estender o efeito a todos os demais administradores[101].

Demonstrar a racionalidade empresarial da decisão tomada não equivale à prova da sua *bondade*. Aquele juízo é menos exigente, bastando-se com a prova indiciária de que subjaz uma lógica empresarial à decisão adoptada. Ao tribunal não cabe questionar os critérios empresariais utilizados nem, menos ainda, ajuizar sobre se havia decisões alternativas melhores. O elemento teleológico e o elemento histórico de interpretação da norma alicerçam, com segurança, esta asserção. Apenas pode haver intromissão judicial se houver ilogicismo na decisão tomada: por outras palavras, se – *e só se* – a decisão do administrador se revelar irracional.

Examinada à luz das suas implicações comportamentais, a *business judgement rule*, não obriga, mas convida a uma estruturação mais cuidadosa do processo deliberativo pelos titulares da administração das sociedades comerciais. A exclusão de responsabilidade asse-

---

[100] A este propósito, há interessantes contributos interpretativos além-Atlântico que não afastam a possibilidade de recurso à *business judgement rule* em caso de detenção de acções por administradores: cfr. R. FRANKLIN BALOTTI/ CHARLES ELSON/ J. TRAVIS LASTER, *Equity Ownership and the Duty of Care: Convergence, Revolution, or Evolution*, Bus. Law. vol. 55 (2000), 661-ss.

[101] Na jurisprudência de Delaware prevalece entendimento diverso, o que é intensamente criticado. Cfr. J. ROBERT BROWN, *Disloyalty without Limits: "Independent" Directors and the Elimination of the Duty of Loyalty, cit.*, 53-105.

gurada pelo n.º 2 do artigo 72.º alcança-se mais facilmente se a decisão dos administradores obedecer a um processo interno inatacável; se for precedida de consulta aos colaboradores internos ou externos adequados; e se for fundamentada, para deixar exposta, logo no acto decisório, a respectiva *ratio*. Aliás, o momento aplicativo decisivo para avaliação dos pressupostos do n.º 2 do artigo. 72.º é o da tomada de decisão pelo administrador: uma vez verificados estes pressupostos, as consequências ulteriores do acto praticado perdem relevância.

A formulação legislativa encontrada confia ao titular do órgão de administração o ónus da demonstração do carácter imparcial, informado e empresarialmente racional da sua acção. Isto porque a solução contrária provocaria uma erosão significativa da posição jurídica dos potenciais lesados, em relação aos quais a prova do grau de informação do administrador ou da sua lesão dos cânones da *business judgement* se revela mais árdua. Aliás, uma distribuição inversa do ónus da prova apenas colheria justificação em sistemas jurídicos de elevada litigiosidade judicial – o que comprovadamente, como notado, não sucede em Portugal.

VII – Embora não seja neutra a esse respeito, a lei não toma posição directa na discussão sobre se esta exclusão da responsabilidade opera ao nível da ilicitude ou da culpa. Trata-se de uma controvérsia em que o legislador não deve intrometer-se: à lei cabe disciplinar e não doutrinar. A matéria foi por isso colocada no art. 72.º, preceito que, na lei portuguesa, visa curar da exclusão de responsabilidade dos titulares da administração. De resto, o art. 72.º inclui seja cláusulas de exclusão de culpa (n.os 1 e 3) seja exclusões de responsabilidade operada ao nível da falta de preenchimento dos pressupostos do tipo de ilícito (v.g., o n.º 2 e o n.º 5). Por isso, embora desgarrada do artigo 64.º, não deve causar estranheza a colocação sistemática da *business judgment rule* na fundamental lei societária portuguesa.

Em todo o caso, a discussão aludida não é isenta de consequências, sobretudo na medida em que se impõe atender à sua articulação com a ilisão da presunção de culpa a que se reporta o n.º 1 do art. 72.º CSC.

VIII – O ponto é delicado, e exige uma reconstrução dogmática de dados gerados fora dos quadros continentais à luz das actuais coordenadas do direito positivo nacional.

Aqui situados, impressiona desde logo que a consagração da *business judgment rule* tenha mantido intocada a regra do n.º 1 do art. 72.º. Percebe-se, assim, que a *business judgement rule* funciona como causa de exclusão de responsabilidade autónoma da baseada no afastamento da presunção de culpa. De outro modo dito, nada permite supor que o n.º 2 do art. 72.º venha limitar mecanismos excludentes de responsabilidade pré-vigentes. Aliás, embora a sua valia hermenêutica seja modesta, dos elementos preparatórios da reforma colhe-se intenção inversa: a de alargar, precisamente, os casos em que a responsabilidade do administrador deixa de operar.

Importa no entanto ir mais longe, e decompor analiticamente os elementos de que depende a exclusão de responsabilidade:

– a actuação em termos informados;
– a inexistência de qualquer interesse pessoal em conflito com a decisão societária; e
– a correspondência com critérios de racionalidade empresarial.

Trata-se de requisitos que encerram padrões objectivos, que servem de extensão do conteúdo prescritivo fixado no art. 64.º, n.º 1 CSC (o primeiro critério) ou se centram na valoração do facto praticado (os dois últimos). Contribuem, deste modo, para uma delimitação do tipo de ilícito.

Para reforçar esta asserção, é essencial discernir a articulação do n.º 2 do art. 72.º com os deveres de cuidado fixados na alínea a) do n.º 1 do art. 64.º, porquanto aquele preceito justamente determina as circunstâncias em que a violação dos deveres de cuidado não gera responsabilidade. E não pode olvidar-se a estrutura da alínea a) do n.º 1 do art. 64.º, mormente a separação entre os deveres de cuidado e os padrões de diligência elevada utilizados na apreciação da conduta do administrador. À luz do nosso Direito, a *business judgment rule* estrutura-se como um ónus: se o membro da administração lograr demonstrar que actuou se modo imparcial, informado e empresarialmente racional, afasta a sua responsabilidade. Ora, este ónus, como mencionado, exibe um nítido sentido comportamental em complemento à estatuição dos deveres de cuidado. O art. 72.º/2 prolonga, pois, a cláusula dos deveres de cuidado consagrada na alínea a) do n.º 1 do art. 64.º. Assim, cumpre concluir que o momento aplicativo relevante para funcionamento desta regra é o da exclusão da ilicitude – em momento logicamente anterior àquele em que opera o art. 72/1.

Além disso, o n.º 2 do art. 72.º denota um alcance selectivo em função do tipo de ilícito em jogo. Em primeiro lugar, não cobre condutas ilícitas por violação dos deveres de lealdade, por aqui o conflito de interesses (logo, o interesse pessoal) estar, por definição, presente. Tão-pouco, à luz desta cláusula, fica arredada a responsabilidade por comportamentos que configurem violações à lei, por aí faltar por definição o espaço de lícita margem de apreciação decisória que justifica a *business judgement rule*[102]. Assim, caso o membro do órgão de administração cometa um ilícito criminal (por exemplo, *insider trading* ou manipulação de mercado) não pode prevalecer-se da previsão do art. 72.º, n.º 2 para afastar a sua responsabilidade. A *business judgement rule* consubstancia, por isso, entre nós uma cláusula específica de exclusão de ilicitude.

IX – Ultrapassada a demonstração da prioridade lógica da cláusula de justificação *ex vi* do n.º 2 do art. 72.º sobre a ilisão da presunção de culpa possibilitada pelo n.º 1 do mesmo preceito, interessa confirmar a autonomia entre ambas as previsões. Para o efeito, cabe perguntar sobre a admissibilidade de demonstração de actuação não culposa do membro do órgão de administração se a sua decisão não obedeceu aos critérios de *business judgement*. Divisam-se pelo menos dois grupos de casos em relação aos quais a resposta deve ser afirmativa. O administrador pode actuar em termos não informados, por lhe ter sido transmitida ardilosamente informação falsa pelos seus colaboradores[103]; ou pode ter actuado em termos inatacáveis num

---

[102] Em geral: FEDERICO GHEZZI, *I "doveri fiduciari" degli amministratori nei "Principles of Corporate Governance"*, Riv. Soc. (1996), 507. Entre nós, semelhante leitura é igualmente sustentada por RICARDO COSTA, *Responsabilidade dos administradores e business judgement rule, in Reformas do Código das Sociedades,* Coimbra (2007), 66-69.

[103] Cfr. *supra*, 5.

assunto da sociedade que interferia com algum interesse pessoal (em que não haveria conflito mas convergência entre o interesse pessoal e social). Em todas estas situações, parece que a solução adequada reside no n.º 1 do art. 72.º CSC, que assume agora vocação aplicativa residual ante o art. 72.º/2.

X – Tudo ponderado, entende-se que a *business judgement rule* – ao vedar a possibilidade de condenação por danos causados no exercício de decisões empresariais livres e informadas – prolonga e adapta dados pré-existentes do sistema societário português. A regra não se traduz num agravamento da responsabilidade dos dirigentes – antes significando uma maior concretização do critério de licitude da sua actuação[104]. Verificados os pressupostos de responsabilidade, os administradores passam a poder afastar o dever de reparação de danos de dois modos: ou demonstrando que a sua conduta é lícita, porque fez uso de um juízo informado, imparcial e empresarialmente inatacável; ou demonstrando que, pese a sua actuação ilícita, agiram sem culpa.

O novo regime, todavia, não empresta uma irrestrita condescendência em relação aos actos dos administradores. É, desde logo, limitado pelos pressupostos explícitos e implícitos da figura; e surge envolvido num ambiente normativo de maior concretização aplicativa dos deveres dos titulares dos órgãos sociais – em que a potencialidade de escrutínio do desempenho do *management* pelos accionistas é, à partida, ampliada –, o que lhe confere equilíbrio final.

---

[104] Por outras palavras, não consagra o n.º 2 do art. 72.º qualquer presunção de ilicitude (contra: PEDRO PAES DE VASCONCELOS, *D&O Insurance: O Seguro de Responsabilidade Civil dos Administradores e outros Dirigentes da Sociedade Anónima*, (2007), 38). Em acção indemnizatória, ao lesado cabe alegar e provar a ilicitude da actuação do administrador (e o dano por esta causado): a pretensão indemnizatória pode, porém, ser paralisada se por parte do demandado se demonstrar estarem verificados os pressupostos da *business judgement rule*.

54 Código das Sociedades Comerciais e Governo das Sociedades

10. A protecção de créditos indemnizatórios sobre titulares de órgão de administração e de fiscalização

I – Modificações relevantes fizeram-se sentir ainda no que concerne à protecção do crédito indemnizatório contra administradores e membros de fiscalização de sociedades anónimas, por danos causados no exercício das suas funções.

Já na redacção originária, a lei instituía um sistema de prestação de caução, substituível por contrato de seguro, a garantir a responsabilidade dos administradores das anónimas. Com a actual redacção do art. 396.º, os montantes desta garantia foram sensivelmente agravados: dos 5.000 euros previstos desde 1986 – valor claramente desajustado para os tempos actuais – passa a caução ou o seguro a cobrir 250.000 euros para as sociedades emitentes de valores mobiliários admitidos à negociação em mercado regulamentado e para as sociedades de elevada dimensão e 50.000 euros para as restantes. Ainda assim, os montantes da caução quedam-se em patamares largamente inferiores aos exigidos aos auditores – cifrando-se, aliás, em um décimo destes[105].

Além disso, a caução ou o seguro passa a tornar-se obrigatório para sociedades emitentes de valores mobiliários admitidos à negociação em mercado regulamentado e para as sociedades de elevada dimensão. Para as demais sociedades, esta protecção do crédito é facultativa. Tal contrasta com o regime anterior, que apenas impunha a injuntividade em relação a sociedades abertas, ainda que não mantivessem qualquer valores mobiliário admitido à negociação (cfr. art. 13.º CVM).

O novo regime pôs ainda termo a uma incongruência do regime anterior, que admitia a substituição de caução por contrato de seguro, mas celebrado apenas a favor da sociedade[106]. Esclarece-se agora que o seguro contratado terá como segurados, não apenas a sociedade,

---

[105] Cobertura mínima de 500.000 euros por cada revisor e por cada facto ilícito, nos termos do art. 73.º, n.ᵒˢ 1 e 2 do DL 487/99, de 16 de Novembro.

[106] Poderia naturalmente discutir-se se a redacção originária do art. 396.º apenas cobriria a responsabilidade dos administradores perante a sociedade. Crê-se que, apesar do n.º 2 comentado no texto, não era essa a intenção legislativa, tendo em conta que o universo de casos em que a protecção creditícia se revelava obrigatória era precisamente o das

O *Governo das Sociedades e a Reforma do Código das Sociedades Comerciais* 55

mas quaisquer terceiros que venham a ser lesados por virtude da actuação ilícita do titular do órgão de administração. Em atenção à unidade intrínseca da figura, o mesmo vale, *mutatis mutandis*, para a caução prevista no n.º 1 do art. 396.º.

II – Na economia da reforma, a elevação dos montantes e a extensão de âmbito subjectivo da obrigatória protecção dos créditos indemnizatórios sobre titulares de órgãos sociais serve para contrabalançar o maior desenvolvimento analítico que mereceram os deveres fiduciários daqueles actores societários.

Além disso, a circunstância de o legislador mandar incluir na cobertura a protecção dos créditos indemnizatórios de terceiros introduz uma mudança qualitativa importante. Caso a protecção seja realizada através de contrato de seguro, não pode recorrer-se a um seguro caução[107], uma vez que este supõe a determinabilidade do beneficiário e a sub-rogação da seguradora nos direitos deste (não aliviando, por conseguinte, a responsabilidade patrimonial do segurado)[108]; utilizar-se-á forçosamente, nessa circunstância, um seguro de responsabilidade civil.

Assim sendo, importa ponderar se esta protecção indemnizatória admite algumas excepções. É de recordar que na prática seguradora dos seguros de responsabilidade civil, estes contratos têm usualmente relevantes exclusões de cobertura, dado que não cobrem nomeadamente danos causados por violações dolosas aos deveres dos titulares

---

sociedades abertas, que se distingue pela disseminação da propriedade accionista. Dito de outro modo, o tratamento diferenciado das situações em que o número de accionistas é potencialmente mais elevado denuncia que estes também são protegidos pelo n.º 1 do art. 396.º., mesmo à luz da sua redacção originária.

[107] Sobre a figura, cfr. nomeadamente JEAN BASTIN, *O Seguro de Crédito no Mundo Contemporâneo,* Lisboa (trad. port. de 1983 da edição de 1978), 69-80, 411-438 [e o valioso apêndice à mesma obra, da autoria de FERNANDO VITÓRIA, p. 623-639]; Id., *La Défaillance de Paiement et sa Protection, l'Assurance-crédit²,* Paris, (1993), 218-231; JAVIER CAMACHO DE LOS RÍOS, *El Seguro de Caución. Estúdio Critico,* Madrid (1994), *per totum*; MANUEL GONÇALVES SALVADOR, *Seguro-Caução, O Direito* ano 100 n.º 3, 305-331; BRACINHA VIEIRA, *Financiamento da Exportação e Seguro de Crédito,* CCTF n.º 93 (1970), 313-ss.

[108] Art. 9.º, n.º 2 do DL n.º 183/88, de 24 de Maio – diploma recentemente alterado pelo DL n.º 31/2007, de 14 de Fevereiro.

dos órgãos ou à violação de normas criminais[109]. Cumpre, aqui, distinguir. Os comportamentos que configuram ilícitos criminais exorbitam do âmbito de protecção próprio dos deveres fiduciários – cuja densificação, insista-se, justificou em larga medida o *aggiornamento* do art. 396.º –, pelo que não devem ser tidos como preocupação subjacente ao alargamento de cobertura imposta pela reforma de 2006. Já quanto à exclusão de actos dolosos, não se vislumbra que seja admissível sem nova alteração legislativa ao art. 396.º[110]. O que não repugna: as exclusões de responsabilidade levam a que as seguradoras cumpram também uma função preventiva de condutas ilícitas por parte dos titulares dos órgãos de administração – evitando uma total desresponsabilização destes [111] – o que acarreta consequências positivas do ponto de vista da governação societária.

III – A celebração de contrato destinado a alcançar protecção indemnizatória inscreve-se como um dever na esfera jurídica dos supraditos titulares dos órgãos sociais. No entanto, as contrapartes negociais que podem assegurar tal protecção indemnizatória – mormente, seguradoras e instituições de crédito – estão sob o domínio da autonomia privada[112]. Na gíria seguradora, o contrato de seguro pre-

---

[109] Entre muitos, cfr. para a análise de excepções usuais de cobertura: A. FLEISHER JR. / A. R. SUSSMANN, *Takeover Defense*[5], cit., 3-98; RICHARD BUXBAUM, *The Duty of Care and the Business Judgment Rule in American Law. Recent Developments and Current Problems*, cit., 94-95.

[110] A propósito, cfr. o interessante ensaio interpretativo de PEDRO PAES DE VASCONCELOS, *D&O Insurance: O Seguro de Responsabilidade Civil dos Administradores e outros Dirigentes da Sociedade Anónima,* cit., 40-46, com base no art. 437.º do Código Comercial. Mas este preceito assume mera natureza supletiva, o que é claro à luz da actual prática seguradora, que convive pacificamente, e desde há muito, com seguros de responsabilidade (voluntários ou obrigatórios) a cobrir actos dolosos.

[111] Sobre a influência que a estrutura dos prémios de seguro D&O pode ter no governo das sociedades, veja-se TOM BAKER/ SEAN J. GRIFFITH, *Predicting Governance Risk: Evidence from the Directors' and Officers' Liability Insurance Market,* http://ssrn.com/abstract=909346 (2006), 3-4, 31-58; Id., *The Missing Monitor in Corporate Governance: Directors' and Officers' Liability Insurer,* (2006), http://ssrn.com/abstract=946309 (revelando resultados empíricos desanimadores quanto à fiscalização *ex ante* desempenhada pelas seguradoras e pela ausência de gestão do risco de litigância *ex post*).

[112] Em geral, cfr. PEDRO ROMANO MARTINEZ, *Direito dos Seguros,* Lisboa (2006) 67.

visto no art. 396.º é obrigatório mas não compulsório: o Instituto de Seguros de Portugal não pode forçar as seguradoras à sua celebração. Tal significa que em certos casos podem os administradores ter dificuldades na contratação de seguro. Em situações extremas, o mercado segurador e creditício pode mesmo revelar uma indisponibilidade absoluta (ainda que transitória) de oferta de coberturas. A ser esse o caso, a consequência prevista no n.º 4 do art. 396.º não pode naturalmente aplicar-se, por falta de preenchimento dos pressupostos que determinariam a caducidade[113]. Pretender, ao invés, que o mandato de um titular de órgão social possa cessar ainda que tenham sido desenvolvidos todos os esforços para obter a necessária protecção indemnizatória é conclusão interpretativa que, por conduzir a um puro absurdo lógico, não pode aceitar-se.

IV – Convém advertir que, mesmo após esta modificação, o regime nacional acabado de retratar preserva distâncias em relação à prática norte-americana do *D&O insurance*.

Relembre-se que a prática seguradora nos Estados Unidos, em resultado do ambiente de elevada litigiosidade fomentado nomeadamente pelas *class actions*[114], resulta de decisões voluntárias das sociedades, assentes em generosas permissões de limitação da responsabilidade dos administradores[115]. Por hábito, o seguro D&O cobre despesas relacionadas com a defesa judicial, no âmbito de acções de responsabilidade em que é demandado o administrador ou dirigente[116], cobrindo quer a posição destes (*side A cover*), quer a posição da sociedade (*side B* e *side C covers*).

No sistema nacional, ao invés, o seguro é concebido como alternativa à prestação obrigatória de caução pelo administrador a favor de terceiros potencialmente lesados. Visa, por isso, alargar a garantia patrimonial dos terceiros e da sociedade relativamente a créditos indemnizatórios de que possam ser titulares no futuro.

---

[113] Recorde-se o art. 329.º CC: o prazo de caducidade só começa a contar a partir do momento em que o direito *puder legalmente ser* exercido (itálico meu).

[114] DAN BAILEY, *D&O Liability in the post-Enron Era, International Journal of Disclosure and Governance*, vol. 2 n.º 2 (2005), 159-176.

[115] ALEXANDER LOOS, *Director's Liability – A Worldwide Review*, Kluwer (2006), 106.

58   *Código das Sociedades Comerciais e Governo das Sociedades*

Além disso, em Portugal o seguro obrigatório não cobre os *officers* – isto é, os quadros superiores da sociedade que não integrem a administração – uma vez que pelos actos destes responde a sociedade, nos termos gerais (arts. 500.º e 800.º CC).

Frise-se, todavia, que as diferenças entre o art. 396.º CSC e o regime norte-americano de *D&O Insurance* não são obra da reforma de 2006 – dado já se verificarem na redacção originária daquele preceito.

Assim sendo, uma aproximação entre a prática nacional e a norte-americana apenas pode ocorrer por via de seguros voluntários que, ao abrigo da autonomia da vontade, sejam celebrados no que exceda o montante obrigatoriamente seguro.

V – A caução ou seguro obrigatório em sociedades emitentes de valores mobiliários admitidos à negociação em mercado regulamentado e em sociedades de elevada dimensão foi igualmente tornado obrigatório em relação aos membros dos órgãos de fiscalização (art. 418.º-A e 445.º, n.º 3).

Esta extensão visou, em particular, ser coerente com a importância concedida ao papel dos membros de órgãos de fiscalização e procurou assegurar uma equiparação do regime entre modelos de governo, tendo em conta que os fiscalizadores no modelo anglo-saxónico são também membros da administração, embora não-executivos.

VI – Mesmo após a reforma de 2006, o esquema de cobertura obrigatória da responsabilidade dos principais titulares de órgãos sociais não deixa de ser um corpo estranho em termos comparatísticos[116]. A sua distância em relação ao *D&O Insurance* norte-americano é nítida; mas o próprio regime norte-americano concita críticas da

---

[116] A. FLEISHER JR. / A. R. SUSSMANN, *Takeover Defense*[5], New York, (com actualizações até 1997), 3-98,3-100.

[117] O ponto é notado por HARALD GESELL/ CARSTEN FLAßHOFF MICHAEL KRÖMKER /, *National Differences within the EU Framework*, em KAREL VAN HULLE/ HARALD GESELL, *European Corporate Law*, Nomos, (2006) (tratando o regime nacional – anterior à reforma – como "*unique concept*"), 36.

O *Governo das Sociedades e a Reforma do Código das Sociedades Comerciais* 59

banda daqueles que o acusam de propiciar uma diluição dos deveres fiduciários dos administradores[118]. A originalidade nacional não é, por isso, necessariamente nefasta. O certo é que este tema já conquistou lugar central nas preocupações de governação – e as opções legislativas tomadas, em Portugal e no estrangeiro, estão ainda sob escrutínio.

11. Sociedade da informação e governo das sociedades

I – São significativas as medidas legislativas trazidas pela reforma de 2006 na relação entre a governação das sociedades e a sociedade de informação.

Antes destas, é importante lembrar que o ambiente legislativo já se mostrava favorável à prestação de informação e à comunicação através das novas tecnologias, no contexto do Código dos Valores Mobiliários, o que foi reforçado aquando da transposição da Directiva de Abuso de Mercado e da Directiva do Prospecto.

De um lado, a lei mobiliária já autorizava o voto por correspondência em sociedades abertas, obrigando à sua permissão em certas matérias basilares (artigo 22.º CVM)[119]; e previa a divulgação, através do sítio da Internet da CMVM, de toda a informação pertinente às sociedades emitentes de valores negociados em mercado: informação privilegiada, participações qualificadas, documentos de prestação de contas e prospectos (artigo 367.º CVM[120]).

---

[118] LYNN STOUT, *On the Export of U.S.-Style Corporate Fiduciary Duties to other Cultures. Can a Transplant Take?*, in CURTIS MILHAUPT, *Global Markets, Domestic Institutions,* New York (2003), 49.

[119] Sustentando que o voto por correspondência era já permitido na versão originária do Código das Sociedades Comerciais: GONÇALO CASTILHO DOS SANTOS, *O Voto por Correspondência nas Sociedades Abertas,* in *Cadernos do Mercado de Valores Mobiliários* n.º 7 (2000), 131-158.

[120] Esta disposição já antecipava as indicações surgidas cinco anos mais tarde na Directiva da Transparência (Directiva n.º 2004/109/CE, de 15 de Dezembro de 2004) em matéria de armazenamento informático de informação.

60 *Código das Sociedades Comerciais e Governo das Sociedades*

Além disso, as regras da Directiva de Abuso de Mercado[121], ao serem acolhidas para o direito interno português, determinaram nomeadamente o dever de divulgação no sítio da Internet dos emitentes de valores mobiliários admitidos à negociação em mercado regulamentado da informação obrigatória (artigo 244.º, n.º 5).

Por fim, a transposição da Directiva do Prospecto[122] veio permitir a divulgação do prospecto em formato electrónico, seja no sítio do emitente, do mercado de admissão ou da CMVM, em alternativa à divulgação em papel (artigo 140.º, n.º 5 CVM). No regime de divulgação do prospecto, favorece-se na prática a sua divulgação electrónica, na medida em que se o oferente optar pela divulgação do prospecto através de suporte em papel, deve também divulgar o prospecto sob forma electrónica no seu sítio de Internet (artigo 140.º, n.º 6 CVM).

II – O que é trazido pela reforma ao Código das Sociedades surge, em parte, na continuidade destes avanços mobiliários.

O aspecto mais relevante diz respeito a equivalência firmada entre documento escrito gerado em papel e documento gerado electronicamente da forma escrita (art. 4.º-A CSC, que replica, com adaptações, o art. 4.º CVM). Fica assim aberta a porta para a assinatura electrónica das contas pelos administradores, muito reclamada pelas sociedades de grande porte, com administradores residentes no estrangeiro. E queda-se agora claramente permitida a emissão de carta mandadeira electrónica para a representação em assembleia geral – o que, de resto, justificou o cirúrgico acerto linguístico no art. 380.º, n.º 2[123]. Ponto é que, em ambos os casos, as exigências legais em matéria de assinatura electrónica se mostrem cumpridas.

O voto por correspondência é agora directamente permitido pela lei societária, se não for afastado pelos estatutos, permissão essa que

---

[121] Directiva n.º 2003/6/CE, de 28 de Janeiro de 2003.

[122] Directiva n.º 2003/71/CE, de 4 de Novembro de 2003.

[123] A substituição da expressão "documento escrito" por "carta" clarifica o nexo entre o n.º 2 do art. 380.º e o art. 4.º-A CSC: a quebra da tradição linguística pregressa afigura-se, pois, justificada.

inclui igualmente o voto por correspondência electrónica (artigos 377.º, n.º 5 f) e 384.º, n.º 9).

Soma-se que o sítio das sociedades é designado como meio para divulgação dos documentos financeiros, da informação sobre remunerações e da informação preparatória de assembleia geral, em alternativa ao envio através de correio electrónico, se tal não for proibido pelos estatutos (artigo 288.º e 289.º). Tal justifica que o sítio da sociedade, se existente, deva conter as menções obrigatórias da sociedade (artigo 171.º, n.º 1). E, de permeio, pôs-se termo ao dever de publicação em imprensa regional, através da revogação do n.º 2 do artigo 167.º.

Percebe-se, assim, que as novas tecnologias dão um novo impulso a uma circulação fluida de informação entre accionistas, na base de normas permissivas. Visa-se, deste modo, estimular a participação informada dos sócios, nomeadamente em assembleia geral, para combater o persistente absentismo verificado nas assembleias das sociedades anónimas, o que constitui um dos principais problemas de governação na Europa[124].

III – Mais arrojada e sem antecedentes na legislação mobiliária é a permissão, agora consagrada, de realização da reunião de órgãos sociais através de meios telemáticos.

Para que tal ocorra, basta que o contrato não o proíba, que a sociedade assegure a autenticidade das declarações e a segurança das comunicações, e que proceda ao registo do seu conteúdo e dos respectivos intervenientes (artigos 377.º, n.º 6 b) e 410.º, n.º 8). Deve entender-se que esta solução vale para a reunião de qualquer órgão social, ainda que o regime respectivo não o disponha *expressis verbis*, como actualmente sucede quanto ao conselho fiscal.

Será todavia justo sublinhar que esta solução foi estabelecida para promover a participação no processo deliberativo; e não o contrário. Dito de outro modo, a reunião à distância dos accionistas não

---

[124] GUIDO FERARINI/ PAOLO GIUDICI, *La legge sul risparmio, ovvero un potpourri della corporate governance*, *Rivista delle Società*, (2006) 582, chamando a atenção para a situação diametralmente diferente nos EUA.

62 *Código das Sociedades Comerciais e Governo das Sociedades*

pode determinar a exclusão de accionistas do processo deliberativo, em condicionamento ao direito de voto ou em lesão do princípio de igualdade de tratamento dos accionistas.

12. O reforço da fiscalização; remissão

I – Uma nota dominante em todo o Decreto-Lei n.º 76-A/2006 é a preocupação em robustecer as estruturas societárias destinadas à fiscalização.

O reforço dos poderes do órgão de fiscalização manifesta-se, a um tempo, na relevante formulação de exigências gerais de qualificações e experiência necessárias ao exercício de funções de fiscalização (artigo 414.º, n.º 3). Este constitui um poderoso instrumento para a profissionalização e a eficácia de actuação dos membros dos órgãos de fiscalização.

A outro tempo, convém atentar na possibilidade de contratação de peritos quando necessário ou conveniente para função fiscalizadora (artigos 421.º, n.º 3. 423.º-F p) e 441.º p)). De outra banda, a supressão do número máximo de membros dos órgãos de fiscalização permite (mas não obriga) uma equiparação numérica entre membros dos órgãos fiscalizados e membros dos órgãos fiscalizadores.

Havendo maiores poderes, é natural que haja uma atenção maior dedicada à posição jurídica e aos deveres dos titulares destes órgãos. Daí a clarificação dos deveres de cuidado e de lealdade dos membros dos órgãos de fiscalização, o que representa um regresso ao tratamento paralelo dos deveres destes em relação aos dos titulares dos órgãos de administração, já ensaiado no Decreto-Lei n.º 49.381, de 15 de Novembro de 1969[125].

---

[125] Cfr. em particular a regra remissiva do art. 27.º do Decreto-Lei n.º 49.381, que mandava aplicar aos membros do conselho fiscal as regras atinentes aos administradores, o que incluía uma regra percursora do artigo 64.º CSC – está em referência o artigo 17.º, segundo o qual *os administradores da sociedade são obrigados a empregar a diligência de um gestor criterioso e ordenado.*

II – Desde 1999 que a CMVM vinha recomendando a existência de um número suficiente de administradores independentes em sociedades cotadas. Com a reforma societária de 2006, o enfoque desloca-se para os órgãos de fiscalização e passa a assumir natureza injuntiva, passando a inclusão de membros independentes em órgãos de fiscalização a ser obrigatória em sociedades cotadas e em sociedades de elevada dimensão. Como adiante se explicará melhor, apenas no caso do modelo anglo-saxónico esta exigência equivale à inclusão de administradores independentes, porquanto nos restantes modelos a fiscalização é desempenhada por titulares que não fazem parte do órgão de administração.

Este dever de inclusão de membros independentes recai de modo diverso em função do universo considerado. Em sociedades de elevada dimensão e em sociedades emitentes de valores mobiliários (acções, obrigações e outros) admitidos à negociação em mercado regulamentado, a lei basta-se com a inclusão de pelo menos um membro independente com conhecimentos de auditoria ou contabilidade. Em sociedades emitentes de acções admitidas à negociação em mercado regulamentado, o salto qualitativo é exponencial, porque nesses casos o conselho fiscal, a comissão de auditoria ou o conselho para as matérias financeiras deve ser composto por uma maioria de membros independentes.

Percebe-se, assim, que o conceito de independência assume relevância central para assegurar eficácia da fiscalização em sociedades cotadas.

O conceito de independência é traçado no n.º 5 do artigo 414.º por recurso a uma cláusula geral que aí considera *a pessoa que não esteja associada a qualquer grupo de interesses específicos na sociedade nem se encontre em alguma circunstância susceptível de afectar a sua isenção de análise ou de decisão*. Para orientação do intérprete, aditam-se dois critérios negativos que revelam, *iure et de iure*, falta de independência. Trata-se, em todo o caso, de uma formulação exemplificativa, com um rol de ilustrações que fica aquém da lista contida no Regulamento da CMVM n.º 7/2001 – permitindo, pois, evolução e complemento na sua futura aplicação prática. Os critérios negativos exemplificativos agora incluídos no Código dirigem-se a casos críticos que impunham uma tomada de posição ou que a anterior regulamentação não atingia. Assim, a titularidade ou actuação em nome ou por conta de titulares de participação qualificada igual ou superior a 2% do capital social da sociedade serve de esclarecimento sobre a insuficiência dos critérios sobre a independência firmados na Recomendação comunitária de 2005, apenas preocupados com a independência em relação à gestão executiva da sociedade[126]. Além disso, substitui a fasquia antes existente de 10%, passando a haver um alinhamento com os 2% considerados suficientes para haver participação qualificada nos termos do artigo 16.° CVM. Por outro lado, a reeleição por mais de dois mandatos, de forma contínua ou intercalada explica-se em função da erosão da independência com base em familiaridade com a sociedade fiscalizada. É certo que a experiência comporta benefícios ao nível do capital humano da sociedade, mas diminui a independência do titular do órgão. Há, de resto, comprovação empírica do fenómeno[127].

A condensar o exposto, retenha-se que o regime português não exige independência dos membros do órgão de administração *qua tale*; basta-se com exigências relacionadas com o conselho fiscal, a comissão de matérias financeiras ou a comissão de auditoria, variáveis em função da sociedade considerada. E apenas neste último caso as exigências de independência mostram repercussões no órgão de administração, em virtude de os membros da comissão de auditoria acumularem o estatuto de administradores. O Código não reclama, tão-pouco, um número superior de membros fiscalizadores em relação aos membros da administração fiscalizados.

Saliente-se, por último, que os critérios de independência incidem apenas sobre sociedades cotadas e de elevada dimensão, ao passo que o regime das incompatibilidades cura de situações à partida

---

[126] Recomendação da Comissão Europeia n.° 2005/162/CE, de 15 de Fevereiro de 2005, relativa ao papel dos administradores não-executivos de sociedades cotadas e aos comités do órgão de administração (JO L 52, 25.2.2005, 51-59).

[127] MARCO BECHT/ PATRICK BOLTON/ AILSA A. ROELL, *Corporate Governance and Control*, (2002), ECGI – Finance Working Paper No. 02/2002 (2002), 43, reportando-se ao levantamento efectuado por BENJAMIN HERMALIN/ MICHAEL WEISBACH, *Endogenously Chosen Boards of Directors and their Monitoring of the CEO*, American Economic Review (1998), 88.

mais graves (art. 414.º-A)[128], abrangendo por isso todas as sociedades anónimas.

III – É interessante mencionar que, a par do tratamento inovatório dos administradores independentes, a lei também curou de modificar o regime dos administradores nomeados por minorias (artigo 392.º).

A designação de titulares da administração por accionistas minoritários não é, porém, uma solução de governação que concite unanimidade. Muitos contestam este mecanismo, por implicar fricções dentro do órgão, resultando numa estrutura mini-parlamentar. Por vezes, a coesão do seu funcionamento e, no limite, a sua operacionalidade, podem quedar-se afectadas. A responsabilidade destes membros da administração coloca também problemas particulares de responsabilidade quanto a escolha recaia sobre pessoa inidónea (*culpa in eligendo*)[129]. Por último, a lei não impede que estes administradores sejam nomeados por empresas concorrentes, o que abre a porta a situações delicadas, designadamente no tocante ao acesso a informação sensível[130].

Apesar destas críticas, entendeu-se que valeria a pena manter e aperfeiçoar o expediente previsto no artigo 392.º. Abonou em favor deste desfecho o facto de este mecanismo electivo, ou a simples ameaça da sua utilização, ter servido para aproximar os accionistas de referência à gestão, sobretudo em sociedades cotadas. No regime legislativo redesenhado[131], ficou esclarecido que os administradores

---

[128] Consulte-se, a propósito da leitura hermenêutica do n.º 1 do art. 414.º-A, em particular da correspondente alínea h): PEDRO DE ALBUQUERQUE, *Os Limites à Pluriocupação dos Membros do Conselho Geral e de Supervisão e do Conselho Fiscal*, Coimbra (2007) 29-ss e *passim*.

[129] JUSTICE E W THOMAS, *The Role of Nominee Directors and the Liability of their Appointors*, in IAN RAMSAY (ed.), *Corporate Governance and the Duties of Company Directors*, cit., 148-160.

[130] As previsões estatutárias que procuram atalhar este problema são, em Portugal, excepcionais. É-nos dada notícia que a sua frequência é maior em Espanha.

[131] Embora através de uma formulação imperfeita. Preferível seria que o n.º 7 do art. 392.º assumisse uma redacção próxima da seguinte: *Nos sistemas previstos nos números anteriores, a eleição é feita respectivamente entre os accionistas proponentes das listas referidas no n.º 1 ou entre os accionistas que tenham votado contra a proposta que fez*

66   *Código das Sociedades Comerciais e Governo das Sociedades*

assim designados devem ser eleitos em votação separada pelos accionistas proponentes, o que impede a instrumentalização da nomeação destes administradores pelo grupo dominante[132]. Mas foi mantida a diferença em relação aos membros de órgãos de fiscalização designados por minorias, ainda dependente de decisão judicial (artigo 417.º).

IV – O reforço da função fiscalizadora nas sociedades anónimas é melhor compreendido através de uma análise integrada dos modelos de governo, segundo a nova disciplina. A estes se dedicam as páginas seguintes.

§ 3.º
OS MODELOS DE GOVERNO
DAS SOCIEDADES ANÓNIMAS

13. Apresentação do tema

I – O regime dos modelos típicos de governo das sociedades anónimas constitui uma das áreas mais profundamente afectadas com a reforma de 2006 do Código das Sociedades Comerciais.

Os renovados dispositivos revelam alguns dos objectivos da reforma, confessados ao longo do processo legislativo. A ampliação da autonomia estatutária manifesta-se no alargamento do elenco de modelos e sub-modelos possíveis, adiante apreciados, bem como na permissão de órgãos com número par de titulares. A intenção de reforço da eficácia da fiscalização, por seu turno, concretiza-se no estabelecimento de exigências gerais de qualificações dos membros de órgãos de fiscalização (art. 414.º, n.º 3), no robustecimento da sua

---

vencimento na eleição dos administradores, na mesma assembleia, e os administradores assim eleitos substituem automaticamente as pessoas menos votadas da lista vencedora ou, em caso de igualdade de votos, aquela que figurar em último lugar na mesma lista.

[132] Registou-se evolução paralela à do direito italiano, no art. 147*ter* 3 t.u.f.. Cfr. a propósito GUIDO FERARINI/ PAOLO GIU2DICI, *La legge sul risparmio, ovvero un pot--pourri della corporate governance*, cit., 588; CORRADO MALBERTI/ EMILIANO SIRRONI, *The Mandatory Representation of Minority Shareholders on the Board of Directors of Italian Listed Companies,* Bocconi Research Paper n.º 18 (2007).

O Governo das Sociedades e a Reforma do Código das Sociedades Comerciais   67

independência (arts. 414.º, 414.º-A, 423.º-B, n.ᵒˢ 3 a 6, 434.º, n.º 4), na permissão conferida a estes de contratação de peritos (arts. 421.º, n.º 3, 423.º-F p) e 441.º p)) e na supressão de número máximo dos membros dos órgãos de fiscalização. A reformulação do Código nesta vertente surge, além disso, complementada pela importante densificação do conteúdo dos deveres dos membros dos órgãos sociais – não apenas os administradores (arts. 64.º, n.º 1, 72.º, n.º 2, 393.º, n.º 1 e – no tocante ao presidente da comissão executiva – art. 407.º, n.º 6) e os membros dos órgãos de fiscalização (art. 64.º, n.º 2, 441.º-A), mas também dos membros da mesa da assembleia geral (art. 374.º-A)[133] e do secretário (art. 446.º-B). Anote-se, ainda, que as novidades legislativas no âmbito dos modelos de governação incidem nas sociedades de grande dimensão e cotadas de modo diferenciado em relação ao que sucede quanto às pequenas sociedades; aquelas recebem a aplicação de normas injuntivas que obrigam à inclusão de membros dos órgãos de fiscalização independentes, ao passo que estas são dotadas de uma maior liberdade de escolha dos modelos e na composição dos órgãos sociais, como veremos.

II – Na acepção aqui utilizada, modelos de governo são fórmulas matriciais de organização da administração e fiscalização de sociedades anónimas. O desenho legislativo de cada modelo compreende o elenco, a composição e as competências dos órgãos sociais e a posição jurídica dos seus membros.

Esta estruturação tipológica dos órgãos de administração e de fiscalização mostra implicações decisivas na distribuição de poderes dentro da sociedade. O modelo de governo afecta o processo decisório da sociedade, condicionando a medida de influência dos administradores executivos, dos accionistas (dominantes, qualificados ou minoritários) e dos membros de órgãos de fiscalização. Da sua conformação depende a profundidade de avaliação do desempenho socie-

---

[133] Esta constitui, de resto, uma feição marcante da reforma de 2006. Reenvia-se, para desenvolvimentos, para MENEZES CORDEIRO, *SA: Assembleia Geral e Deliberações Sociais*, Coimbra (2007), 45-81. Antes da reforma, um texto de referência é o de PEDRO MAIA, *O presidente das assembleias de sócios,* in IDET, *Problemas de Direito das Sociedades*, (2002), 421-468.

tário (mormente, no âmbito do processo de preparação e de aprovação dos documentos de prestação de contas) e o escrutínio sobre actos de potencial conflito de interesses (*inter alia*, transacções entre partes relacionadas fora das condições de mercado ou outros aproveitamentos privados dos benefícios do poder societário). Encarados deste prisma, os modelos de governação previnem, em grau variável, os desvios em relação aos interesses típicos dos accionistas, os comportamentos oportunistas e as simples ineficiências de funcionamento. E servem, na mesma medida, a gestão societária, em resposta a uma complexidade crescente da actividade financeira das sociedades, designadamente em virtude da utilização corrente de instrumentos financeiros derivados.

Assim, mais do que temperar a influência dos actores societários, os modelos oferecem – ou podem oferecer – mecanismos através dos quais tal influência possa ser sindicada[134], através da adequada inter-acção dos *checks and balances* societários.

14. A superação do quadro dicotómico tradicional

I – Não é apenas em Portugal que o tema dos modelos de governação tem sofrido evolução. No plano do direito comparado, a taxinomia dos modelos de governo tem-se revelado um tema crescentemente difícil de retratar. O problema reside em que as classificações terminológicas mais utilizadas têm assentado em categorizações binárias que se mostram patentemente desajustadas. Por esse motivo, a abordagem dos modelos de governo societário nacionais supõe um esclarecimento terminológico prévio.

---

[134] Como sentencia lapidarmente o código de governação britânico: *No one individual should have unfettered powers of decision* (FINANCIAL REPORTING COUNCIL, *Combined Code on Corporate Governance*, (2006), Princípio A.2). No mesmo sentido, cfr. a Recomendação da Comissão Europeia n.º 2005/162/CE, de 15 de Fevereiro de 2005, que dispõe que *"no individual or small group of individuals can dominate decision-making"*.

II – Usualmente, a questão da estruturação da governação societária é tratada na literatura anglo-saxónica como um problema centrado na configuração da administração (*board models, board structures*)[135]. Esta abordagem decorre do paradigma implícito dominante nos Estados Unidos e no Reino Unido, assente no modelo em que o próprio órgão de administração concentra as funções de fiscalização da sociedade. Tal anda associado à concepção dominante nesses sistemas segundo a qual ao órgão de administração não cabe gerir mas antes fiscalizar a gestão da sociedade (*monitoring function*).

Nos Estados Unidos, tal encontra expressão nos *Principles of Corporate Governance* do *American Law Institute*, aprovados em 1992, que separam cuidadosamente as funções de gestão da sociedade das funções de orientação e controlo da mesma, confiando aos administradores apenas esta última[136] – autonomização de resto obedecida pela jurisprudência[137]. No Reino Unido, foi pioneiro o Relató-

---

[135] A título de exemplo: KLAUS HOPT/ PATRICK LEYENS, *Board Models in Europe. Recent Developments of Internal Corporate Governance Structures in Germany, the United States, France, and Italy*, ECGI Law Working Paper n. 18/2004 (2004); MARCO BECHT/ PATRICK BOLTON/ AILSA A. ROELL, *Corporate Governance and Control*, (2002), ECGI – Finance WP n.º 2 (2002), 41-45. A origem do conceito de *board* encontra-se na prática da reunião do órgão de administração das *companies* primitivas em torno de uma tábua de madeira (*board*), por falta de mobiliário, muito dispendioso na época. A única cadeira então disponível era reservada para o presidente do órgão (o *chair-man*). Cfr. Robert Monks/ Nell Minow, *Corporate Governance*[2], (2001), 165.

[136] AMERICAN LAW INSTITUTE, *Principles of Corporate Governance: Analysis and Recommendation,* St. Paul, §§ 3.01 e 3.02. Fundamental, no contexto norte-americano, foi o contributo de MELVIN EISENBERG, que desempenhou um papel influente como relator dos Princípios de Corporate Governance do *American Law Institute*. Cfr., do autor, *Legal models of management structure in the modern corporation: officers, directors, and accountants*, *California LR* 63 (1975) 375-403 (texto republicado em *The Structure of the Corporation: A Legal Analysis*, Boston/ Toronto (1976)); Id., *The Board of Directors and Internal Control, Cardozo LR* vol. 19 (1997), 237-264. Consulte-se ainda WILLIAM J. CARNEY, *The Monitoring Board, Duties of Care, and the Business Judgment Rule*, in AA.VV., *The American Law Institute and Corporate Governance. An Analysis and Critique*, National Legal Center for the Public Interest, (1987), 111-137; FRANKLIN GEVURTZ, *Corporation Law*, St. Paul (2000), 179-180; LAWRENCE MITCHELL, *The Trouble with Boards*, George Washington University Law School, (2005) < http://ssrn.com/abstract=801308 >; EDWARD B. ROCK, *America's Fascination with German Corporate Governance*, *AG* n.º 7 (1995), 292-293.

[137] JAMES COX/ THOMAS LEE HAZEN, *Corporations*[2], New York, (2003), 136-ss.

rio Cadbury ao assinalar ao órgão de administração as funções de liderança e de controlo do negócio, sublinhando o papel dos administradores não-executivos no exercício das funções de fiscalização[138].

Como se sabe, é diversa a experiência alemã, cujo modelo típico de governação postula a coexistência entre um órgão executivo (o *Vorstand*) e um órgão fiscalizador (o *Aufsichtsrat*), sendo que em algumas situações ao órgão fiscalizador pode ser sujeita a aprovação de algumas decisões de gestão[139]. Seja em virtude desta competência eventual e acessória ou por pura simplificação linguística, a literatura anglo-saxónica trata ambos os órgãos como *boards* fazendo corresponder à terminologia germânica a distinção entre o *managing board* (ou *executive board*) e o *supervisory board*. Daqui decorre também a utilização indeferenciada do termo *"director"* para designar os membros de órgãos sociais – qualquer que seja a sua natureza – contrapondo-se os *managing directors* aos *supervisory directors*.

É a esta luz que surge a contraposição entre os *boards* monocéfalos e os *boards* bicéfalos: respectivamente, os *one-tier boards*, ilustrados de modo central nas experiências britânica e norte-americana, e os *two-tier boards*, ilustrados no exemplo típico germânico.

III – Este quadro terminológico enfrentaria um teste severo perante o modelo tradicional português de governação, que postula a existência de conselho de administração e de conselho fiscal[140]. Com efeito, são notórias as hesitações dos comparatistas em relação ao modelo português clássico entre a sua qualificação como *one-tier board system* ou como *two-tier board system*. EDDY WYMMERSCH coloca este sistema na galeria dos *two-tier board systems*, conside-

---

[138] *Report of the Committee on the Financial Aspects of Corporate Governance*, London, (1992), 4.1, 4.10-4.17 (equivalentes, *grosso modo*, às regras ulteriormente desenvolvidas nos capítulos A e C do *Combined Code on Corporate Governance*, cit.). Cfr. ainda ADRIAN CADBURY, *Corporate Governance and Chairmanship*, cit., 36; PAUL DAVIES, *Unternehmensführung in Großbritannien und Deutschland: Konvergenz oder fortbestehende Divergenz?*, *ZGR*, (2001), 270-286 (282-283).

[139] § 111 (4) AktG.

[140] Explicitar-se-ão adiante os casos em que, na base da previsão dos arts. 390.º, n.º 2 e 413.º, n.º 2, o conselho de administração pode ser substituído por administrador único e o conselho fiscal por fiscal único: cfr. *infra*, § 2.º.

O Governo das Sociedades e a Reforma do Código das Sociedades Comerciais   71

rando o conselho fiscal como parte do *board*[141]; pelo contrário, KLAUS HOPT, bem como um estudo comparativo elaborado para a Comissão Europeia em 2002, não deixam de reconduzir este modelo nacional a uma estrutura unitária da administração[142].

A descrita flutuação terminológica não se deve ao pobre grau de conhecimento do direito societário português além-fronteiras[143]; demonstra sobretudo as limitações da classificação mais popularizada na literatura estrangeira.

A contraprova obtém-se a partir da mesma inadequação desta classificação em outros sistemas jurídicos. Tal contraposição dificilmente se ajusta em modelos semelhantes ao modelo nacional clássico, tal como os vigentes em Itália, na América Latina[144] e no Japão[145]. Em todos estes países a fiscalização societária pode ser confiada a um

---

[141] EDDY WYMEERSCH, *A Status Report on Corporate Governance Rules and Practices in Some Continental European States*, in KLAUS HOPT/ HIDEKI KANDA/ MARK ROE/ EDDY WYMEERSCH/ STEFAN PRIGGE, *Comparative Corporate Governance. The State of the Art and the Emerging Research*, (Oxford), (1998),1134.

[142] KLAUS HOPT, *The German Two-Tier Board: Experience, Theories, Reform*, in KLAUS HOPT/ HIDEKI KANDA/ MARK ROE/ EDDY WYMEERSCH/ STEFAN PRIGGE, *Comparative Corporate Governance. The State of the Art and Emerging Research*, Oxford, (1998), 228; WEIL, GOTSHAL & MANGES, *Comparative Study of Corporate Codes Relevant to the European Union and Its Member States*, (2002), 76-77.

[143] O qual desconhecimento, diga-se de passagem, é por vezes alimentado por descrições inexactas do regime societário português. Sirva de exemplo o quadro-síntese apresentado na obra KAREL VAN HULLE/ HARALD GESELL, *European Corporate Law*, cit., em que a estrutura de governação (*board structure*) para sociedades anónimas em Portugal é descrita desastradamente como sendo *"one-tier; two-tier if capital exceeds 200.000 euros"*.

[144] OECD, *White Paper on Corporate Governance in Latin America*, (2003), com indicações críticas quanto à eficácia destas estruturas na América do Sul, dado o seu défice de recursos, de informação e de independência (27). Em contraste, alguns exemplos de práticas bem sucedidas na mesma zona geográfica são relatadas através de INTERNATIONAL FINANCE CORPORATION/ OECD, *Case Studies of Good Corporate Governance Practices. Companies Circle of the Latin American Corporate Governance Roundtable*, (2005).

[145] No Japão vigora uma permissão de escolha entre um modelo unitário de administração e uma administração vigiada por *kansayaku* – membros do órgão de fiscalização encarregues de vigiar o desempenho da administração. Cfr. OECD, *Corporate Governance – A Survey of OECD Countries*, (2004), 89, 107; RONALD GILSON/ CURTIS MILHAUPT, *Choice as Regulatory Reform: The Case of Japanese Corporate Governance*, ECGI Law WP n.º 22 (2004), 8-10.

órgão externo ao conselho de administração (o que, à míngua de melhor, recebe usualmente a tradução anglo-saxónica de *board of auditors*).

Neste sentido, é sintomático o recente relatório da *International Organization of Securities Regulators* (IOSCO) sobre administradores independentes, que assume directamente a existência de órgãos de fiscalização designados por accionistas (*board of auditors*), em Portugal e nos países mencionados, como *tertium genus* nas tipologias organizativas de governação societária[146].

Mais importante ainda é o reconhecimento feito na Directiva n.º 2006/43/CE, de 17 de Maio de 2006, sobre auditoria, que admite que o órgão de fiscalização seja composto por membros directamente designados pela assembleia geral, a par da composição por membros da administração não executivos e por membros de um conselho geral e de supervisão[147].

IV – Não pode afirmar-se que o panorama português seja exemplar na utilização de terminologia atinente a este tema. Usualmente, como é sabido, utiliza-se a distinção entre modelo monista e modelo dualista para catalogar os sistemas de administração e de fiscalização.

Porém, a terminologia modelo monista aplicada ao sistema que compreende conselho de administração e conselho fiscal não se ajusta à circunstância de este modelo implicar dois órgãos. Por outro lado, a referência do modelo dualista contrastava com o facto de este pressupor não dois, mas três órgãos. Merece referir que RAÚL VENTURA foi dos poucos nomes a chamar a atenção para a inadequação da terminologia que foi popularizada entre nós[148].

---

[146] IOSCO TECHNICAL COMMITTEE TASK FORCE ON CORPORATE GOVERNANCE, *Report on Board Independence of Listed Companies*, (2007), 3, 6.

[147] Art. 41.º, n.º 1 da Directiva n.º 2006/43/CE, de 17 de Maio de 2006 (JO L 157, de 9.6.2006).

[148] RAÚL VENTURA, *Novos Estudos sobre Sociedades Anónimas e Sociedades em Nome Colectivo*, Coimbra, (1994), 12 ("*esta terminologia pode ser adequada para outros ordenamentos, como por exemplo o francês, mas não para o português, onde existem obrigatoriamente dois órgãos*"). Neste contexto é nítido e revelador o embaraço de ENGRÁCIA ANTUNES, que traduz o modelo clássico como um *two-tier system*, contrapondo--o ao modelo de inspiração germânica, designando-o – de modo contraditório – como "*three-tier system* (*"dual model"*) (*An Economic Analysis of Portuguese Corporation Law*

Se encararmos este quadro terminológico tal como se prefigurava antes da reforma, a única forma de resgatar a sua validade seria a de considerar que a qualificação incide sobre a estrutura de fiscalização, pois esta concentra-se em um órgão no caso do modelo dito monista e reparte-se em dois órgãos no modelo referenciado como dualista.

A ser assim, porém, advirta-se que estamos no pólo oposto ao convénio terminológico subjacente à literatura anglo-saxónica – que, como notado, assenta a sua perspectiva na administração e não na sua fiscalização externa. O ponto é relevante, porque denota um desencontro terminológico por disparidade de referentes jurídico-culturais.

V – Se antes da reforma o quadro terminológico em sede de modelos de governação já deveria ser reapreciado, tal necessidade agudiza-se claramente com a entrada em vigor do DL n.º 76-A/2006, de 29 de Março.

De uma banda, quanto à estrutura do órgão de fiscalização, o modelo clássico passa a decompor-se em três principais sub-modalidades (art. 413.º, n.º 1)[149] – e uma destas supõe a autonomização entre conselho fiscal e revisor oficial de contas, inexistindo nesta a fiscalização monista antes inevitável na modalidade mencionada na alínea a) do n.º 1 do art. 278.º.

De outra banda, entra em cena um novo modelo, caracterizado por concentrar as funções de fiscalização e de administração no órgão de administração, de onde é emanada a comissão de auditoria. Em relação a este, é preferível rejeitar a tentação de o qualificar como modelo monista, já que é a própria lei a esclarecer que a comissão de auditoria, embora constituído por administradores, constitui um órgão autónomo (art. 423.º-B, n.º 1)[150].

– *System and Current Develpoments*, texto de base à intervenção na conferência "*Corporate Law Reforms in Europe and Law and Economics Methodology*" (2004) in www.unibocconi.it/dirittocommerciale, 36-37).

[149] Cfr. *infra*, 16.

[150] Diversamente, porém: CALVÃO DA SILVA, *"Corporate Governance" – Responsabilidade civil dos administradores não executivos, da comissão de auditoria e do conselho geral e de supervisão*, RLJ (2006), 31 (referindo-se ao sistema monista anglo-saxónico); COUTINHO DE ABREU, *Governação das Sociedades Comerciais*, Coimbra (2006), 33-35 (advogando a designação de modelo monístico).

Neste quadro, a classificação que apresenta maiores vantagens é a que se socorre do critério da origem geográfica dos modelos. Este é, aliás, o principal critério que subjaz à arrumação comparatística das famílias de direitos[151]. No entanto, neste caso esta matriz classificatória não pode ser acolhida em toda a sua extensão.

Em causa está sobretudo a vulnerabilidade dos modelos de governação a adaptações normativas, seja por efeito da permeabilidade a orientações políticas conjunturais, seja em virtude da juventude do tratamento dogmático correspondente, seja ainda em resultado da influência de experiências provindas de outros sistemas jurídicos. A dificuldade em detectar modelos de governação puros é por isso acentuada. Algumas concretizações, abaixo indicadas, permitem ilustrar o exposto.

A persistente instabilidade dos modelos de governação conduz, desde logo, a que o modelo dualista, composto por órgão executivo e conselho geral e de supervisão, não deva ser qualificado como germânico. Assim acontece por três motivos: de um lado, quanto à sua origem, como veremos, o modelo tem raízes históricas mais recuadas do que as encontradas no sistema alemão; de outro lado, diversas intervenções societárias, como é caso da reforma portuguesa de 2006 e da reforma holandesa de 1971, apropriam-se do modelo mitigando largamente as influências provindas do ordenamento jurídico alemão; nomeadamente, as suas concretizações em outros ordenamentos jurídicos não implicam, por regra, a representação de trabalhadores no órgão de fiscalização, o que constitui marca central do modelo na ordem jurídica alemã[152].

Além disso, o modelo com raízes no tráfego norte-americano, pressupondo uma comissão de auditoria, recebeu nesse contexto em 2002 um tratamento legislativo com algumas idiossincrasias, dificilmente extensíveis a outros sistemas jurídicos. É preferível, por isso, tomá-lo como modelo anglo-saxónico, pese embora as diferenças entre o regime consagrado além-Atlântico e o regime em vigor no Reino Unido[153].

---

[151] Mas não o único: v. KONRAD ZWEIGERT/ HEIN KÖTZ, *Introduction to Comparative Law*[2], (1992), 69-73.

[152] Cfr. *infra*, 10.

[153] Cfr. *infra*, 7.-8..

Por fim, a qualificação do modelo clássico (postulando a coexistência de conselho de administração e de conselho fiscal) como modelo latino, não se afigurando incorrecta, não pode perder de vista todavia, de um ponto de vista comparatístico, que alguns sistemas jurídicos não latinos facultam a adopção desta estrutura (ex: Japão).

Em resultado desta apreciação, propõe-se a adopção da seguinte terminologia para os modelos típicos de governo das sociedades anónimas consagrados no Código das Sociedades Comerciais: *modelo latino (ou clássico), modelo anglo-saxónico e modelo dualista.*

VI – Os problemas terminológicos relacionados com a dificuldade de qualificação do modelo clássico nacional em confronto com modelos estrangeiros de governação não se manifestam apenas ao nível doutrinário.

É sabido que os diplomas comunitários utilizavam tradicionalmente categorizações binomiais. A tradição parece ter sido iniciada na Proposta de Quinta Directiva de Direito das Sociedades, que nunca obteve aprovação[154]. E foi continuada, por exemplo, no empobrecedor enunciado do Regulamento n.º 2157/2001, de 8 de Outubro, sobre sociedade anónima europeia, que confere o direito à escolha entre dois modelos de governação possíveis, no pressuposto de que tal esgotaria a constelação de formas organizativas admissíveis[155].

---

[154] Referimo-nos à primeira modificação da Proposta de Quinta Directiva, nos seus capítulos III e IV [JO C 240, 9.09.06]; a primeira versão impunha uma organização compreendendo necessariamente um órgão de administração e um órgão de fiscalização [JO n.º C 131, 13.12.1972].

[155] Do preâmbulo do Regulamento, tal como no sétimo considerando da malograda Proposta de Quinta Directiva comunitária [JO n.º C 131, 13.12.1972] consta a indicação (errada, como já demonstrado) de que na Comunidade Europeia há *dois* sistemas diferentes de estruturação da administração de sociedades anónimas; o art. 38.º, alínea b) concede o direito à opção de entre os dois modelos possíveis. Cfr. THEO RAAIJMAKERS, *The Statute for a European Company: Its Impact on Board Structures, and Corporate Governance in the European Union*, EBOLR n.º 5 (2004), 159-194 (178-180, 188-191), com críticas dirigidas ao pobre aproveitamento que o texto comunitário faz dos avanços em matéria de governação; PETER BÖCKLI, *Konvergenz: Annäherung des monistischen und des dualistischen Führungs- und Aufsichssystems*, in PETER HOMMELHOFF/ KLAUS HOPT/ AXEL VON WERDER, *Handbuch Corporate Governance*, cit., 204-205.

Este quadro apenas foi alterado com a Directiva n.º 2006/43/CE, de 17 de Maio de 2006, sobre auditoria, que permite que o órgão de fiscalização de sociedades cotadas seja composto através de um de três modelos: por membros não executivos da administração, por membros de um conselho de supervisão (*supervisory board*) ou por membros de um órgão designados directamente pela assembleia geral – numa alusão clara, respectivamente, ao modelo anglo-saxónico, ao modelo dualista e ao modelo latino.

Previna-se também que neste quadro emergem igualmente recorrentes dificuldades linguísticas em fontes normativas de direito interno. Vários textos nacionais em transposição de actos normativos comunitários traduzem imperturbadamente *supervisory board* (enquanto câmara fiscalizadora do modelo dualista) por conselho fiscal – desconsiderando as diferenças de regime entre ambas as estruturas orgânicas.

VII – Merece encerrar este ponto com uma nota de síntese. Julga-se ter ficado demonstrado que monismo e dualismo de modelos de governo são expressões com alcance diferente consoante a zona do globo em que são utilizadas. Além da disparidade de realidades para que remetem, são expressões terminológicas incompletas, porquanto se centram na administração (perspectiva anglo-saxónica) ou na fiscalização (perspectiva portuguesa, na leitura aqui proposta) – sendo certo que os modelos de governação devem considerar ambas as vertentes. A fundamentá-lo, basta referir que as grandes falhas de governação, como se revelou nos episódios Enron, Worldcom e Parlamat, não são apenas devidas à actuação do órgão de administração, mas também a deficiências de fiscalização[156].

---

[156] Remete-se, quanto ao caso Enron, para JEFFREY GORDON, *What Enron Means for the Management and Control of the Modern Business Corporation: Some Initial Reflections, University of Chicago Law Review* (Summer 2002), e quanto ao caso Parmalat, para FRANCESCO BENEDETTO/ SIMONE DI CASTRI, *There is Something About Parmalat (on Directors and Gatekeepers),* Milano, (2005), 5-24. Numa das análises mais conseguidas de diagnóstico sobre as causas dos episódios mencionados, COFFEE alarga as responsabilidades pelos problemas de governação à vigilância externa da sociedade a cargo dos profissionais cuja actuação condiciona o acesso das sociedades ao mercado de capitais (os *gatekeepers* – onde inclui os auditores, advogados e analistas): JOHN COFFEE JR., *Gatekeepers. The Professions and Corporate Governance*, cit., 15-54.

O *Governo das Sociedades e a Reforma do Código das Sociedades Comerciais* 77

Ao assentarem numa lógica binária, aquelas designações esquecem que a constelação de formas de governação hoje conhecida em termos comparatísticos orbita essencialmente em torno de uma triologia de modelos: as novidades constantes do DL n.º 76-A/2006, de 29 de Março, limitaram-se a confirmá-lo. Por outro lado, tais expressões geram dificuldades de correspondência linguística, as quais são exponencialmente problemáticas na transposição de textos normativos comunitários.

Estas constituem razões suficientes para evidenciar as insuficiências da contraposição entre monismo e dualismo como quadro classificatório dos modelos de governação.

15. Tipologia e classificações dos modelos de governo

I – Um dos traços de continuidade que a reforma societária de 2006 preserva em relação à versão originária do Código das Sociedades Comerciais prende-se com a existência de modelos de governo, designados, na terminologia do art. 278.º CSC, como modalidades de estruturação da fiscalização e administração.

Os modelos básicos actualmente previstos são os seguintes:

- O modelo *clássico (ou latino)*, compreendendo conselho de administração (ou administrador único) e conselho fiscal (ou fiscal único).
- O modelo *anglo-saxónico*, que inclui conselho de administração, comissão de auditoria e revisor oficial de contas;
- O modelo *dualista*, postulando a existência de conselho de administração executivo, conselho geral e de supervisão e revisor oficial de contas. Em sociedades de grande dimensão e em sociedades emitentes de valores mobiliários admitidos à negociação em mercados regulamentados, o conselho geral e de supervisão deve incluir uma comissão para as matérias financeiras.

II – Este quadro, por si, não é suficiente se tivermos em conta que dentro de cada modelo pode haver variações relevantes. Interessa, por isso, atender às sub-modalidades previstas na lei em relação a cada modelo típico de governação.

78 Código das Sociedades Comerciais e Governo das Sociedades

Assim, o modelo clássico por seu turno compreende diversas modalidades, consoante o órgão de fiscalização seja coincidente com o de revisão e conforme se apresente a estrutura da administração e de fiscalização, do que resultam as seguintes possibilidades:

– Quanto à estrutura do órgão de fiscalização, o modelo clássico pode apresentar-se com um órgão de fiscalização colegial (conselho fiscal) ou unipessoal (fiscal único). Havendo conselho fiscal, deve sub-distinguir-se ainda o modelo clássico simplificado, quando envolva conselho fiscal que inclua o revisor oficial de contas na sua composição, e o modelo clássico reforçado, nos casos em que o conselho de administração é fiscalizado por um conselho fiscal e por um revisor oficial de contas que não integre a sua estrutura;
– No tocante à estrutura do órgão de fiscalização, o modelo clássico pode incluir um órgão de administração colegial (conselho de administração) ou unipessoal (administrador único).

Por seu lado, o modelo dualista compreende sub-tipos diferenciados consoante a designação dos membros do conselho de administração executivo seja da competência da assembleia geral ou do conselho geral e de supervisão[157].

No total, considerando conjuntamente os modelos e sub-modelos previstos no Código, computam-se nove modelos de governação possíveis.

III – A técnica legislativa assenta claramente numa tipologia taxativa de modelos de governação. Resulta, por isso, proibida a adopção de modelos não previstos no art. 278.º.

A esse propósito, pode questionar-se se é justificada a limitação à autonomia estatutária consubstanciada na regra da tipicidade taxativa de formas de governação.

A pertinência da questão decorre da diversidade de abordagens legislativas detectadas a este propósito. No Reino Unido, por exemplo, não se prescreve qualquer modelo de governo – assentando o

---

[157] Cfr. *infra*, 19.

O Governo das Sociedades e a Reforma do Código das Sociedades Comerciais   79

tratamento legislativo numa disciplina normativa que prescinde de qualquer referência a modelos. Trata-se de um traço estrutural da abordagem britânica nesta matéria que é continuado no recente *Companies Act* de 2006[158].

Deve no entanto sublinhar-se os méritos da opção mantida no Código das Sociedades nacional. À cabeça, convém notar que a regulação típica de modelos de governo é vantajosa no plano analítico e sistemático, porquanto favorece a clarificação das funções de cada órgão social – permitindo, com à-vontade, que se opere a destrinça entre as funções de direcção, as funções de fiscalização, e as funções de revisão de contas em cada sociedade anónima.

Além disso, graças a esta opção a simples identificação dos órgãos sinaliza externamente o modelo de governação utilizado. Neste sentido, pode afirmar-se que a tipicidade de modelos de governo apresenta a vantagem de favorecer a percepção sobre os modelos de estruturação do poder dentro da sociedade por terceiros – apesar do elevado número de normas permissivas estabelecido no regime actualmente vigente[159]. Daqui se entende a importância de uma utilização rigorosa dos *nomen iuris* típicos na designação dos órgãos sociais, para tutela da confiança de terceiros.

Aliás, os sistemas anglo-saxónicos que prescindem de referências a modelos são precisamente aqueles em que o panorama de modelos utilizados na prática é menos rico – e em que esta função de sinalização externa do modelo utilizado se revela menos importante. De facto,

---

[158] Por este motivo, aliás, o Reino Unido optou por não prever qualquer regra sobre modelo dualista na transposição do regime comunitário sobre sociedade anónima europeia – por assentar na premissa da sua admissibilidade à luz do direito vigente. Cfr. PAUL DAVIES, *Unternehmensführung in Großbritannien und Deutschland: Konvergenz oder fortbestehende Divergenz?*, cit., 269, 285; KATHARINA PISTOR/ YORAM KEINAN/ KEN KLEINHEISTERKAMP/ MARK D. WEST, *The Evolution of Corporate Law. A Cross-Country Comparison, University of Pennsylvania Journal of International Economic Law,* Vol. 23, n.º 4, (2003), 791-871; MICHAEL EDBURY, *United Kingdom,* in KRZYSZTOF OPLUSTIL/ CHRISTOPH TEICHMANN (ed.), *The European Company – all over Europe,* Berlin (2004), 320-321. Nos Estado Unidos, o espaço conferido à autonomia estatutária era igualmente generoso na tradição das legislações estaduais, mas a Lei *Sarbanes-Oxley* e as regras que a complementam não denotam idêntica flexibilidade. Cfr. *infra,* 9.

[159] Cfr. o que é dito *infra*, 13., a propósito da elasticidade dos modelos consagrados no Código das Sociedades.

Código das Sociedades Comerciais e Governo das Sociedades

a tipicidade de modelos comporta uma dupla vertente: uma vertente permissiva (a licitude dos modelos que correspondam a um dos tipos legais) e uma vertente proibitiva (a proibição de tipos que exorbitem o padrão fixado no art. 278.º). Pode argumentar-se, neste contexto, que a tipicidade, no actual momento histórico, influi sobretudo na primeira das vertentes assinaladas, sendo justificada para alicerçar uma pluralidade efectiva de fórmulas de governação.

Resta ainda referir que ao lado da regra nacional de tipicidade de modelos, sobra um espaço relevante à autonomia estatutária, em duas principais manifestações. A um tempo, não se afasta a possibilidade de estruturas orgânicas adicionais às obrigatoriamente previstas. Nomeadamente permite-se a constituição de estruturas orgânicas atípicas – comissões de remunerações, de nomeações, de governo societário, de risco, de responsabilidade social, entre outras. A outro tempo, mantém-se identicamente a possibilidade de alterar, a qualquer momento, o modelo seguido em cada sociedade (art. 278.º, n.º 6). Como é sabido, uma vez que a mudança de modelo de governo não importa alteração do tipo social, não são aqui aplicáveis as regras atinentes à transformação de sociedades (arts. 130.º-140.º-A).

IV – O novo quadro dos modelos típicos de governo das sociedades pode ser passível de várias classificações.

Convém distinguir preliminarmente:

– modelos de fiscalização externa; e
– modelos de fiscalização interna

São dois os modelos que envolvem uma fiscalização através de órgão integralmente externo à administração: o modelo clássico e o modelo dualista. Como modelo de fiscalização interna inclui-se o modelo anglo-saxónico – com a ressalva, já notada, de que em Portugal a comissão de auditoria consubstancia um órgão autónomo em relação ao conselho de administração (art. 423.º-B, n.º 1).

Outras classificações são possíveis, designadamente a que contrapõe:

– modelos que implicam desagregação entre fiscalização e revisão dentro do órgão de fiscalização;
– modelos a que subjaz uma coincidência entre fiscalização e revisão dentro do órgão de fiscalização.

O Governo das Sociedades e a Reforma do Código das Sociedades Comerciais 81

Segundo este critério, permite esta desagregação – preconizada pela Directiva n.º 2006/43/CE – o modelo clássico reforçado, o modelo anglo-saxónico e o modelo dualista[160]. As competências de fiscalização e de revisão não estão autonomizadas no modelo clássico simplificado.

16. Traços do regime comuns aos vários modelos

I – Na sistematização do Código das Sociedades dirigida a sociedades anónimas não se apresenta directamente uma parte geral sobre governação societária. Não obstante, são diversos os pontos comuns na disciplina dos vários modelos, os quais acabam por funcionar como meio de aproximação entre cada um[161].

A comunhão de regimes decorre da utilização de três técnicas distintas:

– a aplicação das regras constantes da parte geral do Código, sobre administração e fiscalização (*maxime*, arts. 64.º e 72.º-ss.);

– as normas remissivas, puras (v.g. arts. 423.º-B, n.º 3, 435.º, n.º 2 e 445.º, n.º 1) ou com adaptações (v.g. arts. 433.º, 434.º, n.º 4 e 445.º, n.º 2); e

– a simples enunciação de regras de conteúdo idêntico (é o caso, *inter alia*, dos arts. 414.º, n.ºs 4 a 6 e 423.º-B, n.º 4 e 5).

II – É útil proceder a um recenseamento das regras comuns aos diversos modelos constantes do Título IV do Código.

---

[160] Sobre o sentido e o conteúdo desta segregação funcional, cfr. *infra* 15, III.

[161] O mesmo sucede em outras consagrações do direito à selecção do modelo de governo, que não precludem a existência de regras comuns aos diversos modelos: seja o caso do regime da sociedade anónima europeia, como lembra THEO RAAIJMAKERS, *The Statute for a European Company: Its Impact on Board Structures, and Corporate Governance in the European Union*, cit., 180-181; seja ainda o exemplo da disciplina italiana, relatado por FEDERICO GHEZZI/ CORRADO MALBERTI, *Corporate Law Reforms in Europe: The Two-Tier and the One-Tier Model of Corporate Governance in the Italian Reform of Corporate Law – between Hypothetical Bargain and Regulatory Competition*, Università Commerciale Luigi Bocconi Research Paper n. 15 (Jan.-2007), 14-15, 60.

82 Código das Sociedades Comerciais e Governo das Sociedades

Há uma fundamental simetria nas competências dos órgãos de fiscalização (420.º, 423.º-F e 441.º) que apenas podem ser destituídos com base em justa causa (419.º, n.º 1, 423.º-E – sem paralelo directo no modelo dualista)[162], podendo contratar peritos.

Quanto à composição dos órgãos, tornou-se comum a regra que permite membros de órgãos de número par, bem como a inexistência de número máximo de membros de órgãos sociais, a permitir uma margem de manobra mais generosa na composição quantitativa dos órgãos.

Encontram-se ainda regras harmonizadas no âmbito da remuneração dos administradores (arts. 399.º, 429.º) e dos membros dos órgãos de fiscalização (422.º-A, 423.º-D e 440.º, n.º 3)[163]. Mostram identicamente uniformizadas as disposições referentes nomeação judicial dos administradores (arts. 394.º e 426.º) e sobre exercício de outras actividades por administradores e sobre negócios com a sociedade (arts. 397.º, 398.º e 428.º).

Por fim, embora merecendo ligeiras adaptações, são essencialmente idênticas as regras sobre os temas mencionados no art. 433.º, a saber sobre: reuniões do órgão de administração; caução; reforma e renúncia dos administradores.

III – De conteúdo comum são, por fim, as normas especiais dirigidas a sociedades emitentes de valores admitidos a mercado regulamentado e a sociedades de grande dimensão, quanto à mesa da assembleia geral (art. 374.º-A), à caução (art. 396.º, n.º 3) e quanto à obrigação de existência de um membro independente com conheci-

---

[162] O regime italiano aparta-se do nacional ao exigir, no modelo clássico, que a deliberação de destituição – fundada em justa causa – seja submetida a uma aprovação judicial, conforme examinado por FEDERICO GHEZZI/ CORRADO MALBERTI, *Corporate Law Reforms in Europe: The Two-Tier and the One-Tier Model of Corporate Governance in the Italian Reform of Corporate Law – between Hypothetical Bargain and Regulatory Competition*, cit., 22-27.

[163] Para uma leitura transversal do novo regime societário, a comprovar a natureza de *insiders* dos membros dos órgãos de fiscalização: JOSÉ DE FARIA COSTA/ MARIA ELISABETE RAMOS, *O Crime de Informação Privilegiada (Insider Trading). A Informação enquanto Problema Jurídico-Penal*, Coimbra, (2006), 62-72.

mentos em auditoria ou contabilidade (arts. 414.º, n.º 4, 423.º-B, n.º 4, 444.º, n.º 2 a 5).

O dever de composição do órgão de fiscalização por membros maioritariamente independentes, aplicável às sociedades emitentes de acções negociadas em mercado regulamentado (423.º-B, n.º 5, 444.º, n.º 6, 446.º-A) que, por seu turno, são apoiadas por secretário (art. 446.º-A-ss), constitui outro traço transversal aos diversos modelos. Idêntico é, igualmente, o conceito de independência neste contexto empregue (art. 414.º n.º 5).

IV – O acervo de normas descrito remete usualmente para uma equiparação com o regime tratado inicialmente – o modelo clássico. Este constitui, assim, o paradigma principal de governação, especialmente na sua vertente reforçada – operando no sistema como uma parte geral encoberta sobre a governação societária das sociedades anónimas. No plano formal, o título da Secção II do Capítulo VI do Título IV (dedicado à fiscalização, e não apenas ao conselho fiscal e fiscal único) corrobora esta conclusão. Merece, por estes motivos, que a análise *ex professo* de cada um dos modelos de governação se inicie precisamente por aqui.

§ 4.º
O MODELO CLÁSSICO

17. Principais etapas de evolução histórica do modelo clássico em Portugal

I – Em Portugal, o regime do modelo clássico de governação constitui o produto de uma evolução histórica, mais que centenária. A história deste modelo, aliás, até certo ponto confunde-se com a da fiscalização das sociedades anónimas, por ser este o único modelo de governação admissível até à entrada em vigor do Código das Sociedades Comerciais. Esta trajectória é aqui relembrada, através de um magro sumário, nas suas fases principais.

II – O figurino originário assentava num conselho fiscal de sociedades anónimas composto necessariamente por sócios, no mínimo de

84 *Código das Sociedades Comerciais e Governo das Sociedades*

três titulares. Segundo a Lei de 22 de Junho de 1867, a este órgão competiria: examinar a escrituração; convocar a assembleia geral; fiscalizar a administração da companhia, tendo o poder de assistir às reuniões da direcção quando entender; dar parecer sobre o balanço, o inventário e o relatório da situação comercial, financeira e económica da sociedade.

Embora preocupada com a independência dos membros do conselho fiscal, a disciplina nacional não revelava então qualquer exigência quanto às qualificações dos titulares do órgão de fiscalização[164]. A fiscalização surgia, assim, como um prolongamento do acervo de posições jurídicas associadas à participação social, para acautelar a consistência patrimonial do investimento accionista realizado. Embora com algumas variações introduzidas no Código Comercial de 1888, este sistema perdurou no essencial até 1969.

III – O Código Comercial sofreu entretanto a intercessão do DL n.º 49.381, de 15 de Novembro de 1969, derrogando a disciplina codificada[165]. Este diploma estabeleceu algumas garantias adicionais de independência, nomeadamente: dispensando a condição de sócio para ser membro do conselho fiscal; forçando a inclusão de um revisor no elenco do órgão de fiscalização, ainda que assumisse a forma de fiscal único; prevendo o direito de minorias representando 10 % do capital social de nomeação, através do tribunal, de mais um membro efectivo e outro suplente no conselho fiscal; e estendendo a lista de incompatibilidades, de que se destaca a fixação de um número limite de mandatos a poderem ser assumidos por membros do conselho fiscal (cinco)[166].

A possibilidade de fiscal único foi admitida; mas com restrições: estava reservada para sociedades com capital social não superior a 2.500.000$00.

---

[164] Cfr. o revelador texto de FERNANDO PESSOA/CAETANO DIAS, *A inutilidade dos Conselhos Fiscais e dos Comissários dos Governos nos bancos e nas sociedades anónimas,* Revista de Comércio e Contabilidade n.º 1 (1926).

[165] PINTO FURTADO, *Código Comercial Anotado*, Volume II, Tomo I, (1986), 421-439.

[166] Art. 2.º g) do DL n.º 49381, de 15 de Novembro de 1969; não aplicável aos revisores oficiais de contas, em virtude do art. 39.º, n.º1do DL n.º1/72, de 3 de Janeiro.

O Governo das Sociedades e a Reforma do Código das Sociedades Comerciais   85

O elenco de funções assinaladas a este órgão foi também feita com maior desenvolvimento que a constante do Código Comercial, mantendo-se no essencial até à reforma de 2006[167].

IV – Na versão primitiva do Código das Sociedades Comerciais – além de consideravelmente ampliado o leque de serviços a poder ser prestado por ROC[168] – contribuiu-se para a uma maior profissionalização do órgão de fiscalização, ao se impor, nas sociedades de estrutura monista, como obrigatória a presença de um ROC no conselho fiscal da sociedade. O órgão de fiscalização era então necessariamente colegial (composto por 3 ou 5 membros) quanto a sociedades de capital social igual ou superior a 20.000 contos – o que cobria praticamente todas as sociedades abertas.

V – Esquema particularmente exigente foi o consagrado na versão originária do Código do Mercado de Valores Mobiliários (1991). Aí se previa que os documentos de prestação de contas devessem ser acompanhados, não apenas da certificação legal de contas rubricada pelos revisores oficiais de contas ao serviço dos emitentes, mas também de relatório de auditoria elaborado por auditor exterior a estes[169]. Além de ambiciosa, esta imposição abrangia um amplo leque de entidades – incidindo não apenas sobre emitentes de valores mobiliários cotados em bolsa, mas também sobre entidades envolvidas em ofertas públicas.

A solução, todavia, não viria a vingar. Com efeito, foi considerada muito onerosa para as sociedades[170] e deu lugar a frequentes

---

[167] É patente a semelhança entre o art. 10.º, n.º 1 do DL n.º 49.381, de 15 de Novembro de 1969 com o art. 420.º, n.º 1 CSC.

[168] SUSANA LAGE BARBOSA, *O Revisor Oficial de Contas e o Código das Sociedades Comerciais,* dissert. mestrado, Aveiro (1999), 5-ss.

[169] Art. 100.º, n.º 1 do Cód. MVM, aprovado pelo DL n.º 142-A/91, de 10 de Abril.

[170] Considerando o sistema francês muito exigente e oneroso, cfr. KLAUS HOPT, *Modern Company and Capital Market Problems. Improving European Corporate Governance after Enron*, ECGI Law Working Paper n.º 05/2002, < http://ssrn.com/abstract_id=356102 >, 46, n.90.

86 *Código das Sociedades Comerciais e Governo das Sociedades*

manobras fraudatórias, nomeadamente envolvendo diversas SROC ligadas à mesma rede de empresas de auditoria.

Por este motivo, procedeu-se à sua revisão em 1997, passando--se a exigir a auditoria de contas de qualquer revisor registado na CMVM, mesmo que pertencente ao órgão de fiscalização da socie-dade[171]. Esta modificação legislativa originou ainda a situação bizarra, ainda mantida no presente, de o auditor da sociedade – no caso mais comum de ser membro do conselho fiscal – estar forçado a elaborar duas peças: a certificação legal de contas e o relatório de auditoria[172].

VI – Entretanto, a configuração do sistema de fiscalização modi-ficara-se com a alteração ao Código das Sociedades Comerciais intro-duzida em 1996, que tornou totalmente aberta a opção entre uma estrutura de fiscalização colegial ou com fiscal único, independente-mente do capital social da sociedade fiscalizada[173]. Esta alteração passou igualmente a proibir que o fiscal único seja accionista e exigiu que um dos suplentes do conselho fiscal seja ROC.

Além disso, a cumulação de mandatos de titular do conselho fiscal em sociedades do mesmo grupo passou a ser permitida com a alteração à alínea c) do n.º 3 do art. 414.º, introduzida com o DL n.º 238/91, de 2 de Julho, que passou a considerar haver impedi-mento apenas quando o membro do órgão de fiscalização seja mem-bro do órgão de administração de sociedade em relação de domínio ou de grupo com a fiscalizada.

O órgão de fiscalização deixou de ser necessariamente um órgão colegial, pelo que a coincidência entre a pessoa que efectua a revisão

---

[171] Art. 100.º, n.º1 Cód. MVM, na redacção dada pelo DL n.º 178/97, de 24 de Julho.

[172] A distinção baseia-se fundamentalmente na circunstância de o relatório de auditor incidir sobre quantidade mais extensa de informação que a certificação legal de contas. Esta tem por referência o balanço analítico, a demonstração de resultados líquidos por natureza e o respectivo anexo. O relatório de auditor versa não só sobre estes elementos mas também sobre o relatório de gestão, sobre a demonstração de resultados líquidos por funções (e anexo correspondente) e sobre a demonstração de fluxos de caixa (e anexo).

[173] Em referência está o art. 413.º do CSC. Paralelamente, deve notar-se uma evolu-ção semelhante no tocante às sociedades anónimas de capitais públicos: o DL n.º 26-A/96, de 27 de Março aboliu os conselhos fiscais em substituição de ROC; e a Lei n.º 14/96, passou a sujeitá-las à fiscalização do Tribunal de Contas.

O *Governo das Sociedades e a Reforma do Código das Sociedades Comerciais* 87

societária das contas e a que presta o trabalho de auditoria passou a poder ser integral.

VII – Merece sublinhar devidamente a importante evolução culminada em 1996: o conselho fiscal, desde o século XIX caracterizado como conselho de accionistas, passou a ser um órgão a poder incluir apenas técnicos; a revisão de contas, aliás, surge apenas pela mão de profissionais que não podem ser sócios (art. 414.1 CSC). O próprio direito a ser nomeado para órgão de fiscalização que o Código das Sociedades Comerciais prevê em termos gerais, para todos os tipos societários (art. 21.1 d) CSC), acaba por resultar naturalmente diminuído com esta evolução legislativa.

Este traço positivo de crescente profissionalização dos membros do órgão foi, porém, aniquilado com a permissão irrestrita de fiscais únicos, que conduziu a uma diminuição da eficácia do órgão[174] e a um desaproveitamento das competências de fiscalização que não se filiassem na revisão de contas. Relembre-se que desde a disciplina societária oitocentista que era imposto um número mínimo de 3 membros no órgão de fiscalização[175] – e em 1996, em termos irrestritos, o conselho fiscal pôde deixar de ser órgão colegial. Na prática, o órgão de fiscalização pôde passar a ser apenas um órgão de revisão de contas. O cenário era agravado na prática por estar em causa um modelo hegemónico, observado pela quase totalidade das sociedades anónimas. A doutrina jurídica não se apercebia do problema: salvo contadas excepções[176], o tema da fiscalização das sociedades não era

---

[174] Mantêm actualidade as palavras de RUI ULRICH, para quem era "perigoso o exame por uma única pessoa, que se pode enganar, mesmo de boa fé" (*Sociedades Anónimas e sua Fiscalização*, ROA, (1941), 26-27)

[175] endo discutível que o órgão de administração fosse necessariamente colegial: em sentido negativo, perante o Código Comercial de 1888, cfr. RLJ, ano 32.º, 1454-1455.

[176] Cfr. os decisivos contributos de MENEZES CORDEIRO, *Da Responsabilidade Civil dos Administradores das Sociedades Comerciais*, cit., 218-224; Id., *Manual de Direito das Sociedades*, Vol. I (2004), 107-114, 769-773, agora complementado, já à luz dos novos dados de direito positivo, no Vol. II, (2006), 749-801; NOGUEIRA SERENS, *Notas sobre as Sociedades Anónimas*, (1995), 88-94; e de ENGRÁCIA ANTUNES, *A Fiscalização das Sociedades Comerciais*, Porto (1997) (monografia de 204 pp., elaborada a pedido do Banco de Portugal – a quem se agradece o respectivo acesso – e infelizmente não publicada).

88   *Código das Sociedades Comerciais e Governo das Sociedades*

sequer elegível para ser tratado nos manuais ou nas monografias da especialidade.

O esvaziamento funcional do conselho fiscal era manifesto. Houve quem duvidasse, *de jure condendo*, da possibilidade da subsistência deste órgão[177]. A aptidão do modelo clássico e a eficácia do conselho fiscal estavam, definitivamente, em crise.

18. A revitalização do conselho fiscal

I – A reforma de 2006 assume-se como reacção ao quadro descrito, tendo confessadamente procurado promover um esforço de reabilitação do modelo clássico[178]. Trata-se de uma abordagem que merece ser sublinhada, dadas as vantagens reconhecidas no aperfeiçoamento das estruturas de governação vigentes, em detrimento de transposições acríticas de construções estrangeiras.

Este esforço de aprimoramento do modelo clássico acaba por ter efeitos reflexos, já que este é o modelo de fiscalização através de órgão colegial que serve identicamente de referência às sociedades por quotas (art. 262.º, n.º 1).

II – No cumprimento deste objectivo foi reservado um tratamento separado para o governo das sociedades anónimas de pequena e média dimensão.

Para entendê-lo, convém preliminarmente recordar que a versão originária do Código estabelece uma diferença de tratamento para o governo de empresas de pequena e média dimensão, consoante optem pelo tipo de sociedade por quotas ou por sociedade anónima. Quando adoptam a forma de sociedade por quotas, estão dispensadas de revisor oficial de contas – no pressuposto de que não se verifiquem os critérios quantitativos fixados no art. 262.º. Semelhante diferenciação não vigora, porém, para as sociedades anónimas, as quais, seja qual

---

[177] É visível o distanciamento crítico em relação à figura no *Livro Branco sobre Corporate Governance em Portugal*, (2006), 156-157.

[178] CMVM, *Governo das Sociedades Anónimas – Propostas de Alteração ao Código das Sociedades Comerciais* (2006), 7-15, 27-33.

O *Governo das Sociedades e a Reforma do Código das Sociedades Comerciais* 89

for a sua dimensão, estão sujeitas à certificação legal feita por revisor oficial de contas.

Sucede que a possibilidade de estabelecimento de um tratamento diferenciado entre pequenas e médias empresas, de um lado, e empresas de grande dimensão, de outro lado, tem alicerces no direito comunitário derivado, sem que aí se faça uma discriminação entre sociedades por quotas e sociedades anónimas. Assim, a Quarta Directiva de Direito das sociedades, relativa às contas anuais, permite que o legislador interno dos Estados-membros conceda uma dispensa de certificação legal de contas em sociedades de responsabilidade limitada de pequena dimensão[179] e admite a prestação de informação financeira em termos simplificados para sociedades de pequena e média dimensão[180]. Além disso, a Sétima Directiva de Direito das sociedades permite que o direito interno dos Estados-membros dispense a consolidação de contas de grupos societários de pequena dimensão[181]. Mais recentemente, a Directiva n.º 2006/43/CE, sobre auditoria, que substitui a Oitava Directiva de Direito das sociedades, determina apenas sujeitos ao regime de fiscalização mais exigente as entidades de interesse público – definidas como as sociedades cotadas, as instituições de crédito e as seguradoras, perímetro que pode ser alargado designadamente em função da dimensão das entidades em causa[182].

Neste quadro, a opção legislativa consagrada no DL n.º 76-A/2006 foi a de manter a exigência de certificação legal de contas nas sociedades anónimas de pequena dimensão, tida como importante para acautelar a confiabilidade da informação financeira, de que dependem não apenas os sócios, mas também os credores, os trabalhadores e, na arrecadação de receitas tributárias, o Estado. Manteve-se um traço da disciplina preexistente, que permite que as pequenas empresas que adoptam a forma de sociedade por quotas possam não estar sujeitas à certificação legal de contas (art. 262.º). Admitiu-se, contudo, em com-

---

[179] Art. 51.º da Directiva n.º 78/660/CE, de 25 de Julho de 1978.

[180] Arts. 11.º e 27.º da Directiva n.º 78/660/CE, de 25 de Julho de 1978.

[181] Art. 6.º, n.º 1 da Directiva n.º 83/349/CE, de 13 de Junho de 1983.

[182] Art. 2.º, n.º 13 da Directiva n.º 2006/43/CE, de 17 de Maio de 2006. Frise-se que a aplicação do regime de fiscalização a instituições de crédito e seguradoras não é injuntiva (art. 39.º da Directiva citada), dependendo de opção de cada Estado-membro.

90   *Código das Sociedades Comerciais e Governo das Sociedades*

pensação, que as sociedades anónimas de pequena e média dimensão possam recorrer a uma estrutura de governação simplificada, mantendo em relação a estas a faculdade de optarem pelo fiscal único.

A técnica legislativa agora empregue para estabelecer esta diferenciação entre as sociedades anónimas de pequeno e de grande porte envolveu o recurso a critérios quantitativos reveladores de dimensão, baseados no valor do balanço, no montante das vendas líquidas e outros proveitos e no número de trabalhadores empregados em média (art. 413.º, n.º 2 a)), à semelhança do que o n.º 2 do art. 262.º determina para as sociedades por quotas – embora, claro está, com valores diversos. A opção contrária, de estabelecer um montante de capital social como critério distintivo, em moldes próximos do que sucede n.º 2 do art. 390.º, chegou a ser aventada na proposta submetida à consulta pública[183]; mas foi abandonada, por se entender que tratar-se de um critério formal, podendo outrossim estimular uma infra-capitalização artificial das sociedades. Em resultado desta opção, todavia, passámos a dispor de critérios díspares de dimensão para permitir a existência de administrador único (art. 390.º, n.º 2) e de fiscal único (art. 413.º, n.º 2, alínea a)). Persiste, por conseguinte, à luz do novo regime[184], a possibilidade de existirem sociedades anónimas que tenham administrador único, mas estão impedidas de ter fiscal único, e vice-versa.

III – O novo regime introduziu um desdobramento do modelo latino, ao estabelecer que esta poderia ser composto por:

– um órgão de fiscalização que acumule as funções de revisão de contas, sendo constituído por conselho fiscal com inclusão do revisor oficial de contas (ou SROC), ou por fiscal único; ou
– um órgão de fiscalização e um órgão de revisão de contas autónomo, consistindo respectivamente num conselho fiscal e num ROC (ou SROC) que não integre a composição daquele.

---

[183] CMVM, *Governo das Sociedades Anónimas – Propostas de Alteração ao Código das Sociedades Comerciais*, cit., 28.

[184] Tal como no regime anterior: CMVM, *Governo das Sociedades Anónimas – Propostas de Alteração ao Código das Sociedades Comerciais*, cit., 15.

Pelos motivos expostos, a primeira opção apenas se apresenta como válida relativamente às sociedades de pequena e média dimensão, aferidas pelos critérios da alínea a) do n.º 2 art. 413.º, que não sejam emitentes de valores mobiliários admitidos à negociação em mercado regulamentado. O segundo sub-modelo é obrigatório para sociedades cotadas e de grande dimensão (salvo dominadas totalmente por outra sociedade[185]) que sigam o modelo clássico[186], embora possa ser seguido pelas sociedades que não tenham valores mobiliários admitidos à negociação nem resultem ser de grande porte.

Como se vê, um dos resultados da reforma é o de limitar a concentração de poderes de fiscalização e de revisão de contas no mesmo órgão. A revitalização do conselho fiscal implicou, assim, remeter o revisor da sociedade, no sub-modelo principal, para fora da sua composição[187]. Tal surge em resposta à nova Directiva comunitária sobre auditoria, que determina a necessidade de existência de um

---

[185] A delimitação negativa abarca o domínio total directo ou indirecto – valendo aqui, em interpretação do preceito, a mesma solução determinada *expressis verbis* no art. 483.º, n.º 2.

[186] Sobre o âmbito de utilização deste modelo é devida uma nota, porquanto o sentido decisivo do n.º 2 do art. 413.º CSC deva ser extraído com a devida ponderação do elemento sistemático na interpretação. Em causa está a norma que consagra a obrigatoriedade do sub-modelo clássico reforçado relativamente às seguintes entidades: "*sociedades que sejam emitentes de valores mobiliários admitidos à negociação em mercado regulamentado e a sociedades que, não sendo totalmente dominadas por outra sociedade que adopte este modelo, durante dois anos consecutivos, ultrapassem dois dos seguintes limites: i) Total do balanço – (euro) 100000000; ii) Total das vendas líquidas e outros proveitos – (euro) 150000000; e iii) Número de trabalhadores empregados em média durante o exercício – 150*". Sucede que o art. 413.º, n.º 2 deve ser interpretado em conjugação com o n.º 1 e com o art. 278.º n.º 3 CSC. Com efeito, a restrição normativa apenas vale dentro dos sub-modelos organizativos – o que supõe a escolha (livre) do modelo de governação de base. A obrigação de adopção do sub-modelo clássico reforçado apenas vale nos casos em que a sociedade adopte o modelo clássico. Dito de outro modo, a adopção dos modelos dualista e anglo-saxónico também pode ser escolhida por sociedades emitentes de valores mobiliários e por sociedades de grande dimensão. A confirmação deste entendimento, aliás, obtém-se através do disposto nos arts. 423.º-B, n.º 4 e 444.º, n.º 2, que prevêem regimes especiais dentro dos aludidos modelos dirigidos a sociedades cotadas e de grande dimensão.

[187] Tal não impede que o membro do conselho fiscal independente com conhecimentos em auditoria ou contabilidade designado ao abrigo do art. 414.º, n.º 4 seja revisor oficial de contas – desde que não seja o responsável pela revisão das contas da sociedade nem seja relacionado com este.

92   *Código das Sociedades Comerciais e Governo das Sociedades*

órgão encarregado designadamente de fiscalizar a independência do revisor oficial de contas, em particular na prestação de serviços adicionais à sociedade[188]. Sendo certo que não poderia ser o próprio órgão de revisão a fiscalizar a sua própria independência (sob pena de autorevisão), daqui decorre uma obrigatória e saudável segregação entre fiscalização societária e revisão de contas para as sociedades abrangidas pelo texto comunitário. Tenha-se presente, aliás, que os restantes modelos de governo já seguem esta autonomização entre as funções de fiscalização e de revisão de contas.

É oportuno notar que a mencionada segregação funcional entre fiscalização e revisão de contas não impede que alguns poderes funcionais sejam atribuídos conjuntamente ao auditor e ao órgão de fiscalização. Cabem aqui os poderes elementares ligados ao acompanhamento do processo de preparação de informação financeira: a verificação da regularidade dos livros, registos contabilísticos e documentos que lhe servem de suporte; a verificação, quando o julgue conveniente e pela forma que entenda adequada, a extensão da caixa e as existências de qualquer espécie dos bens ou valores pertencentes à sociedade ou por ela recebidos em garantia, depósito ou outro título; a verificação da exactidão dos documentos de prestação de contas; e a verificação se as políticas contabilísticas e os critérios valorimétricos adoptados pela sociedade conduzem a uma correcta avaliação do património e dos resultados. Nem poderia ser de outro modo: a função fiscalizadora agora envolve igualmente um escrutínio sobre o desempenho do trabalho do revisor (artigo 420.º, n.º 2), exercício esse que, para ser dotado de efectividade, pressupõe a atribuição dos descritos poderes funcionais ao órgão de fiscalização[189]. A não ser assim, quedar-se-ia o exercício da auditoria insusceptível de sindicabilidade e controlo na esfera endo-societária, o que é precisamente o que a Directiva n.º 2006/43/CE, no seu âmbito de aplicação, impede. Se nem se reparar, não resulta daqui uma duplicação de órgãos de revisão, porque apenas um órgão pode praticar tal acto

---

[188] Art. 41.º, n.º 2 d) da Directiva n.º 2006/43/CE, de 17 de Maio de 2006.

[189] Ligeiramente dissonante é a posição de GABRIELA FIGUEIREDO DIAS, que entrevê aqui um duplo grau de fiscalização: *Fiscalização de Sociedades e Responsabilidade Civil*, cit., 28-29.

societário, contrariamente ao que sucedia entre 1991 e 1995 para as sociedades cotadas[190]. Tão-pouco se vislumbra neste regime uma dupla fiscalização, dado haver tão-só um órgão de fiscalização, em sentido próprio. Sobra, apenas uma atribuição de poderes funcionais relacionados com o processo de relato financeiro a dois órgãos sociais, mas em termos instrumentais ao exercício de funções distintas: a revisão de contas, em uma situação; a fiscalização do revisor e do seu trabalho, em outra. O exposto, aliás, vale não só para o conselho fiscal no modelo latino reforçado mas também, *mutatis mutandis*, para os modelos dualista e anglo-saxónico.

A disciplina nacional descrita, em virtude dos imperativos comunitários, significa igualmente uma limitação à possibilidade de adopção de fiscal único. Esse constitui outro traço evolutivo que merece inequívoco apoio. Com efeito, esta permissão irrestrita de fiscal único levava a desaproveitar as competências de fiscalização em Portugal, que em alguns aspectos importantes exorbitam a revisão de contas (competência de convocatória de assembleias gerais (art. 377.º, n.º 1), de divulgação ou arguição de invalidade de deliberações (arts. 57.º e 59.º) e de dar parecer sobre transacções entre partes relacionadas (art. 397.º)), para as quais os revisores não estão vocacionados. O fiscal único, além disso, acumulava as desvantagens que, em geral, são próprias dos órgãos sociais de composição unipessoal: a maior vulnerabilidade a impedimentos por motivos de natureza pessoal; a maior probabilidade de diminuição de independência no exercício das suas funções; e o não aproveitamento de pessoas com valências diversas na composição do órgão.

IV – Actualmente, de entre as diversas opções de governação possíveis, o modelo clássico é o que admite mais variações, podendo haver:
- Quanto ao órgão de administração: administrador único (em sociedades cujo capital social que não exceda 200.000 euros) ou conselho de administração;
- Quanto ao órgão de fiscalização: fiscal único ou conselho fiscal no modelo simplificado (ambos apenas permitidos em

---

[190] Cfr. *supra*, 14.

sociedades que não tenham valores mobiliários admitidos à · negociação nem resultem ser de grande porte) ou, ainda, conselho fiscal no modelo reforçado.

Do cruzamento das várias hipóteses resultam daqui, em suma, seis possíveis sub-modelos. Todos estão abertos às pequenas sociedades anónimas.

V – Cumpre observar, em derradeira nota, que em caso de sociedades cujo capital social que não exceda 200.000 euros o modelo clássico admite administrador único (art. 390.º, n.º 2), o que é vedado no modelo anglo-saxónico (art. 423.º-B, n.º 2) – mas admitido no modelo dualista (art. 424.º, n.º 2).

Como regra geral, acima da mencionada fasquia de capital social é permitido que a composição do órgão de administração inclua, como mínimo, dois titulares (art. 390.º, n.º 2 *a contrario sensu*). Quando o órgão for composto pelo número mínimo, e sempre que o número de titulares do órgão for par, o presidente do conselho de administração tem voto de qualidade (art. 395.º, n.º 3 a)), para evitar bloqueios decisórios. Não se vislumbram motivos para discordar desta solução: o alargamento da liberdade de escolha na composição quantitativa do órgão de administração – incluindo órgãos com dois administradores, em que um detenha influência preponderante por virtude do voto de qualidade – surge como contrapeso geral e natural do robustecimento da eficácia da fiscalização promovido pela reforma de 2006.

§ 5.º
O MODELO ANGLO-SAXÓNICO

19. Experiências próximas em ordenamentos jurídicos estrangeiros: os *audit committees*

I – Um dos legados centrais da reflexão sobre governação societária liga-se à necessidade de aprumo organizativo do órgão de administração, em prol da eficiência societária. Deste ponto de vista, tem sido crescentemente defendida a criação de comissões especializadas dentro do órgão de administração, constituídas por parte dos seus titulares.

Tal permite realizar quatro principais objectivos. O objectivo mais directo é o de libertar os administradores encarregados da gestão corrente de algumas tarefas relativamente às quais possa haver conflito de interesses. Além disso, as comissões criadas no órgão de administração favorecem um funcionamento mais ágil do órgão directivo da sociedade cotada, em atenção ao elevado número de titulares que o compõem; obrigam os administradores não executivos a um contacto mais próximo com o negócio da sociedade; e propiciam um tratamento mais aprofundado dos assuntos, perante a complexidade técnica de algumas matérias com que deve lidar.

Citam-se invariavelmente três exemplos clássicos destas comissões especializadas: as comissões de remunerações[191], as comissões de selecção de novos administradores e as comissões de auditoria[192]. Concentremo-nos nestas.

II – As comissões de auditoria têm uma origem reconhecidamente norte-americana, que se liga de perto à própria história do governo das sociedades. Nos Estados Unidos, os *audit committees* foram introduzidos paulatinamente no tráfego sobretudo na década

---

[191] Não constituindo objecto deste trabalho, diga-se de antemão que a possibilidade de utilização das comissões de remuneração como sub-comités do órgão de administração fica prejudicada entre nós, uma vez que o Código das Sociedades Comerciais atribui à assembleia geral ou a comissão por esta nomeada a competência para fixar os vencimentos (art. 399.º). Esta seria, aliás, uma solução excelente em termos de governação, porquanto os titulares deste comité não são, neste caso, juízes em causa própria (contrariamente ao que pode suceder nos *remuneration committees* anglo-saxónicos, compostos por administradores não executivos, que usualmente não deixam de fixar a remuneração dos próprios) – não fora a circunstância de o nosso Código ser omisso quanto às regras sobre a composição deste comité. Só a título recomendatório surgem indicações quanto à independência dos titulares do órgão (Recomendação n.º 9 da CMVM: *Os membros da comissão de remunerações ou equivalente devem ser independentes relativamente aos membros do órgão de administração*). Demais, saliente-se que, embora nomeados pela assembleia geral, o comité de remunerações não está forçado a reportar aos accionistas os padrões de remuneração fixados, que são por isso mantidos confidenciais (salvo a divulgação agregada feita por força do Regulamento da CMVM n.º 7/2001).

[192] Por todos, *vide* os Princípios da OCDE sobre Governo das Sociedades, V.E.1.

de sessenta do século passado[193]. Deparam-se porém indicações da *Securities and Exchange Commission* (SEC) a recomendar comissões desta natureza pelo menos desde os anos quarenta[194]. A sua constituição foi objecto de uma recomendação da SEC em 1972, adiantando esta autoridade reguladora que as comissões deveriam ser compostas de administradores não-executivos (*outside directors*)[195]. A atenção conferida a estas comissões só viria a ser largamente ampliada alguns anos mais tarde, com a exigência firmada pela NYSE em 1978 para todas as sociedades aí cotadas, no que viria a ser seguida por outras bolsas (AMEX, Nasdaq).

Identicamente, os influentes Princípios de Governo das Sociedades do *American Law Institute*, com vocação unificadora, dedicar-lhe-iam atenção, recomendando que as sociedades com capital disperso – de grande ou pequena dimensão – sejam dotados de comissões de auditoria[196]. Outro sinal significativo viria a ser dado com o resultado de um grupo de trabalho criado pela NYSE e pela *National Association of Securities Dealers* para estudar a sua eficácia: o *Blue Ribbon Committee on Improving the Effectiveness of Corporate Audit Committees* divulgou em 1999 um conjunto de recomendações sobre a independência dos membros da comissão e sobre o controlo da independência dos auditores que viriam a ter influência decisiva no desenvolvimento ulterior desta figura[197].

---

[193] Há quem reconheça antecedentes ao *audit committee* na estrutura de fiscalização da *Society for Establishing Useful Manufactures* cuja constituição foi autorizada em 1791 em New Jersey (ROBERT MONKS/ NELL MINOW, *Corporate Governance*[2], cit., 165-166); mas os seus membros não eram administradores.

[194] SECURITIES AND EXCHANGE COMMISSION, *Accounting Series Release* n. 19 (5 Dez 1940) citado por MELVIN EISENBERG, *Legal Models of Management Structure in the Modern Corporation: Officers, Directors and Accountants*, cit., 433. Uma célebre fraude contabilística detectada no caso McKesson/Robbins, que foi objecto de uma decisão do Supreme Court de 1938 terá impulsionado estas primeiras iniciativas (segundo reporta GREGORY FRANCESCO MAASEN, *An International Comparison of Corporate Governance Models*, Amsterdam, (2002), 110).

[195] SECURITIES AND EXCHANGE COMMISSION, *Accounting Series Release* n.º 123 (23-Mar.-1972).

[196] AMERICAN LAW INSTITUTE, *Principles of Corporate Governance: Analysis and Recommendations*, St. Paul, Minn., (1994)., § 3.05, § 3A .02.

[197] Cfr. em particular as Recomendações n.os 1, 2 e 7.

O passo decisivo viria a ser dado com a exigência de constituição de comissão de auditoria com a Lei *Sarbanes-Oxley*[198]. A Lei Sarbanes-Oxley não obriga em rigor à sua existência: a definição de *audit committee* possibilita a sua substituição por um órgão equivalente, admitindo-se que as regras sobre *audit committees* se apliquem a todo o órgão de administração, no caso de faltar tal comissão (Section 205 (a) (58)). Todavia, a regulamentação da SEC e das bolsas determinou uma expansão ainda mais vigorosa da figura[199]. Note-se que os *audit committees*, de acordo com este regime, devem ser compostos exclusivamente por administradores independentes[200].

Da disciplina norte-americana decorre ainda um regime particularmente exigente (e controverso) quanto à eficácia do sistema de controlo interno[201], sendo nomeadamente requerido aos auditores que incidam a sua análise também sobre esse sistema – o que envolve

---

[198] MICHAEL GRUSON/ MATTHIAS KUBICEK, *Der Sarbanes-Oxley Act, Corporate Governance und das deutsche Aktienrecht*, AG (2003), 340-352, incluindo um confronto entre o *audit committee* e o *Aufsichtsrat* alemão (345-352).

[199] SECURITIES AND EXCHANGE COMMISSION, *Standards Relating to Listed Company Audit Committees, Release* n.º 33-8220; 34-47654; IC-26001.

[200] Cfr. *section* 301 Sarbanes-Oxley Act, solução a merecer apoio do CALIFORNIA PUBLIC EMPLOYEES' RETIREMENT SYSTEM, *Corporate Governance. Core Principles and Guidelines*, 4; mas a merecer crítica, fundada em estudos empíricos sobre a composição da administração, por parte de ROBERTA ROMANO, *The Sarbanes-Oxley Act and the Making of Quack Corporate Governance*, ECGI WP n.º 52 (2004), 13-40.

[201] Em referência está a *Section* 404 da *Sarbanes-Oxley Act*, o respectivo desenvolvimento regulamentar pela SEC, e o *Auditing Standard* n.º 2 do *Public Company Accounting Oversight Board* (PCAOB) – de resto, estes últimos revistos recentemente para aplacar as vozes críticas. A controvérsia prende-se com os elevados custos que estes normativos implicaram para as empresas sujeitas a registo segundo o *Securities and Exchange Act*. De entre muitos, cfr. ROBERT C. CLARK, *Corporate Governance Changes in the Wake of the Sarbanes-Oxley Act: A Morality Tale for Policymakers Too*, Harvard Law School, (2005), 8-16, 31-32; STEPHEN BAINBRIDGE, *Sarbanes-Oxley: Legislating in Haste, Repenting in Leisure, UCLA School of Law* (2006), 11-16 (12) (invocando uma estimativa da *Financial Executives International* de custos anuais de 4,7 milhões de dólares por sociedade advenientes da secção 404). O distanciamento europeu em relação a esta solução encontra comprovação recente numa declaração do *European Corporate Governance Forum* sobre controlos internos, onde se consideram desproporcionados os custos inerentes à abordagem norte-americana em relação aos benefícios que visa atingir: EUROPEAN CORPORATE GOVERNANCE FORUM, *Statement on Risk Management and Internal Control*, (Junho 2006), 2.

98 Código das Sociedades Comerciais e Governo das Sociedades

indirectamente um escrutínio da actuação do *audit committee* enquanto órgão fiscalizador do sistema de controlo interno[202]. Uma vez que ao *audit committee* cabe, por seu turno, a supervisão sobre os serviços extra-auditoria prestados pelo auditor à sociedade[203], resulta do regime norte-americano uma circularidade do sistema de fiscalização que merece ser notada.

III – A exportação deste modelo para a Europa processou-se sobretudo por influência britânica. No Reino Unido, o Relatório Cadbury de 1992 já se referia estas comissões, recomendando no seu código de boas práticas o seu uso para todas as sociedades cotadas[204]. Esta orientação foi confirmada pelo Relatório Hampel, de 1998. Seguiu-se o *Combined Code* em que se obriga as sociedades a justificar as razões por que não adoptam as comissões de auditoria, em aplicação do modelo *comply or explain* à fiscalização de sociedades cotadas[205]. Ao Livro Verde da Comissão Europeia sobre Auditoria de 1996 devem também ser creditadas responsabilidades no reconhecimento da importância desta sub-estrutura[206]. A partir daí, as comissões de auditoria foram objecto de indicações recomendatórias

---

[202] LAWRENCE CUNNINGHAM, *A New Product for the State Corporation Law Market: Audit Committee Certifications*, Boston College of Law Research Paper n.º 33 (2004), 9-22 (muito crítico quanto às limitações à avaliação empreendida pelo auditor); PIERRE-MARIE BOURY/ CRAIG SPRUCE, *Auditors at the Gate: Section 404 of the Sarbanes-Oxley Act and the Increased Role of Auditors in Corporate Governance*, International *Journal of Disclosure and Governance* Vol. 2 n.º 1 (2005), 27-51 (36-37).

[203] Sobre a *Section* 201 da *Sarbanes-Oxley Act* e o respectivo desenvolvimento infra-legislativo, remete-se para ROBERTA ROMANO, *The Sarbanes-Oxley Act and the Making of Quack Corporate Governance*, cit., 41-86; MICHAEL G. ALLES/ ALEXANDER KOGAN/ MIKLOS VASARHELYI, *Implications of Section 201 of the Sarbanes-Oxley Act: The role of the audit committee in managing the informational costs of the restriction on auditors engaging in consulting*, International *Journal of Disclosure and Governance* Vol. 2 n.º 1 (2005), 9-26.

[204] *Financial Aspects of Corporate Governance*, (1992), 4.33.-4.38.

[205] Refira-se complementarmente o apoio à criação de comités de auditoria subscrito por outros textos britânicos: NATIONAL ASSOCIATION OF PENSION FUNDS, *Corporate Governance Code* (2000), § 12; PIRC, *Shareholder Voting Guidelines*, (1994, revisto em 2001), p. 7.

[206] JO C 321 28.10.1996, 4.22- 4.24.

nomeadamente em França[207], na Bélgica[208], na Holanda[209] e na Suécia[210].

Após o episódio Enron, a Comissão Europeia declarou publicamente a intenção de relançar o papel das comissões de auditoria como mecanismo capaz de prevenir irregularidades financeiras[211]. Subsequentemente, a Directiva n.º 2006/43/CE, consagrou a obrigatoriedade de existência de uma dita "comissão de auditoria" em sociedades cotadas. Mas o emprego do termo neste contexto afigura-se falacioso – e neste sentido a tradução oficial portuguesa é objectável[212] –, já que a Directiva não se compromete com o modelo de governação que lhe está subjacente: o diploma comunitário admite indistintamente que este órgão seja composto por membros não executivos da administração (modelo anglo-saxónico), por membros de um *supervisory board* (modelo dualista) ou por membros de um órgão designados directamente pela assembleia geral (numa alusão ao modelo latino). Além disso, em relação a pequenas e médias empresas admite que outros órgãos sociais desempenhem as mesmas funções, desde que o presidente desse órgão não seja um membro executivo da administração[213].

---

[207] Relatório Viénot, III.3. Cfr. a propósito OLIVIER AZIÈRES/ CAROLE LAMBERT, *Comités d'Audit: Vers un meilleur exercice de la responsabilité des administrateurs*, in *RDAI* n.º 8, (1995), 923-932.

[208] COMMISSION BANCAIRE ET FINANCIÈRE, *Recomendations* (1998), I.B. 4.3; Recomendações da Federação de Sociedades (1998), 4.3.

[209] Peters Report (1997), Recomendação 3.2.

[210] SWEDISH SHAREHOLDERS ASSOCIATION, (1999), 1.2.2.

[211] EUROPEAN COMMISSION, *A First EU Response to Enron Related Policy Issues*, (2002), disponível em http://ec.europa.eu/internal_market/company/docs/enron/ecofin_2004_04_enron_en.pdf.

[212] À semelhança das retroversões francesa e alemã, a tradução portuguesa procurou um correspondente linguístico excessivamente literal do termo *audit committee* – comité de auditoria – que fica conotado, de modo enganador, com o modelo anglo-saxónico. Mais apropriada, em comparação, foi a abordagem seguida na tradução italiana da Directiva, que se refugia numa fórmula mais descritiva e neutra (*comittato per il controllo interno e per la revisione contabile*).

[213] Art. 41.º, n.º 1 da Directiva n.º 2006/43/CE. De igual modo, a recomendação de criação de comissões de auditoria na Alemanha (§ 5.3.2. DCGK) não envolve uma apropriação do modelo anglo-saxónico, mas apenas uma aproximação a uma vertente deste por parte do modelo dualista aplicado no ordenamento jurídico germânico.

100 Código das Sociedades Comerciais e Governo das Sociedades

IV – Tomando por referência as experiências estrangeiras, os *audit committees* caracterizam-se em atenção a dois critérios: um de carácter orgânico, por referência ao órgão no seio do qual é constituído; e outro recortado por referência às funções que lhe são atribuídas.

Quanto ao primeiro critério, trata-se de uma comissão permanente especializada constituído pelo órgão de administração de entre os seus titulares. Compõe-se exclusivamente de administradores não-executivos – havendo exigências variáveis quanto à sua independência. Por regra reclama-se que estes sejam maioritariamente membros independentes[214] – salvo as soluções mais radicais como do *Sarbanes-Oxley Act* norte-americano[215]. Há bolsas que exigem conhecimentos contabilísticos e financeiros a pelo menos um dos seus membros[216].

Em atenção à delimitação funcional da comissão de auditoria, refira-se que, na sua essência, toma por objecto assegurár a confiabilidade da informação financeira, acompanhando o processo da sua elaboração e fiscalizando em termos independentes o rigor da auditoria incidente sobre esta. Esta comissão serve nesta medida de interligação entre a administração e os auditores. É a esta luz que se entende o conceito de *audit committee* constante da *section* 205 do *Sarbanes-Oxley Act*: *a committee (or equivalent body) established by and amongst the board of directors of an issuer for the purpose of oversseing the accounting and financial reporting processes and audits of the financial statements of the issuer.* À comissão de auditoria são também atribuídas funções ligadas à selecção dos auditores, à

---

[214] Recomendando uma composição maioritária de membros independentes: AMERICAN LAW INSTITUTE, *Principles of Corporate Governance: Analysis and Recommendations*, cit., 3.05; Cadbury Report, 4.35 b); Hampel Report, 6.3; D.3.1.; COMMISSION BANCAIRE ET FINANCIÈRE, *Recomendations* (1998), I. B. 4.3. b).

[215] A exigência da totalidade de membros independentes é também estabelecida no *Combined Code on Corporate Governance*, cit., C.3.1 – embora numa lógica de *comply or explain*. Acresce que, segundo esse texto, o *audit committee* pode ser composto apenas por dois membros em caso de pequenas sociedades.

[216] NYSE Rule 303.01. O *Blue Ribbon Committee* também alinhava neste sentido, na sua Recomendação n.º 3.

definição dos termos do seu mandato, incluindo a sua remuneração, ao controlo da sua independência e à vigilância sobre o adequado tratamento contabilístico dos documentos financeiros. Quanto a este último ponto, o Relatório Viénot adianta a explicação útil de que *"não se trata tanto de entrar nos detalhes das contas, mas sobretudo de apreciar a confiabilidade do sistema aplicado para a sua elaboração, assim como a validade das posições adoptadas para as operações significativas"*[217]. Em termos complementares, esta comissão serve de meio de controlar o sistema interno de controlo de riscos da sociedade, constituindo nesse âmbito o elo de ligação entre os auditores internos e os auditores externos.

V – Não pode negligenciar-se que o aparecimento e o desenvolvimento deste modelo se inscreve numa tendência de reforço do papel dos administradores não executivos – e, de modo particular, dos administradores independentes – na governação societária. Os administradores independentes não constituem um fim em si mesmo – mas têm sido reconhecidos como um instrumento de afinamento das sãs práticas de governação. Em causa está a vocação funcional dos administradores não-executivos em reforço de uma gestão adequada de conflito de interesses, nomeadamente em situações críticas (v.g. na pendência de OPAs hostis), na garantia da confiabilidade da informação financeira e do rigor dos controlos internos[218] e, mais latamente, como instrumento de fiscalização do desempenho dos administradores executivos[219].

Esta vocação tem particular importância nas sociedades cotadas, dado o tendencial maior distanciamento entre os accionistas e os detentores dos poderes decisórios na sociedade e, mercê da dispersão da propriedade accionista, a potencial elevada danosidade dos delitos

---

[217] III.3.

[218] OLIVIER AZIÈRES/ CAROLE LAMBERT, *Comités d'Audit: Vers un meilleur exercice de la responsabilité des administrateurs*, cit., 925-926.

[219] REINIER KRAAKMAN, *Der Profissionalisierung des Board*, in DIETER FEDDERSEN/ PETER HOMMELHOFF/ UWE SCHNEIDER, *Corporate Governance. Optimierung der Unternehmensführungs und der Unternehmenskontrollle im deutschen und amerikanischen Aktienrecht*, Köln, (1996), 136-138.

102 Código das Sociedades Comerciais e Governo das Sociedades

societários aí verificados. Acresce que nesta categoria de sociedades, a pressão de curto prazo (*short-termism*) induzida nomeadamente pela actuação dos analistas e a intensificação dos esquemas remuneratórios dependentes do desempenho societário podem fazer aumentar, conjuntamente, o risco de confiabilidade da informação financeira. Neste cenário, reveste-se de grande utilidade a actuação dos administradores não executivos, sobretudo dos que estão excluídos de conflitos de interesses[220].

O papel dos administradores não executivos nas sociedades cotadas, aliás, foi sublinhado através da Recomendação da Comissão Europeia n.º 2005/162/CE, de 15 de Fevereiro de 2005, que reconheceu a estes actores societários aptidões importantes na fiscalização societária, preconizando nomeadamente a designação de pelo menos uma maioria de administradores não executivos independentes na comissão de auditoria de sociedades cotadas[221].

O decisivo papel fiscalizador desempenhado pelos administradores não executivos nas comissões de auditoria conduz a que se considere haver uma aproximação ao modelo dualista[222]. Para tal contribui igualmente o poder de destituição dos membros executivos da administração que assiste aos membros não executivos, no Reino Unido e nos Estados Unidos, análogo ao poder confiado, no regime alemão, aos membros do órgão fiscalizador (*Aufsichtsrat*) de destituir os membros do órgão de administração executivo (*Vorstand*)[223].

---

[220] Para uma ilustração, à luz do ordenamento mobiliário norte-americano, reenvia-se para HILLARY SALE, *Independent Directors as Securities Monitors*, University of Iowa Legal Studies Research Paper n.º 05-38 (2006).

[221] Anexo I, 4.1.

[222] HENRY HANSMANN/ REINIER KRAAKMAN, *The End of History for Corporate Law*, in JEFFREY GORDON/ MARK ROE, *Convergence and Persistence in Corporate Governance*, Cambridge, (2004), 52; COMPANY LAW REVIEW, *Developing the Framework*, London (2000), 3.139; GÉRARD HERTIG/ JOSEPH MCCAHERY, *On-Going Board Reforms: One-Size-Fits-All and Regulatory Capture*, ECGI Law Working Paper n.º 25/2005, http://ssrn.com/abstract=676417, 16.

[223] Cfr. *infra*, § 6.º.

20. O acolhimento do modelo anglo-saxónico no direito nacional

I – A qualificação do sistema consagrado nos arts. 423.º-B a 423.º-H como anglo-saxónico deve ser feita *cum grano salis*.

De um lado, deve notar-se que há diferenças não desprezíveis entre os modelos norte-americano e britânico de governação.

Nos Estados Unidos, coexiste usualmente o presidente executivo (*Chief Executive Officer*) com o presidente do conselho de administração (*Chairman*), do que resulta uma liderança da sociedade mais personalizada e melhor remunerada[224], ao passo que no Reino Unido as duas figuras normalmente são autonomizadas[225].

Por outro lado, no Reino Unido, apesar da prática implicar um órgão unitário que inclua administradores não-executivos[226], não se prescreve um modelo por lei, nem resulta proibida a adopção de um modelo que de facto corresponda ao modelo dualista[227].

Frise-se, igualmente, haver elementos introduzidos que configuram claras singularidades nacionais. Há, desde logo, inúmeras diferenças de contexto, nomeadamente quanto à diversa importância da jurisprudência como fonte reveladora do direito societário *off the books*. Além disso, frise-se designadamente que a função do órgão de administração, no direito dos Estados norte-americanos e no direito inglês, envolve o poder de destituição dos administradores executivos[228] – o que contrasta igualmente com a disciplina nacional firmada para o modelo de fiscalização baseado em comissão de auditoria[229].

---

[224] JOHN COFFEE Jr., *Gatekeepers. The Professions and Corporate Governance*, cit., 84-85.

[225] ROBERT MONKS/ NELL MINOW, *Corporate Governance²*, cit., 175.

[226] EILÍS FERRAN, *Company Law and Corporate Finance*, Oxford, (1999), 219.

[227] PAUL DAVIES, *Introduction to Company Law*, cit., 203, informando ademais ter sido detectada a prática da criação, por algumas sociedades, de órgãos executivos de administração, a complementar as estruturas orgânicas que reuniam os membros não-executivos.

[228] MELVIN EISENBERG, *The Structure of the Corporation: A Legal Analysis*, cit., 170; FINANCIAL REPORTING COUNCIL, *Combined Code on Corporate Governance*, cit., A.1.

[229] O poder de destituição dos administradores fiscalizados por parte do órgão fiscalizador apenas existe, em Portugal, no modelo dualista em que a competência de designação seja atribuída ao conselho geral e de supervisão (o que agora não é forçoso que aconteça: cfr. *infra*, § 4.º).

104   *Código das Sociedades Comerciais e Governo das Sociedades*

Por último, são conhecidas as limitações que surgem no contexto norte-americano para a apresentação de propostas pelos accionistas, *in primis* na designação e na destituição de titulares dos órgãos sociais[230].

II – A autonomia do modelo anglo-saxónico é clara. É-o, para já, em termos estruturais, já que este modelo confia a fiscalização a membros do órgão de administração, resultando assim numa fiscalização endógena da gestão societária. A autonomia deste figurino revela-se igualmente em termos históricos, em função da origem dos *audit committees*, que é distinta e mais recente que a origem do modelo do conselho fiscal[231]. Mas também quanto ao correspondente regime: retenha-se para já que as competências no modelo anglo-saxónico de fiscalização da assembleia geral (arts. 57.º, 59.º e 377.º, n.º 1), do processo de preparação das contas (arts. 452.º e 453.º) e das transacções entre partes relacionadas (art. 397.º) não têm paralelo nos poderes confiados aos administradores não delegados ou membros não executivos no modelo clássico. Abaixo ficam documentadas, em detalhe, outras singularidades inerentes ao regime próprio deste modelo[232].

III – O modelo não limita o número máximo de membros da comissão de auditoria, mas estabelece um número mínimo de membros deste órgão. Assim, permite-se que seja superior o número de

---

[230] LUCIAN BEBCHUK, *The Case for Increasing Shareholder Power, Harvard Law Review* Vol. 118, n.º 3 (2005), 833-917; Id., *The Myth of the Shareholder Franchise,* Harvard Law and Economics Discussion Paper n.º 567, *Virginia Law Review* (Spring 2007), 675-ss [a mesma publicação inclui diversos artigos críticos às teses do autor]; SOFIE COOLS, *The Real Difference in Corporate Law between the United States and Continental Europe: Distribution of Powers, Delaware Journal of Corporate Law* Vol. 30 (2005), 698-766 (745-750).

[231] Cfr. *supra*, 14.-16.

[232] Cfr. *infra*, sobretudo 17.VI. Em sentido idêntico, mas perante o direito italiano, cfr. CLAUDIO BISCARETTI DI RUFFÌA/ MARIANNA GURRADO, *La Società Europea: un nuovo strumento per investire nell'Europa allargata*, cit., 372, n. 30. Anote-se a posição contrária de MENEZES CORDEIRO, *Manual de Direito das Sociedades*, II, cit., 761; Id., *A grande reforma das sociedades comerciais*, cit., 452, para quem o modelo anglo-saxónico não configura qualquer *tertium genus*, ao se apresentar como um modelo monista.

membros não executivos do que o dos membros executivos – embora não seja vedado o quadro oposto.

Além disso, o Código fixa o número mínimo de membros da comissão de auditoria em três (art. 423.º-B, n.º 2) – do que resulta proibida a existência de administrador único (art. 278.º, n.º 5). Porém, não se estabelece número mínimo para os membros executivos.

Uma vez que não se admite que a sociedade possa funcionar sem qualquer membro executivo, resulta que o número mínimo de administradores neste modelo de governação é de quatro – seja qual for o montante do capital social da sociedade. O ponto de vista contrário – que já foi sustentado – pretenderia exigir um mínimo de cinco administradores em sociedades cujo capital social exceda 200.000 euros, implicaria uma interpretação extensiva do n.º 5 do art 278.º para chegar a uma pretensa proibição de administrador único *executivo*. Mas não se vislumbram fundamentos para tal leitura – que assenta implicitamente numa menoridade do estatuto de administrador não executivo, o que é contrário ao espírito da reforma, não podendo aceitar-se[233].

É certo que, à luz das regras vigentes sobre vinculação da sociedade, a existência de sociedades com um único administrador executivo obriga à correspondente adequação por via estatutária, de modo a permitir que o titular executivo possa isoladamente obrigar a sociedade. É hipótese que a previsão do art. 409.º acolhe sem dificuldade.

IV – O modelo anglo-saxónico não impõe que os únicos membros não-executivos sejam os membros da comissão de auditoria.

Este modelo pode, assim, implicar a existência de outros administradores que não integrem a comissão executiva. Como tal, o sistema admite a concorrência da função fiscalizadora exercida pelos membros da comissão de auditoria e da vigilância exercida pelos

---

[233] Contra, PAULO OLAVO CUNHA, *Direito das Sociedades Comerciais*, cit., 460 e 579, considerando que o número mínimo é de cinco membros, por entender que a tal conduz a proibição de administrador único firmada no n.º 5 do art. 278.º. Tal posição negligencia, porém, que os membros da comissão de auditoria são igualmente administradores (art. 423.º-B, n.º 1), e não o são apenas *nominalmente*, como parece pretender o autor (op. cit., 460, n. 540).

membros não executivos que não fazem parte da comissão de auditoria (art. 407.º, n.º 8).

É clara a vantagem desta permissão, na medida em que abre a porta à existência de outras comissões – concebidas à luz das necessidades de cada sociedade – o que se adequa com as necessidades de especialização dos administrados não executivos. Tratando-se de solução fundada em norma permissiva, podem alternativamente as sociedades com menores recursos optar por não fazer uso da mesma, confinando o elenco de administradores não executivos aos membros da comissão de auditoria[234].

V – Tendo em vista sacrificar ao mínimo a lógica sistemática do Código das Sociedades Comerciais, a técnica legislativa adoptada apoia-se na regulação do conselho de administração constante dos arts. 390.º a 412.º – tratando apenas de indicar em que pontos tal disciplina merece desvios. Para tal tarefa ser facilitada, os normativos referentes ao novo modelo foram sistematicamente inseridos entre os regimes dos modelos preexistentes.

Assim, a título de exemplo, a responsabilidade dos membros da comissão de auditoria, pautar-se-á pelo regime mais brando fixado no art. 407.º, n.º 8, para os administradores não executivos em geral.

Adverte-se, contudo, que esta opção legislativa obriga a que o trabalho interpretativo de articulação entre a parte geral sobre administração e a parte especial sobre fiscalização a cargo de administradores seja efectuado com cautelas.

VI – Os membros da comissão de auditoria têm uma posição jurídica *sui generis*, ao acumularem as funções de administradores e de fiscalizadores da actuação da administração.

Enquanto administradores não executivos, devem ser elementos desafiadores na sociedade, contribuindo para a definição da estratégia da sociedade e colaborando no processo de tomada de decisão nas matérias não delegadas. Por outro lado, enquanto membros de

---

[234] CMVM, *Relatório Final da Consulta Pública n.º 1/2006 sobre Alterações ao Código das Sociedades Comerciais relativas ao Governo das Sociedades Anónimas*, cit., 7.

um órgão de fiscalização (autónomo: art. 423.º-B, n.º 1), e beneficiando do manancial de informação de que dispõem, devem apreciar criticamente as decisões da administração.

A sua intervenção em actos de natureza dissemelhante sujeita-os a regras diversas de responsabilidade consoante os actos em causa: os actos de administração que pratiquem estão submetidos ao regime da responsabilidade dos administradores (arts. 64.º, n.º 1 e 72.º-ss); ao invés, no exercício das suas funções de fiscalização quedam-se disciplinados pelo regime de responsabilidade correspondente (arts. 64.º, n.º 2 e 81.º, que nomeadamente prevê a aplicação remissiva das regras sobre administração).

A predita natureza bicéfala das funções que são cometidas aos membros da comissão de auditoria conduz a que o regime jurídico aplicável em outros aspectos se venha a diferenciar do dos demais administradores. De entre os desvios ao regime geral, compete salientar os seguintes:

– devem ter qualificações e a experiência profissional adequados ao exercício das suas funções (art. 414.º, n.º 3 *ex vi* do art. 423.º-B, n.º 6);
– são sujeitos a exigências mais severas de independência em sociedades emitentes de valores mobiliários (art. 423.º-B, n.ºs 4 e 5);
– a sua remuneração deve consistir numa quantia fixa (art. 423.º-D, que afasta o regime do art. 399.º, n.º 2);
– só podem ser destituídos com justa causa (art. 423.º-E, n.º 1, que se desvia do disposto no art. 403.º, n.ºs 1, 2 e 5) de acordo com um procedimento próximo do referente ao da destituição dos membros do conselho fiscal (art. 419.º, n.ºs 2, 4 e 5 aplicável *ex vi* do art. 423.º-E, n.º 2);
– têm competências de fiscalização (art. 423.º-F e 423.º-G, n.º 3) em termos mais amplos do que em caso de delegação (art. 407.º, n.º 8);
– devem reunir pelo menos bimestralmente (art. 423.º-G, n.º 1 a)); e
– dão parecer autónomo sobre o aumento de capital social deliberado pelo conselho de administração (art. 456.º, n.º 3).

108 *Código das Sociedades Comerciais e Governo das Sociedades*

Em todos estes pontos, o estatuto dos membros da comissão de auditoria difere do dos (eventuais) restantes administradores não executivos. O mesmo sucede em relação ao dever de participar as reuniões da comissão executiva que apreciem as contas de exercício (art. 423.º-G, n.º 1 c)). Esta atribuição, aliás, não colide com o facto de a competência de aprovação de contas ser indelegável (art. 407.º, n.º 4); pretende-se aqui forçar a intervenção da comissão de auditoria no acompanhamento permanente do processo de apuramento de resultados financeiros sempre estes que se discutam, nomeadamente para análise de irregularidades pretéritas ou da constatação de desvios significativos às estimativas, que em sociedades cotadas imporá um comunicado correspondente (*profit warning*), ao abrigo do art. 248.º CVM.

Assim, as normas dirigidas aos administradores que são membros da comissão de auditoria constituem, em termos técnicos, um regime especial: não implicam valorações de fundo contraditórias com o regime comum da administração; apenas traduzem meras adaptações pontuais impostas pela natureza das coisas.

VII – Mesmo fora dos casos em que a lei o prescreve directamente, deve haver um cuidado particular na articulação das regras sobre este modelo de governação com as regras gerais sobre administração.

De um lado, não se encontra proibida a hipótese de designação de membros da comissão de auditoria por minorias, ao abrigo do regime fixado no art. 392.º. Daqui resulta uma certa diferença do regime anglo-saxónico e dualista (art. 435.º, n.º 3, que remete para o art. 392.º) em relação ao regime do modelo clássico, segundo o qual a designação por minorias se faz através de designação judicial (art. 418.º), mas não se crê que tal seja pernicioso.

Não é de surpreender, por outro lado, que venha a constituir prática corrente a designação discriminada de membros suplentes para a comissão de auditoria, em atenção às qualificações específicas dos seus membros. Porém, se todos os membros suplentes designados respeitarem as exigências do art. 423.º-B, não se alcança motivo para vedar a prática contrária – isto é, de designação genérica de membros suplentes do órgão de administração, sem curar de individualizar os que respeitam à comissão de auditoria.

Outro ponto importante a propósito da designação de membros da comissão de auditoria prende-se com a possibilidade de serem designadas pessoas colectivas. Nesta eventualidade (nomeadamente, em caso de designação de uma sociedade de revisores oficiais de contas como membro da comissão de auditoria), advirta-se que goza de aplicação o dever de nomeação de pessoa singular para o exercício de funções em nome próprio, conforme é regra para os administradores (art. 390.º, n.º 4 *ex vi* do art. 423.º-H). Dito de outro modo, é inaplicável o regime do art. 414.º-A, n.º 4, que dispõe apenas a necessidade de designação de representante em reuniões – o que valerá para o modelo clássico e dualista.

VIII – Os membros da comissão de auditoria não podem ser destituídos sem justa causa (art. 423.º-E, n.º 1). Este constitui um traço decisivo a sedimentar a liberdade de apreciação dos membros da comissão de auditoria.

Sujeitam-se, todavia, ao regime de substituição por faltas fixado no art. 393.º. Não há aqui qualquer contradição: o regime da substituição oferece especificidades, ao operar por declaração do órgão de administração, tendo por base um número de faltas que faz presumir, *iuris et de jure*, um incumprimento reiterado dos deveres de disponibilidade – ou, mais grave ainda, o abandono de funções.

A lei não afasta a aplicação do regime de nomeação judicial em caso de impossibilidade de funcionamento do órgão de administração (art. 394.º). Para tal não acabar por resultar na possibilidade de administrador único e no esvaziamento da comissão de auditoria – ainda que transitório – deve nessa situação o tribunal nomear também o número mínimo de membros desta comissão (três: àrt. 423.º-B, n.º 2).

IX – No modelo anglo-saxónico, a designação discriminada dos administradores não executivos é obrigatória (art. 423.º-C, n.º 2). O mesmo há-de entender-se em relação aos membros executivos – mesmo no silêncio da lei – dado não ser admissível que este modelo funcione sem membros executivos do órgão de administração. Trata-se, nesse sentido, de um caso em que a delegação é obrigatória, imposta *ex lege* pela natureza do modelo.

110 *Código das Sociedades Comerciais e Governo das Sociedades*

O rol de matérias indelegáveis permanece o mesmo do que vale para o modelo clássico – o que não contrasta com as funções de fiscalização do processo de preparação de contas, que relevam de um típico processo de auto-controlo.

§ 6.º
O MODELO DUALISTA

21. O modelo dualista em ordenamentos jurídicos estrangeiros

I – A contraposição entre duas câmaras decisórias na estrutura societária tem raízes históricas recuadas, sendo detectável na Companhia Holandesa das Índias Oriental (*Verenigde Oost-Indische Compagnie*, abreviadamente designada por VOC) que foi constituída em 1602. Esta companhia colonial, tida como um dos principais arquétipos da moderna sociedade anónima, passou a incluir a partir de 1623 estruturas de fiscalização, entre as quais uma comissão de nove membros, separada do órgão de administração, encarregada de prestar conselhos à gestão da sociedade e aprovar o relatório anual, tendo para o efeito o direito de assistir às reuniões da administração e de inspeccionar os bens e documentos societários[235].

A criação deste conselho de supervisão, composto pelos maiores sócios, foi determinada pela necessidade de proporcionar um acompanhamento mais próximo das despesas de gestão, da remuneração dos administradores e do pagamento de dividendos. Tratar-se-ia, pois, de uma clara resposta a problemas de governação: reside aqui, aliás, o relevo histórico desta fórmula organizativa – e não propria-

---

[235] HENK DEN HEIJER, *De VOC en de Beurs/ The VOC and the Exchange*, Amsterdam (2002), 25-28; ELLA GEPKEN-JAGER, *Verenigde Oost-Indische Compagnie (VOC),* in ELLA GEPKEN-JAGER/ GERARD VAN SOLINGE/ LEVINUS TIMMERMAN (org.), *VOC 1602-2002. 400 Years of Company Law,* Deventer (2005), 54-58 (que informa sobre a criação, também em 1623, de uma comissão de contabilidade, de composição mais reduzida (57-58)); KLAUS HOPT/ PATRICK LEYENS, *Board Models in Europe. Recent Developments of InternalCorporate Governance Structures in Germany, the United States, France, and Italy*, cit., 2-3.

O Governo das Sociedades e a Reforma do Código das Sociedades Comerciais 111

mente na sua eficácia ou influência, aparentemente muito reduzidas[236].

II – Na Alemanha, o modelo dualista foi originariamente consagrado na lei através do Código Comercial de 1861. Primeiro crismado como modelo opcional, este evoluiu escassos anos depois para se tornar no modelo obrigatório para as sociedades anónimas, simultaneamente ao reconhecimento normativo da personalidade colectiva das sociedades e, por conseguinte, da liberdade de constituição de sociedades[237]. Assim se manteve no Código Comercial alemão de 1897, na lei das sociedades anónimas de 1937 e na actualmente vigente de 1965[238].

Importante feição do modelo dualista aplicado na Alemanha prende-se com o regime de representação de trabalhadores em sociedades de maior dimensão, segundo as regras de co-gestão introduzidas em 1976[239]. Em função do número de trabalhadores da sociedade, a percentagem de representantes da força laboral no *Aufsichtsrat* pode ser de um terço ou de metade. Este aspecto do regime alemão tem sido sujeito a críticas, ao diminuir o poder dos accionistas na conformação dos órgãos sociais, sendo apto a servir como um obstáculo à eficiência do funcionamento societário do ponto de vista das

---

[236] HECKSCHER qualifica como *ilusório* o poder da comissão de acompanhamento da VOC: cfr. ELI HECKSCHER, *The Mercantilism*, trad. inglesa da versão alemã, 2 Vols., Garland Publishing: New York/ London, (tradução editada em 1983 do original de 1935), 360-372 (372).

[237] Há estudos historiográficos que consideram que esta opção legislativa reflectida na versão modificada de 1870 do *Allgemeines Deutsches Handelsgesetzbuch* (ADHGB) foi tomada por acidente, dado que o propósito inicial seria alegadamente o de circunscrever a obrigatoriedade do modelo dualista às sociedades em comandita por acções: cfr. JULIAN FRANKS/ COLIN MAYER/ HANNES WAGNER, *The Origins of the German Corporation – Finance, Ownership and Control*, (2005), ECGI – Finance WP n.º 110 (2005), 4.

[238] Destacam-se, no tratamento do tema: KARSTEN SCHMIDT, *Gesellschaftsrecht*[4], Köln (2004), 804-837; MARCUS LUTTER/ GERD KRIEGER, *Rechte und Pflichten des Aufsichtsrats*[4], Köln (2002), 17-50, 65-330; EBERHARD SCHWARK, *Corporate Governance: Vorstand und Aufsichtsrat*, in PETER HOMMELHOFF/ MARCUS LUTTER/ KARTEN SCHMIDT/ WOLFGANG SCHÖN/ PETER ULMER (org.), *Corporate Governance*, Heidelberg (2002), 75-117.

[239] § 7.º da *Gesetz über die Mitbestimmung der Arbeitnehmer* (MitbestG), de 4 de Maio de 1976.

qualificações, motivação e incentivos dos membros designados. Ademais, torna muito difícil a aprovação de estratégias empresariais que envolvam uma possível supressão de postos de trabalho; e favorece representantes dos trabalhadores residentes na Alemanha, o que pode ser desajustado em sociedades dominantes de grupos multinacionais[240].

As origens do modelo alemão ligam-se também à influência dos bancos na conformação do domínio societário (embora temperada pela presença dos representantes dos trabalhadores no *Aufsichtsrat*) – quer através da sua participação accionista directa, quer através da sua utilização de instrumentos de representação para participação em assembleia geral emitidos pelos seus clientes – tendência que apenas na última década começa a esbater-se[241].

Retenha-se que o modelo dualista vigente na Alemanha tem sido modernizado através de um conjunto de intervenções legislativas[242], em articulação com o código de governo e das suas sucessivas actualizações[243]. Determinante na planificação e conformação destas modi-

---

[240] Saliente-se que a remuneração dos representantes dos trabalhadores reverte em larga parte para os sindicatos, o que consiste num mecanismo questionável de incentivo a uma fiscalização adequada. Sobre esta discussão, entre muitos, cfr. STEFAN PRIGGE, *A Survey of German Corporate Governance, in* KLAUS HOPT/ HIDEKI KANDA/ MARK ROE/ EDDY WYMEERSCH/ STEFAN PRIGGE, *Comparative Corporate Governance. The State of the Art and Emerging Research,* cit., 1004-1014; KLAUS HOPT, *The German Two-Tier Board: Experience, Theories, Reform,* cit., 247-248; THEODOR BAUMS/ KENNETH SCOTT, *Taking Shareholder Protection Seriously? Corporate Governance in the United States and in Germany,* ECGI WP n.º 17 (2003), 45-46; KATHARINA PISTOR, *Corporate Governance durch Mitbestimmung und Arbeitsmärkte, in* PETER HOMMELHOFF/ KLAUS HOPT/ AXEL VON WERDER, *Handbuch Corporate Governance,* cit., 157-175.

[241] KLAUS HOPT, *The German Two-Tier Board (Aufsichtsrat) – A German View on Corporate Governance, in* KLAUS HOPT/ EDDY WYMEERSCH, *Comparative Corporate Governance. Essays and Materials,* (1997), 10-11 (alegando que a influência dos bancos alemães no governo societário transcende largamente a sua participação nos órgãos de fiscalização); JULIAN FRANKS/ COLIN MAYER/ HANNES WAGNER, *The Origins of the German Corporation – Finance, Ownership and Control,* cit., 9-10, 20-21.

[242] DIETER FEDDERSEN, *Neuegesetzliche Anforderungen an der Aufsichtsrat,* AG (2000), 385- 396; MARCUS LUTTER/ GERD KRIEGER, *Rechte und Pflichten des Aufsichtsrats⁴,* cit., 17-20; KARL-HEINZ FORSTER, *Zum Zusammenspiel von Aufsichtsrat und Abschlussprüfer nach dem KonTraG,* AG (1999), 193-198; ULRICH NOACK/ DIRK ZEZTSCHE, *Corporate Reform in Germany: The Second Decade,* CBC Düsseldorf, (2005), 6-48.

[243] *Deutscher Corporate Governance Kodex* (DCGK), cuja última versão, datada de Junho de 2006, se encontra disponível em http://www.corporate-governance-code.de .

O *Governo das Sociedades e a Reforma do Código das Sociedades Comerciais* 113

ficações foi o Relatório da comissão sobre governo das sociedades constituída sob impulso governamental e presidida pelo Professor THEODOR BAUMS, contendo quase centena e meia de recomendações de intervenção normativa, das quais uma porção relevante se liga, directa ou indirectamente, ao *Aufsichtsrat*[244]. Daqui decorreu um fortalecimento dos poderes de fiscalização do conselho geral e de supervisão e uma agilização do seu funcionamento, nomeadamente através do afinamento dos fluxos informativos na sociedade e dos estímulos às comissões constituídas no seio do órgão de fiscalização[245]. Não é seguro, para já, que as alterações venham a projectar-se igualmente no tradicional regime de representantes dos trabalhadores no órgão de fiscalização.

III – O modelo dualista distingue-se por cindir as competências de gestão e de supervisão em órgãos diversos. A primeira cabe ao conselho de administração executivo, ao passo que a fiscalização é atribuída ao conselho geral e de supervisão. No figurino actual, a este cabe a designação dos membros do órgão executivo e a sua destituição, podendo haver destituição com justo fundamento antes de terminado o mandato[246]. Para regular funcionamento deste modelo, os membros do órgão executivo não podem fazer parte do órgão fiscalizador – e vice-versa.

A estanquicidade desta separação não é, contudo, absoluta dadas as possibilidades de aprovação por parte do conselho geral e de supervisão de actos importantes na gestão da sociedade que sejam especificados nos estatutos ou solicitados pelo órgão de fiscalização[247]. Tal leva a que este órgão assuma também uma vocação consultiva em relação ao órgão de administração[248].

---

[244] *Bericht der Regierungskommission Corporate Governance*, (2001).

[245] Reenvia-se para o § 5. DCGK.

[246] § 84 AktG. Frise-se que em finais do século XIX e a lei das sociedades anónimas de 1937 a designação podia igualmente ser feita directamente pelos accionistas. Cfr. *supra*, 10.

[247] § 111 (4) AktG.

[248] A confirmação deste traço do regime é obtida através do § 5.1.1. DCGK. Sobre o tema, veja-se ainda MARCUS LUTTER/ GERD KRIEGER, *Rechte und Pflichten des Aufsichtsrats*[4], cit., 36-39.

IV – Após a recepção legislativa alemã, o modelo dualista foi consagrado em outros sistemas jurídicos, embora com adaptações. A participação obrigatória dos trabalhadores no órgão de fiscalização constitui uma característica quase invariavelmente recusada – salvo no caso da Áustria, em que se exige que um terço do conselho geral e de supervisão seja composto por representantes dos trabalhadores[249].

Neste âmbito, merece ainda uma breve referência o modelo dualista consagrado na Holanda, dado que assume feições particulares. Segundo o direito holandês, as sociedades de responsabilidade limitada podem, pela sua dimensão, estar forçadas a seguir o regime estrutural (*"Structuurmodel"*) que envolve necessariamente a obediência ao modelo dualista. Além de contar com um órgão consultivo com representantes dos trabalhadores (*"Ondernemingsraad"*), este modelo caracteriza-se por envolver a atribuição de poderes acentuados ao conselho geral e de supervisão, em detrimento das competências da assembleia geral. Ao órgão de fiscalização são confiados poderes decisórios em matérias relevantes como a emissão de acções ou de outros valores mobiliários, o estabelecimento de parcerias estratégicas significativas, a designação e destituição dos membros do órgão de administração e dos candidatos a figurar no próprio órgão de supervisão. Esta magnitude de poderes, de que se destaca a ampla possibilidade de influenciar a designação de membros, foi em certa medida mitigada numa reforma recente, que procurou equilibrar os poderes da assembleia geral ante os poderes dos membros do órgão fiscalizador[250]. Ainda assim, persistem traços do regime que determinam uma influência decisiva dos membros do órgão de fiscalização na eleição dos seus membros, propiciando uma perpetuação da manu-

---

[249] Em referência está o § 110 da *Arbeitsverfassungsgesetz* (ArbVG) austríaca, de 14 de Dezembro de 1973.

[250] Cfr. as alterações introduzidas aos artigos 158 e 161a do Código Civil holandês através da Lei de 9 de Julho de 2004, publicada no *Staatsblad* (2004), 370, onde se permite nomeadamente que a proposta apresentada pelo órgão fiscalizador possa ser rejeitada através de voto maioritário da assembleia geral representando um terço do capital social (art. 158, n.º 9); mas nesse caso é o órgão fiscalizador que deve apresentar nova lista de candidatos.

tenção em funções dos titulares do órgão de fiscalização, o que não tem paralelo conhecido no direito comparado[251].

22. O acolhimento do modelo dualista no direito nacional

I – Em Portugal, contrariamente ao que sucedeu na Alemanha, o modelo dualista nunca foi obrigatório, nem procurou vez alguma envolver os representantes dos trabalhadores na governação societária. Foi previsto como modelo opcional logo na versão originária do Código das Sociedades, no que constituiu, à época, uma das novidades relevantes do diploma.

Nos primeiros anos de vigência do Código das Sociedades Comerciais, houve algumas sociedades atraídas pelo modelo dualista. Mas cedo a maioria desistiu da experiência, alterando o seu modelo de governo em benefício do modelo clássico[252]. O fenómeno não deve causar estranheza. Com efeito, antes da reforma de 2006, vários eram os aspectos de regime que penalizavam este modelo[253].

À cabeça, os membros do órgão de administração dispunham de uma legitimidade indirecta, ao serem designados dos membros do órgão de administração, sendo designados pelo conselho geral – cujos

---

[251] ABE DE JONG/ AILSA RÖELL, *Financing and Control in the Netherlands. A Historical Perspective, in* RANDALL K. MORCK, *A History of Corporate Governance around the World*, Chicago (2005), 473-474, 488-489; GREGORY FRANCESCO MAASEN, *An International Comparison of Corporate Governance Models*, cit., 144-175.

[252] Retenham-se os seguintes exemplos: Alco – Algodoeira Comercial e Industrial, SGPS, SA (adopção do modelo dualista até 1994), BA – Vidro, SA (até 1995), Banco BPI, SA (até 1999), Banco Efisa, SA (até 2002), Banco Expresso Atlântico, SA (até 1997), Cipan-Companhia Industrial Produtora Antibioticos, SA (até 1992), Companhia Portuguesa do Cobre – SGPS, SA (até 1994), Construtora do Tâmega, SA (até 2000), Deutsche Bank (Portugal), SA (até 2004), Dom Pedro – Investimentos Turísticos, SA (até 1998), Fabricas Triunfo, SA (até 2000), Fitor – Companhia Portuguesa de Têxteis, SA (até 2005), Público – Comunicação Social, SA (até 1996), Somague – SGPS, SA (até 1994), Sonae SGPS, SA (até 2001), Telgecom – Telecomunicações, Gestão e Comparticipações, SA (até 1995), Varzim Sol – Turismo, Jogo e Animação, S.A (até 1996) e Vodafone Portugal – Comunicações Pessoais, SA (até 2004).

[253] Para um rastreio exaustivo: CMVM, *Governo das Sociedades Anónimas – Propostas de Alteração ao Código das Sociedades Comerciais,* cit., 38-50.

membros por seu turno são designados pela assembleia geral. Este mecanismo aumenta a distância entre os accionistas e os representantes no órgão de administração, o que constitui uma solução de governação objectável[254].

Revelava-se, ademais, uma diferenciação forçosa entre a competência de aprovação de contas e a competência de aprovação da distribuição do dividendo anual – aquela atribuída ao conselho geral, esta confiada à assembleia geral. Emergia daqui um quadro potencialmente desarticulado, forçando a uma dilatação temporal, em alguns casos excessiva, do processo deliberativo societário em matéria de distribuição de dividendos.

Os órgãos de administração e de fiscalização estavam ainda sujeitos a uma limitação máxima do número de membros, o que surpreendia num texto legislativo, criando injustificados constrangimentos à composição de órgãos, sobretudo em sociedades de elevada dimensão. Estas limitações eram agravadas, quanto ao conselho geral, dada a necessária qualidade de accionista para os membros deste órgão, e quanto à direcção, atenta a competência exclusiva do conselho geral para designar o presidente do órgão executivo e a exigência de um administrador encarregue das relações com os trabalhadores.

Os membros da direcção, aliás sujeitos a um restritivo regime de impedimentos, apenas poderiam ser destituídos com base em justa causa, em contraste com o regime da livre destituibilidade da administração vigente no modelo nacional clássico.

Por último, era patente uma designação desajustada do órgão executivo e dos seus titulares, permitindo uma indesejável confusão terminológica entre os membros do órgão de administração e os colaboradores de topo da sociedade – uns e os outros referenciados como "directores".

II – O regime actual promoveu um sensível afastamento em relação à configuração do modelo dualista dada pela lei germânica em relação a todos os pontos atrás notados. Esta alteração determina

---

[254] Em apoio do modelo dualista com eleição directa dos membros do órgão executivo pelos accionistas, tido como melhor modelo de governação, cfr. LYNNE DALLAS, *Proposals for Reform of Corporate Boards of Directors: The Dual Board and Board Ombudperson, Washington and Lee Law Review* (Winter 1997), 92-146.

uma redistribuição de poderes nos órgãos sociais, que cumpre assinalar nos seus traços essenciais.

Quanto à designação dos membros do órgão executivo de administração, o modelo dualista pode agora conhecer duas fundamentais modalidades: a competência para designar administradores pode caber ao conselho geral e de supervisão ou, se os estatutos o permitirem, à assembleia geral (art. 425.º, n.º 1)[255]. É interessante assinalar que a atribuição de uma escolha de forma de designação já houvera sido consagrada na Alemanha, segundo a redacção do *Handelsgesetzbuch* que vigorou entre 1884 e 1937[256]. O poder de fiscalização pode ser, nessa medida, mais ou menos concentrado no conselho geral e de supervisão, consoante a opção que em concreto for tomada. Porém, a substituição temporária dos membros da administração pertence sempre à competência do conselho geral e de supervisão, mesmo quando não lhe caiba a decisão última sobre a destituição (art. 425.º, n.º 4 e 437.º, n.º 2).

Acresce que os membros do conselho geral e de supervisão deixaram de ter necessariamente de ser accionistas – graças à revogação do n.º 2 do art. 434.º –, o que abre porta a uma maior profissionalização do órgão. O cumprimento da exigência pretérita, aliás, bastar-se-ia com a titularidade no limite de uma acção, o que traria escassa substância enquanto critério de aferição das qualificações dos membros de um órgão social.

Desaparece, ainda, a obrigatoriedade de designar um administrador encarregado das relações com os trabalhadores, o que incrementa o grau de autonomia na conformação do órgão fiscalizador.

O reforço do poder fiscalizador (do conselho geral e de supervisão ou da assembleia geral, consoante os casos) manifesta-se também na permissão de destituição dos administradores mesmo quando não haja justa causa (art. 430.º)[257] – o que traduz novo afastamento em relação ao regime alemão.

---

[255] Falando de uma alteração qualitativa do modelo com esta permissão: MENEZES CORDEIRO, *Manual de Direito das Sociedades*, II, cit., 783.

[256] § 236 HGB, alterado pela lei das sociedades em comandita e das sociedades anónimas de 31 de Julho de 1884.

[257] Expressando apoio em relação à solução alemã, cfr. porém KLAUS HOPT, *The German Two-Tier Board (Aufsichtsrat) – A German View on Corporate Governance*, cit., 2.

Código das Sociedades Comerciais e Governo das Sociedades

Alguns acertos legislativos reforçaram o poder da assembleia geral. É o caso da aprovação de contas, que passou a ser necessariamente feita pelo colégio de sócios, tendo sido substituída a anterior alínea f) do art. 441.º. Concentrou-se assim no mesmo órgão a competência para aprovação de contas e para a distribuição de resultados.

No mesmo sentido, tenha-se ainda presente que o poder de influenciar decisões de gestão deixou de poder ser unilateralmente exercido pelo conselho geral e de supervisão – devendo estar antes previsto nos estatutos (ou na lei) (art. 442.º, n.º 1), o que garante maior previsibilidade ao perímetro de actuação do órgão de fiscalização e acrescenta importância à conformação do texto estatutário.

Por fim, o regime do modelo nacional sofreu algumas actualizações terminológicas, em duas vertentes: de um lado, a direcção passa a designar-se conselho de administração executivo e os seus membros passa a ser referenciados como administradores; de outro lado, o órgão de fiscalização foi rebaptizado como conselho geral e de supervisão, para facilitar uma aproximação à tradução em inglês (*supervisory board*). É certo que estas alterações de designação forçaram diversos acertos legislativos – mas crê-se que esse é um preço justo a pagar para tornar o modelo mais utilizável. Aliás, nota-se que algumas grandes sociedades recentemente optaram por este modelo[258], anunciando-se idêntico passo por grandes sociedades de capitais públicos – o que por si confere justificação bastante à modificação feita.

III – Há regras constantes da regulação do modelo clássico que se aplicam identicamente ao modelo dualista. É o caso do rol de incompatibilidades constante do art. 414.º-A, que se aplica ao revisor oficial de contas também no modelo dualista.

Aliás, deve entender-se que são aqui aplicáveis as regras do modelo clássico (como figurino legal paradigmático, nos termos já examinados) sobre administração que não sejam excepcionadas. Cabe aqui, nomeadamente, o disposto no art. 393.º, n.os 1 e 2, sobre substituição de administradores.

---

[258] É o caso do BCP – Banco Comercial Português – SGPS, SA e da EDP Energias de Portugal – SGPS, SA.

Inversamente, nota-se que o conselho de administração executivo tem necessariamente a seu cargo a tarefa da gestão executiva da sociedade. Trata-se de uma tarefa indelegável, não podendo aqui aplicar-se o regime do art. 407.º.

§ 7.º
BALANÇO INTERMÉDIO

23. Principais diferenças entre os modelos

I – Apesar dos pontos comuns descritos, os modelos de governo recortados pela actual lei societária não são excessivamente iguais – porquanto há diferenças de regime que justificam a autonomização entre eles.

Detecta-se, em primeiro lugar, uma separação profunda que separa o modelo clássico simplificado dos demais modelos, em função de aquele não pressupor segregação entre fiscalização e revisão de contas[259]. Em resultado deste contraste, há competências de fiscalização que não são exercidas no modelo clássico simplificado (referidas no art. 420.º, n.º 2).

II – Entre os modelos mais garantísticos, há ainda a notar relevantes diferenças, abaixo consideradas.

Uma vez que as competências de fiscalização são atribuídas a membros do órgão de administração no modelo anglo-saxónico, esse modelo supõe tendencialmente um número mais elevado de administradores.

Além disso, o balanço quantitativo entre membros do órgão fiscalizador e do órgão fiscalizado só é injuntivamente regulado no modelo dualista (em sentido favorável à composição do conselho geral e de supervisão, que deve ter maior número de membros: art. 434.º, n.º 1).

---

[259] Sobre o sentido desta segregação funcional entre revisão de contas e fiscalização, remete-se para *supra*, 15. III.

120 Código das Sociedades Comerciais e Governo das Sociedades

A designação de membros do órgão de fiscalização por accionistas minoritários, por seu turno, é diferente no caso do modelo clássico, em que depende de designação judicial, tornando-a mais remota (art. 418.º), o que não sucede nos modelos restantes (arts. 392.º e 435.º, n.º 3).

É muito importante sublinhar que o modelo dualista permite uma maior interferência na gestão, seja em termos informativos (art. 432.º, n.os 1-3), seja em termos decisórios (art. 442.º) do órgão de fiscalização. Neste modelo, além disso, é claro o direito dos membros do órgão fiscalizador a assistir a reuniões do órgão fiscalizado (art. 432.º, n.os 5 e 6). Este aspecto torna particularmente vigorosa a fiscalização no modelo dualista, o que pode ser reforçado se ao conselho geral de supervisão for confiado o poder de designação e de substituição dos administradores executivos (mesmo que tal não suceda, mantém-se sempre o poder de suspensão dos administradores, ao abrigo do art. 430.º, n.º 1 b)).

A estrutura federativa do modelo dualista resulta igualmente num regime diferente quanto ao exercício de actividades concorrentes por membros do órgão de fiscalização, que depende de autorização do colégio dos accionistas (art. 434.º, n.os 5-7), o que contrasta com o regime de proibição patente nos outros modelos (art. 414.º-A, n.º 1 f)).

Por fim, outra especificidade do modelo dualista é a de que nas sociedades emitentes de acções negociadas em mercado regulamentado, se exige uma dupla independência do órgão fiscalizador: não apenas o conselho geral e de supervisão deve ser composto por uma maioria de membros independentes (art. 414.º, n.º 6 aplicável *ex vi* do art. 434.º, n.º 4), como também os membros da comissão para as matérias financeiras devem ser maioritariamente independentes (art. 444.º, n.º 6).

III – Estas diferenças indicam cambiantes importantes nas características gerais dos modelos.

---

[260] Cfr. *supra*, 17, VI.

O Governo das Sociedades e a Reforma do Código das Sociedades Comerciais 121

Daqui resulta que o modelo clássico promove uma fiscalização externa através de estrutura tendencialmente tecnocrática, sem possível interferência na gestão; ao passo que o modelo anglo-saxónico consuma o paradigma da fiscalização interna, no qual os membros da comissão de auditoria desempenham uma dupla função, sendo a um tempo co-decisores e a outro tempo fiscalizadores dos actos praticados pela gestão executiva[260]. O modelo dualista assume, por seu turno, a fiscalização externa, não através de administradores não executivos, figura que é aqui interditada, mas através de uma estrutura orgânica autónoma de natureza híbrida – federativa de interesses e tecnocrática – que pode ser particularmente actuante nos casos em que ao conselho geral e de supervisão for atribuído o direito de nomear e de destituir os administradores (art. 441.º a)) e de ter influência na aprovação de decisões de gestão (art. 442.º, n.º 1).

24. O direito de escolha do modelo de governo

I – Uma das mais relevantes manifestações da autonomia estatutária das sociedades anónimas consiste no direito à escolha do modelo de governação.

Este direito funda-se na impossibilidade em decretar, de modo absoluto, um modelo preferível. Cada modelo de governo pode apresentar vantagens e deméritos: os modelos mais ágeis implicam processos decisórios mais expeditos mas podem por seu turno apresentar um risco maior de concentração de poder e de diminuição da eficácia da sindicabilidade dos membros executivos da administração; os modelos mais garantísticos, por seu turno, correm o risco de envolver maiores custos de transacção e de ser mais pesados. Designadamente, o reforço dos poderes de fiscalização pode servir de conforto institucional ao ambiente de confiança intra-societário[261] – mas também pode degenerar, no limite, em bloqueios decisórios entre órgão de

---

[261] Ideia muito vincada em LAURA F. SPIRA, *The Audit Committee: Performing Corporate Governance*, Boston et al, (2002), 148-154, 165.

122 Código das Sociedades Comerciais e Governo das Sociedades

administração e membros do órgão de fiscalização[262] que podem não ser compensadores, sobretudo em sociedades de pequena dimensão[263].

Outro dos motivos pelos quais o legislador não se deve substituir às sociedades nessa selecção deve-se à necessidade de considerar idiossincrasias de cada sociedade. Cada sociedade deve ponderar qual o modelo que melhor se ajusta ao seu perfil – por ser mais adequado à estrutura de propriedade, à presença de accionistas estrangeiros, por poder minimizar o risco de "captura" dos membros de órgãos fiscalizadores, reduzir os custos de recolha de fundos do público ou por ser mais atractivo nos mercados onde a sociedade está cotada. A decisão sobre o modelo a acolher por cada sociedade envolve, nessa medida, um processo aturado de reflexão. A escolha pode vir a ser subsequentemente ajustada, ante a evolução dos mercados em que a sociedade se insere, do seu desempenho ou da sua estrutura accionista (art. 278.º, n.º 6)[264].

Por fim, dado o espaço de conformação reconhecido em relação a todos os modelos, estes podem ser polifuncionais e visar, não apenas objectivos de eficiência, mas também servir valorações complementares. Tal é nomeadamente o caso dos modelos que sejam desenhados para contar com o envolvimento de outros sujeitos com interesses relevantes na empresa (trabalhadores, investidores institucionais, clientes)[265].

---

[262] Cf., a propósito do modelo dualista, o aceno ao problema feito por YVES GUYON, *Les Sociétés. Aménagements Statutaires et Conventions entre Associés*, in JACQUES GHESTIN (dir.), *Traité Des Contrats*, (1993), 101.

[263] Esse, *hélas*, o reverso do regime de destituibilidade vinculada dos membros dos órgãos de fiscalização.

[264] Documentando a instabilidade da estrutura de governo em sociedades cotadas nos Estados Unidos, a partir de observações empíricas extraída no período entre 1983 e 1992, reenvia-se para DAVID J. DENIS/ ATULYA SARIN, *Ownership and Board Structures in Publicly Traded Corporations*, (1998).

[265] Sustentando, neste contexto, que os modelos de governo podem igualmente servir finalidades distributivas: FRANCESCO DENOZZA, *Le regole della globalizzazone tra (pretesa) efficienza e (finti) mercati: il caso dei modelli di corporate governance, Giurisprudenza Commerciale* (2006), 167-175 (171-174).

O Governo das Sociedades e a Reforma do Código das Sociedades Comerciais 123

II – Este direito inscrito na esfera das sociedades tem concretizações em outros sistemas jurídicos.

Na Alemanha, a redacção originária do Código de Comércio de 1861 concedia a faculdade de escolha entre um modelo de administração unitário e um modelo dualista – regime que vigorou durante escasso período de tempo[266].

Quase um século mais tarde, no direito francês, a mesma opção foi conferida na lei de sociedades comerciais de 24 de Julho de 1966[267]. Aí se previa a opção entre, de um lado, uma estrutura composta por conselho de administração e *comissaire aux comptes* e, de outro lado, uma estrutura postulando a existência de *directoire* e *conseil de vigilance*[268].

Em Itália, com a reforma societária de 2003, a liberdade de escolha de modelo de administração e de fiscalização teve incidência, não sobre dois, mas sobre três modelos[269]. Assim, as sociedades italianas passaram a dispor da possibilidade de optarem por um modelo ordinário (compreendendo órgão de administração, *collegio sindacale* e órgão de revisão de contas), um modelo dualista (incluindo conselho de gestão, conselho de vigilância e órgão de revisão) e um modelo inspirado nas práticas anglo-saxónicas (assente no conselho de administração, que designa no seu seio uma comissão de controlo de gestão, e um órgão de revisão)[270].

---

[266] § 225 ADHGB. Alterações posteriores introduzidas a este diploma em 11 de Junho de 1870 e em 18 de Julho de 1884 tornaram o modelo dualista obrigatório (cfr. *supra*, § 6.° e PETER BÖCKLI, *Konvergenz: Annäherung des monistischen und des dualistischen Führungs- und Aufsichtssystems*, cit., 202; JULIAN FRANKS/ COLIN MAYER/ HANNES WAGNER, *The Origins of the German Corporation – Finance, Ownership and Control*, cit., 4).

[267] YVES GUYON, *Les Sociétés. Aménagements Statutaires et Conventions entre Associés*, cit., 99-103.

[268] Art. 111.° da Lei n.° 66-537, de 24 de Julho de 1966. A matéria está actualmente tratada no Code de Commerce, art. L-225-57. Cfr. a propósito GEORGES RIPERT/ RENÉ ROBLOT, *Traité de Droit Commercial*[18] (actualizado por MICHEL GERMAIN), t. 1, vol. 2, Paris, 401-504.

[269] Cfr. art. 2380 c.c. it., que todavia apresenta como supletivo o modelo tradicional.

[270] Decretos Legislativos n.° 6/2003, de 17 de Janeiro e n.° 37/2004, de 14 de Fevereiro. Cfr. a propósito GIAN DOMENICO MOSCO, *Nuovi Modelli di Amministrazione e Controllo e Ruolo dell'Assemblea*, in PAOLO BENAZZO/ SERGIO PATRIARCA/ GAETANO

124   *Código das Sociedades Comerciais e Governo das Sociedades*

III – Encontram-se ainda alguns elementos sobre o tema no direito comunitário das sociedades. Sabe-se que a Proposta de Quinta Directiva ambicionou harmonizar os modelos de governo à escala europeia. Na versão inicial, o texto propôs-se erigir como modelo único o dualista; o que veio a ser subsequentemente abandonado. Na versão reformulada, era previsto o direito de escolha era previsto neste projectado texto comunitário que acabou por não ter nunca aprovação final.

O processo legislativo conducente à definição do regime comunitário sobre sociedade anónima europeia registou uma evolução semelhante. Com efeito, a Proposta de Regulamento da Sociedade Europeia redigido em 1970 propunha a adopção obrigatória do modelo dualista. Porém, a versão final do Regulamento, na sequência da reformulação de 1991, decidiu-se pela atribuição de um direito de escolha entre um modelo monista e um modelo dualista[271]. Este traço do regime comunitário, por si, serve de poderoso incentivo a uma alargada difusão geográfica do direito de escolha, mesmo nas sociedades anónimas.

Mais recentemente, o Relatório de Peritos sobre Direito das Sociedades recomendou que pelo menos as sociedades cotadas pudessem optar entre uma estrutura monista e uma estrutura dualista de governo[272].

Inspirado por esta sugestão, embora em termos mais prudentes, o Plano de Acção da Comissão Europeia sobre Direito das Sociedades enunciou, de entre as suas medidas de médio prazo, a cumprir entre 2006 e 2008, a análise da consagração de um direito de escolha

---

PRESTI (org.), *Il Nuovo Diritto Societario fra Società Aperte e Società Private,* Milano, (2003), 121-144; VINCENZO CALANDRA BONAURA, *I Modelli di Amministrazione e Controllo nella Riforma del Diritto Societario, Giurisprudenza Commerciale* (2003), 535-560; FRANCESCA MARIA CESARONI, *Il Collegio Sindacale nella Corporate Governance delle Società Italiane,* Torino, (2004), 59-63, 167-200; GUIDO FERRARINI, *Corporate Governance Changes in the 20th Century: A View from Italy,* ECGI WP n.º 29/2005 (2005), 24-26; LUCA ENRIQUES, *Uno sguardo cinico sulla riforma delle società di capitali: più rendite; meno rigidità?,* Indret n.º 3 (2004), 26-27.

[271] CLAUDIO BISCARETTI DI RUFFÌA/ MARIANNA GURRADO, *La Società Europea: un nuovo strumento per investire nell'Europa allargata, Giurisprudenza Commerciale* (2004), 372-375.

[272] HIGH LEVEL GROUP OF COMPANY LAW EXPERTS, *A Modern Regulatory Framework for Company Law in Europe,* Brussels, (2002), 59, 75.

entre modelos monistas ou dualistas de administração, preferencialmente sob a forma de uma Directiva[273]. O tema pode, pois, vir a sofrer evolução a breve trecho.

IV – No direito nacional, a permissão de escolha de modelos de governo era já prevista na versão originária do Código das Sociedades Comerciais[274], podendo as sociedades optar entre o modelo clássico e o modelo dualista. Tratava-se, porém, de uma liberdade de escolha numa acepção sobretudo formal, devido ao enviesamento na disciplina do modelo dualista[275], que o tornou na prática quase inutilizado[276], reduzindo – com escassas excepções – a um único o espectro de modelos estatutariamente acolhidos.

Após a reforma, a lei passou a consagrar um direito de escolha irrestrito, com a excepção do sistema clássico simplificado, que não pode ser adoptado pelas sociedades emitentes de valores mobiliários ou pelas sociedades de grande dimensão (art. 278.º, n.º 3 e 413.º, n.º 2 a) CSC). Frise-se que as pequenas sociedades fechadas mantêm intacto o seu direito de escolher o sistema que lhes convenha[277].

Convém notar que a selecção do modelo de governo se apresenta igualmente como *dever*. Uma vez que em Portugal não há um modelo supletivo de governação, as sociedades anónimas deve optar

---

[273] EUROPEAN COMMISSION, *Modernizing Company Law and Enhancing Corporate Governance in the European Union – A Plan to Move Forward*, (2003), 25. O tema foi recuperado no processo de consulta pública de 2006: EUROPEAN COMMISSION/ DIRECTORATE GENERAL FOR INTERNAL MARKET AND SERVICES, *Consultation on Future Priorities for the Action Plan on Modernizing Company Law and Enhancing Corporate Governance in the European Union*, cit., 9.

[274] O DL n.º 49.381 já permitia a escolha de outra estrutura de fiscalização em substituição do conselho fiscal ou do fiscal único: o art. 4.º, n.º 1 abria a possibilidade de a sociedade confiar alternativamente as funções de fiscalização a uma sociedade de revisores oficiais de contas.

[275] Cfr. *supra*, 10.

[276] Cfr. *supra*, 19.I.

[277] O mesmo sucede em Itália, em que o direito de escolha foi atribuído a sociedades cotadas e não cotadas. O modelo que mostra preferência no sistema transalpino, ainda assim, é de longe o modelo tradicional: ADELE LORENZONI, *Il comitato per il controllo sulla gestione nel sistema monistico: alcune reflessioni comparatistiche, Giurisprudenza Commerciale* (Janeiro/ Fevereiro 2006), 67.

126 *Código das Sociedades Comerciais e Governo das Sociedades*

positivamente pelo modelo que preferem, e consagrar a sua escolha nos estatutos. Apesar disto, e para salvaguarda da continuidade societária, as regras de direito transitório do DL n.º 76-A/2006[278] prevêem que as sociedades constituídas antes de 30 de Junho de 2006 segundo o modelo clássico e dualista que não procedam à alteração do modelo de governo até 30 de Junho de 2007 passa a reger-se pelo novo enquadramento normativo do modelo clássico reforçado ou do modelo dualista, respectivamente.

V – O alargamento do regime comum aos modelos permite uma maior concorrência entre os modelos e uma maior liberdade de escolha entre eles. O fenómeno é paradoxal: o incremento de concorrência entre modelos leva inexoravelmente a uma diminuição de diferenças entre eles – mas implica, também, a permanência de especificidades.

VI – Este direito de escolha do modelo de administração e de fiscalização liga-se aos vectores profundos do governo das sociedades. Às sociedades cabe fazer a escolha do modelo – e essa opção é necessariamente reflectida no contrato de sociedade (art. 272.º g)). O contrato de sociedade constitui, assim, a sede própria para a consagração das principais opções de governação de cada sociedade. O processo deliberativo de alteração dos estatutos e as formalidades que lhe subjazem asseguram a legitimidade e a publicidade atinentes à escolha do modelo. Aos accionistas cabe contribuir para essa decisão e ao universo, mais amplo, dos investidores compete avaliar a decisão tomada. Caso os accionistas discordem das opções tomadas podem reagir na assembleia geral (*voice*) ou alienar as suas participações accionistas (*exit*)[279].

A liberdade de escolha dos modelos de governo societário irá determinar tendências, à data incertas, quanto aos modelos mais utilizados. Neste contexto, revelar-se-á exercício interessante a observação sobre se os modelos adoptados em Portugal irão traduzir uma

---

[278] Art. 63.º, n.º 1 do DL n.º 76-A/2006, de 29 de Março.

[279] Recorde-se o clássico ALBERT HIRSCHMANN, *Exit, Voice, and Loyalty: Responses to Decline in Firms, Organizations, and States*, Cambridge/ London (1970), 21-43.

O Governo das Sociedades e a Reforma do Código das Sociedades Comerciais 127

aproximação às fórmulas organizativas anglo-saxónicas, mais utilizadas em mercados bolsistas estrangeiros (*convergência de modelos*); ou se, ao invés, marcarão uma preferência pelo modelo clássico (*divergência ou persistência de modelos*).

O direito de escolha, por seu turno, contribui para uma certa mestiçagem de modelos. Fruto do seu confronto electivo, as fórmulas de governação perdem as suas características originais, num processo darwinista de adaptação, ligado à sobrevivência do modelo e à correspondência a necessidades das empresas[280]. Este fenómeno detecta-se na última reforma nacional, nomeadamente nas alterações introduzidas aos modelos clássico e dualista, e em termos europeus pode ser potenciado pela nova Directiva sobre fusões internacionais, bem como pelo futuro diploma comunitário sobre alteração de sede[281].

25. Plasticidade e equivalência funcional dos modelos

I – Chegados a este passo, pode inferir-se que não é aparente, mas efectiva, a diversidade de modelos de governo encontrados na lei societária. Cada modelo propicia uma relação de forças potencialmente diferente dentro da sociedade. Tal não se traduz, todavia, numa disciplina integralmente dissemelhante entre cada modelo, já que é preservada uma zona comum transversal a todos os três modelos.

Também não é acertado falar aqui em convergência de modelos em sentido próprio, uma vez que o termo é usualmente empregue para significar a tendência histórica de aproximação dos modelos existentes em direcção a um padrão único, o que não encontra confir-

---

[280] UDO BRAENDLE/ JÜRGEN NOLL, *The Societas Europaea – A Step Towards Convergence of Corporate Governance Systems?*, Vienna (2005) < http://ssrn.com/abstract=704881 >, 5-15, sustentando que o regime da sociedade anónima europeia contribuirá para aproximar os principais elementos dos modelos monista e dualista.

[281] Não é improvável, aliás, antecipar futuras pressões à matriz germânica do modelo dualista, sobretudo na vertente da co-gestão, advenientes destes textos europeus (como prevêem ULRICH NOACK/ DIRK ZEZTSCHE, *Corporate Reform in Germany: The Second Decade*, cit., 46-47).

128   *Código das Sociedades Comerciais e Governo das Sociedades*

mação no direito português. A multiplicação de modelos e sub-modelos agora disponíveis na lei desenham, ao menos tendencialmente, a tendência inversa.

As qualificações que melhor servem para retratar o actual regime dos modelos de governação são antes outras: plasticidade e equivalência funcional.

II – Apesar das diferenças, resulta importante sublinhar a *plasticidade* (ou elasticidade) dos modelos de governação previstos no Código das Sociedades Comerciais. Tal significa que a exacta conformação de cada modelo depende das escolhas concretas formuladas nos estatutos das sociedades. A plasticidade dos modelos é, assim, uma decorrência do elevado número de normas permissivas vigentes agora nesta matéria.

O exemplo paradigmático é o do modelo dualista, que pode ou não aproximar-se do modelo clássico, consoante a opção de designação pela assembleia geral prevista no art. 425.º, n.º 1 e da (não) interferência na gestão, ao abrigo do art. 442.º. Por seu turno, a utilização do modelo clássico pode ser menos distante do modelo anglo-saxónico quando implicar a existência de comissão executiva. E o modelo anglo-saxónico pode ser na prática aproximado do modelo dualista, se o voto de desempate for atribuído a um membro da comissão de auditoria, para efeitos do art. 395.º, n.º 4.

Esta asserção permite também extrair uma conclusão quanto à natureza dos modelos. Enquanto categoria jurídica, os modelos de governo são recortados por apelo a elementos concretos ao nível da determinação mínima dos órgãos sociais e respectivas competências mas são dotados de flexibilidade, ao pressupor uma margem ampla de conformação atribuída a cada sociedade[282]. Trata-se por isso de *tipos* organizativos. As marcas distintivas que singularizam cada

---

[282] Próxima é a ideia de ENGRÁCIA ANTUNES, que a propósito do regime anterior à reforma já afirmava que o importante era o equilíbrio decorrente do modelo real de cada sociedade (*the inner balance of the living models concerning the monitoring of managers by minority and outside shareholders*) (JOSÉ ENGRÁCIA ANTUNES, *An Economic Analysis of Portuguese Corporation Law – System and Current Develpoments*, cit., 38).

modelo assumem, assim, uma certa gradatividade – sendo possível em concreto uma maior aproximação ou um maior distanciamento entre eles.

III – Quando em 1999, no rescaldo da crise asiática, a OCDE tomou o encargo de aprovar Princípios internacionais sobre governo das sociedades, a valer como indicação recomendatória para todo o globo, receou-se que daí resultaria uma indicação quanto aos modelos de governo. Contrariamente, porém, o texto aprovado não advogou nenhum tipo particular organizativo, limitou-se a concluir não haver apenas um modelo bom de governação (*there is no single model of good corporate governance*)[283].

Este traço dos Princípios da OCDE lançou as fundações para o reconhecimento de uma possível equivalência funcional entre modelos diferentes[284].

A equivalência funcional, entendida neste contexto, não pode assimilar-se ao puro relativismo na apreciação dos diversos modelos de governação. O certo é que nem todos os modelos de governo são equivalentes entre si: há que assumir, sem embaraço, que alguns modelos são indesmentivelmente superiores a outros[285]. Feito o esclarecimento, adianta-se que a equivalência funcional pode reconduzir--se a três acepções diversas:

– possibilidade empírica;
– critério de comparação dos modelos de governo;
– objectivo de política legislativa.

---

[283] A transcrição consta do preâmbulo do texto. Cfr. a propósito ULRICH SEIBERT, *OECD Principles of Corporate Governance – Grundsätze der Unternehmensführung und -kontrolle für die Welt*, AG 8/99 (1999), 337-339 (338).

[284] A OCDE, aliás, acaba de aprovar um documento que desenvolve a metodologia de avaliação do grau de cumprimento dos Princípios, com base na equivalência funcional das soluções de governação (OECD, *Assessment Methodology*, (2006)). Em outras aplicações da mesma ideia fundamental, remete-se ainda para EDWARD B. ROCK, *America's Fascination with German Corporate Governance*, cit., 296.

[285] No mesmo sentido: DENNIS MULLER, *The Economics and Politics of Corporate Governance in the European Union*, in GUIDO FERRARINI/ EDDY WYMEERSCH, *Investor Protection in Europe. Corporate Law Making, The Mifid and Beyond*, Oxford (2006), 20.

130 *Código das Sociedades Comerciais e Governo das Sociedades*

Na primeira acepção, admitir em termos teoréticos uma equivalência funcional corresponde à afirmação da possibilidade (que não a inevitabilidade) de dois modelos distintos servirem de modo identicamente eficaz problemas de governação. A esta luz, a equivalência funcional implica o reconhecimento de que problemas idênticos de governação societária podem merecer respostas normativas diversas[286]. A tal subjaz, por outras palavras, a ideia de um pluralismo de soluções de governação – em repúdio de um exclusivismo de mecanismos de governação das sociedades.

Na segunda acepção, a equivalência funcional serve como bitola para confrontar modelos diferentes, e medir proximidades na efectividade da resposta que cada um traz a problemas de governação. Previna-se que alguns modelos são mais equivalentes do que outros: por isso, a equivalência funcional entre uma pluralidade de modelos mede-se por graus.

Por último, a equivalência funcional pode apresentar-se como objectivo de política legislativa. É legítima a aspiração legislativa em aperfeiçoar um modelo com idiossincrasias que à partida o desfavoreçem, para o tornar funcionalmente equivalente aos mais avançados. Tal leva, aliás, que muitas reflexões na literatura jurídica sobre modelos de governação se situem *de lege ferenda*.

IV – Em Portugal, como notado, depara-se uma dose razoável de simetria no regime de cada modelo de governação[287] – o que resulta de um dos objectivos assumidos da reforma. Este paralelismo explica-se por imperativos de segurança jurídica: deve evitar-se que as discrepâncias de regime entre os modelos de governo possam alicerçar fracturas no regime, tornando-o desequilibrado. Mas a autonomia dos modelos reclama a persistência de algumas notas diferen-

---

[286] Cfr. sobre a equivalência funcional RONALD GILSON, *Controlling Shareholders and Corporate Governance: Complicating the Comparative Taxonomy*, ECGI Working Paper n.º 49/2005, (2005) 19; Id., *The Globalization of Corporate Governance: Convergence of Form or Function*, in JEFFREY GORDON/ MARK ROE, *Convergence and Persistence in Corporate Governance*, 128-158; RONALD GILSON/ CURTIS MILHAUPT, *Choice as Regulatory Reform: The Case of Japanese Corporate Governance*, cit., 39-42.

[287] Cfr. *supra*, 12.

ciadoras entre eles; a simetria na disciplina agora consagrada não é – nem pode ser – absoluta. É a partir daqui que interessa avaliar o grau de equivalência funcional entre modelos à luz do direito português.

Uma vez que a escolha é livre salvo quanto ao sistema clássico simplificado (vedado em relação a sociedades cotadas e de grande dimensão), o regime é de equivalência funcional apenas entre o regime clássico reforçado, o regime dualista e anglo-saxónico. Remanescem, ainda assim, quanto a estes, algumas diferenças estruturais, nomeadamente quando confrontamos o modelo anglo-saxónico e os demais modelos, que pressupõem uma fiscalização através de um órgão totalmente autónomo. Mesmo entre o modelo dualista e clássico persistem diferenças estruturais, dado que naquele é proibida a existência de administradores não executivos, o que não acontece neste caso. Por fim, o modelo clássico aparta-se dos demais ao pressupor um irremediável afastamento do órgão de fiscalização em relação à influência na gestão societária.

V – A ponderação das características que singularizam cada modelo oferece oportunidade para algumas apreciações comparativas.

Nas sociedades dotadas do modelo anglo-saxónico, a coincidência entre funções de administração e fiscalização pode, em alguns casos, correr o risco de inibir uma acção fiscalizadora mais eficiente, ao favorecer um alinhamento (ainda que inconscientemente) tendencial com as posições dos co-membros do órgão de administração[288]. Tal aliás pode ser em certa medida alimentado pelo regime de solidariedade entre os membros do órgão de administração, entre nós vigente (art. 73.º, n.º 1) – o qual, não impondo todavia uma equiparação do regime de responsabilidade entre os administradores executivos e não executivos (estes responderão, tão só, pelos danos a que culposa e ilicitamente derem causa, o que se restringe fundamentalmente a uma responsabilidade *in vigilando*, como decorre do art. 407.º, n.º 8) pode vir a criar *de facto* indirectamente (e de modo perverso) um constrangimento adicional do lado destes.

---

[288] SHANN TURNBULL, *Superior governance without audit committee*, International Institute of Self-Governance, Sidney (2004).

132   *Código das Sociedades Comerciais e Governo das Sociedades*

Por outro lado, em resposta a esta apreciação, é usual alegar que as diferenças entre a estrutura unitária da administração e fiscalização e as estruturas dualistas se centram no diverso fluxo informativo entre membros do órgão de administração e de fiscalização[289]. No modelo anglo-saxónico, o fluxo de informação estaria facilitado, por tudo se passar no mesmo órgão, ao passo que nos restantes modelos surgiriam maiores dificuldades práticas[290]. Estas objecções, porém, são contrariadas pela simples circunstância de a circulação de informação entre comissão executiva ou os administradores delegados, de um lado, e os administradores não executivos, de outro lado, em alguns casos também se revelar dificultada. Daí, aliás, a nova disposição a impor ao presidente da comissão executiva deveres de garantia quanto à prestação, perante os administradores não executivos, de informação referente à actividade e às deliberações da comissão executiva (art. 407.º, n.º 6). Por outro lado, os membros de órgãos de fiscalização são dotados dos mais amplos poderes na exigência de informação (art. 421.º, n.º 1 – sem equivalente directo no modelo dualista). Ao secretário também são assinalados deveres de prestação aos membros não executivos e aos membros de órgãos de fiscalização (art. 446.º-B, n.º 1 g)), o que também contribui para a equivalência funcional de modelos no tocante à circulação de informação.

Também se dirá que os modelos latino e dualista servem de modo mais directo a vocação relacional do modelo de governo, ao conviverem mais facilmente com membros fiscalizadores designados em representação de grupos de interesses específicos. Tal não é, contudo, interditado entre nós no modelo anglo-saxónico, nomeadamente em relação à permissão de designação de membros da comissão de auditoria designados por accionistas minoritários, ao abrigo do art. 392.º.

---

[289] CHRISTOPH H. SEIBT/ CHRISTIAN WILDE, *Informationsfluss zwischen Vorstand und Aufsichtsrat bzw. Innerhalb des Boards, in* PETER HOMMELHOFF/ KLAUS HOPT/ AXEL VON WERDER, *Handbuch Corporate Governance*, cit., 377-403; PETER BÖCKLI, *Konvergenz: Annäherung des monistischen und des dualistischen Führungs- und Aufsichssystems*, cit., 213.

[290] PAUL DAVIES, *Unternehmensführung in Großbritannien und Deutschland: Konvergenz oder fortbestehende Divergenz?*, cit., 285. O argumento, porém, é rejeitado por J. E. PARKINSON, *Corporate Power and Responsibility*, Oxford, (1993), 197.

O *Governo das Sociedades e a Reforma do Código das Sociedades Comerciais* 133

A partir daqui, percebe-se que é difícil impor argumentos definitivos nesta apreciação comparativa. E a equivalência funcional também deriva, em alguma medida, do carácter inconclusivo da discussão em torno da supremacia dos modelos.

IV – A equivalência funcional conduz a mitigar o relevo das diferenças entre modelos – mas também pode conduzir a relativizar a própria importância dos modelos em si. A adopção de um modelo, por avançado que seja, não garante, por si, boa governação: basta pensar na imponderabilidade dos factores humanos[291]. Demais, existem outros meios capazes de prevenir e de gerir conflitos de interesses e de contrabalançar a protecção dos accionistas minoritários ou de outros sujeitos com interesse na sociedade[292] – a conformação do direito de exoneração, o regime de nomeação e os incentivos pecuniários e não pecuniários dos titulares dos órgãos sociais, constituem exemplos a indicar a este propósito. Considere-se ainda nomeadamente os mecanismos de aprovação por accionistas ou de informação prestada perante estes – não esquecendo, neste âmbito, que a assembleia geral também constitui um órgão vocacionado para a fiscalização da sociedade (art. 376.º, n.º 1 c).

Tudo conflui no pressuposto de que a governação societária constitui um sistema – postulando uma inter-acção de institutos jurídicos, em combinação com as práticas sociais e políticas reflectidas nas sociedades[293]. O que, a título conclusivo, serve para lembrar que a estrutura de administração e de fiscalização constitui uma solução de governação; *mas não a única.*

---

[291] Muito interessante, neste contexto: DONALD LANGEVOORT, *Taming the Animal Spirit of Stock Markets: A Behavioural Approach to Securities Regulation*, in JOHN ARMOUR/ JOSEPH MCCAHERY (org.), *After Enron. Improving Corporate Law and Modernising Securities Regulation in Europe and in the US*, cit., 65-126.

[292] REINIER KRAAKMAN/ PAUL DAVIES/ HENRY HANSMANN/ GERARD HERTIG/ KLAUS HOPT/ HIDEKI KANDA/ EDWARD ROCK, *The Anatomy of Corporate Law. A Comparative and Functional Approach*, Oxford: OUP (2004), 34-35.

[293] AXEL VON WERDER, *Ökonomische Grundfragen der Corporate Governance*, in PETER HOMMELHOFF/ KLAUS HOPT/ AXEL VON WERDER, *Handbuch Corporate Governance*, cit., 17-18.

§ 8.º
O CÓDIGO DEPOIS DA REFORMA: BALANÇO FINAL E PROSPECTIVA

26. Vectores de fundo nas intervenções legislativas em matéria de governo das sociedades

I – A actividade legiferante na área do governo das sociedades vive actualmente um momento especial.

A um tempo, é ampla e crescente a influência da harmonização comunitária, que recebeu um ímpeto importante no Plano de Acção de Direito das Sociedades, a que foi feita referência[294], e correspondente execução[295]. No contexto deste trabalho, merece dedicar especial atenção aos diplomas comunitários sobre governação societária que se encontram ainda por transpor para o direito interno português.

Merece referência, nesse âmbito, a Directiva 2006/46/CE, de 14 de Junho de 2006, que alterou recentemente as 4.ª e 7.ª Directivas de direito das sociedades, e importará a necessidade de consagrar legislativamente o dever de divulgação anual de um relatório sobre o governo das sociedades, já hoje previsto em sede regulamentar. Frise-se ainda as preocupações de prestação de informação quanto a transacções entre partes relacionadas e operações não relevadas no balanço (*off-balance arrangements*), que resultam claramente como intervenção reactiva em relação aos episódios Enron e Parmalat.

Além disso, ainda se encontra em discussão a Proposta de Directiva sobre Direitos de Voto dos Accionistas, mas do texto podem derivar relevantes consequências para o direito nacional. Em virtude da reforma de 2006, não se sentirão efeitos decorrentes do que resultará deste texto comunitário no tocante à irrestrita legitimidade para a representação em assembleia geral ou à previsão da possibilidade de

---

[294] Cfr. *supra*, 2. III.

[295] Importantes reflexões sobre a matriz europeia do direito das sociedades português encontram-se em MENEZES CORDEIRO, *Direito Europeu das Sociedades*, cit., *passim* (apresentando-se o direito das sociedades como *o ramo privado tradicional mais marcado por exigências comunitárias*: p. 88); Id, *Evolução do direito europeu das sociedades*, ROA (2006), 87-118; Id., *SA: Assembleia Geral e Deliberações Sociais*, cit., 32-33 – onde se assegura termos *o direito das sociedades mais europeu da Europa* (33).

utilização de meios telemáticos para o exercício do voto ou o funcionamento da assembleia. Onde o impacto da Directiva será mais notório será na abolição do bloqueio prévio de acções como requisito de participação em assembleia geral, o que obriga a reapreciar o sistema de legitimação para o exercício de direitos inerentes a valores mobiliários: tal não constitui uma surpresa, atentas as críticas dirigidas desde há muito à aplicação dos arts. 78.º e 72.º CVM no contexto do exercício do direito de voto[296] – sobretudo pelos custos envolvidos na emissão de certificado comprovativo do registo e pela tendencial diminuição de liquidez das acções inerente ao bloqueio dos valores, pese embora a sua revogabilidade (art. 68, n.º 1 h) CVM). O dever de divulgação dos resultados da votação em sítio da Internet, preconizado na Proposta comunitária, também obrigará a mexidas legislativas aquando da sua transposição para o direito português, embora surgido já na continuidade de algumas prescrições informativas preexistentes.

II – Porém, o momento presente não é apenas de uma galopante convergência de soluções europeias. São identicamente persistentes as dúvidas sobre se a harmonização europeia não terá ido longe demais – e se não será momento de consolidar ou aprofundar os espaços de diferenciação entre os regimes societários europeus. Não pode esquecer-se que a jurisprudência do Tribunal de Justiça das Comunidades nos casos *Centros, Überseering* e *Inspire Art* determinou significativos movimentos migratórios na constituição de sociedades em ordenamentos mais flexíveis[297].

Neste quadro, a palavra de ordem deveria ser a da criação de bases para uma adequada concorrência entre soluções legislativas entre Estados europeus, que poderá criar incentivos à promoção das

---

[296] JOÃO SOUSA GIÃO, *Notas sobre o anunciado fim do bloqueio de acções como requisito do exercício do voto em sociedades cotadas, Cadernos MVM* n.º 21 (Agosto 2005), 49-56.

[297] O principal destino destes movimentos tem sido o Reino Unido, mercê da maior rapidez do processo constitutivo e de exigências mais ligeiras quanto ao capital social mínimo, como documentam MARCO BECHT/ COLIN MAYER/HANNES WAGNER, *Where do Firms Incorporate?*, ECGI Law Working Paper n.º 70/2006 (2006).

136 *Código das Sociedades Comerciais e Governo das Sociedades*

saídas de governação mais eficientes[298]. Essa, aliás, a lição profunda da solução opcional, de inspiração portuguesa, que permitiu o consenso na Directiva das OPA[299]. O direito societário europeu apenas tem a ganhar com o alastramento de normas permissivas que sinalizem boas práticas sem serem indutoras de rigidez nem de custos excessivos às sociedades[300].

III – A outro tempo, denotam-se interligações crescentes entre o direito das sociedades anónimas e o direito das sociedades abertas[301]

O ponto é particularmente notório no direito português, em que coexistem dois códigos com vocação para as matérias societárias. De um lado, desde 1999 o Código dos Valores Mobiliários isolou uma gama de preceitos dedicados em especial às sociedades abertas. Todavia, a aprovação do Código dos Valores Mobiliários, em 1999, foi acompanhada por uma abordagem propositadamente minimalista nas modificações que promoveu em relação ao Código das Sociedades Comerciais.

Por outro lado, no Código das Sociedades Comerciais são diversas as prescrições que, na sequência da reforma de 2006 – mas também, embora em menor grau, antes desta –, estabelecem soluções especiais para sociedades emitentes de acções admitidas à negocia-

---

[298] PIERRE SALMON, *Political Yardstick Competition and Corporate Governance in the European Union;* EHUD KAMAR, *Using Corporate Law to Compete for Investments,* ambos in GUIDO FERRARINI/ EDDY WYMEERSCH, *Investor Protection in Europe. Corporate Law Making, The Mifid and Beyond,* cit., 31-118.

[299] Cfr. os arts 9.º, 11.º e 12.º da Directiva n.º 2004/25/CE e, acerca da história da sua elaboração e do seu conteúdo, MENEZES CORDEIRO, *A 13.ª Directriz do Direito das Sociedades,* ROA (Novembro de 2004), 97-111.

[300] Importante, neste contexto, é a colocação do problema efectuada por GERARD HERTIG e JOSEPH MCCAHERY. Dos autores merece consultar: *A Legal Options to EC Company Law,* in GUIDO FERRARINI/ EDDY WYMEERSCH, *Investor Protection in Europe. Corporate Law Making, The Mifid and Beyond,* cit., 119-139; Id., *Company and Takeover Law Reforms in Europe: Misguided Harmonization Efforts or Regulatory Competition?,* in JOHN ARMOUR/ JOSEPH MCCAHERY (org.), *After Enron. Improving Corporate Law and Modernising Securities Regulation in Europe and in the US,* cit., 569-570; Id., *Optional rather than Mandatory EU Company Law: Framework and Specific Proposals,* ECGI Working Paper 78/2007.

[301] MENEZES CORDEIRO, *Manual de Direito das Sociedades,* II, cit., 491, alertando para os perigos da excessiva mobiliarização do direito das sociedades anónimas.

ção em mercado regulamentado. Estas regras não estão formalmente unificadas na lei societária – repartindo-se pelos artigos 77.º, n.º 1, 294.º, n.º 2, 349.º, n.º 4 a), 365.º, n.º 2, 368.º, n.º 5, 372.º-A, n.º 2, 374.º, n.º 1, 396.º, n.ᵒˢ 1 e 3, 413, n.º 2 a), 414.º, n.º 6, 423.º-B, n.ᵒˢ 4 e 5, 444.º, n.ᵒˢ 2 e 6 e 446.º-A, n.º 1 do Código das Sociedades Comerciais.

Além da coexistência de dois Códigos, há ainda categorias societárias recortadas nas previsões de ambos os diplomas que não são inteiramente coincidentes. O Código dos Valores Mobiliários concentra dezenas de dispositivos sobre o estatuto da *sociedade aberta* – que é definida, através de diversos critérios típicos, como a sociedade com dispersão de capital, actual ou pretérita (artigo 13.º CVM). Mas o mesmo diploma também inclui normas dirigidas a sociedades emitentes de valores mobiliários admitidos à negociação em mercado regulamentado, particularmente no campo dos deveres de prestação de informação (artigos 236.º e seguintes CVM). A utilização de ambas estas categorias é igualmente promovida pelo Código das Sociedades Comerciais, apesar de o tratamento das sociedades abertas *per se* não ter tido qualquer eco na intervenção societária de 2006.

Nestes termos, o direito português conhece regras sobre sociedades abertas tratadas de modo unitário no Código dos Valores Mobiliários e em termos fragmentários no Código das Sociedades Comerciais. Paralelamente, sobram dispositivos sobre sociedades cotadas, em termos fundamentalmente dispersos, quer no Código das Sociedades Comerciais quer no Código dos Valores Mobiliários.

O dualismo de categorias terminológicas, aqui apontado, é benigno e serve uma regulação diferenciada e analiticamente mais ajustada de situações diversas. Porém, a partir deste quadro, não pode esconder-se que a opção do sistema jurídico português, no sentido de um tratamento fragmentário e desagregado do regime das sociedades cotadas, por motivos de continuidade com a versão originária do Código, suscita algumas interrogações[302]. Assim, sobretudo após a

---

[302] É de registar a opinião de BRITO CORREIA que, embora sem concretizar, lamentou o tratamento de algumas matérias societárias no Código dos Valores Mobiliários: *Regime da Invalidade das Deliberações dos Sócios,* in *Os Quinze Anos de Vigência do Código das Sociedades Comerciais*, (2001), 58.

138   *Código das Sociedades Comerciais e Governo das Sociedades*

reforma de 2006 pode legitimamente questionar-se se não deveria unificar-se o tratamento das sociedades cotadas num só diploma. Apenas razões de pragmatismo legislativo, ligadas à desnecessidade de promover alterações apenas por motivos formais[303], propendem, para já, em sentido negativo.

IV – No plano da cultura jurídica, o governo das sociedades, mercê da internacionalização das economias e da intensidade do diálogo científico transatlântico, sofre pressões para o acolhimento dos avanços provindos do direito norte-americano e inglês. Aliás, algumas das novidades da reforma de 2006 serão poderosos estímulos a um conhecimento mais profundo do direito norte-americano e do direito inglês – à semelhança do que sucedera, anos atrás, com alguns institutos do Direito dos valores mobiliários, *inter alia*, o prospecto, o *insider trading*, a manipulação de mercado e as barreiras informativas para prevenir conflitos de interesses. Esse constitui, em certa medida, um produto da harmonização comunitária, que também se traduz numa aproximação das culturas jurídicas de cada Estado-membro. Trata-se de fenómeno a observar sem alarmismos nem subserviências.

Um dos relevantes legados anglo-saxónicos no direito societário é o influxo da análise económica na avaliação da eficiência das reformas legislativas e, em seu resultado, o impacto positivo das tendências sobre racionalização do processo e do resultado regulatório (*better regulation*)[304]. Em particular, é notório como os modos clássicos de regulação são confrontados e complementados de modo feliz como novas técnicas, tais como recomendações e formas de auto-regulação.

---

[303] O sistema jurídico italiano, de resto, convive com cenário semelhante, com prescrições dirigidas às sociedades cotadas repartidas entre o Código civil e o *Testo Unico financeiro*.

[304] Cfr. o documento de consulta da Comissão Europeia nesta matéria, disponível em http://ec.europa.eu/internal_market/company/docs/consultation/final_report_en.pdf e a *Comunicação da Comissão ao Conselho, ao Parlamento Europeu, ao Comité Económico e Social Europeu e ao Comité das Regiões contendo um Programa de Acção para a Redução de Encargos Administrativos na União Europeia*, (24.1.2007).

27. A recepção das novidades legislativas pelas sociedades comerciais

I – A abordagem da reforma de 2006, muito centrada em normas permissivas, coloca decisões importantes nas sociedades. Há agora condições para se iniciar uma reflexão, em cada sociedade, sobre o modelo de governo mais ajustado, nomeadamente em relação às sociedades forçadas a efectuar alterações[305].

Plúrimos são os outros pontos que reclamam uma decisão por parte das sociedades: o grau de acolhimento das novas tecnologias na prestação de informação ou na realização de reuniões telemáticas (arts. 288.º, n.º 4, 289.º, n.º 4, 410, n.º 8); o modo de regulação do voto por correspondência (art. 384.º, n.º 9); o número adequado de membros de cada órgão social; o número de faltas que conduz à falta definitiva de administrador (art. 393.º, n.º 1), entre outros.

II – Além disso, não pode perfilhar-se uma concepção estritamente normativista do governo das sociedades, dado que este também cobre as práticas adoptadas pelas sociedades. Como tal, as alterações ao Código das Sociedades Comerciais não garantem, por si, melhor governação; apenas a propiciam.

Está por isso estabelecido um terreno propício para analisar até que ponto as alterações normativas condicionam a estrutura de propriedade das sociedades e o comportamento efectivo dos actores societários. De novo, coloca-se a persistente interrogação sobre o alcance do Direito. Cabe perguntar, utilizando a locução agora célebre[306]: *Law matters?*

III – Soma-se que com esta revisão geral, mas diferenciada, venha à tona uma verdade insofismável: o do atraso fundamental da reflexão sobre governação em sociedades de estrutura fechada. O ponto não é de pormenor, já que das 18.300 sociedades anónimas

---

[305] Cfr. *supra*, 21.

[306] Por todos: BRIAN CHEFFINS, *Does law matter? The separation of ownership and control in the United Kingdom, Journal of Legal Studies* n.º 2 (2001), 459-484.

portuguesas[307] apenas 200 emitem valores mobiliários em mercado – o que representa menos de 1% do total.

O balanço final sobre a revisão do Código das Sociedades Comerciais não pode, nessa medida, efectuar-se senão daqui a alguns anos – altura em que se examinará se e até que ponto as práticas das sociedades anónimas portuguesas (abertas e fechadas) sofreram um efectivo progresso qualitativo.

IV – Uma das questões mais actuais do direito das sociedades é a de se saber se foi atingido o derradeiro ciclo de evolução – se foi encontrado, na terminologia de HANSMAN E KRAAKMAN[308], o fim da história do Direito das sociedades. A colocação mais imediata do tema prende-se com as pressões para uma convergência entre legislações societárias, em direcção aos padrões anglo-americanos o que – no entender dos autores – implicaria de modo particular os modelos de governação, as regras de informação, as acções indemnizatórias interpostas por accionistas e as ofertas públicas de aquisição[309]. Mas, em termos mais amplos, a interrogação lançada dirige-se ao incerto espaço de progressão que o direito das sociedades denota no momento presente.

Ora, a análise do governo das sociedades é por natureza inconformista – procurando a constante superação das soluções encontradas – e pluralista[310]. É certo, pois, que o governo das sociedades continuará a inspirar futura investigação na área da ciência do Direito, em análises sobre o direito constituído e sobre o direito a constituir. Mas – pelo seu papel na actividade económica – será constantemente reavaliado também em função das necessidades do tráfego[311].

---

[307] São dados do INE de 2004, constantes da obra de MENEZES CORDEIRO, *Manual de Direito das Sociedades*, II, cit., 522.

[308] HENRY HANSMANN/ REINIER KRAAKMAN, *The End of History for Corporate Law*, cit., 33-68.

[309] Id., *ibid.*, 51-55. Os Autores referem nomeadamente, quanto aos modelos de governação, que *"two-tier board structures seem to be on the way out"* (52).

[310] Sobre o pluralismo de soluções de governação como um dos corolários da equivalência funcional entre modelos, cfr. *supra*, 22.

[311] L. S. SEALY, *Company Law and Commercial Reality*, London (1984), 75-88.

Assim, os vectores de fundo da reforma e o acervo de modificações normativas a serem consumadas no horizonte temporal próximo justificam afirmar que a recente alteração ao Código das Sociedades Comerciais *não* significa, de modo algum, o fim da História.

É facto igualmente, como referido, que a circunstância de a reforma societária ser largamente baseada em regras permissivas (*enabling rules*) e de implicar diferenciação em função do tipo da dimensão das sociedades, implicará um processo de reflexão intenso em cada sociedade anónima.

À luz do exposto, é forçoso concluir que as modificações introduzidas no Código não constituem um ponto de chegada, representando antes e sobretudo um ponto de partida para novos desenvolvimentos teoréticos e práticos sobre o governo das sociedades em Portugal. Ao quebrar o alheamento legislativo que, ao menos em termos directos, se fazia sentir entre nós quanto ao governo societário, a reforma de 2006 abre uma promissora avenida para a futura reflexão e investigação nesta área.

Abstract

The present article discusses the changes to the Portuguese Companies Code introduced by Decree-Law n. 76-A/2006 in respect to corporate governance issues. This law has determined a significant reform of the corporate governance regime, especially in terms of the duties of directors and governance models. The author challenges the dominant taxonomy of board models (one-tier and two-tier) and presents the view according to which the Portuguese traditional model proves that taxonomy to be fundamentally flawed – as it also happens in the model that includes a board of auditors in Italy, in Japan and in Latin America. It is argued that the basic governance models nowadays are not two, but three: the Latin model; the Anglo-Saxon model; and the German-type dual model. But the proximity between these models can differ considerably in concrete terms, according to the choices made in the by-laws.

O Administrador Independente

CONTRIBUTO PARA A COMPREENSÃO DA FIGURA NO
CONTEXTO DOS MECANISMOS DE CONTROLO SOCIETÁRIO *

Rui de Oliveira Neves

Advogado | Mestrando em Direito

SUMÁRIO: § 1.º **Introdução**: 1. Delimitação do tema; 2. Origens e sentido da figura no contexto dos mecanismos de controlo societário; 3. Breves apontamentos acerca do administrador independente em ordenamentos jurídicos estrangeiros; 3.1. Considerações gerais; 3.2. Estados Unidos da América; 3.3. Inglaterra; 3.4. Itália; 3.5. Alemanha; 4. Síntese: perfil e funções do administrador independente. § 2.º **A recepção em Portugal do "administrador independente"**: 5. Considerações gerais; 6. Os elementos qualificadores do perfil de administrador independente; 6.1. A cláusula geral de independência; 6.2. Índices de falta de independência; 6.3. Apreciação crítica. § 3.º **Enquadramento do "administrador independente" na estrutura societária**: 7. A integração actuante no órgão de administração; 8. Os mecanismos de controlo interno: os poderes do administrador independente enquanto membro do órgão de fiscalização. § 4.º **Síntese conclusiva.**

---

* O presente artigo foi elaborado com base no relatório apresentado no seminário "Participação Social e Valores Mobiliários" do curso de Mestrado em Ciências Jurídicas do ano lectivo 2003-2004, orientado pelos Senhores Professores Doutores PEDRO PAIS DE VASCONCELOS e PAULA COSTA E SILVA, correspondendo a uma versão actualizada do aludido relatório que considera elementos normativos e doutrinais publicados posteriormente à sua apresentação em Setembro de 2004, muito em particular as alterações ao Código das Sociedades Comerciais introduzidas pelo Decreto-Lei n.º 76-A/2004, de 29 de Março, que exigiram uma reformulação significativa do texto original. É devida uma especial palavra de agradecimento aos orientadores do referido seminário pelo incentivo e disponibilidade demonstrados aquando da preparação da versão original deste artigo.

144   *Código das Sociedades Comerciais e Governo das Sociedades*

§ 1.º
INTRODUÇÃO

1. Delimitação do tema

I. O presente artigo encontra-se subordinado ao tema do administrador independente, constituindo, tanto quanto pudemos apurar, uma análise pioneira[1], do ponto de vista do direito nacional, sobre uma realidade societária com recente acolhimento no ordenamento jurídico e no panorama empresarial português.

Embora o tema possa assumir importância (ainda que, na prá-

---

[1] Uma das primeiras alusões singelas, no direito nacional, à categoria dos administradores independentes encontra-se em PAULO CÂMARA, *O Governo das Sociedades em Portugal: Uma Introdução*, Cadernos do Mercado de Valores Mobiliários, n.º 12, Dezembro 2001, p. 48. Subsequentemente à apresentação da versão original deste artigo, destaca-se o artigo publicado (embora abordando o regime anterior à reforma do Código das Sociedades Comerciais resultante do Decreto-Lei n.º 76-A/2006, de 29 de Março) por PAULA COSTA E SILVA – cf. *aut. cit.*, *O Administrador Independente*, Direito dos Valores Mobiliários, Volume VI, pp. 417-425, Coimbra Editora, Coimbra, 2006. Cf. ainda as referências gerais constantes de ANTÓNIO MENEZES CORDEIRO, *Manual de Direito das Sociedades, II, Das Sociedades em Especial*, Almedina, Coimbra, 2006, ANTÓNIO PEREIRA DE ALMEIDA, *Sociedades Comerciais*, 4.ª edição, Coimbra Editora, Coimbra, 2006, JORGE COUTINHO DE ABREU, *Governação das Sociedades Comerciais*, Almedina, Coimbra, 2006 e PAULO OLAVO CUNHA, *Direito das Sociedades Comerciais*, 2.ª edição, Almedina, Coimbra, 2006.

[2] Para além das sociedades com valores mobiliários admitidos à negociação em mercado regulamentado, os requisitos relativos à independência dos administradores assumem necessariamente relevo nas sociedades de grande dimensão que optem pelo modelo anglo-saxónico de governo societário, atribuindo a fiscalização da sociedade a uma comissão de auditoria constituída por membros do conselho de administração – cf. artigo 278.º, número 1, alínea b) do Código das Sociedades Comerciais –, desde que em relação a essas sociedades se verifiquem, durante dois anos consecutivos, dois dos seguintes requisitos: (a) apresentem um total do balanço superior a 100 milhões de euros, (b) alcancem um total de vendas líquidas e outros proveitos superior a 150 milhões de euros e/ou (c) empreguem um número médio anual de trabalhadores superior a 150 – cf. artigo 423.º-B, número 4 do Código das Sociedades Comerciais. Não obstante, o tema poderá assumir também importância no âmbito de sociedades que não se encontrem sujeitas a este regime imperativo, nomeadamente na medida em que as respectivas regras estatutárias assim o determinem.

Por outro lado, os requisitos de independência previstos no Código das Sociedades Comerciais não são de aplicação exclusiva aos administradores, tendo antes uma

O *Administrador Independente* 145

tica, limitada) noutras situações[2], consideramos que o domínio das sociedades com valores mobiliários admitidos à negociação em mercado regulamentado, também ditas "sociedades cotadas", constitui, na actual fase de evolução da figura, a área de eleição para o seu tratamento jurídico.

Nesta medida, a análise aqui apresentada toma especialmente em consideração (sem prejuízo da aplicação mais ampla que dela se pode retirar) a figura do administrador independente nas sociedades emitentes de acções admitidas à negociação em mercado regulamentado situado em território nacional, cuja lei pessoal seja a lei portuguesa, tendo em vista determinar o relevo da figura do administrador independente no seio do órgão de administração e a sua actuação como mecanismo de controlo e vigilância desse mesmo órgão.

II. O objectivo central desta análise consiste em realizar uma apreciação crítica da figura do denominado "administrador independente", inicialmente introduzida no ordenamento jurídico nacional por via regulamentar e que, mais recentemente, recebeu consagração legislativa – no âmbito da reforma do Código das Sociedades Comerciais efectuada pelo Decreto-Lei n.º 76-A/2006, de 29 de Março[3] –,

---

vocação universal de aplicação aos membros dos diversos órgãos sociais que desempenham funções de controlo interno em sociedades anónimas. Com efeito, os requisitos de independência surgem inseridos no número 5 do artigo 414.º do Código das Sociedades Comerciais, a respeito da composição qualitativa do conselho fiscal, embora se apliquem ainda aos membros do conselho geral e de supervisão (*ex vi* do artigo 434.º, número 4 do CSC) e aos administradores que integrem a comissão de auditoria, como referimos. Acerca dos novos modelos de fiscalização das sociedades anónimas, cf., em especial, GABRIELA FIGUEIREDO DIAS, *Fiscalização de sociedades e responsabilidade civil (após a Reforma do Código das Sociedades Comerciais)*, pp. 22 e ss., bem como os elementos gerais constantes de ANTÓNIO MENEZES CORDEIRO, *ob. cit.*, pp. 773 e ss., ANTÓNIO PEREIRA DE ALMEIDA, *ob. cit.*, pp. 440 e ss. e PAULO OLAVO CUNHA, *ob. cit.*, pp. 614 e ss.. Cf. ainda quanto à sorte e evolução do conselho fiscal enquanto órgão de controlo interno no seio das sociedades comerciais, JORGE COUTINHO DE ABREU, *ob. cit.*, pp. 173 e ss..

[3] São ilustrativas as expressões utilizadas por ANTÓNIO MENEZES CORDEIRO para designar, pela sua significativa dimensão, a reforma do Código das Sociedades Comerciais pelo Decreto-Lei n.º 76-A/2006, de 29 de Março: a "grande reforma" ou a "reforma de superlativos" – cf. *aut. cit.*, *A Grande Reforma das Sociedades Comerciais*, O Direito, ano 138.º, III, 2006, pp. 445-446.

146   *Código das Sociedades Comerciais e Governo das Sociedades*

enquadrando-a na sua nova sede de figura jus-societária associada às funções de controlo e vigilância da administração, qualificando-a e identificando as vias que permitem a densificação do seu conteúdo.

Conforme resultava já dos dados jus-positivos estabelecidos por via regulamentar e se mantém agora no âmbito do Código das Sociedades Comerciais, o administrador independente constitui uma qualificação formal, *summo rigore*, de qualificação subjectiva de elementos de uma categoria jurídica respeitante à administração das sociedades que se procurou adaptar às idiossincracias da realidade portuguesa. Até os critérios utilizados quer pelo regulador, primeiro, quer pelo legislador, depois, para permitir a aferição da qualidade de independente são formais[4].

Porém, a evolução resultante da reforma do Código das Sociedades Comerciais veio atribuir uma reforçada importância à figura do administrador independente, no contexto do ordenamento jurídico nacional e em linha com as práticas internacionais[5], superando-se assim a insipiência normativa que apresentava no domínio da *soft law* aplicável às sociedades emitentes de valores mobiliários admitidos à negociação em mercado regulamentado[6] (ainda que sem se perder a natureza meramente formal dos critérios aferidores dessa qualidade).

Com efeito, as recomendações da Comissão Europeia quanto ao papel dos administradores não executivos e independentes[7] e as alterações consequentemente introduzidas no Código das Sociedades Comerciais assumem relevo no plano da definição de critérios menos permissivos para aferição da independência dos administradores e do

---

[4] Cf., em sentido idêntico, PAULA COSTA E SILVA, *ob. cit.*, p. 422.

[5] Cf. *"Modernising Company Law and Enhancing Corporate Governance in the European Union – A Plan to Move Forward"*, de 21 de Maio de 2003, http://europa.eu.int/comm/internal_market/en/company/company.

[6] Para uma abordagem introdutória acerca do domínio da *soft law* em Portugal e, em especial, no direito dos valores mobiliários, cf. FERREIRA DE ALMEIDA, *O Código dos Valores Mobiliários e o Sistema Jurídico*, Cadernos do Mercado de Valores Mobiliários, n.º 7, Abril 2000, p. 27.

[7] Cf. Recomendação da Comissão n.º 2005/162/CE, de 15 de Fevereiro de 2005, relativa ao papel dos administradores não executivos ou membros do conselho de supervisão de sociedades cotadas e aos comités do conselho de administração ou de supervisão, publicada no Jornal Oficial da União Europeia, n.º L52, de 25 de Fevereiro de 2005.

esclarecimento do papel do administrador independente no seio da sociedade, posicionando-o como um novo mecanismo de tutela apriorística dos investidores[8].

III. Em síntese, pode-se afirmar que as medidas apontadas tendem a tornar o administrador independente num *watchdog* institucional, considerando as funções de controlo e vigilância da actuação do órgão de administração que se lhe encontram cometidas no modelo de *corporate governance* de inspiração anglo-saxónica que foi introduzido nas sociedades comerciais pelo Decreto-Lei n.º 76-A/2006, de 29 de Fevereiro[9]. Será predominantemente no âmbito desse modelo que o administrador independente justificará a sua intervenção enquanto elemento de fiscalização da gestão da sociedade, e se procurará superar, de um modo geral, as perplexidades que se suscitavam a este respeito no domínio do direito anterior.

As principais perplexidades respeitavam a – e continuam, em alguma medida, a colocar-se acerca de – questões como a da determinação do acréscimo de credibilidade ou segurança gerados pela existência de administradores independentes, da suficiência da verifi-

---

[8] Acerca de perspectivas gerais respeitantes à protecção dos investidores, no direito português, cf. JOSÉ NUNES PEREIRA, *O novo Código dos Valores Mobiliários e a protecção dos investidores*, Cadernos do Mercado de Valores Mobiliários, n.º 7, Abril 2000, pp. 75 e ss., SOFIA NASCIMENTO RODRIGUES, *A protecção dos investidores em valores mobiliários*, Almedina, Coimbra, 2001, pp. 23 e ss. e JOSÉ DE OLIVEIRA ASCENSÃO, *A protecção do investidor*, Direito dos Valores Mobiliários, IV, Coimbra Editora, Coimbra, 2003, pp. 13 e ss.; cf. ainda, com elementos importantes de direito comparado, NURIA FERNÁNDEZ PÉREZ, *La protección jurídica del accionista inversor*, Editorial Aranzadi, Elcano (Navarra), 2000, pp. 33 e ss..

[9] Acerca dos modelos de *corporate governance* do novo direito societário nacional resultante da reforma efectuada pelo Decreto-Lei n.º 76-A/2006, de 29 de Março, cf., em especial, PAULO CÂMARA, *O Governo das Sociedades e a Reforma do Código das Sociedades Comerciais*, nesta obra, pp. 66 e ss. e ainda ANTÓNIO MENEZES CORDEIRO, *Manual de Direito das Sociedades*, II, pp. 749 e ss. e *A Grande Reforma das Sociedades Comerciais*, O Direito, ano 138.º, III, 2006, pp. 450-452, ANTÓNIO PEREIRA DE ALMEIDA, *ob. cit.*, pp. 413 e ss., JOÃO CALVÃO DA SILVA, *"Corporate Governance" – Responsabilidade civil de administradores não executivos, da comissão de auditoria e do conselho geral e de supervisão*, Revista de Legislação e de Jurisprudência, ano 136.º, Setembro-Outubro 2006, pp. 31 e ss., JORGE COUTINHO DE ABREU, *ob. cit.*, pp. 33 e ss. e PAULO OLAVO CUNHA, *ob. cit.*, pp. 567 e ss. e pp. 683 e ss..

148 *Código das Sociedades Comerciais e Governo das Sociedades*

cação de critérios formais para se assegurar a independência dos administradores ou da importância associada à definição de um conceito de administrador independente ou à recomendação da sua inclusão no conselho de administração sem definição de um estatuto ou, pelo menos, de um acervo de funções a desempenhar por esse administrador.

Julgamos, face aos indicadores que apresentaremos, que o novo regime de composição do órgão de administração das sociedades comerciais aporta um conjunto de elementos que permitem superar diversas das referidas perplexidades, tanto por via das regras relativas à independência dos administradores independentes como das referentes às incompatibilidades destes membros, as quais constituem um factor inovador e diferenciador dos modelos de governo societário nacionais por criarem verdadeiros impedimentos ao desempenho de cargos sociais[10].

Para além de outros aspectos que se assinalarão como deficiências do modelo criado para promover a efectiva actuação do administrador independente enquanto elemento de controlo interno, a dúvida legítima que se colocará – porventura, sempre – em relação a esta matéria é de ordem prática e respeitará à efectiva independência dos administradores eleitos pelo colectivo dos accionistas (ou, na maior parte das vezes, por apenas alguns deles), atentas as inevitáveis limitações resultantes dos critérios de qualificação e da "geometria económica" relevante.

---

[10] A delimitação de circunstâncias impeditivas do desempenho de cargos sociais encontrava-se já prevista em legislação sectorial, em particular, em matéria financeira para as instituições de crédito e sociedades financeiras e para as empresas de seguros. Assim, o Regime Geral das Instituições de Crédito e Sociedades Financeiras, aprovado pelo Decreto-Lei n.º 98/92, de 31 de Dezembro, determina que os membros dos órgãos de administração e fiscalização de uma instituição de crédito devem dispor de uma especial idoneidade que revele capacidade para efectuar uma gestão sã e prudente, a qual é aferida nomeadamente pela ausência de anterior declaração de insolvência pessoal ou de empresa por si administrada e de condenação pela prática de crimes económicos ou de infracções a regras de mercado (cf. artigo 30.º). Por seu turno, o Decreto-Lei n.º 94-B/98, de 17 de Abril, relativo às empresas seguradoras, impõe a aplicação de requisitos similares em relação aos membros dos órgãos de administração e fiscalização das empresas seguradoras.

2. Origens e sentido da figura no contexto dos mecanismos de controlo societário

I. O tema dos administradores independentes constitui uma das principais questões debatidas em relação ao governo societário ou, na expressão anglo-saxónica, *corporate governance*[11] a partir, sobretudo, das últimas duas décadas do século XX.

A questão surge com particular acuidade nos Estados Unidos da América no contexto dos escândalos políticos e económicos dos anos 70 daquele século (como o caso Watergate e a crise dos pagamentos externos) e no fraco desempenho económico de muitas empresas americanas durante as décadas de 70 e 80 do século XX que, entre outras causas, são relacionadas pelos autores estadunidenses com o *trend* que se mantinha desde os anos 50 caracterizado pela ausência de controlo da actividade da gestão (a cargo do *management*) pelo conselho de administração (*board of directors*)[12].

A preponderância que a comissão executiva exercia então sobre o conselho de administração era o resultado de um conjunto de factores de entre os quais se salientavam *(i)* a forte influência do *Chief Executive Officer* (CEO) sobre o conselho de administração (*board of directors*), especialmente em virtude da acumulação dessas funções executivas com as de presidente do conselho de administração e *(ii)* a

---

[11] As primeiras referências a matérias de *corporate governance* no panorama doutrinário nacional encontram-se em JOÃO SOARES DA SILVA, *Responsabilidade civil dos administradores de sociedade: os deveres gerais e os princípios da corporate governance*, Revista da Ordem dos Advogados, ano 57, II, 1997, pp. 605-628. Actualmente, o termo é generalizadamente utilizado pelos autores. Contudo, o seu sentido e a sua efectiva necessidade em virtude da disponibilidade de mecanismos jus-societários, sobretudo nos sistemas jurídicos latinos, que asseguram a prossecução dos objectivos que orientam diversos aspectos da *corporate governance*, tem sido frequentemente colocada em causa – cf., exemplificativamente (no contexto dos trabalhos de reforma societária do Codice Civile italiano), a posição de GUIDO ROSSI, *Il mito della corporate governance*, Le nuove funzioni degli organi societari: verso la Corporate Governance?, Giuffrè Editore, Milão, 2002, pp. 13 e ss..

[12] Cf. GREGORY ROWLAND, *Earnings Management, the SEC and corporate governance: director liability arising from the audit committee report*, Columbia Law Review, vol. 102, n.º 1, Janeiro 2002, pp. 179 e ss. e ROBERT MONKS / NELL MINOW, *Corporate Governance*, 2.ª edição (reimpressão), Blackwell Publishing, Oxford, 2002, pp. 190-191.

elevada dispersão do capital que conduzia a que os accionistas não tivessem incentivo para supervisionar activamente o desempenho da gestão e que permitia que um grupo de accionistas da esfera de influência do CEO assegurasse a eleição dos membros do conselho de administração[13].

Nessa época, os teóricos económicos e jurídicos em matéria de *corporate governance* propuseram que a superação do *status quo* caracterizado pela inércia do conselho de administração fosse alcançada através da criação de maior efectividade e objectividade no controlo da actividade de gestão da empresa, incentivando-se a dissociação entre a gestão e o conselho de administração, que deveria ser alcançada mediante a inclusão de um número significativo de administradores externos independentes (*independent outside directors*) no conselho de administração[14].

Verifica-se, portanto, que uma das dimensões em torno das quais gravita o tema dos administradores independentes refere-se à efectivação do controlo e vigilância em relação à estrutura administrativo-executiva da sociedade, cuja *ratio* radica, em última instância, na *protecção do accionista investidor*[15].

II. Este problema decorre, historicamente, da separação entre propriedade e gestão do capital das empresas, princípio estruturante dos sistemas capitalistas, que assumiu relevo especial com a criação, no século XIX, de sociedades com acções negociadas em bolsa de valores e que no domínio das sociedades comerciais se reflecte na exauutoração de competências decisórias ao colégio de accionistas, as quais são exclusivamente desempenhadas pelo órgão de administração[16] [17].

---

[13] Cf. GREGORY ROWLAND, *ob. cit.*, p. 180.

[14] O resultado dessa tendência foi o surgimento de um verdadeiro *boom* de "*outside and independent directors*", o qual conduziu a que os "*insiders*" tenham passado a representar, de acordo com estimativas de 2002, cerca de 25% dos cargos de administração nas principais empresas estadunidenses – cf. ROBERT MONKS / NELL MINOW, *ob. cit.*, p. 191.

[15] Cf. nota 8 *supra*.

[16] A teoria económica trata esta questão sob a designação de custos de agência (*agency costs*) que consistem afinal nos custos decorrentes dos conflitos de interesses entre o principal e o agente, entre capital e gestão.

[17] Um interessante apontamento histórico sobre o tema é apresentado, com desenvolvimento, por JORGE COUTINHO DE ABREU – cf. *aut. cit.*, *ob. cit.*, pp. 43-47.

Em virtude desta separação funcional, a protecção *ex ante* do accionista investidor depende, de forma decisiva, dos mecanismos de controlo da actuação da administração, quer sejam externos à organização empresarial quer sejam internos, na medida em que esses mecanismos permitam escrutinar, de modo transparente, aquela actuação.

Adiantamos já que, em nossa opinião, o sentido reformista que se adopte, ao nível da regulamentação da *corporate governance* das sociedades emitentes que actuam no mercado de capitais, deve intensificar uma abordagem profilática, começando por determinar as causas dos acontecimentos disruptivos (como foram os casos da Enron, da Worldcom ou da Tyco, no mercado norte-americano) para propor, perfilhar e aplicar as medidas preventivas que se apresentem mais eficientes para a tutela dos accionistas investidores[18].

Na nossa perspectiva, um dos principais objectivos que deve ser prosseguido através do acervo de regras e máximas de conduta que constituem o *corporate governance*, consiste precisamente na protecção dos direitos e interesses dos accionistas, a qual não deve bastar-se nem com meios reactivos de protecção, nem com meios externos de controlo e vigilância.

III. Actualmente, verifica-se que a administração das sociedades abertas, em geral, e das sociedades emitentes de valores mobiliários admitidos à negociação em mercado regulamentado, em particular, se encontra sujeita a dois níveis de controlo: o controlo externo e o controlo interno no âmbito da estrutura organizativa empresarial.

O controlo externo da administração pode ser exercido pelos tribunais, nomeadamente, no âmbito de acções de responsabilidade propostas contra os membros do conselho de administração, que podem inclusive configurar-se como acções populares[19], embora a sua intervenção ocorra inevitavelmente *ex post* a ocorrência de danos ao accionista investidor.

---

[18] Esta perspectiva tem sido igualmente sustentada por autores estadunidenses, sobretudo nos tempos que antecederam e se seguiram à aprovação do *Public Company Accounting Reform and Investor Protection Act*, de 30 de Julho de 2002 (Public Law 107-204, 116 Stat. 745 (2002)), usualmente designado por Sarbanes-Oxley Act.

[19] *Vide* artigo 31.º do Código dos Valores Mobiliários e acerca do tema cf., em especial, JOSÉ DE OLIVEIRA ASCENSÃO, *ob. cit.*, pp. 18 e ss..

152   *Código das Sociedades Comerciais e Governo das Sociedades*

Por outro lado e ainda no domínio do controlo externo, importa considerar a actuação de uma autoridade de supervisão e regulação (no caso português, a Comissão do Mercado de Valores Mobiliários) quer no plano preventivo, através da definição das regras aplicáveis aos operadores do mercado ou da repressão de situações desviantes em relação ao padrão normativo aplicável, mediante o exercício dos poderes de supervisão contínua (artigo 362.º do Código dos Valores Mobiliários) e de fiscalização (artigo 364.º do Código dos Valores Mobiliários), quer *a posteriori* através da imposição de sanções no caso de violação das regras aplicáveis (artigos 408.º e ss. do Código dos Valores Mobiliários)[20].

O outro plano dos sistemas de controlo da administração pode ser caracterizado como interno à própria empresa, sendo levado a cabo pelo órgão de fiscalização, pelos accionistas e pelo próprio órgão de administração, no âmbito das respectivas competências legais.

Dedicaremos a nossa atenção em especial ao exercício do controlo e vigilância da actuação da administração pelo administrador independente, procurando determinar, a final, a viabilidade (ou não) do administrador independente constituir um "órgão" de controlo *a se* da actividade gestora, orientado para a protecção dos accionistas investidores, quando, à partida, o seu enquadramento é a de um *primus inter pares* na economia do conselho de administração.

3. Breves apontamentos acerca do administrador independente em ordenamentos jurídicos estrangeiros

3.1. *Considerações gerais*

O ponto de partida da presente análise consiste na apreensão dos dados extra-sistemáticos (do ponto de vista do ordenamento jurídico

---

[20] Para além dos enunciados poder-se-ia indicar outros elementos de controlo externo ainda que com natureza e finalidade diversa (*v.g.* o financiamento das empresas pode conduzir – e tal sucede, por exemplo, com as que desenvolvem actividade com base em *project finance* –, à criação e aplicação de mecanismos de controlo externo, nomeadamente para verificação da solvabilidade da empresa, que conferem a entidades alheias à organização interna da sociedade significativos poderes de controlo e intervenção na sociedade).

O *Administrador Independente*

nacional) que constituem o sustentáculo do sentido e da função normativa imanente ao reconhecimento da figura do administrador independente. Face à anterior ausência, em geral, de uma cultura societária em Portugal que promovesse a integração no órgão de administração de membros dotados de independência relativamente aos interesses de determinados grupos de interesse nas sociedades, começamos por proceder à investigação e recolha desses dados no âmbito de outros ordenamentos jurídicos.

Contudo, as normas disponíveis nesta matéria reportam-se usualmente às sociedades ditas cotadas e surgem maioritariamente sob a forma de códigos de conduta sujeitos a um regime de *comply or explain*, sendo menos habitual a sua consagração legislativa expressa.

A figura do administrador independente encontra-se actualmente acolhida em diversos ordenamentos jurídicos ocidentais, revelando-se decisiva a influência do direito estadunidense e do direito inglês na determinação do seu conteúdo e funções, pelo que as referências respeitarão sobretudo a estes ordenamentos, embora se dedique alguma atenção a outros sistemas jurídicos europeus tradicionalmente influenciadores do regime português.

3.2. *Estados Unidos da América*

Nos Estados Unidos da América, o Sarbanes-Oxley Act constitui um marco essencial na compreensão e no tratamento jurídico dos mecanismos de controlo societário, incluindo, por conseguinte, do administrador independente. Trata-se de um dos exemplos em que a questão da independência dos administradores mereceu consagração normativa por via legislativa com carácter imperativo, ultrapassando, assim, o mero cariz de *soft law*.

Este acto legislativo estabelece que para o administrador ser considerado independente (e, nessa medida, participar na comissão de auditoria) não pode auferir qualquer remuneração da sociedade emitente, para além da que derive do exercício das funções de administração, nem se encontrar numa relação de dependência relativamente a uma subsidiária da emitente.

A aludida regra (constante da secção 301 do Sarbanes-Oxley Act) encontrava-se sujeita a regulamentação pelas entidades gestoras das bolsas de valores dos Estados Unidos da América que só em 2003 vieram a aprovar as versões finais desses regulamentos. Assim, a entidade gestora da *New York Stock Exchange*, principal bolsa de valores mobiliários estadunidense, veio esclarecer que as sociedades cotadas (*listed companies*) devem ter conselhos de administração maioritariamente compostos por administradores independentes, não sendo considerados como tal aqueles que tenham uma relação material, directa ou indirecta, com a sociedade, seja qual for a sua natureza, incluindo nomeadamente relações laborais, de prestação de serviços, comerciais ou familiares.

Importa salientar que, no caso dos Estados Unidos, a existência de administradores independentes tem, contudo, uma justificação que se relaciona com o papel do *board of directors* e com a preponderância do *management* na gestão da sociedade, sendo a função do *board* a de dirigir (*direct*) e a do *management* de gerir ou administrar (*manage*).

Entre as funções que, de um modo geral, são atribuídas ao *board* (de acordo com os princípios de *corporate governance* do American Law Institute de 1994[21]) incluem-se a supervisão da condução dos negócios sociais, a reforma e aprovação dos principais objectivos e planos de actividade da empresa e a aprovação dos princípios e práticas contabilísticas que devem ser usados pela empresa na preparação dos documentos financeiros.

Ou seja, por norma, o *board of directors* não intervém directa e permanentemente na *gestão corrente* da sociedade, a qual é confiada a um conjunto de *managers* (ou administradores executivos) escolhidos por esse *board*.

Face ao exposto, diga-se, desde já, que as diferenças das realidades jurídica e sócio-económica nas sociedades comerciais norte-americanas e europeias aconselha a que se adopte uma posição crítica em relação às transposições directas de soluções jurídicas de um ordenamento para o outro, a qual não deve ser realizada sem uma aprofundada análise da respectiva adequação e impacto no ordenamento de destino.

---

[21] Os princípios encontram-se disponíveis para consulta em http://www.ali.org/index.htm.

No caso dos administradores independentes, esta posição é ainda mais pertinente, uma vez que existe um alargado debate na comunidade científica americana que se dedica a esta matéria, quer no plano jurídico quer no plano económico, acerca das reais vantagens da inclusão de administradores independentes nos conselhos de administração e acerca do efectivo desempenho de uma função de *watchdogs* da gestão por estes elementos.

Com efeito, os estudos empíricos realizados antes do Sarbanes--Oxley Act não permitem alcançar qualquer conclusão definitiva acerca das vantagens decorrentes desse facto. Não é possível concluir que exista um impacto positivo decisivo no desempenho global das empresas cujos conselhos de administração são compostos maioritariamente por administradores independentes, uma vez que a influência que os administradores independentes podem assumir varia bastante em função do posicionamento que esses administradores adoptem no seio da empresa[22].

Não obstante, apresenta interesse científico para efeitos de direito comparado, constatar que a independência dos administradores, segundo as regras preceituadas pelo Sarbanes-Oxley Act, é avaliada exclusivamente com base em critérios referentes à conexão do administrador com a sociedade, desconsiderando-se outras circunstâncias, em particular a qualidade de accionista[23].

---

[22] Cf. LAURA LIN, *The Effectiveness of Outside Directors as a Corporate Governance Mechanism: Theories and Evidence*, Northwestern University Law Review, p. 898 (1996).

[23] Esta omissão não será certamente casual, mas fruto da reflexão jurídica e, sobretudo, económica sobre o sentido genuíno da independência na esfera societária. A este propósito, é útil ter presente a reflexão de ROBERT MONKS / NELL MINOW sobre a matéria: «*independent directors were meant to be a means to an end. It was thought that informed, intelligent, and wise directors, of proven integrity, bound by a fiduciary standard, would effectively oversee management. Being outsiders, they wouldn't face the conflicts that might call for his ouster. The idea proved to be a mirage. Independence is an intangible concept. Outsiders cannot be guaranteed to be independent, any more than insiders can be assumed to be deferent. Personality plays a strong role, so that the CEO's brother may be able to evaluate the boss's performance while an outsider may not. Directors do not become independent just because they have no economic ties to the company beyond their job as director. Disinterested outsiders can mean uninterested outsiders. The key is not "independence", arbitrarily defined, but whether a director's interests are aligned with those of the shareholders. If a director is to represent the interests of the shareholders, he must share those interests. More, he must be intimately familiar with those interests. Put simply, he must be a shareholder.*» – cf. *aut. cit., ob. cit.*, pp. 209-210.

3.3. Inglaterra

Em Inglaterra, o *Revised Combined Code on Corporate Governance* de Julho de 2003[24] veio consolidar a larga experiência e debate que remonta ao Cadbury Report de Dezembro de 1992 e ao Greenbury Report de Julho de 1995[25], oferecendo igualmente elementos normativos respeitantes ao administrador independente.

Segundo este código, compete ao *Board of Directors* identificar os administradores que são considerados independentes face à inexistência de relações ou circunstâncias susceptíveis de afectar ou que pareçam poder afectar a sua capacidade de decisão.

Para além deste critério geral de independência, o *Combined Code* apresenta sete critérios indicativos de falta de independência: (i) relação laboral com a emitente ou sociedade do grupo nos últimos cinco anos, (ii) relação comercial significativa durante os últimos três anos, (iii) remuneração paga pela sociedade, para além da respeitante à função de administrador, (iv) laços familiares, (v) cumulação de funções de administração em diferentes sociedades (*cross-director-ships*), (vi) representação de um accionista significativo ou (vii) desempenho das funções de administrador por um período superior a 9 anos (secção A.3.1).

Conforme resulta do exposto, o modelo normativo utilizado no ordenamento jurídico inglês em relação aos administradores independentes baseia-se, à semelhança de muitos países europeus de sistema jurídico continental, num código de conduta que se aplica às sociedades comerciais de maior dimensão, em especial às sociedades com valores mobiliários admitidos à negociação em mercado. A aplicação destas normas encontra-se submetida ao princípio *"comply or explain"*[26].

---

[24] O *Combined Code on Corporate Governance* foi adoptado em Junho de 1998 na sua versão inicial resultante do labor do *Hampel Committee*. O texto actual pode ser consultado em http://www.ecgi.org/codes/country_documents/uk/combined_code_final.pdf.

[25] Cf. *Comparative study of corporate governance codes relevant to the European Union and its Member States*, Internal Market Directorate General, Weil, Gotshal & Manges. O texto pode ser consultado em http://ec.europa.eu/internal_market/company/docs/corpgov/corp-gov-codes-rpt-part1_en.pdf.

[26] Acerca do sentido que deve ser atribuído ao princípio *"comply or explain"* deve ter-se presente a declaração emitida, em 6 de Março de 2006, pelo Fórum Europeu de

3.4. Itália

Em Itália, o *Codice di Autodisciplina delle società quotate rivisitato* da Borsa Italiana, recebendo as recomendações que derivam do Relatório Preda, de Outubro de 1999, qualifica como independente o administrador que não mantém, nem manteve recentemente, de forma directa ou mediata, relações comerciais com a emitente, com sociedades do seu grupo, com os administradores executivos, nem com o accionista ou accionistas dominantes; bem como não detém uma participação, directa, indirectamente ou por conta de terceiro, nem é parte de acordo parassocial que lhe permita exercer uma influência considerável sobre a emitente; e bem assim não tem relações familiares com pessoas nas situações anteriormente indicadas.

Acresce que, como explica FRANCESCO GALGANO[27], o artigo 2387 do *codice civile*, na redacção introduzida no âmbito da reforma legislativa de Janeiro de 2004, permite que o contrato de sociedade estabeleça, no modelo monista de organização do governo societário, requisitos especiais de idoneidade, experiência profissional ou independência para o desempenho da função de administrador, o que permite às sociedades comerciais auto-regularem a composição dos respectivos órgãos de administração[28].

Por outro lado, o modelo monista atribui as funções de controlo a um comité para o controlo da gestão (*comitato per il controlo sulla gestione*), o qual é composto por membros do conselho de adminis-

---

Corporate Governance, criado pela Comissão Europeia, em Outubro de 2004, segundo a qual não só este modelo de regulação se apresenta preferível em virtude da sua adequação às especificidades de cada sociedade e da sua flexibilidade para adaptação perante a diversidade dos sistemas jurídicos europeus, como a sua correcta aplicação é susceptível de apresentar resultados mais eficazes do que a imposição legislativa ou regulamentar sob a forma de normas imperativas. O texto da aludida declaração pode ser consultado em http://ec.europa.eu/internal_market/company/docs/ecgforum/ecgf-comply-explain_en.pdf.

[27] Cf. *aut. cit.*, *Diritto commerciale. Le società*, 13.ª edição, Zanichelli, Bolonha, 2003, p. 303.

[28] Cf. igualmente sobre o tema, ALESSANDRA VERONELLI, *L'organo amministrativo nel sistema monistico*, Giuffrè Editore, Milão, 2006, pp. 117 e ss. e RAFAEL LENER, *Gli amministratori indipendenti*, in Profili e Problemi dell'Amministrazione nella Riforma delle Società, Giuffrè Editore, Milão, 2003, pp. 115 e ss..

158 *Código das Sociedades Comerciais e Governo das Sociedades*

tração que reunam características de independência. A independência é aferida com base em dois critérios essenciais: a ausência de ligações familiares ou de parentesco com outros administradores da sociedade, a inexistência de uma relação laboral ou de prestação continuada e onerosa de consultoria ou serviços que comprometa a independência. Os estatutos da sociedade podem conter previsões adicionais de critérios de aferição da independência[29].

A solução italiana consiste, portanto, num modelo híbrido que combina elementos de um modelo do tipo *"comply or explain"* com elementos de auto-regulação derivados da faculdade atribuída aos accionistas para regularem a intensidade dos requisitos de independência que se devem aplicar perante as circunstâncias concretas de cada sociedade individualmente considerada.

3.5. *Alemanha*

Por último, foquemos ainda o exemplo da Alemanha, que aprovou, em Maio de 2003, o *Deutscher Corporate Governance Kodex* revisto[30], e que não contém qualquer definição de administrador independente, limitando-se a prever regras respeitantes a casos de potencial conflito de interesse, como seja a limitação a dois do número de antigos directores que podem fazer parte do conselho geral ou a não aceitação do desempenho de cargos de administração em empresas concorrentes[31].

---

[29] Cf. RAFAEL LENER, *ob. cit.*, pp. 120-121.

[30] A versão anterior do código que tinha sido elaborado pela *Comissão Cromme* data de Fevereiro de 2002.

[31] Uma última referência aos princípios de *corporate governance* da OCDE (Organização para a Cooperação e Desenvolvimento Económico) que preconizam a independência de determinados administradores, sugerindo-se nos comentários a esses princípios que se recorra a critérios positivos de qualificação da independência e não apenas a critérios negativos, como sucede na grande maioria dos sistemas.

4. Síntese: perfil e funções do administrador independente

I. Os dados de direito comparado recolhidos permitem realizar uma primeira aproximação ao perfil e às funções da figura. Considerando as referências extra-sistemáticas analisadas, o administrador independente deve ser um elemento *desligado* em relação a áreas de influência que sejam susceptíveis de conformar o sentido da sua actuação e decisão no âmbito do órgão de administração. Essas áreas de influência agregam-se essencialmente em torno de três núcleos: a esfera da sociedade, a esfera dos interesses próprios ou conexos e a esfera dos sócios ou, pelo menos, de determinados sócios.

Se considerarmos que o administrador independente não participa (nem deve participar) da gestão corrente da sociedade (é o *non-executive director* anglo-saxónico) e que a tendência internacional aponta no sentido do aumento do seu peso relativo na composição do órgão de administração, a procura de isolamento do administrador face a essas esferas de influência justifica-se como forma de promover uma "administração" desinteressada em relação à obtenção de vantagens especiais para os membros que se movimentam nessas mesmas esferas. O facto de os administradores independentes não participarem na gestão corrente da sociedade potencia a intensificação da autonomia da sua decisão no seio do órgão colegial dirigida para a prossecução dos interesses da sociedade que hão-de ser as vantagens dos sócios *em modo colectivo*[32].

Todavia, a integração de membros independentes nos conselhos de administração não representa necessariamente uma vantagem para a sociedade, pois, como já se referiu, não é perceptível a existência de uma relação de causalidade entre a participação de membros independentes e a melhoria da *performance* da sociedade[33].

---

[32] Cf. MENEZES CORDEIRO, *Manual de Direito das Sociedades, vol. I, Das sociedades em geral*, Almedina, Coimbra, 2004, p. 691. Sendo certo que nas sociedades abertas, o posicionamento estratégico das sociedades não pode deixar de considerar os investidores, enquanto accionistas em potência.

[33] Para além do estudo citado na nota 22 *supra* que respeita ao ordenamento estadunidense, importa considerar os dados alcançados pelos investigadores nacionais, cabendo destacar o estudo desenvolvido por CARLOS ALVES e VICTOR MENDES acerca do impacto das recomendações da CMVM em matéria de *corporate governance* e a *performance* bolsista das sociedades com acções admitidas à negociação em mercado

160 Código das Sociedades Comerciais e Governo das Sociedades

II. Assim sendo, a importância do administrador independente não se pode perspectivar do ponto de vista ontológico, como uma realidade indispensável para o bom funcionamento das sociedades, mas do ponto de vista axiológico, na medida em que o administrador independente introduza uma valorização ética à condução dos negócios sociais[34]. Repare-se, por exemplo, que em alguns ordenamentos jurídicos constitui indício de falta de independência o desempenho de funções de administração em empresas concorrentes, o que demonstra uma preocupação efectiva com a condução dos negócios sociais com plena capacidade concorrencial.

Esta tentativa de justificação axiológica do propósito da existência do administrador independente pode colidir com os princípios subjacentes ao sub-sistema privatístico-comercial, se considerarmos que a administração deve ser ordenada em função do interesse da sociedade que, por sua vez, se dirige à realização de proveitos económicos susceptíveis de remunerar o investimento de capital dos sócios e de assegurar a cobertura dos encargos de exploração da actividade, incluindo os encargos com os trabalhadores e credores[35].

---

regulamentado – cf. *aut. cit.*, *As recomendações da CMVM relativas ao corporate governance e a performance das sociedades*, Cadernos do Mercado de Valores Mobiliários, n.º 12, Dezembro 2001, pp. 57-88. A amostra utilizada no estudo foi composta pelas sociedades com acções admitidas à negociação no mercado de cotações oficiais da então Bolsa de Valores de Lisboa e Porto, tendo sido considerada a *performance* bolsista nos anos de 1998, 2000 e 2001 e o grau de cumprimento de cada recomendação nos dois últimos anos. Em síntese, o estudo conclui pelo impacto nulo da inclusão de administradores independentes na estrutura de organização e funcionamento do órgão de administração.

[34] Em sentido idêntico, enfatizando a necessidade de introdução de uma cultura ética que permita impedir ou corrigir os abusos cometidos pela gestão, pronuncia-se ALESSANDRA VERONELLI, *ob. cit.*, pp. 300 e ss., *maxime* p. 306.

[35] A este propósito cumpre notar que a nova formulação dos deveres fiduciários fundamentais dos administradores que foi introduzida pelo Decreto-Lei n.º 76-A/2006, de 29 de Março, amplia a abrangência dos interesses que confluem no desenvolvimento da empresa societária, passando a considerar-se como dever especial dos administradores actuar com lealdade em relação aos interesses dos diversos *stakeholders* relevantes para a sustentabilidade da sociedade, nomeadamente os trabalhadores, os clientes e os credores sociais (cf. artigo 64.º, número 1, alínea b) do Código das Sociedades Comerciais). Acerca da nova formulação dos deveres dos administradores resultante da reforma do Código das Sociedades Comerciais cf. ANTÓNIO FERNANDES DE OLIVEIRA, *Responsabilidade Civil dos Administradores*, nesta obra, pp. 261 e ss., ANTÓNIO PEREIRA DE ALMEIDA, *ob. cit.*, pp. 221 e ss., JOÃO CALVÃO DA SILVA, *ob. cit.*, pp. 51 e ss., MENEZES CORDEIRO, *A Grande Reforma das Sociedades Comerciais*, O Direito, ano 138.º, III, 2006, pp. 448-450 e PAULO OLAVO CUNHA, *ob. cit.*, pp. 692 e ss..

O *Administrador Independente* 161

Em suma, os dados extra-sistemáticos recolhidos apontam no sentido de posicionar o administrador independente como um elemento *desligado* de influências que, de acordo com a valoração de cada sistema, podem ser perniciosas para a sã administração da sociedade, perspectivada em função de um interesse accionista de dimensão colectiva e não individualizada e dos interesses dos demais *stakeholders* relevantes para a sociedade. Do ponto de vista funcional, o administrador independente surge igualmente *desligado*, mas, desta feita, em relação à gestão corrente da sociedade. A sua intervenção na sociedade pauta-se pelo afastamento em relação ao desempenho de tarefas gestórias de execução, intervindo no plano da fiscalização e controlo societário interno.

§ 2.º
A RECEPÇÃO EM PORTUGAL
DO "ADMINISTRADOR INDEPENDENTE"

5. Considerações gerais

I. Tanto quanto nos é dado apurar, as primeiras referências à independência de um membro do órgão de administração no ordenamento jurídico nacional surgem em 1999, através das Recomendações da CMVM sobre o Governo das Sociedades Cotadas[36].

---

[36] Para além da versão inicial, estas Recomendações conheceram já outras três versões: uma em Dezembro de 2001, concomitante com o Regulamento n.º 7/2001 que veio estabelecer a obrigação de divulgação de certos aspectos relativos ao governo das sociedades emitentes nas respectivas contas anuais; outra em Novembro de 2003, actualizada em consonância com o Regulamento n.º 11/2003, de 2 de Dezembro, que veio exigir uma declaração de cumprimento das recomendações pelas sociedades emitentes; e a última em Novembro de 2005, cuja tónica dominante das alterações incidiu precisamente sobre o aperfeiçoamento dos sistemas de controlo interno das sociedades. No prelo foi entretanto publicada uma nova versão destas recomendações com uma nova arrumação sistemática, passando a assumir a designação de "Código do Governo das Sociedades Cotadas". No que respeita à matéria do presente artigo mantém-se a previsão da inclusão de administradores independentes, sendo a principal novidade a definição de um número mínimo de administradores independentes correspondente a um quarto no número total de administradores.

162   *Código das Sociedades Comerciais e Governo das Sociedades*

Nas primeiras versões, a recomendação n.º 9 referia: «*encoraja-se a inclusão no órgão de administração de um ou mais membros independentes em relação aos accionistas dominantes, por forma a maximizar a prossecução dos interesses da sociedade*».

Entretanto, assistiu-se a uma variação nas duas últimas versões, sendo que a anterior recomendação n.º 6 sugeria às sociedades emitentes que «*o órgão de administração deve incluir pelo menos um membro que não esteja associado a grupos de interesses específicos, por forma a maximizar a prossecução dos interesses da sociedade*», ao passo que a actual recomendação n.º 6, assumindo definitivamente no léxico jus-societário a referência aos administradores independentes, indica que «*de entre os membros não executivos do órgão de administração deve incluir-se um número suficiente de **membros independentes**. Quando apenas exista um administrador não executivo este deve ser igualmente independente. Titulares independentes de outros órgãos sociais podem desempenhar um papel complementar ou, no limite, sucedâneo, se as respectivas competências de fiscalização forem equivalentes e exercidas de facto*».

Actualmente o comentário à recomendação introduz uma nota adicional no que respeita à finalidade da inclusão de um administrador independente no seio do órgão de administração de uma sociedade emitente: «*O papel dos administradores independentes é o de acompanhar e fiscalizar em termos informados a gestão societária, assegurando que na actividade na sociedade sejam considerados os interesses de todas as pessoas envolvidas, e que sejam adequadamente prevenidos e geridos os conflitos de interesses nesta área*».

Denota-se uma evolução positiva face à anterior versão das recomendações, pois o *apport* do administrador independente, se se pretende relevante, não deve restringir-se a trazer "ideias de interesse comum" para as discussões do Conselho de Administração. Caso contrário, estaríamos perante uma figura oca que visaria apenas permitir o acompanhamento formal das tendências internacionais nesta matéria.

As novas recomendações, em antecipação à reforma do Código das Sociedades Comerciais de Março de 2006, vieram posicionar definitivamente o administrador independente como um agente de controlo societário interno, atento aos interesses dos diversos stakeholders, reconhecendo-lhe, portanto, um papel participativo, nomeadamente no plano da prevenção e gestão de conflitos de interesses, que se pretende de relevo nesse âmbito.

II. Para além da referida recomendação, o Regulamento da CMVM n.º 11/2003, de 2 de Dezembro, que alterou o Regulamento da CMVM n.º 7/2001, relativo ao governo das sociedades, veio introduzir uma definição regulamentar do perfil do administrador independente, tendo em vista alcançar uma uniformização de critérios para a identificação de membros do conselho de administração que pudessem ser reputados como independentes.

Antes de mais, importa explicar que este regulamento estipulou um conjunto de deveres informativos a que passaram a estar sujeitas as sociedades emitentes de acções admitidas à negociação em mercado regulamentado localizado no território português, cuja lei pessoal seja a lei Portuguesa.

Significa isto que se encontravam (e, na versão actual do citado regulamento, continuam a estar) excluídas do âmbito de aplicação deste regulamento todas as sociedades emitentes de outros valores mobiliários admitidos à negociação em mercado regulamentado que não fossem acções (*v.g.* obrigações, *warrants* autónomos); do mesmo modo, afastavam-se (e mantêm-se afastadas na actual redacção daquele regulamento) as sociedades emitentes de acções que não se encontrassem admitidas à negociação em mercado regulamentado, tais como as sociedades com acções admitidas à negociação em mercados não regulamentados, e bem assim as sociedades emitentes de acções admitidas à negociação em mercado regulamentado sujeitas a outra lei pessoal que não a Portuguesa e as demais sociedades anónimas.

Entre a informação que o Regulamento da CMVM n.º 11/2003 determinava estar sujeita a divulgação pública, destaca-se, no que releva para este efeito, um relatório detalhado sobre a estrutura e as práticas de governo societário que devia ser incluído como capítulo do relatório anual de gestão – o que se continua a verificar no Regulamento em vigor.

Por sua vez, nesse relatório dever-se-ia prestar, entre outra, informação caracterizadora do órgão de administração através da identificação dos respectivos membros e da separação entre os membros independentes e não independentes.

164 *Código das Sociedades Comerciais e Governo das Sociedades*

É precisamente para este propósito (e exclusivamente para este propósito) que o Regulamento da CMVM n.º 11/2003 definiu o conceito legal de administrador independente, mediante a sua delimitação negativa por referência à *associação do administrador a grupos de interesses específicos na sociedade*, a qual era concretizada pela elencagem de cinco situações denotadoras da não independência do administrador.

III. Assim, para além da definição conceptual, até à Reforma do Código das Sociedades Comerciais apenas existia uma regra de *disclosure* no relatório sobre as práticas ligadas ao governo da sociedade, em relação à identidade dos membros do órgão de administração que eram independentes e não independentes, e uma recomendação da CMVM quanto à composição do órgão de administração, no sentido da inclusão de um elemento independente como forma de maximizar a prossecução dos interesses da sociedade, cuja não observância deveria ser comunicada e explicada ao mercado naquele relatório.

Tratava-se, portanto, de um objectivo meramente formal e sem relevo prático que visava apenas harmonizar a informação contida no relatório anual com as orientações internacionais em matéria de *corporate governance*.

---

[37] De acordo com a versão actual do Regulamento n.º 7/2001 não são considerados como independentes: (i) os administradores que pertençam ao órgão de administração de sociedade que sobre aquela exerça domínio; (ii) os administradores que sejam titulares, exerçam funções de administração, tenham vínculo contratual ou actuem em nome ou por conta de titulares de participação qualificada igual ou superior a 10% do capital social ou dos direitos de voto na sociedade, ou de idêntica percentagem em sociedade que sobre aquela exerça domínio; (iii) os administradores que sejam titulares, exerçam funções de administração, tenham vínculo contratual ou actuem em nome ou por conta de titulares de participação qualificada igual ou superior a 10% do capital social ou dos direitos de voto em sociedade concorrente; (iv) os administradores que aufiram qualquer remuneração, ainda que suspensa, da sociedade ou de outras em relação de domínio ou de grupo, excepto a retribuição relativa ao exercício das funções de administração; (v) os administradores que tenham uma relação comercial significativa com a sociedade ou com sociedade em relação de domínio ou de grupo, quer directamente quer por interposta pessoa; (vi) os administradores que sejam cônjuges, parentes e afins em linha recta até ao 3.º grau, inclusive, de pessoas que se encontrem em alguma das anteriores situações descritas.

O *Administrador Independente* 165

As orientações resultantes daquele regulamento continuam actualmente em vigor, embora o Regulamento da CMVM n.º 10/2005 tenha vindo introduzir algumas alterações a respeito do elenco de critérios aferidores da independência dos administradores. Todavia, na essência, a caracterização do perfil de independência continua a reportar-se à associação a grupos de interesses específicos na sociedade e a circunstâncias susceptíveis de afectar a isenção de análise e decisão do membro do órgão de administração[37].

Sem prejuízo dos aspectos relacionados com o perfil do administrador independente que se analisam no número 6, a questão substancial reside, porém, em saber se o administrador independente é um *tertium genus* na estrutura organizativa societária – um administrador fiscalizador – e em que medida é que essa estrutura poderá potenciar a intervenção deste elemento.

IV. A evolução da figura desenvolveu-se num duplo sentido: por um lado, mediante um reforço da caracterização do administrador independente através da definição de critérios mais esclarecedores das qualidades que permitem a sua identificação; por outro lado, através do cometimento expresso de funções próprias de controlo societário interno.

Provavelmente o elemento dinamizador mais importante para a progressão do sentido e da função do administrador independente no direito societário nacional encontra-se na Recomendação da Comissão Europeia n.º 2005/162/CE, de 15 de Fevereiro de 2005.

Por via desta Recomendação, os Estados-Membros da União Europeia foram convidados a adaptar o seu direito interno no sentido de introduzir um conjunto de disposições relativas aos administradores independentes[38] no domínio exclusivo das sociedades com valores mobiliários admitidos à negociação em mercado regulamentado. Essas disposições incluem, em particular, a definição especificada do perfil qualitativo a atribuir a um administrador independente (Anexo

---

[38] Em rigor, o âmbito de aplicação da Recomendação abrange para além dos administradores não executivos, os membros do órgão de fiscalização, na medida em que também estes elementos se dedicam ao desempenho de funções de controlo societário interno.

II da Recomendação), mas também, e sobretudo, a densificação funcional do papel dos administradores independentes no contexto societário, que constituía a principal lacuna de um modelo de *corporate governance* que preconizasse a inclusão de administradores independentes[39].

No que respeita aos atributos pessoais que um administrador independente deve possuir, a aludida Recomendação prudentemente reconhece que se trata de matéria de difícil delimitação concreta e cuja aferição deve ser promovida numa base casuística e de prevalência da realidade substantiva sobre critérios formais pelo órgão em que o administrador independente se integra. Não obstante, são adiantados alguns critérios que permitem caracterizar o perfil do administrador independente, essencialmente por referência a parâmetros de conflito entre interesses próprios ou de terceiro e interesses da sociedade[40]. Conforme é referido no considerando 7 da Recomendação, *«a independência deve ser entendida como a ausência de qualquer conflito de interesses significativo»*.

---

[39] Cf. ANTÓNIO PEREIRA DE ALMEIDA, *ob. cit.*, p. 518.

[40] De acordo com a Recomendação, o administrador independente (i) não deve ser administrador executivo nem membro da comissão executiva da sociedade ou de uma sociedade em relação de grupo nem ter exercido esse cargo nos últimos cinco anos; (ii) não deve ser empregado da sociedade ou de uma sociedade em relação de grupo, nem ter sido empregado da sociedade nos três anos anteriores à sua nomeação; (iii) não deve receber nem ter recebido uma remuneração suplementar significativa da sociedade ou de uma sociedade em relação de grupo para além da remuneração recebida enquanto administrador não executivo; (iv) não deve ser nem representar de qualquer forma os accionistas que detenham participações de controlo da sociedade; (v) não deve ter nem ter tido durante o último ano uma relação comercial significativa com a sociedade ou com uma sociedade em relação de grupo quer directamente quer enquanto sócio, accionista, administrador ou quadro superior de uma entidade que tenha uma tal relação; (vi) não deve ser nem ter sido nos últimos três anos sócio ou empregado do auditor externo, actual ou passado, da sociedade ou de uma sociedade em relação de grupo; (vii) não deve ser administrador executivo nem membro da comissão executiva de uma outra sociedade em que um administrador executivo ou membro da comissão executiva seja administrador não executivo ou membro do órgão de supervisão e não deve ter outras relações significativas com administradores executivos ou membros da comissão executiva da sociedade devido às funções exercidas noutras sociedades ou entidades; (viii) não deve ter integrado o conselho de administração ou o órgão de supervisão como administrador não executivo ou membro do órgão de supervisão durante mais de três mandatos; (ix) não deve ser membro da família próxima de um administrador executivo ou de um membro da comissão executiva, nem de pessoas nas situações referidas nos parágrafos anteriores.

Na verdade, a eliminação e prevenção de conflitos de interesses constitui um dos principais fundamentos para que na Recomendação se preconize a inclusão de administradores independentes nas ditas "sociedades cotadas", a par da protecção dos interesses dos accionistas, incluindo os accionistas minoritários, e demais terceiros relevantes no contexto societário e bem assim da promoção do reforço da credibilidade das estruturas organizativas das ditas "sociedades cotadas".

De outra feita, a Recomendação teve ainda o mérito de concretizar o papel atribuído ao administrador independente, especificando as funções que, pela sua natureza de membro independente do órgão de administração, lhe devem ser atribuídas. Entre essas avultam a nomeação dos administradores, a remuneração dos administradores, o controlo da qualidade da informação financeira da sociedade, incluindo a supervisão da actividade do auditor interno e do auditor externo, bem como o acompanhamento dos procedimentos de avaliação e gestão dos respectivos riscos.

V. É por manifesta influência das Recomendações da CMVM e da Recomendação da Comissão Europeia que o Código das Sociedades Comerciais, na reforma efectuada pelo Decreto-Lei n.º 76-A/2006, de 29 de Março, veio acolher o conceito de membro independente no domínio da fiscalização interna das sociedades comerciais.

Esta recepção no direito nacional das recomendações apresentadas pela Comissão Europeia caracteriza-se, desde logo, pela sua ampla abrangência. Com efeito, apesar de a Recomendação apenas se destinar a constituir um elemento orientativo quanto à inclusão de administradores independentes nas sociedades com valores mobiliários admitidos à negociação em mercado regulamentado, o Código das Sociedades Comerciais adoptou a figura em termos (demasiado) latos, aplicando-a não só em relação a qualquer modelo de organização da fiscalização das sociedades anónimas, como também independentemente da qualidade de "sociedade cotada".

Assim, as regras relativas à independência aplicam-se a quaisquer membros de um órgão de fiscalização de uma sociedade anónima, quer o controlo seja desempenhado por um fiscal único ou pelos membros de um conselho fiscal (no modelo latino) quer pelos membros de um conselho geral e de supervisão (no modelo germâ-

168 *Código das Sociedades Comerciais e Governo das Sociedades*

nico) quer pelos administradores não executivos que integrem uma comissão de auditoria (no modelo anglo-saxónico). Por conseguinte, a qualidade de independente surge acertada e definitivamente associada às funções de controlo e supervisão, que constituem a área em que, do ponto de vista material, se justifica a sua consagração.

O tratamento dispensado pelo Código das Sociedades Comerciais revisto no que tange as exigências de independência dos membros de órgãos de fiscalização apresenta-se ainda relativamente uniforme consoante o modelo de organização societária adoptado e o sub-tipo[41] de sociedade anónima em causa.

Tanto no caso da comissão de auditoria como nos casos do conselho fiscal e do conselho geral e de supervisão surge uma delimitação do âmbito tipológico de aplicação dos requisitos de independência dos membros do órgão de fiscalização. Em relação à comissão de auditoria especifica-se que nas sociedades emitentes de valores mobiliários admitidos à negociação em mercado regulamentado deve observar-se, para um dos seus membros, os critérios de independência estatuídos no número 5 do artigo 414.º do Código das Sociedades Comerciais, sendo que, tratando-se de sociedades emitentes de acções admitidas à negociação em mercado regulamentado, deve a maioria dos membros desta comissão cumprir esses mesmo critérios de independência (cf. artigo 423.º-B, números 4 e 5 do Código das Sociedades Comerciais).

No modelo de organização latino adoptam-se parâmetros mais latos na medida em que se estabelece a mesma diferenciação de regime com base na referência tipológica que se indicou para a comissão de auditoria, mas determina-se ainda a exigência de inclusão de um membro independente no conselho fiscal de sociedades anónimas de grande dimensão (cf. artigo 414.º, números 4 e 6)[42]. No

---

[41] Na expressão, a que aderimos, de PEDRO PAIS DE VASCONCELOS – cf. *aut. cit.*, *A participação social nas sociedades comerciais*, 2.ª edição, Almedina, Coimbra, 2006, pp. 37 e ss..

[42] A alínea a) do número 2 do artigo 413.º do Código das Sociedades Comerciais introduziu uma importante classificação societária no tipo da sociedade anónima, mediante a criação de uma categoria de sociedades anónimas que passa a estar sujeita a regras de *corporate governance* mais exigentes do que as que se aplicam à generalidade das sociedades anónimas. Esta categoria das "sociedades de grande dimensão" resulta de

O Administrador Independente 169

modelo de organização germânico, a aplicação dos requisitos de independência conforma-se com as mesmas regras aplicáveis ao conselho fiscal, por efeito da remissão constante do número 4 do artigo 434.º do Código das Sociedades Comerciais.

6. Os elementos qualificadores do perfil de administrador independente

6.1. A cláusula geral de independência

I. A definição introduzida pelo Decreto-Lei n.º 76-A/2006, de 29 de Março, no número 5 do artigo 414.º do Código das Sociedades Comerciais recorre exclusivamente a critérios negativos para determinar a atribuição da qualidade de independência a um membro de um órgão de fiscalização e, portanto, a um administrador independente, enquanto membro da comissão de auditoria[43].

Segundo essa definição negativa, a cláusula geral de independência funciona mediante a verificação cumulativa de dois requisitos subjectivos gerais para reputar a falta de independência de um administrador: um requisito reveste uma dimensão subjectivo-relacional, que se traduz na existência de uma relação que associe um administrador a determinadas entidades, e uma dimensão subjectivo-qualificativa, que consiste no facto de essas entidades a que o administrador surge associado deterem um interesse específico na sociedade; o outro constitui um requisito de autonomia subjectiva que respeita à existência de circunstâncias susceptíveis de afectar a isenção de análise ou decisão.

---

uma qualificação com base na verificação cumulativa de dois critérios de entre três possíveis que constituem indicadores da dimensão da sociedade. Acerca desses critérios cf. nota 2 *supra*.

[43] Esta formulação resulta de uma tendência generalizada para identificar a independência mediante uma delimitação negativa. Uma expressão sintéctica desta ideia encontra-se em ROBERT MONKS / NELL MINOW: *«to be "independent" a director must have no connection to the company other than the seat on the board»* – cf. *aut. cit., ob. cit.,* p. 190.

170   *Código das Sociedades Comerciais e Governo das Sociedades*

Ambos os elementos apresentam um nível elevado de vaguidade que poderia conduzir a que, em tese, uma grande maioria dos administradores fosse qualificável, por uma razão ou por outra, como não independente, assim frustrando a finalidade diferenciadora da norma.

Ora, um dos aspectos primordial para aferir da independência dos administradores respeita à determinação dos interesses relevantes que, em caso de conflito entre si ou com outros interesses, podem resultar em situações adversas para determinados grupos de interesses ou *stakeholders* que existem em cada sociedade individualmente considerada.

O enfoque dos critérios utilizados na norma legal incide, nestes termos, nos grupos de interesse que orbitam na esfera da sociedade, influenciando as decisões do órgão de administração, e na relação de dependência ou de sujeição a influência de determinado(s) administrador(es) em relação a esses grupos.

II. É de notar que a norma em evidência juridifica uma expressão terminológica que aparece normalmente tratada ao nível da teoria política e que se refere aos *grupos de interesses*. No domínio político, os *grupos de interesses* consistem em formas associativas com menor ou maior estruturação, mas em que o elemento aglutinador dos respectivos membros (ou dos seus representantes) consiste na partilha de interesses ou objectivos comuns que pretendem prosseguir através do exercício, por diversos meios, de influência sobre os decisores políticos[44].

Estamos em crer que, no caso da organização societária, aparecem similitudes com a situação descrita, existindo igualmente uma inevitável atracção pelo recurso a estratégias de exercício de influência ou pressão sobre os administradores para lograr a satisfação de determinados interesses próprios através da afectação de recursos societários.

---

[44] Cf. DANIEL J. SCHWARTZ, *The potential effects of nondeferential review on interest group incentives and voter turnout*, New York University Law Review, volume 77, n.º 6, pp. 1845 e ss..

Este autor salienta que o exercício da influência do grupo orientado para a obtenção dos seus objectivos é normalmente prosseguido pelo apoio (em regra, financeiro) às candidaturas de determinado político ou partido, pela actividade de *lobbying* e, em raros casos, pela litigância.

Na esteira do conceito de interesse proposto por PEDRO PAIS DE VASCONCELOS diremos que «*o interesse interliga a pessoa com os meios que sejam hábeis para a realização dos seus fins e traduz-se na tensão entre a pessoa que quer realizar um fim ou que tem um fim a realizar e o meio que carece ou que é hábil para o alcançar*»[45].

Por outro lado, acolhendo a classificação proposta por OLIVEIRA ASCENSÃO para os tipos de interesses, diremos que os interesses em jogo assumem natureza categorial ou colectiva, na medida em que são próprios de um determinado conjunto de entidades ou pessoas[46].

Com base nos índices interpretativos apresentados e considerando que o escopo da definição se dirige à aferição de uma *relação de dependência*, o conselho de administração deve qualificar como "não independente" o administrador que tenha uma relação (jurídica ou de outra natureza) significativa com uma ou mais pessoas ou entidades que pretendem realizar, no âmbito ou por intermédio da sociedade, um determinado fim não partilhado com outros grupos de interesses e com o interesse social. Diga-se ainda que o interesse não tem que se verificar em concreto, não tem de se materializar, bastando a séria susceptibilidade (em abstracto) da sua verificação no caso de a pessoa associada a esse grupo assumir a posição de administrador, sob pena de se desvirtuar a finalidade normativa que apenas seria possível de aferir depois do exercício concreto de funções em determinado órgão social[47].

Por último, acrescentamos que a nota distintiva da noção legal respeita à natureza específica dos interesses que constituem um indicador de falta de independência, pelo que, assim, não está em causa

---

[45] Cf. *aut. cit.*, *Teoria Geral do Direito Civil*, 3.ª edição, Almedina, Coimbra, 2005, pp. 636 e 637. MENEZES CORDEIRO vem definir interesse, em sentido subjectivo, como «*a relação de apetência entre o sujeito considerado e as realidades que ele considere aptas para satisfazer as suas necessidades ou os seus desejos*», e, em sentido objectivo, como «*a relação entre o sujeito com as necessidades e os bens aptos a satisfazê-las*» – cf. *Manual de Direito das Sociedades, vol. I, Das sociedades em geral*, Almedina, Coimbra, 2004, p. 689.

[46] Cf. JOSÉ OLIVEIRA ASCENSÃO, *A protecção do investidor*, Direito dos Valores Mobiliários, Vol. IV, Coimbra Editora, Coimbra, 2003, pp. 22 e 23.

[47] É o caso do "representante" de accionista maioritário, do qual se pode esperar, em abstracto, que exprima posições no seio do colégio de administradores tendencialmente favorecedoras dos fins que o accionista maioritário pretende alcançar com a sua posição accionista que não são necessariamente conformes com o interesse social.

172   *Código das Sociedades Comerciais e Governo das Sociedades*

o interesse social, nem se integram neste âmbito os legítimos interesses gerais ou comuns de determinados *stakeholders*, como, no caso dos accionistas, o interesse na obtenção ou maximização da riqueza gerada pela empresa social.

III. O critério da isenção de análise e decisão, que surgiu com o Regulamento da CMVM n.º 10/2005 e se manteve e expandiu com a reforma do Código das Sociedades Comerciais, é susceptível de apresentar um conteúdo mais extenso do que o requisito de associação a grupos de interesses específicos que provinha já da versão inicial do Regulamento da CMVM n.º 7/2001. Neste critério prescinde-se (ainda que não de modo necessário) da dimensão relacional, nomeadamente da relação entre o sujeito e um determinado grupo, tomando-se o indivíduo enquanto agente que participa, sem influência heterónoma, na formação da vontade do órgão social em que se integra.

A independência aferida segundo este critério surge como a capacidade de actuação livre em relação a elementos que induzam a uma actuação comprometida com um determinado interesse próprio ou alheio e que, por essa via, comprometa a objectividade e a imparcialidade de análise ou decisão. Nesta perspectiva, o critério em análise compreende igualmente factores pessoais do administrador que sejam idóneos para prejudicar o exercício das suas funções de controlo interno de forma imparcial, como sejam uma relação laboral com a sociedade ou o auferimento de vantagens especiais.

IV. Esta cláusula geral apresenta, em síntese, um relevo operativo bastante significativo para os casos em que não seja aplicável algum dos índices de não independência constantes do citado artigo: a *associação a grupos de interesses específicos* e a *isenção de análise e decisão* deverão constituir, assim, os conceitos operativos de charneira que permitirão determinar se existem circunstâncias concretas respeitantes aos administradores que fundamentadamente demonstrem a sua falta de independência.

6.2. *Índices de falta de independência*

I. Para além dos critérios gerais de aferição da situação de independência que se analisaram *supra*, a atribuição do qualificativo "independente" a um administrador ou a um membro de um órgão de controlo societário pode resultar da verificação de índices exemplificativos e concretizadores dos requisitos que integram a referida cláusula geral de independência.

Numa análise desses índices particulares, as situações de potencial dependência dos administradores que prejudicam a sua qualificação como independentes pode classificar-se por recurso a uma distinção entre índices de dependência externa e índices de dependência interna, tomando a sociedade como vector central de referência. Os índices de dependência externa respeitam aos factores e circunstâncias externos ao administrador ou à sua relação com a sociedade que são susceptíveis de afectar a actuação autónoma do administrador no seio do órgão de administração. Por contraponto, os índices de dependência interna reportam-se a elementos próprios do administrador ou da sua relação com a sociedade e que comprometem a respectiva isenção[48]. Os índices de dependência podem ainda ser mistos quando

---

[48] Exemplo de índice de dependência interna, é o que concerne a dependência económica dos administradores em relação à sociedade e que se encontra previsto na alínea d) do número 2 do artigo 1.º do Regulamento da CMVM n.º 7/2001. Os administradores são considerados não independentes se auferirem alguma remuneração da sociedade ou de sociedades que com esta se encontrem em relação de domínio ou de grupo, para além da remuneração pelas funções de administração desempenhadas.

Trata-se de um critério de clara inspiração anglo-saxónica que surge, por exemplo, no Sarbanes-Oxley Act, e que aparece transposto para o direito dos valores mobiliários Português. Embora este critério pareça particularmente abrangente importa precisar a sua exacta extensão por confronto com as normas injuntivas respeitantes· ao exercício de outras actividades concomitantemente com o desempenho da função de administração que se encontram fixadas no artigo 398.º do Código das Sociedades Comerciais.

Ora, desde 1986 se prevê que os administradores não podem exercer na sociedade ou em sociedades que com esta estejam em relação de domínio ou de grupo quaisquer funções ao abrigo de contrato de trabalho subordinado ou autónomo – leia-se, contrato de prestação de serviços (artigo 398.º, n.º 1 do Código das Sociedades Comerciais). Acresce que o n.º 2 do mesmo artigo contém uma condição resolutiva ou suspensiva do contrato que opera *ipso iure* no caso de um trabalhador assumir funções de administração. O que significa que nenhum administrador poderá desempenhar essa função e ao mesmo tempo manter um contrato de trabalho ou de prestação de serviços com a sociedade.

Por outro lado, se o escopo da regra consiste em abranger outras situações jurídicas não cobertas pelo critério do artigo 398.º, n.º 1 do Código das Sociedades Comerciais, importa ainda tomar em consideração que o número 2 do artigo 397.º do mesmo Código comina a nulidade dos contratos celebrados entre o administrador e a sociedade ou sociedades que com esta estejam em relação de domínio ou de grupo, salvo se

174 *Código das Sociedades Comerciais e Governo das Sociedades*

se verifique a confluência de elementos externos e internos subjacentes à determinação da situação de independência.

No preceito legal relevante para o efeito da presente análise – o número 5 do artigo 414.º do Código das Sociedades Comerciais – surgem seleccionadas, mediante o recurso a dois índices, apenas três situações com relevância para excluir a qualificação como administrador independente para efeito da composição dos órgãos de controlo interno: a titularidade de participação, a actuação por conta de titular de participação qualificada e a reeleição por mais de dois mandatos.

II. O primeiro índice compreende dois grupos de circunstâncias que, apesar de utilizarem o mesmo referente – uma participação qualificada igual superior a 2% do capital social –, assentam em interesses diferentes. Assim, no caso da titularidade pelo membro do órgão de controlo de uma participação qualificada igual ou superior a 2% do capital social, a potencial situação de dependência decorre essencialmente da susceptibilidade de o interesse próprio do administrador afectar a sua autonomia no desempenho das funções de controlo que lhe sejam cometidas, configurando um índice interno para aferição da dependência do administrador. A ausência de independência decorre, por conseguinte, de um potencial conflito de interesses entre uma circunstância funcional – o desempenho do cargo de administração – e uma circunstância pessoal – a titularidade de uma participação qualificada.

---

precedidos de autorização do conselho de administração, após parecer favorável do órgão de fiscalização.

Desta forma, as regras societárias vigentes – mesmo antes da reforma do Código das Sociedades Comerciais – reconhecem os riscos e valoram negativamente os negócios jurídicos celebrados entre a sociedade e os administradores, impondo um princípio de exclusividade da relação entre o administrador e a sociedade às funções de administração, que se retira das citadas normas dos artigos 397.º e 398.º do Código das Sociedades Comerciais.

As excepções a esse princípio são limitadas e tomam em consideração a miríade de interesses que orbitam em torno da estrutura societária, repousando na função de controlo interno que é assegurada pelo órgão de fiscalização (artigo 397.º, n.º 2 do Código das Sociedades Comerciais) e na divulgação pública das situações excepcionais que não observem aquele princípio (artigo 397.º, n.º 4 do Código das Sociedades Comerciais).

O *Administrador Independente* 175

Por outro lado, também se encontra no plano dos interesses associados a determinados accionistas a utilização do critério da "participação qualificada" para aferir da independência dos membros do órgão de administração. Com base nesse critério, não são considerados independentes os administradores que actuem por conta de um titular de uma participação social representativa de, pelo menos, 2% do capital da sociedade em que o administrador desempenhe as suas funções[49].

A fundamentação para a escolha deste critério pode ainda apoiar--se no suposto antagonismo entre accionistas com maior representatividade societária e accionistas com participações infinitésimas, presumindo a ausência de independência dos administradores que estejam relacionados com aqueles e que, nessa medida, poderiam tender a prosseguir os interesses deste accionista em detrimento dos dos demais. Contudo, não se pode descurar que os deveres funcionais[50] que recaem sobre os administradores, em especial, os deveres de cuidado e lealdade e a responsabilidade associada ao seu incumprimento constituem os elementos de maior segurança do sistema para situações de potencial *desvio de poder*.

III. O segundo índice de dependência reveste um cariz misto. A circunstância que cria uma especial *ligação* do administrador resulta do desempenho continuado das funções de administrador durante um período superior a dois mandatos, de forma contínua ou interpolada.

---

[49] O legislador nacional optou por associar a titularidade de uma participação social a uma situação de falta de independência, o que se apresenta controverso não só pelo limitado peso relativo de uma participação de 2% no capital social, como pela inexistência de uma relação de causalidade necessária entre a titularidade de uma participação social e uma diminuição da isenção do administrador, sendo mesmo sustentável, do ponto de vista económico-empírico, uma posição inversa, conforme resulta do exposto na nota 23 *supra*.

[50] Acerca do conceito de dever funcional cf. MENEZES CORDEIRO, *Tratado de Direito Civil Português*, I, tomo I, 2.ª edição, Almedina, Coimbra, 2000, pp. 191 e ss..

Estes deveres funcionais não permitem, todavia, caracterizar e diferenciar a posição jurídica do administrador independente, pelo simples facto de constituírem um elemento comum à totalidade dos administradores.

176   *Código das Sociedades Comerciais e Governo das Sociedades*

O binómio de interesses potencialmente conflituantes cuja presença aflora neste índice respeita tanto aos interesses próprios do administrador que podem afectar a sua capacidade de análise e decisão autónoma em virtude da continuidade da relação funcional criada com a sociedade, como aos interesses de terceiros, *maxime* do(s) accionista(s) que promova(m) e assegure(m) a manutenção de determinado administrador na sua função, através do exercício do(s) respectivo(s) direito(s) de voto.

A inclusão deste índice aferidor de uma situação de independência revela uma preocupação acentuada com as situações de "proximidade" e com outras formas de dependência de um administrador em relação às entidades que assegurem a sua eleição, surgindo a continuidade prolongada no desempenho do cargo como indicador externo de uma potencial situação de dependência.

6.3. *Apreciação crítica*

I. Com base nos critérios agora analisados, conclui-se que os grupos de interesses específicos considerados como mais relevantes para aferição da independência dos administradores respeitam a accionistas e aos próprios administradores, o que pode parecer paradoxal, se atendermos ao facto de o artigo 64.º do Código das Sociedades Comerciais, mesmo na sua redacção actual, estatuir que os administradores devem actuar com lealdade, *no interesse da sociedade*, tendo em conta, nomeadamente, os *interesses de longo prazo dos sócios*.

Ou seja, poder-se-ia concluir que os interesses que o Código das Sociedades Comerciais determinava como relevantes para orientar a actuação dos administradores são afinal aqueles que as actuais tendências em matéria de *corporate governance* consideram reveladores de ausência de independência.

Não pode ser este o sentido da existência de administradores independentes. Em primeiro lugar e à semelhança do que sucede em relação aos demais membros do órgão de administração, os administradores independentes também deverão observar o dever de diligência que se concretiza na prossecução do interesse comum aos sócios de maximizarem a criação e conservação do valor da empresa e, indirectamente, das participações sociais representativas da fracção que o sócio detém nesse valor[51].

É esse interesse comum que deve constituir o ponto de referência ou os princípios e normas, na expressão de MENEZES CORDEIRO[52], da actuação dos administradores e não os interesses individuais, nem os demais interesses extra-sociais[53] de cada accionista ou categoria de accionistas.

Ora, os interesses que se pretende que não estejam associados a determinados administradores são precisamente os interesses individuais ou extra-sociais de accionistas considerados individualizadamente ou em categorias, pela afectação que essa ligação é susceptível de provocar na normal prossecução do interesse social em função dos interesses globais dos accionistas e dos demais *stakeholders* relevantes.

II. Contudo, neste passo, há que salientar a aparente incongruência que poderia existir no caso de concordância ou convergência de interesses reais entre determinado grupo de interesses específicos e o interesse social e de, por aplicação dos critérios objectivos respeitantes à independência do administrador, acabar por se concluir no sentido da falta de independência.

Com efeito, pode suceder (e a realidade empírica assim o demonstra) que o interesse do accionista maioritário e o interesse social sejam tendencialmente confluentes, na medida em que o comportamento deste accionista seja leal em relação aos interesses dos accionistas

---

[51] Na expressão bastante ilustrativa de MENEZES CORDEIRO, os administradores estão ao serviço da sociedade, na qual os sócios têm um importante papel, cabendo a estes na área de permissão (ou ausência) normativa definir os interesses que devem ser prosseguidos pela sociedade e levados a cabo pelos administradores – cf. *Manual de Direito das Sociedades, vol. I, Das sociedades em geral*, Almedina, Coimbra, 2004, pp. 690-691.

[52] Cf. *aut. cit., Da responsabilidade civil dos administradores das sociedades comerciais*, Lex, Lisboa, 1997, p. 521.

[53] Na expressão de MARIA ELISABETE GOMES RAMOS, *Responsabilidade civil dos administradores e directores de sociedades anónimas perante os credores sociais*, Coimbra Editora, Coimbra, 2002, p. 111.

minoritários[54], pelo que se poderia colocar em crise a qualificação do administrador como não independente no caso de associação ao accionista maioritário. Julgamos que a justificação dogmática para a aplicação deste critério reside numa consideração abstracta da potencial conflitualidade de interesses – de que falámos no início – entre accionistas maioritários e accionistas minoritários. Assim, mesmo quando o interesse social e o interesse do accionista maioritário coincidam deve entender-se que o administrador designado por indicação deste último poderá tender a revelar parcialidade quando estejam em causa interesses específicos do accionista maioritário.

A independência do administrador refere-se, portanto, à capacidade de participar no processo de tomada de decisões pela administração de forma autonóma ou auto-determinada, o mesmo é dizer, sem influência de qualquer pressão ou condicionamento externo ao sujeito decisor a nível pessoal, psicológico, económico, social ou político. O que se procuraria evitar seria que a interferência de outros sujeitos ou entidades pudesse prejudicar ou distorcer o modo de exercício pelo administrador do seu *officium* orientado para a realização do interesse social.

De qualquer modo, o enquadramento da questão não pode deixar de ser realizado em atenção ao papel que o administrador independente desempenhe na estrutura societária.

III. As sociedades comerciais, mesmo quando se trate de sociedades abertas, constituem associações de pessoas e de recursos para a promoção de finalidades económicas tendentes à obtenção do lucro. Por conseguinte, o grau de envolvimento dos investidores na forma como essas finalidades económicas são prosseguidas (e a sua influência para a satisfação dos respectivos interesses próprios) varia em função dos recursos económicos que tenham sido colocados *at risk* com a realização do investimento.

---

[54] Para uma interessante análise dos tipos de comportamentos accionistas desleais mais recorrentes, considerando o reflexo desses comportamentos sobre as relações entre accionistas e sobre a sociedade, cf. PEDRO PAIS DE VASCONCELOS, *A participação social nas sociedades comerciais*, 2.ª edição, Almedina, Coimbra, 2006, pp. 358 e ss..

Esta realidade, a natureza das coisas a que se refere PEDRO PAIS DE VASCONCELOS[55], impõe-se de forma irrefragável e as regras societárias reconhecem-na através da gradação dos poderes compreendidos na participação social de cada accionista.

O accionista que detenha a maioria do capital de uma sociedade aberta terá uma capacidade (juridicamente tutelada) de influência do curso dos negócios sociais que, no limite, não terá o detentor de apenas uma acção. Como a decisão de investimento e o valor *at risk* num e noutro caso são completamente distintos, a tutela dispensada a ambas as situações não pode e não deve ser idêntica, pois o accionista que adquiriu uma acção tomou a sua decisão de investimento com conhecimento (ou, pelo menos, presumível conhecimento face à abrangência da informação revelada ao mercado, no caso das sociedades abertas) da existência de uma situação de controlo por determinado accionista.

Evidentemente, a questão coloca-se de forma diferenciada quando o grau de dispersão do capital em mercado é muito elevado, não existindo membros com participações maioritárias, nem sequer susceptíveis de bloqueio da tomada de decisões. Essa característica verifica-se precisamente nos mercados estadunidense e inglês, em que as regras de *corporate governance* relativas aos administradores independentes surgiram. Não tendo nenhum accionista (ou a esmagadora maioria dos accionistas) a capacidade para, de forma isolada, eleger um administrador, a aproximação dos accionistas à administração é potenciada pela inclusão de elementos independentes que podem vigiar internamente a condução dos negócios sociais, zelando pelos interesses da mole de accionistas que promoveram a sua eleição.

Aliás, no âmbito do direito nacional, reside precisamente no acto da eleição um dos elementos fundamentais para aferir a independência dos administradores. Todos os administradores acedem às funções de gestão ou administração da sociedade por via da eleição em assembleia geral, da sua cooptação pelos membros do conselho de administração, sujeita, em qualquer caso, a ratificação por aquela

---

[55] Cf. *aut. cit.*, *A natureza das coisas*, Estudos em Homenagem ao Professor Doutor Manuel Gomes da Silva, Faculdade de Direito da Universidade de Lisboa, Lisboa, 2001, pp. 751 e ss.

180 *Código das Sociedades Comerciais e Governo das Sociedades*

assembleia ou da sua nomeação pelo conselho geral e de supervisão, se tal competência não for estatuariamente atribuída ao colectivo de accionistas.

Assim sendo, nas situações em que existam blocos de controlo do capital votante, os administradores independentes serão eleitos se integrarem a lista de administradores aprovada pelos accionistas de controlo, o que, em qualquer caso, depende da aceitação destes. Ora, nestes casos, a definição de regras formais de aferição da independência pode ser mais ou menos excludente, mas, no final, os membros independentes do conselho de administração tenderão a ser escolhidos e eleitos por um acto de vontade dos accionistas de controlo[56].

A situação será oposta nos casos de pulverização do capital, em que a eleição dos administradores depende, em regra, da concertação de vontades entre uma pluralidade de accionistas.

§ 3.º
ENQUADRAMENTO DO "ADMINISTRADOR INDEPENDENTE" NA ESTRUTURA SOCIETÁRIA

7. A integração actuante no órgão de administração

I. Considerando que o administrador independente não intervirá na gestão corrente das sociedades, em coerência com os dados recolhidos nas experiências estrangeiras e actualmente acolhidos – pelo menos em parte – no número 3 do artigo 423.º-B do Código das Sociedades Comerciais, a sua actuação no contexto do órgão de administração deverá desenvolver-se através do desempenho da função de vigilância da actividade de administradores-delegados ou de uma comissão executiva, ou seja, dos membros do órgão de administração que se encontrem encarregues da gestão corrente da sociedade.

Porém, essa função também deve ser desempenhada pelos restantes membros do conselho de administração por inerência ao *esta-*

---

[56] O mesmo raciocínio pode aplicar-se ao membro do conselho de administração que seja eleito pelo accionista ou accionistas minoritários que disponham do direito previsto no artigo 392.º do Código das Sociedades Comerciais.

do de administrador, o mesmo é dizer, em virtude do dever funcional a que se encontram adstritos, nos termos do disposto no artigo 407.º, número 8 do Código das Sociedades Comerciais.

Mas se assim é, então que papel pode estar reservado ao administrador independente? Se a vigilância ou controlo interno da gestão constitui um dever de todos os administradores, o administrador independente não dispõe *qua tale* de mais nem menos poderes para exercer aquele dever do que os outros administradores.

Em princípio, não se deveria entender que a inclusão de administradores independentes no âmbito do órgão de administração originaria uma forma de agrupamento de elementos em função de categorias ou classes de administradores, particularmente quando o sistema jurídico-societário nacional nunca distinguiu classes de administradores, tendo todos a mesma dignidade e estatuto, sem prejuízo do que respeita às funções objectivas desempenhadas na sociedade.

Tal resultado poderia mesmo colocar sob suspeita os administradores que não se qualificassem como independentes, os quais estando sujeitos aos mesmos deveres poderiam entender-se colocados numa situação inibidora do exercício das suas funções por ligação a um determinado grupo de interesses específicos, embora do ponto de vista funcional e da sua responsabilidade, no âmbito do órgão de administração, estejam em posição de igualdade com os administradores independentes.

II. A reforma do Código das Sociedades Comerciais levada a cabo pelo Decreto-Lei n.º 76-A/2006, de 29 de Março, aprofundou esta perspectiva funcional do administrador independente, trazendo uma nova luz para a consideração desta perplexidade ao reconhecer, através da instituição de um novo modelo típico de organização societária interna, um *forum* específico para a intervenção desta figura no contexto dos mecanismos de controlo societário.

A comissão de auditoria, de clara inspiração anglo-saxónica, constitui o órgão social cuja composição passa, assim, a incluir obrigatoriamente um ou mais administradores independentes, tratando-se, de acordo com o número 2 do artigo 423.º-B do Código das Sociedades Comerciais, de um órgão colegial que integra um número mínimo de três membros do conselho de administração.

Ora, o exposto permite alcançar uma conclusão que suscita uma nova perplexidade. Conclui-se do que antecede que a comissão de auditoria é composta por membros que simultaneamente são membros do conselho de administração, embora, atento, em particular, o disposto nos artigos 423.º-F e 423.º-G do Código das Sociedades Comerciais, não se trate de uma comissão com poderes delegados que emanam deste órgão, mas sim de um órgão *a se*, com funções próprias e uma estrutura organizativa autónoma em relação ao órgão de administração. Sendo assim, como é, não estaremos perante uma situação de conflito funcional dos membros da comissão de auditoria, incluindo dos administradores independentes, face à simultaneidade da sua integração e competência funcional enquanto membros do órgão de administração?

III. O administrador independente está· sujeito aos mesmos deveres funcionais dos demais administradores, competindo-lhe administrar a sociedade (artigos 405.º e 406.º do Código das Sociedades Comerciais), com o cuidado e a diligência de um gestor criterioso e ordenado e de forma leal para com os interesses da sociedade (artigo 64.º do Código das Sociedades Comerciais)[57], vigiar ou monitorizar a actuação dos administradores e intervir para contribuir para a deliberação social ou para exercer o seu direito de oposição (artigos 407.º, n.º 8 e 72.º, n.º 3, ambos do Código das Sociedades Comerciais), prestar contas aos accionistas (artigo 65.º, n.º 2 do Código das Sociedades Comerciais), prestar caução pela responsabilidade quanto à sua actuação como administrador, salvo dispensa nos limitados casos permitidos por lei (artigo 396.º do Código das Sociedades Comerciais), manter um comportamento leal para com a sociedade, nomeadamente, não intervindo em deliberações relativamente às

---

[57] Acerca do dever de diligência no âmbito do direito anterior, cf., em especial, JOSÉ NUNO MARQUES ESTACA, *O interesse da sociedade nas deliberações sociais*, Almedina, Coimbra, 2003, pp. 159 a 167 e PEDRO CAETANO NUNES, *Corporate governance*, Almedina, Coimbra, 2003, pp. 87 e ss.. Sobre o novo sentido dos deveres fundamentais dos administradores nas sociedades comerciais após a reforma do Código das Sociedades Comerciais cf. ANTÓNIO MENEZES CORDEIRO, *ob. cit.*, pp. 768 e ss., ANTÓNIO PEREIRA DE ALMEIDA, *ob. cit.*, pp. 221 e ss., GABRIELA FIGUEIREDO DIAS, *ob. cit.*, pp. 41 e ss., JOÃO CALVÃO DA SILVA, *ob. cit.*, pp. 51-58 e PAULO OLAVO CUNHA, *ob. cit.*, pp. 692 e ss..

quais tenha conflitos de interesse (artigo 410.º, n.º 6 do Código das Sociedades Comerciais) e não prosseguindo, por conta própria ou alheia, actividade concorrente com a da sociedade (artigo 398.º do Código das Sociedades Comerciais)[58].

O exposto demonstra que o administrador independente enquanto membro do órgão de administração não dispõe de poderes especiais de controlo interno (ao contrário, como iremos ver, do que sucede enquanto membro do órgão de fiscalização) que permitam cometer a esta nova figura uma especial função de vigilância: o *watchdog* interno.

Não obstante, poder-se-ia procurar vias para densificação de uma função de vigilância que pudesse ser desempenhada pelo administrador independente no seio do conselho de administração, com base nos actuais poderes funcionais que lhe estão atribuídos. Uma via poderia consistir em delegar no administrador independente, nos termos do n.º 1 do artigo 407.º do Código das Sociedades Comerciais, o encargo especial de vigiar a actuação dos membros do conselho de administração responsáveis pela gestão corrente da sociedade[59]. Poder-se-ia mesmo considerar a hipótese de a delegação ser realizada de forma irrevogável, no interesse do colectivo de sócios, como modo de reforçar a independência do administrador no seio do próprio conselho de administração.

Apesar do reforço da posição do administrador independente que estas medidas aparentemente poderiam criar, o princípio da colegialidade do funcionamento do conselho de administração conduz a que cada administrador partilhe com os demais os poderes internos de administração[60], mesmo no caso de delegação imprópria (artigo

---

[58] Sobre a questão da proibição de concorrência dos membros dos órgãos de administração das sociedades comerciais, cf. RAÚL VENTURA, *Sociedades por Quotas, Comentário ao Código das Sociedades Comerciais*, Vol. III, Almedina, Coimbra, 1991, pp. 53 e ss.. Assinale-se ainda que os dois últimos aspectos focados no texto – a não participação na formação da deliberação em caso de conflito de interesses e a proibição de actuação concorrente – são reveladores da robustez dos mecanismos jurídicos societários instituídos, em 1986, pelo Código das Sociedades Comerciais, em matérias que actualmente surgem como centrais no âmbito da organização e funcionamento das sociedades.

[59] Acerca da delegação imprópria, interna ou atípica, cf., em especial, ALEXANDRE SOVERAL MARTINS, *Os poderes de representação dos administradores de sociedades anónimas*, Coimbra Editora, Coimbra, 1998, pp. 366 e ss..

[60] Cf. ALEXANDRE SOVERAL MARTINS, *ob. cit.*, pp. 23-24.

407.º, n.º 2 do Código das Sociedades Comerciais). Na prática, estas medidas não seriam aptas para alcançar o desiderato pretendido.

Não obstante o princípio da colegialidade, cada administrador dispõe por si mesmo, se bem que de forma limitada, de poderes exercíveis individualmente, o que permitiria, nalguma medida, viabilizar a função do administrador independente na sociedade. Designadamente, o administrador independente poderia (como qualquer outro administrador) suscitar perante o conselho de administração ou o colectivo de accionistas, a invalidade de deliberações tomadas pelo órgão de administração, à semelhança do poder de que está investido o órgão de fiscalização (artigo 412.º, n.º 1 do Código das Sociedades Comerciais). No caso de ter verificado manifestas irregularidades de gestão, o administrador independente disporia ainda da possibilidade de recusa de assinatura do relatório de gestão e das contas do exercício, justificando os motivos que suscitaram essa decisão (artigo 65.º, n.º 3 do Código das Sociedades Comerciais).

De qualquer modo, tratar-se-ia sempre de medidas isoladas e de fraca expressão, em virtude do facto de os poderes dos membros do órgão de administração não se encontrarem funcionalizados para esse efeito.

Esta indiferenciação do administrador independente no seio do órgão de administração verifica-se igualmente ao nível da responsabilidade civil. Na perspectiva dos autores anglo-saxónicos, a questão do *corporate governance* constitui uma matéria de *accountability*, ou seja, de responsabilização pelo desempenho de funções societárias. Não se trata apenas de prever regras de organização societária como um fim em si mesmo, mas sim com a finalidade de permitir retirar consequências jurídicas ao nível da responsabilidade pelo desempenho de funções societárias.

Contudo, de acordo com os artigos 72.º, 78.º e 79.º do Código das Sociedades Comerciais, o administrador independente poderá ser demandado, pela sua actuação enquanto administrador, pelos danos causados à sociedade, aos accionistas ou aos credores sociais nos mesmos termos dos demais administradores. Com uma particular agravante. Como o órgão de administração é regido pelo princípio da colegialidade, cada administrador é solidariamente responsável com os demais pelos actos praticados por cada um (artigo 73.º do Código das Sociedades Comerciais)[61].

Nesta medida, a efectividade de qualquer medida destinada a permitir ao administrador independente um controlo da administração esbarraria na sua própria responsabilidade pelos actos dos demais administradores, ainda que disponha de direito de regresso.

Resta assim concluir que a figura do administrador independente actuante no seio do conselho de administração não seria efectiva face aos sucessivos obstáculos analisados.

Diversamente, o administrador independente apresenta uma capacidade de actuação efectiva enquanto *watchdog* no âmbito da comissão de auditoria, configurada como órgão de fiscalização da modalidade de organização societária prevista na alínea b) do número 1 do artigo 278.º do Código das Sociedades Comerciais.

8. Os mecanismos de controlo interno: os poderes do administrador independente enquanto membro do órgão de fiscalização

I. A questão é tão mais actual quanto alguns autores norte-
-americanos evidenciam que a Enron constituía um paradigma em termos de cumprimento formal dos princípios e regras de *corporate governance*. Segundo refere WILLIAM BRATTON, durante o ano de 2000, o *Audit Committee* da Enron, constituído por cinco *outside and independent directors* e presidido por um ilustre professor de contabilidade da Universidade de Stanford, reuniu cinco vezes com o auditor externo e com os administradores executivos responsáveis pela contabilidade e controlos financeiros, tendo revisto a informação financeira e recomendado a sua aprovação[62]. Porém, pouco tempo depois,

---

[61] Cf. CATARINA PIRES CORDEIRO, *Algumas considerações críticas sobre a responsabilidade civil dos administradores perante os accionistas no ordenamento jurídico português*, O Direito, ano 137º, 2005, I, pp. 122 e ss., JOÃO CALVÃO DA SILVA, *ob. cit.*, pp. 44-45 e MARIA ELISABETE GOMES RAMOS, *ob. cit.*, pp. 77 e ss..

[62] Cf. *aut. cit.*, *The good, the bad, and their corporate codes of ethics: Enron, Sarbanes-Oxley, and the problems with legislating good behavior*, Harvard Law Review, Vol. 116, 7, Maio 2003, pp. 2128 e ss..

os acontecimentos vieram demonstrar que as contas da Enron não reflectiam a realidade da sua situação económica, que a auditoria tinha sido incapaz de detectar essa realidade e que, portanto, o sistema de fiscalização prévia e controlo interno havia fracassado.

Apesar do aparente cepticismo pessimista que poderia resultar do que se acaba de expor, não somos da opinião que os mecanismos de controlo interno constituem um problema e não uma solução. Na nossa perspectiva, os mecanismos de controlo interno, enquanto meios de tutela, devem dispor das condições de actuação *ex ante* que permitam evitar o recurso aos mecanismos de controlo externo, os quais devem intervir moderadamente na organização e no funcionamento da administração da sociedade, sobretudo no que respeita ao controlo judiciário. Com efeito, a intervenção dos tribunais nas decisões da gestão deve ser limitada, pois um excessivo intervencionismo judicial neste âmbito poderia constranger a normal actuação dos administradores em virtude de um permanente receio de as suas decisões serem submetidas ao escrutínio judicial[63].

Por outro lado, estes mecanismos de controlo interno devem ser colocados ao serviço do accionista investidor, já que é a este que cumpre tomar a decisão de investimento ou desinvestimento. Significa isto que os mecanismos de controlo interno devem intervir ao nível da monitorização da actividade da gestão, com reflexo externo do resultado dessa actividade, de modo a criar credibilidade e segurança aos investidores e ao mercado em relação à sociedade, por efeito do carácter preventivo da sua actuação.

II. A efectiva capacidade de desempenho de funções de controlo interno depende do exercício de poderes no plano da supervisão e fiscalização da actividade da gestão, mediante a disponibilidade de instrumentos a que apenas o órgão de fiscalização pode recorrer para esse efeito.

---

[63] A este propósito atente-se no facto de ser particularmente discutida a possibilidade de sindicabilidade directa pelos Tribunais das decisões do conselho de administração, sendo maioritariamente sustentado que a assembleia geral constitui o *forum* próprio para apreciar a legalidade (e não o mérito) das deliberações do conselho de administração. Sobre o poder de impugnação das deliberações do órgão de administração pelos accionistas, cf. PEDRO PAIS DE VASCONCELOS, *A participação social nas sociedades comerciais*, 2.ª edição, Almedina, Coimbra, 2006, pp. 186 e ss..

É neste contexto que se compreende e se fundamenta a importante modificação na estrutura organizativa societária criada na reforma do Código das Sociedades Comerciais de Março de 2006, resultante da definição de um modelo em que os administradores que integram a comissão de auditoria passam a desempenhar funções de controlo interno da actuação dos membros do órgão de administração.

Essas funções de controlo compreendem um conjunto alargado de competências que se podem agregar em seis áreas principais de actuação, a saber: (i) a fiscalização da administração, (ii) o controlo de legalidade e conformidade estatutária, (iii) a supervisão dos documentos de informação financeira, dos documentos de suporte e do respectivo processo de preparação e divulgação pública, (iv) o acompanhamento do sistema e dos processos de gestão de riscos e auditoria interna, (v) a contratação dos serviços de auditoria externa e (vi) a organização do sistema interno de denúncias de irregularidades.

Ora, um instrumento fundamental para a eficácia do desempenho destas funções de controlo interno passa pela insusceptibilidade de destituição dos membros do órgão de fiscalização – *in casu*, da comissão de auditoria –, salvo no caso de justa causa confirmada pelo colectivo de accionistas ou decretada pelo tribunal (artigo 423.º-E do Código das Sociedades Comerciais). Esta quasi-inamovibilidade resulta, afinal, da criteriosa selecção que deve ser feita dos membros do órgão de fiscalização com base nos índices de independência e incompatibilidade por cujo crivo têm de passar (artigos 414.º e 414.º-A do Código das Sociedades Comerciais)[64].

---

[64] Segundo o número 3 do artigo 423.º-B do Código das Sociedades Comerciais, o regime de incompatibilidades previsto em relação ao conselho fiscal e ao fiscal único no artigo 414.º-A do mesmo Código é igualmente aplicável aos membros que compõem a comissão de auditoria. Este regime de incompatibilidades é absolutamente inovador no direito societário nacional e apresenta-se mais restritivo do que qualquer anterior regime especial aplicável a determinadas sociedades comerciais, nomeadamente os aplicáveis no domínio das actividades bancária e seguradora que se referem na nota 10 *supra*.

O regime de inelegibilidade para funções de fiscalização apresenta-se manifestamente excessivo pelo conteúdo de que se reveste e pelas finalidades a que se destina, na medida em que a par de situações justificadas de incompatibilidade por natureza ou falta de capacidade – como sucede no caso, dos membros do órgão de administração e dos interditos e inabilitados –, surgem circunstâncias impeditivas do desempenho de funções de fiscalização que deveriam ser tratadas no âmbito da independência. A situação mais

188 *Código das Sociedades Comerciais e Governo das Sociedades*

A capacidade de fiscalização e mesmo intervenção interna do órgão de fiscalização é actuante, de tal modo que dispõe de poderes funcionais de *whistle-blowing* quer ao conselho de administração, no sentido deste órgão disponibilizar esclarecimentos ou adequar a sua conduta (artigo 420.º-A aplicável *ex vi* do artigo 423.º-G, ambos do Código das Sociedades Comerciais), quer ao colectivo de accionistas para denunciar as irregularidades verificadas, dispondo mesmo de poderes para convocar as assembleias gerais (artigo 423.º-F, alínea h) do Código das Sociedades Comerciais). Em casos gravíssimos de existência de indícios da prática de crimes públicos, o presidente da comissão de auditoria encontra-se obrigado a denunciá-los ao Ministério Público.

Estas competências funcionais que se encontram atribuídas à comissão de auditoria revelam a sua aptidão jurídica para a prossecução das tarefas de controlo interno e a disponibilidade dos meios apropriados para esse fim. Todavia, a comparação entre estas competências e as que são atribuídas ao conselho fiscal denota que o regime legal dispensado à comissão de auditoria confere menores poderes a cada um dos seus membros. Repare-se que o número 1 do artigo 421.º do Código das Sociedades Comerciais confere individualizadamente a competência para o exercício das funções de vigilância, encontrando-

---

evidente respeita ao impedimento da eleição como membro do órgão de fiscalização por efeito da existência de uma prestação de serviços ou uma outra relação comercial com a sociedade fiscalizada ou com sociedade em relação de domínio ou de grupo – cf. alínea e) do número 1 do artigo 414.º-A do Código das Sociedades Comerciais. Na verdade, é ilustrativo verificar que a Recomendação da Comissão de 15 de Fevereiro de 2005 apresenta precisamente entre os índices de ausência de independência a manutenção (actual ou anterior) de uma relação comercial significativa com a sociedade fiscalizada ou sociedade em relação de grupo. Porém, o legislador nacional não se limitou a adoptar as medidas preconizadas pela Comissão Europeia no âmbito da aferição da independência dos membros dos órgãos de fiscalização, conforme era sugerido pela Comissão, mas acabou por ir desnecessariamente mais além e criar um regime maximalista, que comina a nulidade ou caducidade (quando se trate de circunstância superveniente) da eleição de membros do órgão de fiscalização em relação aos quais se verifique uma situação de impedimento que deveria ser tratada como um índice de falta de independência. Acresce que, desta forma, esbateram-se as linhas definidoras da qualificação de independência, pois passaram a englobar-se no conceito de incompatibilidade elementos que não revelam um impedimento ao desempenho de uma função, mas uma mera situação de potencial falta de independência.

O *Administrador Independente* 189

-se cada membro do conselho fiscal autorizado a prosseguir essas funções.

Dito de outra forma. Apesar de o conselho fiscal constituir um órgão de fiscalização plural não vigora o princípio da colegialidade, podendo cada um dos seus elementos actuar *per se* na prossecução dos seus deveres de fiscalização, o que constitui um elemento dinamizador da eficácia com que esses deveres podem ser realizados.

O exposto permite sustentar que o modo de funcionamento próprio da comissão de auditoria é colegial, apenas se encontrando alguns poderes de actuação individual que são investidos no presidente da comissão de auditoria (artigo 423.º-G, números 2 e 3 do Código das Sociedades Comerciais).

Este regime cria, desta forma, uma significativa divergência entre o âmbito e eficácia dos poderes dos membros do órgão de fiscalização no modelo anglo-saxónico e os dos membros do conselho fiscal, reduzindo a capacidade de cada um dos administradores da comissão de auditoria dispor de poderes individuais efectivos de fiscalização, inspecção e controlo da actuação do órgão de administração.

III. A acrescer a esta capacidade diminuída de actuação devem ponderar-se dois outros elementos conflituantes com o papel de *watchdog* que se pretende associado ao administrador independente.

Em primeiro lugar, a independência não constitui uma qualificação necessária para todos os membros da comissão de auditoria, sendo permitido, nas sociedades emitentes de valores mobiliários (que não acções) admitidos à negociação em mercado regulamentado e nas sociedades de grande dimensão, que apenas um dos administradores dessa comissão cumpra as regras de independência.

A aplicação limitada dos critérios de independência a estas sociedades é de molde a afectar uma vigilância actuante e efectiva da gestão da sociedade, sobretudo nos casos em que o (único) administrador independente não seja o presidente da comissão de auditoria e em que os administradores não executivos e não independentes se

---

[65] De igual modo, se bem que com menor dimensão, as conclusões apresentadas são extensíveis às sociedades emitentes de acções admitidas à negociação em mercado regulamentado.

190   *Código das Sociedades Comerciais e Governo das Sociedades*

encontrem ligados a grupos de interesses específicos (*maxime*, do(s) accionista(s) maioritário(s))[65].

Por outro lado, a dupla qualidade do administrador que integre a comissão de auditoria, enquanto membro do órgão de fiscalização e membro do órgão de administração[66], produz um duplo efeito de natureza antagónica. De uma perspectiva, a presença do *watchdog* no seio do órgão de administração incrementa a transparência do processo de controlo, em virtude do acesso especial que é proporcionado por essa participação[67].

Mas, de um outro ângulo de análise, essa dualidade funcional pode constituir um foco de conflito de interesses. Ao membro da comissão de auditoria apenas é vedado o exercício de funções executivas, pelo que fazendo parte do conselho de administração pode ser chamado a pronunciar-se e a formar a vontade social no processo deliberativo respeitante a assuntos de administração, nomeadamente sobre aqueles que, nos termos do número 4 do artigo 407.º do Código das Sociedades Comerciais, são indelegáveis.

Colocando o problema sob um prisma exemplificativo, pense-se na matéria da aprovação das contas anuais. Os membros da comissão de auditoria, incluindo o administrador independente, devem emitir parecer, enquanto órgão de fiscalização, sobre o relatório e as contais anuais, e bem assim devem, de acordo com o disposto nos artigos 65.º e 406.º, alínea d) do Código das Sociedades Comerciais, elaborar, aprovar e assinar esses mesmos documentos informativos, na qualidade de membros do órgão de administração.

IV. Ao praticarem estes actos, os membros da comissão de auditoria constituem-se responsáveis pela inobservância dos deveres funcionais a que se encontram sujeitos no desempenho das funções de administração e de fiscalização, podendo até admitir-se que daí possa gerar-se uma situação de concurso ou cúmulo de responsabilidade.

A este propósito cumpre considerar a norma do número 2 do artigo 81.º do Código das Sociedades Comerciais que resulta da

---

[66] Ou na expressão de GABRIELA FIGUEIREDO DIAS, a natureza bicéfala das funções dos membros da comissão de auditoria – cf. *aut. cit.*, *ob. cit.*, pp. 84 e ss..

[67] Cf. RAFAEL LENER, *ob. cit.*, p. 118.

reforma de Março de 2006 e que veio instituir um princípio de solidariedade no plano da responsabilidade civil dos membros do órgão de fiscalização por actos dos membros do órgão de administração, contanto que se trate de danos que seriam evitáveis pelo desempenho das funções de controlo interno que estão cometidas aos membros do órgão de fiscalização[68].

Porém e em linha com o exposto acima, a dúplice qualidade do administrador independente pode resultar na sua responsabilização enquanto órgão de administração, pois apesar de não poder realizar actos de gestão, não está afastada a sua capacidade directiva ao nível do conselho de administração da sociedade[69].

Estas considerações apontam no sentido de se assistir, no âmbito do modelo anglo-saxónico de organização societária, a um reforço da *accountability* dos membros da comissão de auditoria por efeito da sua sujeição a um duplo conjunto de funções e de regime de responsabilidade emergente do seu exercício.

§ 4.º
SÍNTESE CONCLUSIVA

I. O que fica exposto permitiu analisar e sistematizar um conjunto de dados internos e externos ao sistema jurídico nacional que contribuem para a construção dogmática da figura do administrador independente, enquanto elemento do processo interno de controlo preventivo da actividade do órgão de administração.

Uma das mais importantes conclusões que resulta da análise efectuada consiste no reforço dos mecanismos de controlo interno da

---

[68] Conforme explica JOÃO CALVÃO DA SILVA, trata-se de «*uma responsabilidade por culpa própria in vigilando e não uma responsabilidade objectiva por facto alheio – aplicação da regra geral de que as omissões dão lugar à obrigação de indemnizar quando havia, por força da lei ou de negócio jurídico, o dever jurídico especial de praticar o acto omitido (art. 486.º do Código Civil) que muito provavelmente teria impedido a consumação do dano (...)*» – cf. aut. cit., ob. cit., p. 45. Em idêntico sentido, cf. ANTÓNIO PEREIRA DE ALMEIDA, *ob. cit.*, p. 245.

[69] Também admitindo a responsabilidade resultante do exercício de funções de administradores, consoante os deveres cuja violação tenha determinado a ilicitude da conduta, cf. GABRIELA FIGUEIREDO DIAS, *ob. cit.*, p. 90.

192 Código das Sociedades Comerciais e Governo das Sociedades

gestão que deriva da reforma do Código das Sociedades Comerciais, nomeadamente – e no que releva para os efeitos do presente artigo –, através da inclusão de *watchdogs* no conselho de administração, com base numa orientação que tutela os princípios da protecção do investidor e da transparência da gestão da sociedade emitente.

Esta relevante modificação do direito societário nacional foi alcançada através da criação de um novo modelo de organização e funcionamento das sociedades anónimas em geral que, entre outros, tem o mérito de criar uma unidade funcional no âmbito dos mecanismos de controlo interno, cometendo, em exclusivo, à comissão de auditoria o desempenho desse papel. Do mesmo modo, o novo modelo de governo societário de inspiração anglo-saxónica estabelece, de forma clara, o perfil e o papel do administrador independente, reposicionando-o através da sua inclusão no órgão de fiscalização.

Por esta via, superou-se a relativa insipiência e desenquadramento institucional e também normativo da figura do administrador independente que resultava da pretensão de transposição interna de orientações internacionais em matéria de *corporate governance*[70] sem conformação das normas jus-societárias aplicáveis no ordenamento jurídico nacional[71].

Se bem que a opção legislativa quanto à inclusão de factores potencialmente indicativos de falta de independência no novo regime de incompatibilidades dos membros do órgão de fiscalização, cria alguma desarmonia normativa, surgindo, além do mais, desajustado em relação às medidas preconizadas na Recomendação da Comissão n.º 2005/162/CE, de 15 de Fevereiro de 2005.

Para este estado de coisas contribui ainda a dualidade normativa que resulta da coexistência de normas injuntivas no Código das Sociedades Comerciais que regulam a matéria dos administradores inde-

---

[70] Cf. com uma interesse análise acerca das cautelas necessárias para a transposição de orientações internacionais de influência anglo-saxónica para o direito interno (*in casu*, para o direito italiano), BERNARDO BORTOLOTTI / DOMENICO SINISCALCO, *Importare la corporate governance?*, Le nuove funzioni degli organi societari: verso la Corporate Governance?, Giuffrè Editore, Milão, 2002, pp. 113 e ss..

[71] Cf. as críticas dirigidas no âmbito do direito anterior por PAULA COSTA E SILVA que começava mesmo por admitir a desnecessidade da figura atentos os fins que presidiam à sua instituição, de acordo com a Recomendação da Comissão n.º 2005/162/CE, de 15 de Fevereiro de 2005 – cf. *aut. cit.*, *ob. cit.*, pp. 418-419.

pendentes e de normas regulamentares sujeitas a um regime de *comply or explain*.

Em particular, nas sociedades com acções admitidas à negociação em mercado regulamentado a questão da existência de relação comercial significativa com a sociedade emitente constitui, de acordo com a alínea e) do número 2 do artigo 1.º do Regulamento da CMVM n.º 7/2001, um factor de falta de independência, ao passo que o mesmo factor constitui para a generalidade das sociedades um elemento gerador de incompatibilidade para o desempenho das funções de fiscalização pelos administradores que integrem a comissão de auditoria. A hierarquia normativa impõe que se aplique a norma constante do artigo 414.º-A do Código das Sociedades Comerciais, enquanto critério de incompatibilidade, mas, em qualquer caso, a referida norma regulamentar torna manifesta a infelicidade da opção legislativa adoptada que deveria ser revista no sentido de recolocar a matéria no âmbito da independência dos administradores, em conformidade com a aludida Recomendação da Comissão Europeia.

II. A relevância jurídica do administrador independente é claramente assumida no actual contexto normativo societário, mercê do reconhecimento da sua função de fiscalização e respectivo enquadramento num órgão de fiscalização. O progresso jurídico mais significativo nesta matéria reside precisamente no novo enquadramento dogmático da figura enquanto *cão de vigia*, atendendo a que como membro do órgão de fiscalização o administrador independente passa a estar sujeito a um regime de independência e incompatibilidades rigoroso, dispondo de poderes amplos e efectivos de fiscalização, inspecção e controlo e estando sujeito a deveres funcionais de *whistle-blowing* para a real tutela dos interesses sociais.

Entendemos, contudo, que o papel do administrador independente no seio de uma organização societária reclama um aprofundamento dos seus poderes, no sentido de criar um regime de indiferenciação entre os modelos de fiscalização escolhidos. Como vimos, ao contrário do que sucede em relação ao administrador independente, as funções atribuídas a cada membro do conselho fiscal encontram-se acompanhadas de medidas eficazes que permitem o desempenho independente e responsável dessas funções, quer individual, quer colectivamente.

O administrador independente, por seu turno, desenvolve as suas funções predominantemente num ambiente colegial, não existindo uma situação de paridade entre as funções individuais dos membros do conselho fiscal e as dos membros da comissão de auditoria, o que resulta numa maior robustez do conselho fiscal para desempenhar as funções de fiscalização. Será este um dos campos preferenciais para o desenvolvimento da figura, sendo certo que as sociedades podem, a nível estatutário, ajustar este défice de poderes, seja cometendo poderes individuais a cada membro, seja prevendo que o presidente da comissão de auditoria – que dispõe de poderes individuais mais próximos dos dos membros do conselho fiscal – deve ser um administrador independente.

Abstract

The present article provides contributions to understand and explain the role and the scope of functions attributed to the independent director in the context of supervision mechanisms available for listed companies in Portugal.

In this article the author construes the legal features that differentiate the independent director as "watchdog" active and accountable for the control of the management's performance, considering the legal framework recently introduced by Decree-Law n.º 76-A/ 2006, which has significantly reformed corporate governance rules.

Auditor Independence and the Joint Provision of Audit and Non-Audit Services *

André Figueiredo

SUMMARY: **I. Introduction. II. The concept of auditor independence: a uniform approach. III. The provision of non-audit services: U.S. and E.U. regulatory actions:** *a) The post-Enron reaction: the Sarbanes Oxley Act and SEC regulatory actions; b). E.U.: from the European Commission Action Plan toawrds Directive 2006/43/EC.* **IV. The effect of non-audit services on auditor independence:** *a) Independence in fact and non-audit services; b) Independence in appearance and non-audit services.* **V. The benefits of the joint provision of non-audit services. VI. Market-based incentives to keep independence. VII. The joint provision of audit and non-audit services: how to regulate?** *a) The role of regulation: general approach; b) The role and effective accountability of the audit committee; c) Mandatory disclosure requirements; d) Special safeguards.* **VIII. A look towards the regulatory developments to come.**

---

* *O presente artigo foi elaborado com base na dissertação apresentada no âmbito do curso LL.M in Corporation Law, New York University School of Law, ano lectivo 2003/2004, sob a orientação do Professor Werner F. Ebke, correspondendo a uma versão actualizada da referida dissertação com base em elementos normativos posteriores a Junho de 2004.*

I. Introduction

Recent corporate scandals, both in the U.S. and in Europe, have put the role of statutory auditors, auditor independence and the quality of the audit task in the centre of the regulatory, legal and accounting debates. Investors are more aware, questioning the independence and integrity of all those who are involved in the financial reporting process, including managers, directors and, in particular, auditors. As a response, significant and overreaching legislative and regulatory actions have taken place in the U.S. with the enactment of the Sarbanes-Oxley Act of 2002[1] (hereinafter "Sarbanes-Oxley Act") and SEC regulations[2]. At E.U. level, a long process of discussion on the nature and intensity of the European Commission's approach to the matters surrounding auditor independence has just reached a decisive stage with the approval of Directive 2006/43/EC of the European Parliament and of the Council of 17 May 2006, on the statutory audits of annual accounts and consolidated accounts (hereinafter "Directive 2006/43/EC")[3].

In the context of the thorny debate over auditor independence, the joint provision of audit and non-audit services, and the ideal nature of the regulatory approach thereto, is today (still) one of the

---

[1] Sarbanes-Oxley Act of 2002, Pub. L. No. 107-207, 116 Stat. 745.

[2] *See infra* notes 7 and 11.

[3] Prior to the enactment of Directive 2006/43/EC, several other directives addressed the topic of the statutory auditor and, in particular, of auditor independence. These were, specifically, the Fourth Council Directive 78/660, on the annual accounts of certain types of companies, 1978 O. J. (L 222) 11; the Seventh Council Directive 83/349/EEC, on consolidated accounts, 1983 O. J. (L 193) 1; the Council Directive 86/635/EEC, on the annual accounts and consolidated accounts of banks and other financial institutions, 1986 O.J. (L 372); and the Council Directive 91/674/EEC, on the annual accounts and consolidated accounts of insurance undertakings 1991 O.J. (L. 374), 7. Additionally, the Eighth Council Directive 84/253, 1984 O. J. (L 126) 20, albeit an important legal document insofar auditor independence was concerned, covered this topic only to a very limited extent. As a consequence, almost all specific regulation of auditor independence was left to the Member States. This situation has now changed, with the approval of Directive 2006/43/EC, which repealed the Eighth Council Directive, and which, aiming at a high level – though not full – harmonization set out a comprehensive set of rules regarding statutory auditor requirements, auditor independence and, in particular, the provision of non-audit services.

"hot issues". Critics argue that the provision of certain non-audit services by audit firms also engaged for the purpose of carrying out the audit task may lead to forfeiture of auditor independence. Self-interest and self-review risks may arise, as the performance of certain non-audit services can cause auditors to audit their own work and may lead to their becoming involved in the management of the audited company, thereby threatening the exercise of independent judgment. As a result, the audit firm may become the advocate of its own audited client, thus impairing its objectivity. In addition, the compensation of non-audit services may lead to conflict of interests and overdependence. Moreover, due to globalization, the fact that audit firms have become multinational entities, engaged in global commerce and finance, raises particular concern with respect to their independence, in particular when they simultaneously render audit and non-audit services. On the one hand, the size, diversity and broad geographical presence of audit firms meet the needs of large multinational clients; on the other, this advantage exposes the firms to an increased possibility of conflict of interests and threats to independence, thereby endangering the auditor gate-keeping functions. Finally, the growing intensity of competition for audit and non-audit services may also be a source of concern. If it is true that enhanced competition may result in low cost, it is also true that intense competition can lead to a higher degree of client dependence and thus to a higher degree of auditor acquiescence to the client. Hence, in spite of the remarkable success of audit firms in the non-audit services field – with the non-audit revenues ultimately exceeding those resulting from the provision of audit services – this expansion has been brought into question on the grounds that it impairs auditor independence and objectivity.

Thus, bearing in mind the above considerations as well as the regulatory framework in force in both the U.S. and the E.U., the purpose of this paper is to discuss the efficiency of possible regulatory approaches to the joint provision of audit and non-audit services in the broader context of the regulation of auditor independence. In particular, the critical question this paper aims to answer is whether the simultaneous provision of audit and non-audit services inherently impairs auditor independence and should thus be prohibited, or, rather, whether a less restrictive but more efficient regulatory approach is possible.

198 *Código das Sociedades Comerciais e Governo das Sociedades*

Following this introduction, the second section of the paper offers a comparative background on the evolution of the concept of auditor independence, both in the U.S. and in the E.U.. The third section addresses recent legislative and regulatory actions in the U.S. and in the E.U. with respect to the regulation of auditor independence and, in particular, the provision of non-audit services. The fourth and fifth sections try to offer a comprehensive survey of significant empirical studies made with respect to two critical questions: (i) whether the provision of non-audit services effectively has a negative impact on the level of auditor independence and (ii) whether the provision of non-audit services produces any positive effects as to the quality of the audit task. The sixth section addresses the issue of market-based incentives and of their relevance in ensuring an adequate level of auditor independence. Finally, the seventh section of the paper, which relies on the conclusions reached in the previous sections, addresses the following critical point: how should the joint provision of audit and non-audit services be regulated? For that purpose, two different but complementary issues are assessed: (i) the existence of effective market-based safeguards of auditor independence and (ii) the extent to which regulation should interfere and interact with markets' determinations so that an efficient result can be achieved.

II. The concept of auditor independence: a uniform approach

The concept of auditor independence has been, and still is, a major focus of both the legal and the accounting literature. Amongst other factors[4], auditor independence, as well as the controls that help ensure it, is the essential source of quality and objectivity in the audit task. In short, if objectivity and professional integrity should be the overriding principles underlying a statutory auditor opinion on financial statements, independence is the means by which the auditor can

---

[4] Other factors relevant to the quality of audits include the personal attributes that individual auditors bring to an engagement, the policies and procedures of the auditing firms in which they work and the attitudes and actions of the management of those auditing firms. *See* International Standards Board, *A Conceptual Framework for Auditor Independence*, 1 (2000) (Unpublished exposure draft, available at http://www.cpaindependence.org).

demonstrate to the market players, supervising authorities and investors that these principles are being complied with[5].

The role of auditors in certifying the quality of information provided by public companies serves a public interest: to enhance the confidence of all parties concerned in the affairs of a given corporation[6]. This public interest objective is reflected significantly at two different levels: on the capital markets and in the agency context.

First, quality audits of public companies are critical for the functioning and efficiency of capital markets in that they enhance the reliability and credibility of financial reports, thus providing investors and, in general, the capital markets with a critical tool of information verification. Financial auditing is essential to strengthen public confidence in trading securities and, thus, to increase market liquidity.

Second, with respect to agency costs, such as contractual and transaction costs, quality audits serve as a critical tool in dealing with asymmetric information that arises in the legal relationships involving management and shareholders, as well as employees, creditors and clients. Indeed, inevitable information asymmetries, which induce pre-contractual reluctance (*"adverse selection"*) as well as uncertainty as to the post-contractual behavior of the other parties (*"moral hazard"*), are commonly the causes of high transaction costs, and thus the causes of inefficiency and wealth-destruction, in the legal relationships that arise between those agents. In this context, a review by the auditor of the company's financial information enhances its reliability and credibility in the eyes of the parties not involved in the preparation of such information and, in general, not involved in the company's management. As a consequence, information asymmetries are mitigated and agency and transaction costs are reduced.

In this context, audit independence is a critical feature in ensuring that such public interest is achieved. It is not, accordingly, a goal in itself but rather a means to attain an end: to ensure the quality and objectivity of the audit report.

---

[5] See Commission Recommendation COM/2003/286, *Statutory Auditors' Independence in the EU: a Set of Fundamental Principles,* art. 1.1, 2002 J. O. (191) 22.

[6] *See* PAULO CÂMARA, A Actividade de Auditoria e a Fiscalização de Sociedades Cotadas, *Cadernos do Mercado de Valores Mobiliáros,* 16, 94 (2006).

200   *Código das Sociedades Comerciais e Governo das Sociedades*

Nonetheless, the definition of auditor independence is still a work in progress, as both in the U.S. and the E.U. – and despite numerous academic and regulatory efforts – a clear and definitive concept of *auditor independence* has not yet been agreed upon. The following paragraphs highlight recent developments in the U.S. and in the E.U. with respect to such efforts and attempt to demonstrate what appears to e a convergence towards a uniform definition of auditor independence.

In the U.S., the regulatory efforts towards a general standard of auditor independence have been put into place by the Securities and Exchange Commission ("SEC"). SEC's Rule *Revision of the Commission's Auditor Independence Requirements*[7] ("SEC Final Rule 2000"), issued in November 2000, established the following general standard for assessing auditor independence: *[t]he Commission will not recognize an accountant as independent, with respect to an audit client, if the accountant is not, or a reasonable investor with knowledge of all relevant facts and circumstances would conclude that the accountant is not, capable of exercising objective and impartial judgment on all issues encompassed within the accountant's engagement*[8]. In addition, the same rule specified a list of circumstances in which an auditor's independence would be found to be impaired. More important, the SEC Rule advanced four decisive factors that should be considered when applying the specified general standard: auditor's independence should be considered impaired when the provision of a service (i) creates a mutual or conflicting interest between the auditor and the audit client; (ii) places the auditor in the position of auditing his or her own work; (iii) results in the auditor acting as management or an employee of the audit client; or (iv) places the auditor in a position of being an advocate for the audit client[9]. Finally, this rule expressly recognized that an auditor must be independent both in fact and appearance[10].

---

[7] *Revision of the Commission's Auditor Independence Requirements,* 65 Fed. Reg. 43, 148, proposed Rule July 12, 2000, codified at 17 C. F. R. pts. 210, 240.

[8] *See* SEC Final Rule 2000, Rule 2-01 (b).

[9] *See* id., Rule 2-01 (b).

SEC's Rule *Strengthening the Commission's Requirements Regarding Auditor Independence*[11] ("SEC Final Rule 2003"), issued in November 2003, represented a further regulatory action with consequences on the auditor independence framework. In any case, and despite significant changes introduced regarding the circumstances in which the independence of the auditors is found to be inherently impaired (namely, in what concerns the provision of non-audit services), the above outlined general standard set forth by the SEC Final Rule 2000 has been maintained.

In both the academic and professional fields, significant work has been done to achieve a desirable definition of auditor independence. Crucial in this attempted definition in the U.S. was the work of the Independence Standards Board (hereinafter "ISB"), an entity created specifically to establish independence standards for the audits of public companies and to promote investor confidence in the securities markets. In 2000, the ISB issued an Exposure Draft, *Statement of Independence Concepts: A Conceptual Framework for Auditor Independence*, ("Exposure Draft") containing the concepts and basic principles that were to guide the board in its standard-setting. This document defined auditor independence as *"freedom from those factors that compromise, or can reasonably be expected to compromise, an auditor's ability to make unbiased audit decisions"*[12]. However, the I.S.B. was dissolved on July 31, 2001, without having agreed upon the terms of a final definition of auditor independence. Still in the professional field, the American Institute of Certified Public Accoun-

---

[10] *See* id., Rule 2-01 (b).

[11] *Strengthening the Commission's Requirements Regarding Auditor Independence*, 68 Fed. Reg. 6006, codified at 17 C. F. R. pts. 210, 240, 249, and 274.

[12] *See* ISB, *supra* note 4, at 2. Also in the professional field, the Code of Professional Conduct (article IV) of the American Institute of Certified Public Accountants (AICPA) establishes that any member Certified Public Accountant *should maintain objectivity and be free of conflicts of interest in discharging professional responsibilities. A member in public practice should be independent in fact and appearance when providing auditing and other attestation services.* In addition, the AICPA Code of Professional Conduct establishes that *the principle of objectivity imposes the obligation to be impartial, intellectually honest, and free of conflicts of interest.*

202 *Código das Sociedades Comerciais e Governo das Sociedades*

tants has defined auditor independence as *the absence of interests that create an unacceptable risk of bias with respect to the quality or context of information that is the subject of the audit engagement*[13].

As to the academic literature, LINDA E. DEANGELO[14] defines the level of auditor independence as the conditional probability that, given a discovery of a breach, the auditor will report the breach. ROBERT P. MAGEE & MEI-CHIUN TSENG[15] define an independent auditor as one who makes reporting decisions consistent with his or her beliefs as to whether the reporting decision may be regarded as an audit failure. MARK PENNO & JOHN S. WATTS[16] define an independent auditor as one whose preferences over financial reporting alternatives are unaffected (both directly and indirectly) by management's preferences.

Consistent throughout these efforts (both by the profession and academia) is the idea that, in order to be independent, and thus objective and true when rendering its opinion, auditors must be free from any circumstances, factors or pressures, of whatever kind, that can hinder, or can reasonably be expected to hinder, their capacity to carry out a quality audit and render a true and objective opinion. And, in order to do so, the auditor has not only to *be independent* in its actual and objective relationship with the clients, but should also *appear independent* in the eyes of the clients, third parties and investors in general[17].

---

[13] *See* American Institute of Certified Public Accountants, *Serving the public interest: a new conceptual framework for auditor independence* (1997), available http://www.aicpa.org/members/div/secps/isb/white.htm.

[14] *See* LINDA E. DEANGELO, *Auditor Size and Audit Quality*, 3 J. of Acct. Econ.. 113 (1981).

[15] *See* ROBERT P. MAGEE & MEI-CHIUN TSENG, *Audit pricing and independence*, 65 Acct. Rev. 315 (1990).

[16] *See* MARK PENNO & JOHN S. WATTS, *An Independent Auditor's Ex Post Criteria for the Disclosure of Information*, 29 J. Acct. Res. 194 (1991).

[17] *See*, e.g., BRYAN K. CHURCH & P. ZHANG, *Independence in Appearance, Non-Audit Services and Auditor Fee Disclosures*, Working paper. The authors argue that independence in fact is necessary to enhance the reliability of financial statements, whereas independence in appearance is necessary to promote public confidence with regard to such information.

At the E.U. level, the Eighth Directive already established that the statutory auditor of public companies should be independent. However, said Directive did not contain any specific guidance concerning independence requirements[18]. Rather, the Eighth Directive's core regulations essentially concerned auditor competence (and the definition of the minimum qualifications of the statutory audit with which member states shall comply), integrity and liability. These conditions of approval of statutory auditors concern professional qualifications, on the one hand, and professional integrity and honesty, on the other[19].

Presently, though, Directive 2006/43/EC brought important developments and has (finally) set out the general criteria and standards for harmonizing the concept of auditor independence. Following closely, in this as in other matters, the European Commission Recommendation of 16 May, 2002[20] ("Commission Recommendation 2002"), which restated the important role that auditors play in lending credibility to audited financial reports and in enhancing public confidence in the information provided by public companies, Directive 2006/43/EC establishes, as a general criterion for assessing independence, that a *statutory auditor should not carry out a statutory audit if there is any direct or indirect financial, business, employment or other relationships (including the provision of additional non-audit services - between the statutory auditor, audit firm and the audited entity from which an objective, reasonable and informed third party would conclude that the statutory auditor's or audit firm's independence is compromised*[21].

---

[18] According to the European Commission Green Paper *The Role, Position and the Liability of the Statutory Auditor within the European Union*, COM/1996/338, 1996 O.J. (C 321), it was impossible to agree upon a common definition of independence and, as a result, this subject has been dealt with differently by member states.

[19] As a consequence, and as pointed out by BRUIJIN ET AL, THE ROLE, POSITION AND LIABILITY OF THE STATUTORY AUDITOR WITHIN THE EUROPEAN UNION, Office for Official Publications of the European Communities (1996), the requirements concerning auditor competence were thoroughly provided and, therefore, member state laws and regulations regarding these issues are fairly similar. For a comparative analysis of member state law, see Section 2.3.2, at 32.

[20] *See* Commission Recommendation 2002, *supra* note 5.

[21] *See* article 23 of Directive 2006/43/EC, which goes on to establish that if auditor's independence is affected by threats such as self-review, self-interest or advocacy, the

Despite differences as to the process and pace for harmonization, it seems clear today that both the U.S. and the E.U. are converging towards a uniform general concept of auditor independence, which is evident in the following major vectors.

First, both jurisdictions rely on a general standard to assess the independence of auditors. In the U.S. as in the E.U., a truly independent auditor shall perform his or her task in such an environment that allows engagement in an objective and true decision-making process as regards the key issues of the audit task. Hence, independence with respect to reporting standards shall be found to exist if the audit report is materially consistent with what the auditor has observed, and also if there is a reasonable probability – objectively assessed – that the auditor will discover any existing misstatement and report it.

Second, in both jurisdictions, the independence concept entails both *independence in fact* and *independence in appearance*. Independence in fact represents a state of mind that has regard only to the considerations necessary to the relevant audit, while independence in appearance consists of the avoidance of facts and circumstances so significant that a reasonable and informed third party would question the auditor's ability to act objectively.

Independence of fact, being a state of mind, is not, except in unusual circumstances, subject to direct proof. Usually, it is demonstrated by reference to circumstantial evidence. Accordingly, an auditor's independence is impaired either when there is direct evidence of subjective bias (when there is evidence that the auditor's state of mind was influenced by factors external to the task), such as through a confession or some way of recording the auditor's thoughts – independence in fact – or when, as in the ordinary case, the facts and circumstances as externally observed demonstrate, under an objective standard, that an auditor would not be capable of acting without bias – independence in appearance. Hence, independence in fact can only be achieved

---

statutory auditor must apply safeguards in order to mitigate those threats. Moreover, the same article 23 stresses that Member state legislations shall ensure that the auditor shall not, in any case, be involved in the management and decision-taking of the audit client and that the auditor shall undertake all the necessary actions so as to ensure an effective assessment of potential threats to auditor independence.

through the imposition and observance of an ethics code, the establishing of deontological rules and standards ensuring auditor integrity and impartiality.

Independence in appearance, on the other hand, depends on the view that clients and, in general, the public have of the auditor's position. Accordingly, the auditor is expected not to engage in any activity that might reasonably be considered to impair independence. The rationale for taking into consideration public perception when carving out the concept of auditor independence is clear. As argued earlier, the fundamental goal of independence is to further the reliability and credibility of published financial reports used by investors, creditors and other stakeholders, thereby enhancing the capital markets' efficiency and reducing transaction costs. Accordingly, if users of the financial statements do not believe that the auditor is free from bias, such objective is not attained. And that is why, the auditor must be independent both *in fact and in appearance*.

Third, in both jurisdictions, the appearance standard incorporated in the general standard is an objective one. Appearance is measured by reference to a *reasonable investor*, in the U.S., or to an *objective, reasonable and informed third party*, in the E.U.. This clearly facilitates the application of such general standard to real life cases. Therefore, the common test that shall be applied to assess the independence of a given auditor is to inquire whether a reasonable investor or third party, possessing all the relevant information about the particular audit, would conclude that the auditor is performing a quality audit and rendering an objective and true opinion.

A fourth common approach requires auditors to perform a self--assessment of their own independence whenever they engage in a new audit, so as to ensure objectivity in the performance of their task. In fact, the regulatory approaches in both jurisdictions are moving towards imposing on auditors the ascertainment of whether the necessary safeguards have been set up so that the potential risks can be mitigated[22]. For this purpose, the auditor is required to assess the

---

[22] In this respect, the Commission Recommendation 2002 contained a rather comprehensive set of principles governing the self-assessment audit firms must perform before actually setting up business relationships with companies. It requires, on the one hand, that

206 *Código das Sociedades Comerciais e Governo das Sociedades*

threats to objectivity and independence that it might face as a result of the expectation of the client and the environment in which the work will be developed; and the safeguards that can be put in place to offset risks and threats, shall be considered. The fundamental goal shall be to assess whether such pressures and other relevant factors, after the effectiveness of controls has been considered, will reach a level where they compromise, or may reasonably be seen or expected to compromise, the auditor's capacity to render an objective and true opinion.

Fifth, both jurisdictions identify five common types of threats to auditor independence: (i) s*elf-interest,* which refers to the threat that arises when an auditor acts in his or her own emotional, financial or other personal self-interest; (ii) *self-review,* consisting of the threat of bias arising when an auditor audits his own work or the work of a colleague; (iii) *advocacy,* the threat that arises when an auditor acts as an advocate for or against an audit client's position or opinion rather than as an unbiased entity; (iv) *familiarity (or trust),* which refers to the threat that arises when an auditor is being influenced by a close relationship with an audit client; and (v) *intimidation,* the threat that arises when an auditor is being, or believes that he is being, overtly coerced by an audit client or by another interested party. Once an auditor identifies such threats and evaluates their significance, he should analyze potential safeguards.

As argued, the above considerations are evidence of a clear convergence of the U.S. and the E.U. towards a uniform general concept of auditor independence, which will serve as one fundamental tool in analyzing the effect of non-audit services on such independence. A first, and notably interesting, conclusion can nevertheless be drawn at this point. This uniform approach does not require an auditor to be free from all pressures and all other factors that may affect its decision-making ability. Rather, it requires the auditor to be free only from those factors that are so significant that they compro-

---

the auditor considers whether the governance structure of the audited company provides safeguards to mitigate threats to auditor independence (*Section 4.1- Audited entities' safeguards*); and, on the other hand, that the auditor sets up and maintains a safeguard system (*Section 4.3 – The Statutory Auditor's overall safeguards*).

mise, or can reasonably be expected to compromise, the auditor's ability to make audit decisions without bias. That is, pressures and other factors that can compromise, or can reasonably be expected to compromise, the auditor's *objectivity*. Thus, the level at which the auditor's ability to make unbiased audit decisions is, or can reasonably be expected to be, compromised represents a threshold that distinguishes the cases where the auditor is independent from those where it is not. There is, accordingly, an acceptable independence risk that represents all those circumstances that may affect the auditor's work but not to the extent that they can hinder the auditor's ability to make a quality audit and render an objective opinion.

III. The provision of non-audit services: U.S. and E.U. regulatory actions

As highlighted above, the regulation of auditor independence and, in such a context, the regulation of the provision of non-audit services has been the focus of recent regulatory actions. Both in the U.S. and at the E.U. level, the acknowledgement of the risks of the simultaneous provision of audit and non-audit services, increased by concerns raised by recent corporate scandals, have led to political and legislative initiatives to regulate the non-audit services market.

a) The post-Enron reaction: the Sarbanes Oxley Act and SEC regulatory actions

In the U.S., the first major response to concerns over the provision of non-audit services was taken by the SEC with the enactment of SEC Final Rule 2000. In general, it blocked the performance of several types of non-audit services for audit clients under certain specified circumstances, required firms to disclose their aggregate audit and non-audit fees as well as to declare whether the audit committee of the audited companies had considered the provision of non-audit services compatible with maintaining the principal accountant's inde-

---

[23] *See* SEC Final Rule 2000, *supra* note 7, Rule 2-01(c)(4).

pendence[23]. Then SEC chairman Levitt, speaking at a conference at the New York University Center for Law and Business, stated, so as to identify the overriding motivation for the regulatory action, "...*that the audit function was being simply used as a springboard for more lucrative consulting services*"[24]. As synthesized by LARRY E. RIBSTEIN, this regulatory action thus reflected a compromise between those who believed that substantial reform was necessary and those who believed that major reform would be costly and unnecessary[25].

However, following the 2000 and 2001 corporate scandals, Congress took the next step with the enactment of the Sarbanes-Oxley Act, which became the groundwork for fundamental and unprecedented changes to the accounting profession and the applicable legal and regulatory framework. Among other significant requirements concerning the audit profession[26], Section 201 of the Sarbanes-Oxley Act contains a broad and overwhelming prohibition of performance of specified non-audit services to the audit client. Hence, the following activities became prohibited: bookkeeping and other services related to the financial statements of the audit client; financial information systems design and implementation; appraisal or valuation services; actuarial services; internal audit outsourcing services; management functions or human resources; broker or dealer, investment adviser or investment banker services; and legal services and expert services unrelated to the audit. In addition, Section 201(h) requires approval of the audit committee for the provision of any non-prohibited non-audit services[27], and Section 201 (g) gives the Public Certified Accounting Oversight Board the power to establish other prohi-

---

[24] *See* A. LEVITT, Renewing the Covenant with Investors, Speech at The New York University Center for Law and Business, New York, May 10, 2000.

[25] *See* LARRY E. RIBSTEIN, *Market v. Regulatory Responses to Corporate Fraud: A Critique of the Sarbanes-Oxley Act of 2002*, 28 Iowa J. Corp. L. 1.

[26] Such as the requirement of rotation of audit partners after five years (Sarbanes-Oxley Act, Section 203), the requirement that auditors shall be selected and monitored exclusively by the audit committee (composed only of independent directors) (Sarbanes-Oxley Act, Section 202), and the prohibition of auditing a company whose member of the senior manager was employed by the auditor (Sarbanes-Oxley Act, Section 206).

[27] Notwithstanding the *De Minimus Expections,* allowed pursuant to Section 202 of the Sarbanes-Oxley Act.

bitions on other types of non-audit services. In other words, nearly everything aside from auditing (and, notably, tax consultancy services) has been outlawed.

The Sarbanes-Oxley Act was followed by the SEC Final Rule 2003, which amended the existing SEC rules on auditor independence and clarified the meaning and scope of the prohibited services under the Sarbanes-Oxley Act. As a general rationale for the prohibition of the nine categories of non-audit services, the SEC evoked the following basic principles: (i) an auditor should not be involved in the management of its client, (ii) an auditor cannot audit his or her work and (iii) an auditor cannot serve in an advocacy role for his or her client[28].

As a consequence, the provision of some "classical" categories of non-audit services has been banned, and, basically, audit firms are only allowed the (joint) provision of tax services. Despite this tight regulatory approach, an intense debate is still taking place in the legal and accounting literature as to whether the Sarbanes-Oxley Act and the subsequent SEC rules represented a move in the right direction – and thus constituted an effective and efficient regulation of auditor independence – or whether they represent an overreaction to the problem, triggering significant and somehow unnecessary costs for all players involved. This paper will pick-up on such discussion in the following sections.

b) E.U.: from the European Commission Action Plan towards Directive 2006/43/EC

In the E.U., and also following the corporate scandals in the U.S. and, though to a smaller extent, in Europe, the regulation of the provision of non-audit services by audit firms became a point in the agenda of the European Commission, as part of the Action Plan on corporate governance presented on 21 May 2003.

Until recently, the main source of principles was still the Commission Recommendation 2002. Unlike the Sarbanes-Oxley Act, Arti-

---

[28] *See* SEC Final Rule 2003, *supra* note 11, Section II. B.

210   *Código das Sociedades Comerciais e Governo das Sociedades*

cle 7 of said recommendation did not establish a strict prohibition of the simultaneous provision of audit and non-audit services. Rather, it established certain specific safeguards auditors should set up when rendering non-audit services to one same client[29]. In addition, the Commission Recommendation 2002 contained an analysis of specific examples of non-audit services[30], thereby establishing a series of rules and safeguards that should be complied with to enhance auditor independence. Finally, the commission's recommendation established a set of principles governing the fees for both audit and non-audit services[31].

Along the same lines, and following the publication of the *Report on A Modern Regulatory Framework for Company Law in Europe*[32]

---

[29] *See* Commission Recommendation 2002, *supra* note 5: Article 7.1 (a) establishes that individuals employed by an auditor and engaged in the audit task may not, at any time, take any decision nor take part in any decision-making on behalf of the audit client or its management while providing a non-audit service. Article 7.1(b) establishes that independence risk has to be kept at an acceptable level. Finally, Article 7.2 exemplifies other safeguards and measures that shall be put in place so as to mitigate any remaining independence threat.

[30] *See* Commission Recommendation 2002, *supra* note 5. These specifics are as follows: preparing accounting records and financial statements (Article B7.2.1), design and implementation of financial technology systems (Article B7.2.2), valuation services (Article B7.2.3), participation in the client's internal audit (Article B7.2.4), acting for the audit client in the resolution of litigation (Article B7.2.5), and recruiting senior management (Article B.2.6).

[31] *See* Commission Recommendation 2002, *supra* note 5, Article 8.

[32] *See* High Level Group of Company Law Experts, *Report on A Modern Regulatory Framework for Company Law in Europe, Brussels, November 4, 2002,* available at http://europa.eu.int/comm/internal_market/en/company/company/modern/consult/report_en.pdf. The Report 2002 does not directly address the issue of whether auditors should be allowed to provide non-audit services to the audit client. However, the Report 2002 contains important conclusions concerning the crucial role that the audit committee of public companies can play in ensuring the independence of the statutory auditor. In this context, the report suggested that the audit committee shall be responsible for the following tasks: (i) selection of the external auditor for appointment by the shareholders meeting; (ii) monitoring the relationship of the external auditor with the management of the company; (iii) monitoring the non-audit services provided by the external auditor, if any and to the extend that the relevant national legislation allows; (iv) meeting with the external auditor at least every quarter; (v) ensuring that the external auditor gets all the information required; and (vi) reviewing auditor independence.

by the High Level Group of Company Law Experts in November 2002 ("Report 2002"), the European Commission issued, as part of the above referred action plan, the Communication *Reinforcing the Statutory Audit in the EU* ("Commission Communication 2003")[33]. As to the definition of auditor independence, the Commission Communication 2003 restated the concept established in the Commission Recommendation 2002[34]. Furthermore, it supports the principles--based approach followed by said recommendation as a means to lend auditors the flexibility required to deal with real independence threats[35]. However, the communication gave scarcely any hint as to whether the European Commission was considering following the Sarbanes-Oxley Act's approach to the joint provision of audit and non-audit services. In fact, the only statement addressing this issue announced the launching of a study *"on the impact of a more restrictive approach, with a view to avoiding potential conflict of interests, to the provision of additional services on auditor independence and the audit profession"* [36].

With Directive 2006/43/EC, however, the E.U. took a step forward in the regulation of the audit task and, among other things, specifically of the joint provision of audit and non-audit services. Although not addressing the matter to its full extent, thus leaving space for Member States to decide at national level the nature and intensity of the regulatory approach, said Directive clearly focus on the provision of non-audit services by the statutory auditor as one of the main factors which (may) have an impact on auditor independence and which, therefore, should be the subject of specific rules and mandatory provisions. Indeed, this direct link between independence and the provision of non-audit services is made rather clear in the independence standard established in Directive 2006/43/EC, which unlike what happens with other matters, specifies the non-audit services as one of the *financial, business or employment relationships*

---

[33] *See* Commission Communication, *Reinforcing the Statutory Audit in the EU,* COM/2003/0286 O. J. 2003 (C 236), at 2 -13.

[34] *See* Commission Recommendation 2002, *supra* note 5.

[35] *See* Commission Communication 2003, *supra* note 33, Section 3.5.

[36] *See* Commission Communication 2003, *supra* note 33, Section 3.5.

which *may* impair independence. Could there be better evidence as to the relevance of these additional services on the E.U. regulatory approach on statutory auditors and, in particular, on their independence?

Directive 2006/43/EC, although representing a move forward, remains, however, far away from the harsh and restrictive approach established by the Sarbanes-Oxley Act, which seems not to have, at least for now, managed to get sufficient support at the E.U. level. Indeed, there is not a general and strict prohibition for statutory auditors and audit firms to also provide consulting services and, moreover, Directive 2006/43/EC, unlike Sarbanes-Oxley Act, does not contain a "list" of specific non-audit services which are presumed to inevitably impair auditor independence and are thus banned.

Instead, the Directive's approach was to rely on a general standard of auditor independence as the criterion for determining whether certain non-audit services should be prohibited. Accordingly, if the provision of non-audit services creates a relationship between the statutory auditor and the audited entity which, according to an objective, reasonable and informed assessment, would impair or compromise the statutory auditor independence, such provision shall be prevented.

This means, hence, that only if the relevant non-audit services create an effective threat to the statutory auditor's independence, be it because they create self-interest or self review risks, be it because they lead the auditor to act as an advocate of its client, be it because they create a too close and "familiar" relationship between the audit firm and the audited client, should the auditor be prevented from providing such non-audit services. And this means, accordingly, that contrary to the overreaching and overriding position taken in the U.S., the approach at E.U. level remains more cautious and maybe more prudent, calling for a decision to the ban of specific non-audit services on a case by case analysis. As stated in the Introduction to Directive 2006/43/EC, the relevance of monitoring the provision of non-audit services *should not lead to a situation where Member States have a general duty top prevent statutory auditors or audit firms from providing non-audit services to their audit clients.*

Additionally, two general principles contained in Directive 2006/43/EC, are of fundamental importance for the regulation of the provision of non-audit services ate the E.U. level: the first, is that the auditor shall not be involved in the management and decision-taking of the audited entity (article 22 n. 1), thus limiting the provision of those services which imply not only a close relationship with the management of the audit clients, but an interference in the actual decisions to be taken by the client; second, that the fees for statutory audits shall not be influenced or determined by the provision of additional services to the audited entity, thus imposing a clear segregation between the revenues arising from audit and non-audit services (article 25).

A final note to stress that, in addition to the general provisions governing auditor independence, contained in articles 22 to 25, Directive 2006/43/EC then goes on to establish additional requirements in relation to statutory audits of the so-called *public interest firms*[37]. In addition to the imposition of an audit committee, responsible for, *inter alia*, monitoring the performance of the audit tasks and, particularly relevant, reviewing and monitoring the independence of the statutory auditor and the provision of additional services to the audited entity, Directive 2006/43/EC then establishes an extra layer of requirements relating to the independence of the statutory auditors of public interest entities. With relevance for this discussion, article 42 of said Directive requires the statutory auditor to confirm in writing to the audit committee its independence from the audited entity (in particular from its management); to disclose annually to the audit committee the non-audit services provided to the audited entity; and to discuss with the audit committee the threats to the independence and the possible safeguards that may be applied to mitigate such threats.

IV. The effect of non-audit services on auditor independence

Following this general description of the legal background in the U.S. and the E.U., the discussion now turns to the analysis of the available empirical data focusing on the provision of non-audit servi-

---

[37] Which, according to the definition provided by Directive 2006/43/EC, consist generally of those entities whose transferable securities are admitted to trading on a regulated securities market (for the purposes of Directive 2004/39/EC).

ces and its effects on audit quality and auditor independence. The goal of such an analysis is to provide *real-life* evidence with respect to the issues at stake, thus setting the ground for the conclusions reached in the final sections of this paper.

A significant number of studies covers the effect of the simultaneous provision of non-audit services on auditor independence. A first category of studies focuses on the possible direct association between the provision of non-audit services and the impairment of auditor independence. Thus, these studies focus on the *independence in fact*. In contrast, other studies concentrate on the public perception of the independence of auditors when simultaneously providing non-audit services, i.e. they assess the effect of non-audit services on the *independence in appearance*.

a) Independence in fact and non-audit services

As regards the first category of studies – testing a direct effect of non-audit services on the independence in fact –, the majority of the recent surveys either provide evidence that no association exists between the provision of non-audit services (and the remuneration thereof) and the impairment of auditor independence or, at minimum, find no conclusive evidence of the existence of such an impairment. Rather, the results suggest that in a context where, notably, non-audit fees are disclosed, the provision of non-audit services does not inevitably hinder independence (in fact). Indeed, according to some studies, the provision of non-audit services actually seems to strengthen independence and improve the quality of the audit task. Along these lines, some authors even argue that the provision of non-audit services can be beneficial to auditor independence, because it increases the auditor's uniqueness to the audit client, thus providing further incentives for the auditor not to defer to management pressure[38].

---

[38] See, for example, ARIEH GOLDMAN & BENZION BARLEV, *The auditor-firm conflict of interest: Its implications for independence*, 49 Acct. Rev. 707 (1974), who justify their conclusion based on the argument that most non-audit services are of a non-routine nature, so that the replacement of a *consulting auditor* may result in a loss of valuable advice to the firm.

HYEESOO CHUNG & SANJAY KALLAPUR [39], in a recent survey, conclude not only that that there is no evidence of a relationship between auditor independence and fees paid by the client for non-audit services, but also that auditor expertise may create client dependence on the auditor and thereby strengthen auditor independence. As regards policy, most of these findings suggest that the essential goal should be disclosure rather than a ban on non-audit services[40]. LISA M. GAYNOR, using as a measurement the effect of disclosure rather than prohibitive rules, concludes that disclosure rules with respect to the audit and non-audit engagements, as well as corresponding fees, do have a beneficial effect on auditor independence[41].

The study by WILLIAM. R. KINNEY ET AL.[42], focusing on whether the level of non-audit services and corresponding fees increased the probability of poor financial reporting, reaches two important conclusions. First, the authors find no significant association between the fees of non-audit services, such as information systems designs and implementation services, and restatements, thus suggesting no effect on auditor independence[43]. Second, the authors provide evidence as to the significant positive impact that certain audit services, such as tax services, actually have on the quality of the audit task, in particular because of knowledge spillovers from tax accounting to audit accounting[44]. MARK L. DEFOND ET AL., in turn, find no association

---

[39] *See* HYEESOO CHUNG & SANJAY KALLAPUR, *Client Importance, Non-Audit Services, and Abnormal Accruals*, 78 Acct. Rev. Vol. 931 (2003).

[40] Calling for further disclosure of non-audit fees as opposed to a prohibition see, e.g., CLIVE STEVEN LENNOX, *Non-Audit Fees, Disclosure and Auditor Independence* (on file with author, abstract available at, http://papers.ssrn.com/sol3 papers.cfm?abstract_id =86228# PaperDownload; and Javed Siddiqui, *The Issue of Extended Non-Audit Service Fee Disclosures and Perceived Audit Independence: A Study of UK Fund Managers* (available at http://ssrn.com/abstract=472601).

[41] *See* LISA. M. GAYNOR, *Investors' Perceptions of Auditor Independence: The Effect of Disclosure versus Auditor Restrictions*, 2 (2002) (available at http://ssrn.com/ abstract=305139).

[42] *See* WILLIAM. R. KINNEY et al., Auditor Independence, Non-Audit Services and Restatements: Was the U.S. Government Right? (Forthcoming J. Acct. Res., June 2004).

[43] *See id.*, at 23.

[44] *See id.*, at 24. The authors starting point is to assess the validity of the SEC concern about the effect of non-audit services on auditor independence. In fact, as support for its regulatory action, the SEC emphasized the increased numbers of restatements of

between non-audit service fees (measured both as a log of non-audit fees and the ratio of non-audit fees to total fees) and the auditor's propensity to issue a going-concern opinion for distressed clients[45]. The essential feature of this study is that, unlike other studies that support present concerns about the effect of non-audit services on independent auditing[46], it focuses on a direct implication of impaired independence: the auditor's willingness to issue a going-concern audit opinion[47]. Moreover, the study concludes that the amount of total fees (of whatever nature) does not seem to hinder auditor independence and objectivity[48].

Presenting similar results – that financial dependency does not inherently impair independence –, KENNETH J. REYNOLDS & JERE R. FRANCIS[49] argue that these findings are probably due to the fact

---

audit companies during the second half of the 1990s, a period during which audit firms' non-audit services fees increased exponentially. Thus, the SEC's assumption – although not supported by empirical evidence – was that the increase in public companies' misstatements was due to the increased provision of non-audit services and the accompanying "lucrative fees", which were therefore negatively affecting independence. Using data relating to the period prior to the enactment of the Sarbanes-Oxley Act, the authors' goal is to assess whether such assumption is in line with empirical evidence or whether, on the contrary, it should be denied (see pages 23-24).

[45] *See* MARC L. DEFOND et al. *Do Non-audit Service Fees Impair Auditor Independence? Evidence from Going-concern Audit Opinions*, 40 J. Acct. Res. 1247 (2002).

[46] *See e.g.* RICHARD M. FRANKEL et al., *The Relation between Auditor's Fees for Non-Audit Services and Earnings Management,* 77 Acct. Rev. Suppl. 71 (2002); and RICHARD M. FRANKEL at al., *Auditor Independence and earnings quality*, working paper (2001). As stressed by DeFont (*supra* note 45), this study, which supports the SEC's concerns about the effect of the simultaneous provision of audit and non audit services on auditor independence, finds that non-audit fees are associated with clients that report large magnitudes of discretionary accruals and are meeting earning targets. The limitation of this study, as DeFont et al. demonstrate, is that it examines a relatively indirect implication of impaired auditor independence.

[47] *See* DEFONT et al., *supra* note 45, at 4.

[48] *See* DEFONT et al., *supra* note 45, at 26. Furthermore, the study concludes that market-based incentives, such as loss of reputation and litigation costs are sufficient to deter auditors from compromising their independence to retain clients that pay larger fees, therefore indicating that recent SEC regulations based on concerns that non-audit services impair auditor independence were unfounded or, at least, exaggerated.

[49] *See* J. KENNETH REYNOLDS & JERE R. FRANCIS, D*oes Size Matter? The influence of large clients on office-level auditor reporting decisions*, 30 J. Acct. Eco. 375 (2000).

that auditors tend to be more conservative towards clients paying high audit fees because of the cost of reputation and litigation damages associated with audit failure. Along the same lines, ALLEN CRASWELL ET AL.[50], even after applying a number of sensitivity tests, including the assessment of the effects of non-audit service fee dependence and of other settings in which pressure on exercising independent judgment is higher, conclude that the level of auditor fees does not affect the auditor's propensity to issue unqualified audit opinions [51].

---

[50] *See* ALLEN CRASWELL et al., *Auditor Independence and Fee Dependence*, 33 J. Acct. & Eco. 253 (2002). The authors justify the results as a consequence of (i) the implementation by audit firms of a series of safeguard mechanisms, such as review partners and peer reviews to protect auditor independence from the threat of fee dependence and (ii) the circumstance that audit and non-audit services are provided in competitive markets in which such fees are replaceable. Moreover, the authors suggest that with public disclosure of fees and fee dependence, auditor independence will be less likely to be impaired, irrespective of the financial importance of the relevant client.

[51] Other studies supporting these findings include the following: (i) Allen Craswell, *Does the Provision of Non-Audit Services Impair Auditor Independence?*, 49 Int'l J. Auditing 40 (1999), in which the author, using publicly available information for Australian listed companies for several years, finds that auditor decisions to qualify their opinions are not affected by the provision of non-audit services; (ii) John C. Corless, & Larry M. Parker, *The impact of MAS on auditor independence: an experiment*, 1 Acc. Horizons 25 (1987), in which the authors, measuring auditor independence by the probability of reporting errors conditional upon errors being discovered, find no evidence as to the impairment of auditor independence as a result of the provision of non-audit services; (iii) G. V. Krishnan, *Are Audit and Non-audit Services Associated with the Delayed Recognition of Bad News?* City University of Hong Kong (2003), where the author, using multiple proxies to capture timely recognition of bad news concerning the client's financial situation, finds that economic dependence caused by audit and non-audit services does not lead to delayed recognition of such bad news; (iv) Public Oversight Board, The Panel on Audit Effectiveness: Report and Recommendations, (2000) (Available at http://www.pobaudit panel.org/), which points to the inexistence of any specific link between audit failures and the rendering of non-audit services to audit clients. Moreover, and also according to the same Report, for about a quarter of the engagements in which non-audit services were provided, such services had a positive effect on the effectiveness of the audit (the report cites a study prepared by Earnscliffe Research and Communication, which provides important data as to public confidence and perception of auditor independence when rendering non-audit services. The respondents to this survey indicated that they believed that the evolution of audit firms into the consulting fields was logical and also that the provision of most consulting services was not likely to create a real problem of audit independence).

Research using accounting accruals as a measure of financial reporting quality and of auditor independence is also inconclusive as to any association between the provision of non-audit services and a negative impact on auditor independence. A highly cited and significant study showing evidence of a positive association between non-audit fees and a lower financial reporting quality is that by R. FRANKEL ET AL., suggesting that non-audit services effectively pose a threat to auditor independence[52]. However, a significant number of subsequent studies find no consistent evidence as to the existence of such a positive association between the amount of non-audit fees provided and poor financial reporting and impairment of auditor independence. The studies by RICK ANTLE ET AL.[53] – whose conclusions will be stressed below with respect to the knowledge spillovers created by the joint provision of audit and non-audit services –, and the investigation by HOLLIS. S. ASHBAUGH ET AL.[54] find no systematic evidence supporting the existence of positive association between non-audit service fees and biased financial reporting. In addition, the above referenced research by HYEESOO CHUNG & SANJAY KALLAPUR finds that firms purchasing non-audit services manage earnings to a greater extent than other firms, thus denying the effect of the provision of such services on the firms' financial reporting[55]. Most recently, REYNOLDS ET AL. also found no consistent evidence of a significantly positive association between the relative level of non-audit fees and discretionary accruals[56].

---

[52] *See* R. FRANKEL et al., *supra* note 46.

[53] *See* RICK ANTLE et al., The Joint Determination of Audit Fees, Non-Audit Fees, and Abnormal Accruals, Yale ICF Working Paper No. 02-21; Yale SOM Working Paper No. AC-15 (2002). (available at http://ssrn.com/abstract=318943)

[54] *See* HOLLIS S. ASHBAUGH et al., *Do Non-Audit Services Compromise Auditor Independence? Further Evidence* (2003) (University of Wisconsin working paper, available at http://ssrn.com/abstract=305720).

[55] *See* CHUNG & KALLAPUR, *supra* note 39, at 24. As an example, the authors find no relation between the non-audit services fee ratio and the likelihood that firms beat analysts' forecasts.

[56] *See* J. KENNETH REYNOLDS et al., *Professional Service Fees and Auditor Objectivity*, Auditing J. Prac. Theory (2004).

Finally, another relevant empirical finding that further denies an inevitable association between the provision of non-audit services and the occurrence of audit and reporting wrongdoings is the absence of significant litigation against auditors that perform simultaneous audit and non-audit services[57].

From all that has been said, at least one conclusion may be drawn: that available empirical evidence shows no decisive and continuous link between the simultaneous provision of audit and non-audit services and the impairment of auditor independence. Rather, based on the above referenced studies, *independence in fact* seems not to be significantly affected by the joint provision of audit and non-audit services. Reputation costs and the valuable information collected by the audit firms during the engagements seem to provide incentives for keeping an adequate level of independence.

Moreover, it would be unrealistic to consistently find such a decisive and continuous link as, undoubtedly, the effects of the provision of non-audit services on independence will necessarily vary according to client size, the fees paid for the performance of services, the business needs and the corporate governance structure. Likewise, the amount of non-audit fees appears not to be, in itself, an inherent threat to auditor independence. In fact, large audit engagements involving relatively low profit margin services will probably have a much greater adverse impact on audit objectivity and quality than a small non-audit engagement that involves high profit margins.

---

[57] *See*, e.g., RICK ANTLE et al., *An Economic Analysis of Auditor Independence for a Multi-Client, Multi-Service Public Accounting Firm*, L. E. Consulting Group, Inc. (1997). This study finds that in a population of 610 claims related to audit failure, only 24 mention auditors that provide non-audit services and, amongst those, only three allege that the non-audit service impaired auditor independence. Furthermore, DeFond et al. (*supra* note 45, at 9) cites Z. V. Palmrose, *Empirical Research on auditor litigation: considerations and data American Accounting Association* (1999), in which evidence is provided as to the inexistence of statistically significant lawsuits against auditors alleging that non-audit services impair independence. In addition, Mukesh Bajaj et al., *Auditor Compensation and Audit Failure: An Empirical Analysis. Working paper*, L. Econ. Consulting Group, Inc (2003), using industry and size comparisons of companies with litigation find no statistically significant evidence as to a higher level of litigation relating to the provision of non-audit services.

b) *Independence in appearance and non-audit services*

With respect to the second category of studies – those addressing the effect of the simultaneous provision of audit and non-audit services on the public perception of auditor independence – results seem to be somewhat different. These studies focus primarily on circumstances in which auditor independence could be perceived by the users of financial statements not to be independent, such as the relative importance of a particular client or the amount of non-audit services provided by the auditor.

Overall, as shown emphatically by JAVED SIDDIQUI[58], the results are, again, rather inconclusive. Older studies providing evidence of the existence of an adverse effect on perceived independence include RANDOLPH A. SHOCKLEY[59] and MICHAEL C. KNAPP[60], which, after focusing on the provision of management advisory services by the auditors, conclude that, in fact, the simultaneous provision of auditing services and this kind of management advisory services effectively hinders public perception of auditor independence.

More recently, JERE. R. FRANCIS & BIN KE[61] and H. SAMI & Y. ZHANG[62] also suggest that investors perceive non-audit services as impairing auditor independence. However, other authors provide evidence in the opposite direction. D. J. LOWE ET AL.[63] suggest that outsourced non-audit services performed by the company's external

---

[58] *See* Siddiqui, *supra* note 40, at 14-16. This study contains a thorough survey of the authors who have assessed whether the provision of non-audit services hinders the public's perception of the auditor's independence.

[59] *See* RANDOLPH A. SHOCKLEY, *Perceptions of Auditors' Independence: An Empirical Analysis,* 56 Acct. Rev. 785 (1981).

[60] *See* MICHAEL C. KNAPP Audit Conflict: An Empirical study of the perceived ability of auditors to resist management pressure, 60 Acct. Rev. 202 (1985).

[61] *See* JERE R. FRANCIS & BIN KE, *Disclosure of Fees Paid to Auditors and the Market Valuation of Earnings Surprises* (2003) (unpuplished paper, available at http://ssrn.com/abstract=487463).

[62] *See* HEIBATOLLAH SAMI & Y. ZHANG, 2003. *Do Non-audit Services Impair Auditor Independence Perceived by Investors* (2003) (working paper, on file with Temple University).

[63] *See* D. J. LOWE et al., *The effects of internal audit outsourcing and perceived auditor independence*, 18 Auditing J. Prac. Theory 7 (1999).

audit firm do not, by themselves, appear to significantly impact financial statement users' perceptions of auditor independence and related decisions. Moreover, these authors confirm that independence perception concerns could effectively be dealt with by adequate *walls* between the members of the audit firm providing the different kinds of services. This study concludes that setting up such efficient safeguards within the audit firm not only minimizes the independence concerns but also results in the most favourable perceptions of auditor independence[64]. STEVEN. H. WALLMAN[65] also finds no evidence as to the existence of an adverse of effect of non-audit services on public perception of auditor independence, and, with respect to litigation data, ZOE V. PALMROSE[66] finds that only a very significant number of lawsuits against auditors involved allegation of independence impairments as a consequence of the provision of non-audit services. Finally, L. BARKESS & R. SIMMETT[67] and ALLEN Craswell[68] are among other researchers confirming no correlation between the provision of audit and non-audit services. In addition, studies suggest that as long as the public is provided with all the relevant information to assess the relationship between the auditing firm and its client, the provision of non-audit services seems to have no adverse effect on auditor independence. JAVED SIDDIQUI concludes that users of financial statements are favourable to expanded disclosure with respect not

---

[64] *See Id.*, at 21. Similar effects are suggested by Susan L. Swanger & Eugene G. Chewning Jr., *The Effect of Internal Audit Outsourcing on Financial Analysts' Perceptions of External Auditor Independence*, 20 Auditing J. Prac. Theory (2001), whose results show that analysts' perceptions of auditor independence are higher when the internal audit services are provided by the staff of a different division of the firm. In addition, the authors conclude that the public perception does not differ between *full and partial outsourcing* engagements, which conflicts with the SEC rule limiting the extent of outsourcing arrangements.

[65] *See* STEVEN H. WALLMAN, The Future of Accounting, Part III: Reliability and Auditor Independence, 10 Acct. Horizons 76 (1996).

[66] *See* ZOE V. PALMROSE, *Empirical research on auditor litigation # 33: Considerations and Data,* American Accounting Association (1999).

[67] *See* LYNN BARKESS, & Roger Simmett, *The Provision of Other Services by Auditors: Independence and Pricing Issues*, 24 Acct. Bus. Res. 99 (1994).

[68] *See* ALLEN CRASWELL, *Threats to Auditor Independence: The Case of Non-Audit Services,* (1998) (unpublished paper, presented to the 21st Congress of the European Accounting Association).

only to the total fees paid for non-audit services, but also with respect to the amounts received for each of the different non-audit services rendered[69].

In this context, of particular importance seems to be the conclusion reached by LISA M. GAYNOR that *"investors perceive auditors to be more independent in the situation where the auditor discloses its involvement in a relationship presumed to affect independence relative to the situation in which the relationship was proscribed[70]"*. Moreover, the study concludes that a less restrictive legal framework complemented by the imposition of adequate disclosure requirements positively affects public perceptions of auditor independence[71]. In light of these findings, the author suggests that disclosure requirements, being more efficient and less costly, seem to be preferable to a restrictive framework for the audit profession[72].

In light of the above, two critical conclusions can be drawn as to the effect of the provision of non-audit services on auditor independence *in appearance*. The first pertains to the inconclusiveness in the stream of inquiry on this specific issue. As shown above, no decisive and unquestionable trend has been highlighted, and thus the independence concerns felt by certain regulatory authorities seem not absolutely and consistently supported by empirical data. However, unlike the conclusions reached by the studies focusing on independence *in fact*, the findings of other studies do show that, in particular where information to the public is poor, notably as to the amount of non-audit services provided and the associated fees, the provision of non-audit services seems to hinder public confidence in auditor independence. The second conclusion concerns the fact that users of financial statements and, in general, investors seem to be sensitive to extended disclosure. In fact, public perception of auditor independence seems to be reinforced as the flow of credible and complete information regarding the auditor-client engagement increases.

---

[69] *See* Siddiqui, *supra* 40, at 14-15. In the same vein, Siddiqui cites another study suggesting that 89% of the surveyed investors felt it was important whether the auditor provides other services to the company simultaneously.

[70] *See* GAYNOR, *supra* note 41, at 17.

[71] *See* id., at 17

[72] *See id.*, at 17.

V. The benefits of the joint provision of non-audit services

As already argued, the success of audit firms in the non-audit services market has been remarkable. The underlying reason is that considerable economies of scale and scope can be achieved when audit firms provide to the same client both audit and non-audit services. Economies of scope exist when one service has a favourable effect on the other[73]. Moreover, this positive effect of economies of scope can be seen not only in the quality of the audit and non-audit services but also in the reduction of the agency and transaction costs that would otherwise be triggered with the engagement of third-party services providers[74].

A major economy of scope arises with respect to the information required for the performance of both types of services, which, as pointed out by BENITO ARRUÑADA[75], is often the same or, at least, largely overlapping. The simultaneous performance of audit and non-audit services will therefore trigger the occurrence of "knowledge

---

[73] *See* ANTLE et al, *supra* note 53, at 7.

[74] Other advantages resulting from the provision of non-audit services have been highlighted in both the legal and accounting literature. Buijink et al. (*see supra* note 19, at 143) argue that, at the E.U. level, competition can be itself an important mechanism to ensure independence and that restriction applying to the joint provision of audit and non-audit firms may end up having a negative impact on independence and audit quality. Along the same line, B. Arruñada (*see infra* note 77) argues that the joint provision of audit and non-audit services can further the competition in the non-audit services market. Furthermore, another advantage of the provision of non-audit services relates to the financial stability of audit firms. In fact, as argued by D. Goldwasser (*see infra* note 77, at 2), the ability to generate additional income from non-audit services has proved critical to the financial health and viability of the accounting profession. Consequently, if accounting firms are to be prevented from the practice of consulting and non-audit service, their financial stability could be at stake, and thus their independence threatened. Moreover, given the nature of the work, audit firms may become less attractive to employees. Ribstein (*see supra* note 25), on the other hand, raises the point that excessive monitoring and regulatory prohibitions may end up being counterproductive by potentially leading to distrust and adversarial relationship between the auditor and the client. Additionally, the author argues, such excessive prohibition can affect both the efficient and regular day to day management and a complete and efficient collection of information process.

[75] *See* BENITO ARRUÑADA, *The Provision of Non-Audit Services by Auditors: Let the Market Decide,* 19 Int'l Rev. L. Econ. 513 (1999).

spillovers" (following DAN A. SIMUNIC's[76] classification) that will give auditors easier and more efficient access to valuable information. Moreover, evidence has shown that these spillovers do exist, and in both directions[77]. Accordingly, the simultaneous performance of audit and non-audit services can in fact end up being beneficial to the result and quality of the audit (and, conversely, to the quality of the non-audit services), because the auditor will have enhanced expertise in the client's business and will therefore be able to form a *better-founded judgment regarding the client*. For example, as DAN L. GOLDWASSER argues[78], businesses of all sizes are now highly – if not wholly – dependent on computer technology, and financial statement audits performed without a clear understanding of the client's computer systems will probably be ineffective. Conversely, the enhanced knowledge allowed by the simultaneous provision of audit and non-audit services can be valuable for the purpose of correcting the internal control systems of the client.

In addition, the fact that in large multinational audit firms the two types of services are generally performed by different divisions or, at least, by different teams, does not eliminate the occurrence of these knowledge spillovers, nor of their cost-reduction effects. Rather, these are still particularly evident since the simultaneous provision of the two types of services makes indirect access to the client's specific information and corporate culture (reputation, organizational structure and management capability) much easier and thus cheaper. Moreover, and again as DAN L. GOLDWASSER points out[79], a better understanding of the client can be of great importance with respect to businesses that purchase derivative securities or engage in complex hedging transactions to minimize business risks. Along the same line, BUIJINK ET AL. stress that empirical evidence indicates that the provi-

---

[76] *See* DAN A. SIMUNIC *Auditing, Consulting and Auditor Independence: An Empirical Analysis*, 22 J. Acct. Res. 785 (1984).

[77] *See* DAN L. GOLDWASSER, The Accounting Profession's Regulatory Dilemma, CPA Journal, May 2002.

[78] *See Id.*, at 2.

[79] *See Id.*, at 2.

sion of non-audit services contributes to the *detention ability* of the auditor and furthers the knowledge the auditor has about its client[80].

Another major, and probably the most important, economy of scope concerns the reduction of transaction costs and, in particular, of agency costs. Setting up contractual exchanges between an audit firm and an audit client involves, in principle, high costs for both parties because of information asymmetries and pre-contractual reluctance. Hence, parties will often make their decisions to contract conditional upon the mitigation of these pre-contractual obstacles, something that, inevitably, can trigger relevant costs[81]. In this context, the existence of an ongoing relationship between the audit firm and the audit client will serve as a powerful instrument to reduce information asymmetry and agency costs that would otherwise be triggered if another provider of services had to be engaged. The reputation, confidence and mutual knowledge of conduct and procedures will serve as a bonding tool and will thus allow the audit firm and the audit client to contract for the provision of services – of whatever nature – bearing much lower information costs and agency costs. Moreover, this cost reduction is true irrespective of the size of the audit firm[82].

As to the quantification of these economies of scope, BENITO ARRUÑADA points out that most of the surveys support their existence[83]. Moreover, the same author believes that such economies of scope will become even more significant as the range of non-audit services provided increases and as businesses and enterprises become more global, on the one hand, and more complex, on the other[84]. One particular study (by M. EZZAMEL ET AL), recognizes the positive association between fees paid for non-audit services and audit fees as a

---

[80] *See* BUIJINK ET AL., *supra* note 19, at 141.

[81] *See* ARRUÑADA, *supra* note 75, at 514.

[82] *See* id., at 515.

[83] See id., at 515. According to the author, the quantification of these economies of scope is difficult for two main reasons: the possible interactions are very complex, and available data only allow for indirect testes based on audit prices or costs, there being no figures for non-audit services. Nevertheless, the author identifies a number of studies whose findings support the existence of economies of scope, thus providing significant and solid evidence to that effect.

[84] *See id.*

result of client specificity, such as organizational complexity[85]. Rick ANTLE ET AL., based on data from U.K. companies representing the period from 1994 to 2000, find evidence consistent with the existence of knowledge spillovers not only from auditing services to auditing services but, as claimed by the authors, for the first time, from auditing services to non-auditing services[86]. The above cited study by WILLIAM R. KINNEY ET AL.[87] also presents evidence as to the significant positive impact certain audit services, such as tax services, actually have on the quality of the audit task, in particular due to knowledge spillovers from tax accounting to audit accounting. Finally, KAM W. LAI & ANDREW YIM, using U.S. data, also find an effective reduction of audit fees when non-audit services are provided to new clients, but they detect no impairment of auditor independence[88].

Bearing all of the above considerations in mind, an inevitable conclusion is that a ban on non-audit services would, among other effects, necessarily lead to a waste of the above identified economies of scope and cost-reduction sources. In consequence, significant increases of prices in audit and non-audit services would be inevitable, in detriment to the audited companies. More important, these increased costs would be borne by the shareholders of all companies, while only some of them would in fact get potential benefits.

---

[85] *See* M. EZZAMEL et al., *The Relationship Between Categories of Non-Audit Services and Audit Fees: Evidence from UK Companies,* at 26 (1998) (Research Paper 200-11, available at http://www.aber.ac.uk/smba/docs/public/research/reps2000/rp2000-11.pdf).

[86] *See* RICK ANTLE et al., *supra* note 53, at 17.

[87] *See* KINNEY et al., *supra* note 42.

[88] *See* KAM L. LAI & ANDREW YIM, *Non-Audit Services and Big 5 Auditor Independence: Evidence from Audit Pricing and Audit Opinion of Initial Engagement,* City University of Hong Kong - Department of Accountancy and City University of Hong Kong (2002), available at http://ssrn.com/abstract=340000. The authors interpret the lower fees charged by auditors when simultaneously providing audit and non-audit services as evidence of impairment of independence in appearance. This conclusion seems, however, to neglect the economies of scope (both knowledge spillover and *contractual economies of scope*) as an actual cause of the lower fees charged.

VI. Market-based incentives to keep independence

The existence of market-based incentives to protect auditor independence has long been recognized. As BUIJINK ET AL. highly relevant study points out, *"insights from economic-based audit research lead to the prediction that the operation of a national audit market between audit firms and clients will lead to an efficient and effective optimal level of independence"*[89]. The existence of a competitive audit market is one of the factors that will lead to such an efficient and effective outcome. In addition, the existence of financially solid audit firms with adequate levels of client diversification will prevent auditors from depending heavily on audit revenues from particular clients. But there are more.

Following one of EASTERBROOK & FISCHEL' core ideas[90], reputation is one of the most – if not the most – valuable asset auditors own. Auditor reputation plays a critical role in ensuring actual engagements – and the respective fees – and, maybe more significantly, in ensuring the expectation of future engagements. The relevance of reputation as a valuable asset of audit firms is easily explainable. The critical goal of the audit task – to certify the accuracy of the information provided by public companies – will only be attained if the certifying authority enjoys a good reputation amongst the users of that information. In addition, the market will only rely on certified information – and, thus, the audit will only serve its purpose – if and only the market believes in the competence and integrity of the audit firm and in the effectiveness and independence of the auditing. Hence, not hindering their own reputation is certainly the main incentive auditors have to maintain an adequate level of independence in that present and future engagements depend on such a reputation.

---

[89] *See* BUIJINK et al. *supra* note 19, at 143.

[90] See FRANK H. EASTERBROOK, & DANIEL R. FISCHEL, *Mandatory Disclosure and the Protection of Investors*, 70 Va. L. Rev. 669 (1984). The authors argue that the reputational interest of audit firms, concerning present engagements and the expectation of future ones, is a more valuable asset than the accruals resulting from false certification of financial statements. In short, in a cost-benefits analysis, the costs of forfeiting reputation exceed the benefits form impairing independence.

Accordingly, the penalty for impaired independence will be imposed by actual clients and potential clients who will withdraw their confidence in the audit firm and, as a result, will no longer engage in any contractual relation with it. In this context, the desire to maintain reputational capital will lessen auditor willingness to acquiesce to clients. Applying a well known concept in the field of economical analysis of law, BENITO ARRUÑADA qualifies this private safeguard based on reputation and on the incentives to protect independence as an "implicit contract"[91]. The author argues that *"the mechanism on which such implicit contracts are based is thus the benefit to the party who is obliged to perform them, i.e. there is a credible commitment that the auditor will receive a stream of income which provides him with the incentives to perform properly"*[92]. This theoretical approach is then consistent with some empirical studies confirming the existence of market-based incentives to act independently: auditors care about the cost of reputation and, moreover, engage in costly actions to protect their reputation and brand name[93].

Furthermore, the role of reputation as an effective market safeguard for independence might be even stronger today, after the recent corporate scandals and the elimination of Arthur Andersen as a result of audit failure cases. Andersen's case has certainly become an example to other auditing firms, who are now aware of the dramatic consequences that can be triggered by audit failure cases and impaired independence.

Another market-based incentive not to forfeit independence, and one also associated with reputation, relates to litigation costs. As MARC L. DEFOND ET AL. point out[94], the threat of class action lawsuits

---

[91] *See* BENITO ARRUÑADA, *Audit Quality: Attributes, Private Safeguards and the Role of Regulation*, 9 Eur. Acct. Rev. 205 (2000).

[92] *See id.*, at 211.

[93] For evidence with respect to reputation costs see, in particular, Ross L. Watts & Jerold L. Zimmerman, *Agency problems, auditing and the theory of the firm: Some evidence*, 26 J.L. & Econ. 613 (1983); and Allen Crashwell et al. *Auditor Brand-Name Reputations and Industry Specialization*, 20 J. Acct. Econ. 297 (1995).

[94] *See* DEFOND et al., *supra* note 45, at 6. Moreover, the authors cite a number of studies that present evidence as to the effect of reputation and litigation costs on auditor incentives to remain independent.

and the associated potential costs provide another relevant incentive for auditor independence, particularly in the U.S.. If auditors breach their professional duties and perform a defective audit, the consequence will be the obligation to compensate those affected by the insolvency of a company whose accounts have been defectively audited.

Finally, an additional and important market-based safeguard for auditor independence concerns the valuable information the audit firms collect with respect to each audit client, their businesses and the markets in which they operate, information that would be made useless if the contractual engagement were terminated. As BENITO ARRUÑADA points out, these *"client specific assets, together with an adequate level of client diversification, will make the auditor less likely to compromise its independence"*[95]. The underlying rationale is that should independence be impaired with respect to a specific audit client, the remaining clients would most probably terminate their contractual relationships and engage another audit firm. As a consequence, the respective *specific assets* the audit firm had created over time would be rendered useless.

The existence and significance of the above market-based safeguards of auditor independence should not be underestimated. Any (efficient) regulatory approach to the problem of the provision of non-audit services must, therefore, take them into consideration and, moreover, create a regulatory framework that not only allows for but even enhances the effectiveness of these efficient, low-cost mechanisms of ensuring auditor independence.

VII. The joint provision of audit and non-audit services: how to regulate?

At this point, this paper will suggest the main elements of a regulatory framework governing the joint provision of audit and non-audit services. For that purpose, it is probably useful to restate some of the main conclusions reached so far, which will constitute the

---

[95] *See* ARRUÑADA, *supra* note 75.

ground for the following discussion. First, both in the U.S. and the E.U. a certain level of independence risk is acceptable as long as the necessary safeguards can be and are implemented. Second, empirical evidence on the effect of non-audit services on auditor independence suggests two important conclusions. Regarding *independence in fact*, the majority of the studies find no direct association between the provision of non-audit services and the impairment of auditor independence, or are, at least, inconclusive in supporting such an effect. On the other hand, as regards *independence in appearance*, although the studies seem, again, rather inconclusive, the joint provision of audit and non-audit services does seem to affect public perception of auditor independence, in particular amongst poorly informed investors or other users of financial statements. Third, reliable empirical data support the existence of economies of scale and scope arising from the simultaneous provision of audit and non-audit services. Finally, market-based incentives may play a role in ensuring adequate auditor independence.

Bearing in mind the above conclusions, the underlying assumption of this section is that a simple and straightforward prohibitive rule is not the most efficient solution. Rather, there seem to be certain principles of regulatory approach likely to be more efficient both for ensuring quality audits and maintaining cost reduction. In short, such an approach relies, on one hand, on effectiveness of certain market--based safeguards of independence; and, on the other, on limited, case-specific regulatory impositions, where mandatory disclosure rules and the corporate governance system of public companies and, in particular, of audit committees play a fundamental role.

a) The role of regulation: general approach

Despite recognizing that there is still a role to be played by regulation, in that certain rules may be needed *"for facilitating the smooth functioning and the speedy adjustment of the market"*[96],

---

[96] *See* ARRUÑADA, *supra* note 75, at 522.

BENITO ARRUÑADA formulated the following standard for regulatory intervention: the *"guiding principle of regulation should then be to allow audit firms, self-regulatory bodies and audit clients to discover through competitive market interaction both the efficient mix of services and the corresponding quality safeguards, adjusting the costs and benefits of each possibility"*[97].

This position of a *low-intensity regulatory strategy*, based mainly on disclosure, is undoubtedly a tempting one. However, for two decisive reasons, relying only on market forces and on such low-intensity regulatory framework may not be enough.

First, in those cases where the threat posed to auditor independence is too significant and where market-based incentives such as reputation might not totally eliminate the financial incentives of individuals involved in the auditing, regulation may be necessary. Such situations include the case of non-audit services that may inherently impair auditor independence, as well as the risk posed by the personal financial incentives of audit firm's partners.

The second, and critical, reason concerns public perception of auditor independence. As already emphasized, the audit task serves the public-interest of certifying the financial statements of companies, and particularly of public companies, thus ensuring the quality of information provided to the markets, as well as serving as a powerful tool in reducing agency and other transaction costs. Hence, if public investors do not rely on the audit firm's word because they have doubts about its independence, these public-interest goals will not be achieved, even if *independence in fact* is not hindered.

According to available empirical evidence, public perception of auditor independence seems to be affected when the auditor also provides non-audit services. As seen above, and contrary to evidence of the effect of non-audit services on *independence in fact*, the empirical data on the effect of non-audit services on *independence in appearance* seem to show that, indeed, public confidence in auditor independence and objectivity is lower when the auditor also provides non-audit services. If that is the case, the purpose of the audit task is

---

[97] *See* Id., at 522.

not being attained because investors will not rely fully on the auditor certification of the audited company's information.

In light of the above, rather than the *low-intensity regulatory strategy* advanced by BENITO ARRUÑADA, a more assertive – though not dramatic – regulatory approach seems necessary so as to reverse the effect that the provision of non-audit services appears to have on public perception of auditor independence[98].

Hence, to attain this objective in an efficient way (i.e. ensuring an adequate level of auditor independence without imposing high costs on the companies and, thus, on the market), the regulatory approach suggested here relies on three basic principles: first, to ensure enhanced accountability of public company boards and, in particular, of audit committees, focusing on and developing the monitoring duties and obligations of the audit committee as a means to control auditor independence, particularly when non-audit services are provided; second, mandatory imposition of disclosure requirements concerning the fees received for the provision of both audit and non-audit services; and, third, the imposition of minimum safeguards specifically designed for the various categories of non-audit services.

The underlying rationale for this framework is that a more efficient outcome could be reached if, rather than simply blocking the simultaneous provision of non-audit services, regulatory concerns focus on addressing, on a case-specific perspective, the particular threats to auditor independence posed by each one of the main cate-

---

[98] The suggested regulatory approach should be complemented, *inter alia*, by adequate self-regulation of the auditing profession and by audit firms' internal policies, having as a main goal enhancing both *independence in fact* and *independence in appearance*. Although self-regulation takes us outside the scope of this study, some ideas in connection therewith should be highlighted. Audit firms' policies should essentially aim at setting up effective independence safeguards, while at the same time allowing them to take advantage of the economies of scope created by the joint provision of audit and non-audit services. These policies should include, for instance, the separation of divisions providing audit and non-audit firms (which has been found to increase public perception of auditor independence), and the setting up of effective internal control procedures to monitor the level of independence and involvement with each particular client. Benito Arruñada (*see supra* note 75) also suggests that audit firms can have one geographical unit monitoring the work of another geographical unit.

gories of non-audit services. Plain prohibitions are costly and interfere with the market's freedom to innovate and create value, thus hindering efficiency and quality[99]. They hardly prove to be an adequate solution in today's capital markets, where corporate diversity (with respect to size, ownership structure, corporate culture and strategy, legal frameworks) is the rule and where firms' needs vary considerably across countries[100]. Furthermore, broad prohibitive stipulations in this area would certainly suffer enforcement problems.

Hence, regulation should not substitute the market, but promote it[101]. Accordingly, a more flexible approach, based on the above referred three principles and designed to accommodate the specificities and diversification of today's capital markets, seems preferable. The following pages attempt to demonstrate why.

b) *The role and effective accountability of the audit committee*

i) *Recent developments: strengthening the powers of the audit committee*

Over the past decade, good corporate governance practices, as well as significant regulatory and market-based regulations have focused on reinforcing the relevance of the audit committee as the "independent" body within the audited entity that shall be responsible

---

[99] Law and economics generally identifies the following general costs of regulation and liability rules: public and private costs of enforcement, including expenditures on detecting, prosecuting and punishing offenders; the private costs of compliance that non-offenders bear, such as risk bearing, agency costs and over-deterrence; and the opportunity costs of foregoing otherwise profitable actions. *See*, e.g., REINIER H. KRAAKMAN, *Corporate Liability Strategies and the Costs of Legal Controls*, 93 Yale LJ. 857 (1984).

[100] *See*, e.g., COLIN MAYER, *Corporate Governance and European Financial Markets* (Background Note prepared for the Euro 50 Group Meeting on Corporate Governance, European Investment Bank, Luxembourg, 10 July 2003) (Available at http://www.ecgi.org/conferences/euro_500_mayer.pdf). The author thoroughly demonstrates how, in the presence of companies with different corporate governance structures, broad-range regulation can threaten diversity and innovation in financial institutions and systems. *"What is suited to one economy is quite different from another. What is suited to one firm is quite different from the other, the author concludes* (page 5)".

[101] *See* MAYER, *supra* note 100, at 6.

for the relationship with statutory auditors. The underlying principle has been to concentrate within the audit committee's authority the appointment, compensation, retention, oversight and monitoring of the statutory auditor, so as to ensure an unbiased and effective monitoring of the audit task, and thus protect shareholders and, ultimately, the capital markets.

Hence, in the context of the recent changes and developments in the corporate governance framework, significant steps have been taken in the E.U. and, perhaps more decisively, in the U.S, to strengthen the role and authority of the audit committee.

In the U.S., the decisive legislative measures are embodied in the Sarbanes-Oxley Act. In fact, having as *"background the belief that the audit committees had not proved themselves able to break the vendor customer relationship between auditor and management"*[102], one of the major goals of Sarbanes-Oxley Act was precisely to make the audit committee more active and effective. The implementation of this objective is based upon four major principles[103]. First, audit committees of public companies are required to be directly responsible for the appointment, compensation, retention and oversight of the statutory auditor/public accounting firm engaged for the purpose of preparing or issuing an audit report, such accounting firm reporting only to the audit committee. Second, audit committees are required to establish procedures for receipt, retention and treatment of complaints regarding accounting, accounting controls and auditing matters. Third, audit committees shall have the authority, and ability, to engage independent counsel or other advisors to the extent necessary for the performance of its role. Finally, public companies are required to provide the audit committee with appropriate funding for the purpose of compensating the auditor and any advisors employed by the audit committee. These principles, which represented a serious effort to enhance the audit committee's role in the corporate governance of

---

[102] *See* STANLEY SIEGEL & JOHN SLAIN, The Sarbanes Oxley Act, at 7 (2003) (unpublished paper distributed to students in the Accounting for Lawyers Course, New York University School of Law, Fall 2003).

[103] *See* Sarbanes-Oxley Act, Section 301, which added § 10A (m) of the Securities Exchange Act of 1934

American public companies, are further complemented by the SEC's Final Rule *Standards Relating to Listed Company Audit Committees*[104], issued in 2003.

In the E.U., a major effort to highlight the need for strengthening the role and powers of the audit committee was carried out by the High Level Group, whose conclusions on the matter were condensed in the Report 2002. As to the role the audit committee shall play in the governance of European companies, the report more or less followed the Sarbanes Oxley Act principles as regards the powers attributed to the audit committee to select, engage and monitor the auditor, as well as to determine auditor remuneration[105]. However, one major difference existed with respect to the composition of the audit committee, as the High Level Group's suggestion did not follow the same independence requirement as the Sarbanes-Oxley Act. In fact, instead of suggesting that the audit committee should be composed exclusively of independent directors, the report suggested that it should be formed *at least in the majority* by non-executive and supervisory directors. Later in the process, the Commission Communication 2003 restated the idea that the audit committee should assume all relevant roles required to ensure that the external auditor stays at arm's length from the management[106].

---

[104] *Standards Relating to Listed Company Audit Committees*, 65 Fed. Reg. 43, 2003, codified at 17 C. F. R. pts. 228, 229, 240, 249 and 274.

[105] *See* Report 2002, *supra* note 32, at 70-71. In this context, the Group suggests that the audit committee shall be responsible for the following tasks: (i) Selection of the external auditor for appointment by the shareholders meeting or the full board, and the terms and conditions of such appointment; (ii) monitoring the relationship of the external auditor with the management of the company, so as to ensure the auditor's independence, thereby furthering the auditor's objectivity; (iii) monitoring non-audit services provided by the external auditor, if any and to the extent that the relevant national legislation allows it; (iv) meeting with the external auditor at least every quarter; (v) ensuring that the external auditor receives all the information required; (vi) receiving the auditor's letter on the financial statements and deciding whether the comments made shall be disclosed on the financial statements; (vi) playing a role in the internal aspects of the audit of the company, namely reviewing the accounting policies of the company, monitoring the company's internal audit procedures and its risk management system and having access to all internal information relevant for the performance of its role.

[106] *See* Commission Communication 2003, *supra* note 33, Section 3.3.

Following this same path, Directive 2006/43/EC recognized the relevance of the role played by the audit committee to ensure and even enhance auditor independence and, accordingly, contemplated the creation of audit committees, its composition and duties, powers and authorities as matters subject to harmonization within the E.U. member states.

In this respect, article 41 of said Directive establishes that *public interest companies* shall have an audit committee. However, in what relates to the composition of such committee, the Directive is not as demanding as the framework enacted in the U.S., as it leaves to member states the decision as to whether the audit committee shall be composed by non-executive members of management, by members of the supervisory body and/or by members appointed by the general meeting of shareholders of the audited company. The only clear requirement put forward by Directive 2006/43/EC in relation to the composition of the audit committee is that it includes at least one independent member with competence in accounting and/or auditing. As to the role to be conducted by the audit committee, Directive 2006/43/EC followed closely the recommendations contained in the Report 2002, and laid out as general duties of such corporate body the monitoring (i) of the financial reporting process, (ii) of the effectiveness of the company's internal control and risk management systems and (iii) of the statutory audit of the annual and consolidated accounts of public companies, as well as the review and monitoring of the statutory auditor's independence, particularly in what concerns the provision of additional services.

ii) The audit committee and the provision of non-audit services

In the context of the described trend to increase the authority of the audit committee, insofar as the provision of non-audit services is concerned, regulation should focus essentially on strengthening the powers and thus the significance of the audit committee role's as an effective (and private) safeguard of auditor independence. That is, rather than simply imposing a ban on the provision of all kinds of non-audit services, regulation should move towards a case-by-case decision by the audit committee as a means of monitoring the level of auditor independence whenever non-audit services are being provided simultaneously. In particular, audit committees could be given the exclusive authority to approve the provision of non-audit services (and the terms and conditions thereof) by the auditor and to effectively monitor the provision of such services on an ongoing basis so as to assess whether auditor independence is, or is perceived to be, impaired. Most probably, the absence of conflict of interest and/or self interest with respect to the auditing firm and its work will, in principle, ensure an adequate level of independence at the level of the audit commitee and an effective monitoring of the audit task.

In light of the above and focusing now on the desirable regulatory concerns, two factors seem crucial to ensure that audit committees effectively enhance the independence of the audit function and the objectivity of financial reporting: (a) audit committee independence from the board and the committee's financial expertise; (b) the audit committee's real powers and resources to perform its task.

Regarding stipulation (a) above, legislators should focus on the independence requirements of members of the audit committees, as well as on rules regarding their financial expertise so as to ensure an adequate level of independence, care and expertise in the monitoring function.

The policy underlying this option is rather evident: an independent member of the audit committee is in a better position than one affiliated with management to ascertain whether the relevant non-audit services provided by the auditor, by its nature and/or amount, impair an independent auditing. Moreover, to rely on audit committee members to monitor the level of auditor independence when the latter is also providing non-auditor services seems not only an effective safeguard but also a rather less costly one, as opposed to a simple prohibition of the provision of such non-audit services. In addition, regulators should consider the imposition of minimum standards of financial and legal expertise to be fulfilled by all or at least some of the members of the audit committee. Such standards would further ensure the necessary level of care and effectiveness in monitoring the rendering of non-audit services and its potential negative effects on auditor independence.

238   *Código das Sociedades Comerciais e Governo das Sociedades*

In the U.S., the requirements as regards independence of the audit committee members have been carried out rather thoroughly, as the SEC developed the concept of independence with respect to the composition of the audit committee. Hence, each member of the audit committee of a public company must be independent according to specified criteria, which contains a two-prong test. The first criterion is that audit committee members are barred from accepting any consulting, advisory or other compensatory fee from the public company or any subsidiary, other than in the capacity as a member of the board[107]. The second criterion is that a member of the audit committee may not be an affiliated with the public company or of any subsidiary apart from his capacity as member of the audit committee[108].

In the E.U., on the contrary, Directive 2006/43/EC did not go that far, and insofar as the composition of the audit committee, requires only that one member (rather than the majority or even the entirety) is independent from management, thus leaving for the member states a decision as to implement stricter rules and requirements in this respect.

Regarding stipulation (b) above, the effectiveness of the audit committee with respect to its oversight function can be further enhanced if specific requirements are set forth by the relevant legislations not only to grant audit committees specific powers and resources to pursue their role but also impose more detailed reporting standards for auditors. With respect to the provision of non-audit services, the audit committee should be awarded specific responsibility within the corporate governance system for the approval of such services when provided by the audit firm, as well as for agreeing on the fees resul-

---

[107] This prohibition will preclude payments to a member as an officer or employee, as well as other compensatory payments, and will include both direct and indirect payments.

[108] As to foreign public companies, the SEC has acknowledged that the functional role of the supervisory board in the two-tier system is equivalent to the role of independent directors. Moreover, and as to the requirement of *employee representation on the board,* the SEC allows non-executive employees to sit on the audit committee of a foreign public company as long as such employee is elected or named to the audit committee or supervisory board pursuant to the applicable legislative, regulatory or contractual provisions.

ting thereof[109]. The existence of specific rules would demonstrate that the choice of the services provider is made according to objective criteria, and not only according to management full discretion[110]. Moreover, regulation should ensure that the audit committee is given all necessary powers and resources to monitor the level of independence while the non-audit services are being simultaneously rendered; specifically, by assessing the ratio between audit and non-audit fees, the nature and relevance of the non-audit services provided and the level of client diversification of the auditor[111]. In addition, the audit committee should be granted full and unconditional right to

---

[109] To this effect, the existence of an internal policy focusing on the provision of non-audit services and the rules that apply should be mandatory. The existence of such internal policy for the purchase of non-audit services is also suggested by the Federation des Experts Comptables Europeens (see *infra* note 117).

[110] Along these lines, Directive 2006/43/EC establishes that the auditor shall annually disclose to, and discuss with, the audit committee the terms and conditions of the additional services provided, and the potential threats they pose to auditor independence. See also Federation des Experts Comptables Europeens, The Role, Position and Liability of the Statutory Auditor in the European Union, 16-29, section 4.3 (1996).

[111] This assessment should be particularly important for decisions on whether or not to renew the audit contract. Furthermore, and as stressed by the Panel on Audit Effectiveness (the "O'Malley Panel"), presented to the SEC in the context of the preparation of Final Rule 2000, the audit committee, when making business judgments about particular non-audit services, should consider the following principles and factors: (i) whether the services facilitate the performance of the audit, improve the client's financial reporting process or is otherwise in the public interest; (ii) whether the services are being performed principally for the audit committee; (iii) the effects of the services, if any, on audit effectiveness or on the quality and timeliness of the entity's financial reporting process; (iv) whether the services will be performed by specialists (e.g. technology specialists) who ordinarily also provide recurring audit support; (v) whether the services would be performed by audit personnel and, if so, whether it will enhance their knowledge of the entity's business and operations; (vi) whether the role of those performing the services (e.g. a role where neutrality, impartiality and auditor skepticism are likely to be subverted) would be inconsistent with the auditor's role; (vii) whether the audit firm's personnel will be assuming a management role or creating a mutuality of interest with management; (viii) whether the auditors, in effect, would be auditing their own numbers; (ix) whether the project must be started and completed very quickly; (x) whether the audit firm has unique expertise in the service; and (xi) the size of the fee(s) for the non-audit services.

[112] More generally – and not only related to monitoring of provision of non-audit services even though also very important for that purpose – regulators should consider granting the audit committee a wide range of specific powers. These powers shall include

access all corporate documents and information[112]. Likewise, the auditor should be obliged to provide complete information on key issues relating to the audit process. In addition, legislatures should also consider the imposition of a minimum number of audit committee meetings so as to ensure that its task – and, in particular, the assessment of any potential negative effects of non-audit services – is carried out in a planned and substantive way. Moreover, mandatory regular meetings with the auditor should also be considered.

Given that information passed to the markets is essential for public perception of auditor independence, regulation should further focus on transparency regarding the approval and subsequent engagement of the audit firm. Hence, public disclosure of the internal corporate policy regarding the provision of non-audit services, including the role of the audit commitee, as well as of the fees paid for audit and non-audit services, should be required as a means of allowing public investors to assess the level of engagement and compromise between the company and the auditor.

LAWRENCE J. ABBOTT et al.[113] address the impact of certain audit committee characteristics on the likelihood of financial restatement. The study finds a significant and negative association between the occurrence of restatements and the independence and activity level of the audit committee, and the inclusion on the audit committee of at least one member with financial expertise. The authors therefore conclude that there is a need to strengthen the monitoring and oversight role played by the audit committee in the financial reporting process.

(i) the power to engage third-party advisor (e.g. lawyers, auditors or other consultants); (ii) the power to closely monitor the scope of the audit and the information the auditor is provided with; (iii) the power to influence the system of internal control and the compliance therewith by both the management and the auditor; (iv) the power to review the key accounting policies and practices of the public company. Only with these powers and authorities will the audit committee oversight function be effective, substantive and thus satisfactory.

[113] LAWRENCE J. ABBOTT et al., *Audit Committee Characteristics and Restatements: A Study of the Efficacy of Certain Blue Ribbon Committee Recommendations*, 23 Auditing J. Prac. Theory 23 (2004, forthcoming).

c) *Mandatory disclosure requirements*

A fundamental safeguard that should be imposed by the regulatory framework is mandatory disclosure, by both public companies and audit firms, of the fees resulting from the provision of audit and non-audit services. This mandatory disclosure rule should be as detailed as possible, requiring companies and audit firms to specify the exact audit and non-audit services provided in each engagement and the fees paid for each one of these specific services[114]. Only by providing detailed information would such a rule attain its main goal: to provide a mechanism by which public companies and audit firms can show the markets that the independent engagement with respect to the audit task is not impaired.

Such a disclosure rule would certainly play a fundamental role in dealing with the problem of investor perception of auditor independence. In fact, and as argued above, significant empirical evidence supports the conclusions that investors seem sensitive to extended disclosure and that public perception of auditor independence is reinforced as the flow of credible and complete information regarding the auditor-client engagement increases. Accordingly, more disclosure could serve as a bonding device between both public companies and audit firms in that it would show an enhanced transparency as to the

---

[114] Fee disclosure is also one safeguard proposed by the Commission Recommendation 2002, which suggests that each audit company should, at least annually, disclose the total amount of fees it receives, broken down into the categories of specific services (audit and non-audit) provided in each case (Section 4.1.2). In addition, companies should also disclose the safeguards set up to mitigate the threats posed to independence. For a contrary viewpoint considering such rules to be useless in giving a *good picture* of the risks posed to auditor independence, see the Federation des Experts Comptables Europeens (*supra* note 117). In the U.S., and pursuant to SEC Final Rule 2000, public companies are already required to include in their statements information regarding three components: (1) fees billed for services rendered by the audit firm; (2) disclosure regarding whether the audit committee considered the compatibility of the non-audit services the company received from its auditor and the independence of the auditor; and (3) disclosure regarding the employment of leased personnel in connection with the audit.

242 *Código das Sociedades Comerciais e Governo das Sociedades*

overall relationship between auditor and client, thus adding further credibility to the audited financial statements.

Moreover, and equally important, a fee income disclosure rule providing information on the audit and non-audit engagements of each auditor could stimulate client diversification of audit firms. As argued by BUIJINK ET AL., the composition of the client portfolio of audit firms may potentially affect auditor independence if there are dominant clients[115]. Thus, diversification can play a critical role as a low-cost safeguard of independence in that the threat posed by non-audit services to independence will vary according to the degree of client diversification of the audit firm. The basic assumption is that if the auditor has a diversified portfolio of clients, he will be dependent on all clients together and independent from each individually.

BENITO ARRUÑADA demonstrates rather convincingly how regulation can achieve this objective through a disclosure rule[116]. The premise of this author's argument is that the disclosure rule, as an indirect strategy for achieving client diversification, will improve the

---

[115] *See* BUIJINK et al., *supra* note 19, at 140. The author supports this argument with empirical data regarding audit litigation showing that circumstances such as the engagement of smaller audit firms, which presumably have more difficulty avoiding dependence on larger clients, and the existence of a dominant client increase the probability of litigation. Also stressing the importance of disclosure as a general safeguard and a powerful tool for improving corporate governance in Europe, *see* Klaus J. Hopt, *Modern Company and Capital Market Problems Improving European Corporate Governance after Enron,* ECGI - Law Working Paper No. 05/2002 (2002) (Available at http://ssrn.com/abstract=356102). The general rationale presented by the author is that disclosure interferes least with freedom and competition of enterprises in the market, thus avoiding *"the well-known petrifying effect of European substantive law"*.

[116] *See* ARRUÑADA, *supra* note 78, at 524. Moreover, the author makes a clear point against straight diversification rules, imposing limits on concentration of fees from one client when a certain threshold is met. This, he argues, would not only restrict in an unnecessary way the audit firm's activity but also amount to an inefficient solution. Since the optimal level of diversification, as a market-based safeguard of independence, will depend always on the specific characteristics (size, businesses, nature of the engagements) of both the audit firm and the client, a straightforward diversification rule would establish a standard that would be too high in some cases and too low in others. Along the same line, Buijink et al., *(see supra* note 19, at 141) make a case against a regulatory intervention with respect to the client portfolio composition. The author argues that the market forces suffice to ensure an adequate level of diversification, because big companies tend to engage big audit firms (due, in particular, to reputation concerns), and because the growth of clients is

transparency of the market and thus provide a better ground in which to set up private safeguards and create independence incentives. In fact, where there is full public and investor awareness of audit market composition and degree of diversification, auditors will have strong incentives *to act* and, moreover, *to appear to act independently*, due to their reputational capital. In other words, disclosure as to the level of client diversification will provide the market with a powerful tool to assess audit firm incentives to act independently[117]. As a result, investors will have a more accurate idea of any auditor's incentives to perform the audit task with objectivity, and will thus be able to "refresh" their perception of audit firms and their reputations. Likewise, the users of financial statements will have further information with which to ascertain the quality of the auditing. In this context, audit firms will have strong incentives to set up the necessary private mechanisms to protect independence by furthering the degree of client diversification and ensuring compliance with professional obligations. Additionally, they will be able to do so within a flexible legal framework, which would be impossible were a direct diversification rule imposed.

d) *Special safeguards*

In addition to the more general regulatory approaches described above, focusing on the role of the audit committee and on the relevance of mandatory disclosure rules, public regulation of the audit task should then focus on establishing certain safeguards designed

---

generally compensated by the growth of audit firms. In contrast, Fernando Marcos, *The Storm over our heads: The Rendering of Legal Services by Audit Firms in Spain* (2000), available at http://papers.ssrn.com/paper.taf?abstract_id=239708, at 14, argues that a flexible diversification rule can, by itself, be an effective approach to the threat posed by non-audit services to auditor independence. However, Arruñadas' argument seems more plausible given the seeming infeasibility of establishing a flexible rule that would efficiently adapt to the size and client portfolio of every audit firm. Thus, such a strict diversification, no matter its degree of flexibility, would inevitably amount to an artificial constraint on audit firm activity and the normal performance of the markets.

[117] As to the advantages of a mandatory disclosure rule over a voluntary disclosure by audit firms, see Arruñada (supra note 75, at 524).

specifically for the various non-audit services provided by audit firms. Thus, this paper argues that any regulatory approach allowing for the provision of non-audit services should establish two overreaching general principles, supplemented with certain specific safeguards.

First, the audit firm should not be put in the position of auditing its own work or providing non-audit services in situations where such services are significant to the subject matter of the audits. Second, when providing non-audit services, the audit firm should not be allowed to perform any management function or otherwise take active part in the decision-making process of the management of the audited company. In other words, there should be a clear separation between the advice given and services rendered by the audit firm, on the one hand, and the business judgments and decisions made by the management of the client, on the other, whether or not such judgments and decisions are based upon the advice given by the audit firm. Accordingly, responsibility, and thus accountability, should be attached only to management and board members of the public company.

The underlying rationale for these stipulations is the high self-review risk the auditor would face if required to audit decisions for which he is co-responsible. Hence, in order to ensure this clear separation between the services rendered by the auditor and the actual decisions and business judgments made by management, the audit firm should ensure that management is willing to take full responsibility for the corporate decision and has, preferably, taken into account all the relevant alternatives[118]. For this purpose, the audit firm and the audit committee should agree upon an understanding under which management is solely responsible for the decisions made further to the services rendered.

---

[118] The Commission Recommendation 2002 further suggests that, whenever the audit firm makes any kind of recommendation, it has to ensure that management carries out an objective and transparent analysis before actually reaching a final decision. Furthermore, where, due to legal constraints, there is only one possible legal solution, the audit firm shall refer to these provisions, so that the management is fully aware of the applicable legal framework (*See* Commission Recommendation, supra note 5, Annex, 7.1). The same rationale could be used with respect to the provision of internal audit and controls services. Audit firms should only be allowed to provide investigation and advising services with

Strict compliance with the above general principles should then be articulated through the general safeguards referenced above: on the one hand, market-based incentives such as reputation and specific assets and, on the other, the role of regulation in imposing the disclosure rule and enhancing the role and authority of the audit committee, whose main responsibility when approving the provision of specific non-audit services should be to assess the degree of self-review risk and to ensure that the management of the company is taking full and informed responsibility for the underlying business judgment.

On top of these general safeguards, both market based and induced by public intervention, the regulatory approach should then focus on certain specific safeguards.

The purpose of these specific safeguards should be rather straightforward: taking into account the specificities of each type of non-audit services provided by audit firms, the rules or requirements put forward by legislators and regulators should aim at implementing the above two overreaching principles: avoid self-review and the (co)assumption of management decisions.

In what concerns, for instance, bookkeeping and preparation of financial statements services, audit firms should be expressly prevented from participating and taking final decisions with respect to maintaining or preparing a client's accounting records, preparing the financial statements or the information that forms the basis of the

---

respect to the client's internal self-assessment controls and procedures, provided that, again, management of the company is at all times responsible for the establishment and supervision of the internal controls to be audited. Moreover, and as stressed by the Commission Recommendation 2002, Annex, 7.2.5, the performance of the internal audit of control systems and procedures will be particularly relevant if such work is done on behalf of supervisory directors of the company. In the U.S., it is interesting to note that, although this category of services is expressly prohibited by the Sarbanes-Oxley Act, SEC Final Rule 2003 stresses that, during the conduct of the audit, the auditor may valuate the company's internal controls and, as a result, may make recommendations for improvements to the controls. In addition, SEC Final Rule 2003 does not preclude that the auditor perform "agreed-upon procedures" related to the company's internal controls, since management takes responsibility for the scope and assertions in those engagements. In other words, the SEC – acknowledging that the provision of these services by the auditors might be efficient and that provision does not impair, by itself, auditor independence – seems to reduce the scope of the prohibition imposed by the Sarbanes-Oxley Act.

statements or preparing or originating data underlying these statements. Indeed, these activities are a fundamental responsibility of corporate management and therefore direct participation by the audit firm would amount to a clear participation in the management of the audited company, entailing an inherent conflict of interests and too high a self-review risk. This does not mean, however, that audit firms should be prevented form providing certain background services, of technical and informative nature, that could facilitate the work of the management, thus reducing costs and probably resulting in enhanced quality and timeliness, without however posing a threat to audit firm independence[119]. These stipulations provide an efficient mix of services that auditors should be allowed to perform in the context of the preparation of any financial statement and that, by providing effective safeguards of independence, will allow the use of economies of scope and knowledge spillovers, thereby reducing costs and even enhancing the quality and completeness of the financial statements.

One major controversy concerns the provision by the audit firms of services related to the financial information systems used by audited clients to produce the information relevant for the financial statements. These systems include, for example, accounting software or stock valuation systems, services in which economies of scope and knowledge spillovers are more present, resulting in increased quality of both audit and non-audit services. Conversely, however, the risk of self-review may be high, as auditors may be called upon to certify the quality of the systems implemented (and thus of the services rendered). The critical threshold is, again, the responsibility for the final decisions about the implementation and design of financial information systems. Accordingly, the audit firm should, in any case, be prevented from operating the client's financial information system, and should in no way directly supervise the system's performance or the data it uses or produces. However, where the services include only the valuation of the system(s) used and the review of alternative systems, and where the client itself makes the decision, independence

---

[119] For a comprehensive list of services that should not be subject to a general ban, *see* Commission Recommendation 2002, supra note 6, Annex, 7.2).

should not be considered compromised[120]. Again, this framework would allow an efficient mix of services that would most probably enhance both audit and non-audit quality while reducing overall costs, particularly because, as argued above, financial statement audits performed without a clear understanding of the client's computer systems will probably be ineffective. In addition, the enhanced knowledge allowed by the simultaneous provision of audit and non-audit services could be valuable for the purpose of correcting the internal information systems of the client.

Appraisal and valuation services include any processes of determining the market value of assets and liabilities, both tangible and intangible, through the application of certain techniques and methodologies. Thus, with respect to this category of services, self-review risk should be considered too high when the provision of appraisal and evaluation services concern assets that are *material* in the context of the audited financial statements and where the evaluation involves a *significant degree of subjectivity*[121]. Accordingly, auditors should only be responsible for computing the final valuations (an activity for which the audit firm will have the most efficient and cheap resour-

---

[120] This is the approach also suggested by the Commission Recommendation 2002, which relies on a clear distinction between the advisory and informative nature of the non--audit services provided by the audit firm and the final decision that the management must take (*See* Commission Recommendation, supra note 6, Section 7.2.2). An additional suggestion made by said recommendation, which should also be taken into consideration by lawmakers, regards the setting up of further safeguards such as having the services provided by a different and expert personnel and engagement partner whenever the audit firm considers the threat to independence is too high (*See* Commission Recommendation, supra note 6, Section 7.2.2-3). The SEC approach, on the other hand, clearly prevents the audit firms from proving services related to the design, implementation or operation of information systems affecting the financial statements is prohibited, even if the management assumes full responsibility. The rationale is that such services would place the auditor in a managerial position. However, according to the explanatory section concerning the provision of this category of services, the rule does not preclude the auditor from making recommendations to the client. In addition, information systems services would be allowed if it is reasonable to conclude that the results of these services will not be subject to audit procedures (Rule (c) 4 ii).

[121] *See* Commission Recommendation 2002, supra note 5, Section 7.2.3.

ces), whereas the responsibility for the subjective decision (assumptions and methodology) should remain exclusively on the management side[122].

Finally, some words on the provision of tax consultancy services and the safeguards that should be implemented in this respect. The provision of tax services by audit firms has alone been the centre of a huge debate both in the U.S. and in Europe. This controversy is explained by the fact that audit firms traditionally provide a broad range of tax services for which companies pay significant fees. Thus, the goal here is not to make a comprehensive survey of the arguments used for and against the provision of these services, as such a task would alone require an exclusive approach, but rather to suggest some fundamental reasons why the provision of tax services might be beneficial from the client's point or view, and also how those services can, in light of the above considerations, be provided without impairing auditor independence.

As discussed above, the range of tax services provided by audit companies varies greatly, ranging from the preparation of routine tax filings in accordance with the applicable tax laws and regulations to the rendering of tax advice and consultancy to the handling of controversial tax law issues involving litigation. Several advantages have been highlighted with respect to the provision of tax services by audit firms. First, the above mentioned economies of scope (in particular, knowledge spillovers from tax accounting to auditing) that lead not only to cost reduction but also to an enhanced audit quality (which, in turn, can improve the quality of the client's financial reporting). The recent study by WILLIAM R. KINNEY ET AL. argues that the joint provision of audit and tax services can have a beneficial effect on

---

[122] The Commission Recommendation 2002 stresses another interesting point relating to certain routine evaluations that, due either to their mechanical nature, legal constraints or established use in the business of the relevant client, have a much lower degree of subjectivity and during which the relevance of both the assumptions and the methodology is lower. In these cases, and even when the value of the asset or liability is considered material, the threat to auditor independence is likely to be close to insignificant, and therefore the audit firm should not be prevented from rendering evaluation services.

both audit quality and independence[123]. Furthermore, the provision by an audit firm of such tax services may provide a more independent overseeing of the rendering of these kinds of services than would occur if a non-audit firm were engaged to provide these services.

No reason exists, therefore, to ban the joint provision of tax services provided that, again, the general safeguards are in place: the audit firm must retain a purely expert and advisory position with respect to the company's tax issues and strategy, while the responsibility for the final businesses judgment must lie with management (who, as already greatly emphasised, must always act in an informed manner). And this rationale does not apply only to the jurisdictions where tax accounting is independent form financial accounting – such as the U.S.. Indeed, it can also apply as a general principle in those jurisdictions that require that financial accounting must conform to tax accounting provided that, again, a clear distinction exists between the role of the audit firm as an advisor, and the role management in taking the final business decisions and assuming all the resulting responsibilities. This clear separation of responsibilities, in addition to market-based safeguards, the above suggested disclosure rule and the audit committee's supervision should be sufficient to ensuring an adequate level of independence while at the same time enhancing the audit quality and reducing costs.

---

[123] *See* KINNEY et al., *supra* note 42, at 26. The authors find that tax services fees are negatively associated with restatements, i.e. there is a negative association between companies paying significant amounts of tax fees and those other companies reporting misstatements. Accordingly, companies whose auditor was also the provider of tax services have fewer restatements of their financial documents than other companies whose auditor did not provide these services. This finding implies, the authors concluded, that the provision of tax services has a clear positive effect on financial reporting quality and that, therefore, banning or restricting tax services would either reduce the quality of the audit or increase the costs of professional services, without corresponding benefits from improved audit firm independence.

VIII. A look towards the regulatory developments to come (*in particular, the expected changes to the Portuguese legal and regulatory framework*)

The joint provision of audit and non-audit services by audit firms remains at the centre of the thorny debate over auditor independence. Critics argue that such practice impairs auditor independence and objectivity and should thus be banned. In response to cases of audit failure of huge proportions, regulatory actions have been taken, in the U.S. and the E.U., so as to restrict or at least subject to a higher scrutiny the provision of non-audit services by audit firms. Still, it is yet to be shown that the joint provision of audit and non-audit services inherently impairs auditor independence and objectivity. The purpose of these pages was thus to discuss, in the broader context of the regulation of auditor independence, the nature and efficiency of possible regulatory approaches to the joint provision of audit and non-audit services.

More than ever, and for different reasons, this seems the proper time to focus on this topic. First, some time has already elapsed since significant regulatory actions were taken in the U.S. and, therefore, it is now possible to acknowledge at least some of the consequences – positive and negative – that such actions produced, not only on the quality and reliability of the audit work, but also more generally on the audited companies themselves. Moreover, and in a moment where there is a growing consensus that the Sarbanes-Oxley went probably a bit too far (and not only in matters related with the regulation of auditors), discussions are underway as to future amendments that may provide for a less restrictive, more efficient legal and regulatory environment. Also, in the E.U., the process for the implementation of Directive 2006/43/EC will put auditor independence and, in particular, the joint provision of audit and non-audit services, in the centre of the legal and regulatory debate. Intense discussion in European legal forums is thus expected, focusing specifically on the adequate approaches to this hot topic.

In this context, the purpose of this last chapter is not that of merely restating the conclusions drawn in the preceding pages, but rather to discuss how such conclusions could better be built into the regulatory actions and developments that are expected in the near future. In particular, and as an example of a jurisdiction where the legislator will be faced with the demanding task of putting forward an E.U. inspired framework whilst preserving the unity and specificities of national law, special attention will here be given to the implementation of Directive 2006/43/EC in Portugal and to the possible changes to the Portuguese Companies Code and other decrees that may result from such process.

This article supports the idea that a simple and straightforward prohibitive rule on the joint provision of audit and non-audit services is not the most efficient one. Plain prohibitions are inevitably costly and interfere with market's freedom to innovate and create value, thus hindering the efficiency and quality of the audit work. Available empirical studies assessing the effect of the joint provision of non-audit services on auditor independence provide no statistically significant evidence as to an association between the provision of non-audit services and the impairment of auditor independence. No decisive and unquestionable trend has been found, and thus the independence concerns felt by regulatory authorities with respect to the effect of non-audit services on auditor independence seem not absolutely supported by empirical data.

Rather, research suggests that in a context where the full extent of non-audit services and respective fees are fully disclosed to the market, the provision of non-audit services does not inherently hinder independence. In particular, empirical evidence shows that users of financial statements and investors in general seem to be sensitive to extended disclosure, the public perception of auditor independence being reinforced as the flow of credible and complete information regarding the auditor-client engagement increases. Moreover, according to some studies, the provision of non-audit services actually seems even to strengthen independence and improve the quality of the audit task. On the other hand, consistent empirical studies show that a ban on non-audit services would lead to a costly waste of economies of scope and cost-reduction sources, thus affecting the quality of the audit and non-audit services provided, and also triggering additional agency and transactions costs.

This being so, future regulatory actions should avoid the «easy route» of simply banning audit firms from also providing any consultancy services to audit clients. Heading in what seems to be the right direction, this has been the path followed at E.U. level by Directive 2006/43/EC, which expressly recognises that Member States do not have a general duty to prevent statutory auditors or audit firms from providing non-audit services to its clients. However, this Directive, while aiming at a high level harmonisation, still allows Member States to impose more stringent requirements, namely in what relates with the provision of additional services. Member States should, nevertheless, refrain from departing from the balanced and reasonable framework established by Directive 2006/43/EC.

Instead, and as suggested in this article, legislators should follow an alternative and more flexible approach, based on a balanced and efficient mix between market-based safeguards and low-intensity regulatory impositions.

Again, insights from economic-based audit research conclude that the operation of a national audit market between audit firms and clients can provide an efficient and effective optimal level of independence. These results cannot simply be ignored by rule-makers, particularly in smaller markets. Reputation is one of the most valuable assets auditors own, in that it determines the flow of present and future engagements. Hence, the desire to maintain reputational capital lessens the auditor's willingness to acquiesce to clients and provides him with incentives to perform its task properly, thus furthering independence and objectivity. On the other hand, the valuable information audit firms collect with respect to each audit client, their businesses and the markets in which they operate provides additional incentives to remain independent, as such information is rendered useless when contractual engagements are terminated. These safeguards, together with an adequate level of client diversification, will make the auditor less likely to compromise its independence. Hence, any efficient regulatory approach to the problem of the provision of non-audit services must take these private mechanisms into account, by enhancing their effectiveness in protecting auditor independence and by taking advantage of their low costs.

However, and as also suggested, relying only on the market to ensure an adequate level of independence will not be sufficient. Certain types of non-audit services inherently hinder the auditor's ability to act and appear to act independent. In cases where the threat posed is too significant and where market-based incentives might not totally eliminate the financial incentives of individuals involved in the auditing, regulatory actions may be necessary. More important, empirical evidence seems to suggest that public perception of auditor independence is affected when the auditor jointly provides non-audit services.

The assertive – though not dramatic – approach suggested by Directive 2006/43/EC seems to provide a general framework that is particularly adequate to prevent, and reverse, any negative effects that the provision of non-audit services may have on the qualify of the audit, as well as on the public's perception of auditor independence. Therefore, bearing in mind the goal of ensuring an adequate level of independence without imposing high costs on the market, the regulatory approach suggested here relies on three basic principles.

First, regulatory concerns should focus on enhancing the accountability and monitoring duties of company's boards and, in particular, of audit committees or similar corporate bodies responsible for monitoring the financial reporting process. To attain this goal, two factors seem crucial: to enhance audit committee member's independence as well as its financial expertise; and to provide the audit committee with real and effective powers and resources to perform its monitoring task. Recent reforms of the Portuguese Companies Code, in particular those focusing on governance models, represented an important step towards the creation of independent bodies inside the company's governance system, with special responsibilities over the financial reporting process, and with specific expertise on financial and accounting matters. What remains missing, however, is the creation of specific rules awarding such corporate bodies the powers to monitor also the work done by external auditors, including monitoring the nature and level of the non-audit services provided by such external auditor.

The second principle concerns the imposition of mandatory disclosure, by both the audited companies and the audit firms, of the fees resulting from the provision of audit and non-audit services. Such disclosure rule, which should probably result from secondary legislation (notably from a specific regulation issued by the CMVM), would play a fundamental role in dealing with the problem of investor perception of auditor independence: it serves as a bonding device between public companies and audit firms, showing enhanced transparency as to the overall relationship between auditor and client, thus adding further credibility to the audited financial statements. Moreover, a fee income disclosure rule providing information on the audit and non-audit engagements of each auditor could stimulate client diversification of audit firms, which is, *per se*, an important safeguard of auditor independence.

The third and final principle entails the imposition of minimum safeguards specifically designed for the different categories of non-audit services, according to two overreaching general principles, which already stem from Directive 2006/43/EC and which, therefore, should be adequately implemented at national level when establishing the requirements for auditor independence. First, the audit firm should not be put in the position of auditing its own work or providing non-audit services in situations where such services are significant to the subject matter of the audits. Second, when providing non-audit services, the audit firm should not be allowed to perform any management function or otherwise take active part in any decision-making process of the management of the audited company. Accordingly, responsibility, and thus accountability, should be attached only to management and board members of the public company.

Sumário

A prestação conjunta de serviços de auditoria e consultadoria constitui um tema incontornável na problemática da independência dos auditores. De um lado, certamente impressionados com os recentes escândalos contabilísticos que envolveram grandes empresas e reputadas entidades profissionais de auditoria, alegam os críticos que a prestação conjunta de serviços de auditoria e consultadoria terá sempre um impacto negativo na objectividade e independência do auditor, devendo ser, por isso, simplesmente proibida. De outro, e com base em dados empíricos relevantes, alegam outros que a prestação de serviços acessórios pelo auditor não afecta necessariamente a sua independência e objectividade, para além de poder gerar importantes economias de escala e escopo que acabariam desperdiçadas em caso de proibição absoluta de prestação conjunta daqueles serviços. Como reacção aos referidos escândalos contabilísticos que abalaram os mercados financeiros, o tema da prestação conjunta de serviços de auditoria e consultadoria foi, primeiro nos Estados Unidos e depois na União Europeia, objecto de importantes avanços normativos, que procuraram colocar sob um escrutínio mais apertado a actuação de empresas de auditoria e as relações com os respectivos clientes.

Neste contexto, o propósito do presente artigo é o de, num momento em que se mantêm em aberto as opções de transposição da Directiva 2006/43/EC, o novo texto comunitário relativo à auditoria, contribuir para a discussão em torno da natureza, características e intensidade da política legislativa e regulatória que se possa mostrar mais adequada para o tratamento desta questão. Para isso, o presente texto rejeita uma proibição absoluta da prestação conjunta de serviços de auditoria e consultadoria, tendo como ponto de partida as conclusões consistentes de um conjunto amplo de estudos empíricos. Ao invés, e procurando suporte nos contributos da análise económica do Direito, propõe uma solução alternativa que, de um lado, acomode e promova as salvaguardas da independência dos auditores que resultam do próprio funcionamento livre do mercado e, de outro, assente numa regulação de «baixa intensidade», baseada essencialmente em regras de divulgação pública de informação acerca dos serviços prestados e respectiva remuneração, bem como em regras específicas e diferenciadas para os vários tipos de serviços adicionais prestados pelos auditores. Em especial, o presente artigo procura contribuir para o debate em torno da transposição da referida Directiva 2006//43/EC e, nesse âmbito, das modificações que certamente resultarão deste diploma comunitário no ordenamento jurídico nacional, designadamente numa futura reforma do Código das Sociedades Comerciais respeitante precisamente ao processo de reporte financeiro e às relações entre sociedades auditadas e auditores (independentes).

Responsabilidade Civil dos Administradores

António Fernandes de Oliveira

SUMÁRIO: §1.º Considerações preliminares. § 2.º Os deveres fundamentais dos administradores; A. Deveres de lealdade; *i) Do conceito legal; ii) Do recorte do interesse social; iii) Do sentido e alcance da contribuição do interesse do sócio, a título principal, para a definição do interesse social; iv) Dos interesses do sócio enquanto tal e à margem do interesse social; v) Considerações finais;* B. Deveres de cuidado; *i) Do conceito legal; ii) Da "business judgement rule"; iii) Do objecto dos deveres de cuidado.* § 3.º Responsabilidade civil perante a sociedade; A) Ilícitos susceptíveis de gerar responsabilidade; I) Declarações ou indicações inexactas ou deficientes na constituição da sociedade (artigo 71.º); II. Actos ou omissões praticados com preterição de deveres legais ou contratuais (artigo 72.º); *i) Da causalidade adequada e da transversalidade da culpa; ii) Do ilícito – considerações preliminares; iii) Do ilícito (cont.) – do confronto com ilícitos susceptíveis de gerar responsabilidade perante sócios ou terceiros; iv) Exemplos de ilícitos susceptíveis de lesar o interesse social; v) Da presunção de culpa no caso de violação dos deveres de cuidado; vi) Da consagração legal da "business judgement rule" para a aferição da violação dos deveres de cuidado; vii) Exemplos de ilícitos susceptíveis de lesar interesses dos sócios não recondutíveis ao interesse social; viii) Exemplo de ilícito que poderá lesar interesses de terceiros; ix) Exemplos de ilícitos que poderão lesar directamente interesses dos sócios e, simultaneamente, interesses da sociedade e/ou de credores; x) Da ausência de referência ao administrador como destinatário do comando legal;* III. Causa de exclusão de responsabilidade civil para com a sociedade e caso específico de ausência de nexo de imputação do facto ao administrador (artigo 72.º – cont.); *i) Considerações preliminares; ii) Acto ou omissão assente em deliberação dos sócios, desde que não seja nula; iii) Exemplos de deliberações dos sócios nulas; iv) Da nulidade por violação de regras imperativas de distribuição de competências; v) Do conceito de acto ou omissão "assente em deliberação dos sócios"; vi) Das consequências jurídicas para os sócios responsáveis pela deliberação em que assentou a actuação ilícita e danosa dos administradores; vii) Exemplos de deliberações dos sócios meramente anuláveis; viii) Da irrelevân-*

258   *Código das Sociedades Comerciais e Governo das Sociedades*

cia da intervenção do órgão de fiscalização; ix) Da natureza individual da responsabilidade dos administradores; **B) A solidariedade na responsabilidade; C) Renúncia pela sociedade aos direitos indemnizatórios; efectivação da responsabilidade civil dos administradores perante a sociedade**; *i) Da renúncia pela sociedade aos seus direitos e respectivas consequências; ii) Da efectivação da responsabilidade pela sociedade; iii) Da efectivação da responsabilidade pelos sócios no lugar da sociedade ("derivative action"); iv) Da efectivação da responsabilidade pelos credores no lugar da sociedade ("derivative action").* **§ 4.º Responsabilidade civil perante credores sociais**; *i) Considerações preliminares; exemplos de ilícitos; ii) Do requisito da criação ilícita de risco de insuficiência patrimonial para a satisfação dos direitos dos credores; iii) Da imunidade do direito indemnizatório à vontade e actuação dos sócios; iv) Do âmbito de aplicação da remissão operada pelo n.º 5 do artigo 79.º; v) Do ónus da prova da culpa: as teses tradicionais; vi) Do ónus da prova da culpa (cont.) - apreciação crítica das teses tradicionais; vii) Do regime comum do ónus da prova relativamente ao cumprimento dos "deveres de conduta"; viii) Conclusões finais relativamente ao ónus da prova da culpa em caso de violação de "normas de protecção".* **§ 5.º Responsabilidade civil perante os sócios e terceiros**; *i) Considerações preliminares*; *ii) Exemplos de ilícitos potencialmente geradores de danos aos sócios; iii) Exemplos de ilícitos potencialmente geradores de danos a terceiros; iv) Da actuação do administrador assente em deliberação dos sócios, ainda que anulável.* **§ 6.º Responsabilidade civil de outras pessoas com funções de administração. § 7.º Condicionantes das eficácias compensatória e preventiva do regime substantivo de responsabilidade civil dos administradores**; *i) Da eficácia compensatória; ii) Da eficácia preventiva; iii) Da eficácia preventiva (cont.): do seguro de responsabilidade civil.*

§1.º
CONSIDERAÇÕES PRELIMINARES

1. Não tratarei aqui de todas as fontes legais de responsabilidade civil dos administradores. O enfoque incidirá fundamentalmente na responsabilidade civil que se prende com a violação dos deveres inerentes à posição institucional de responsável ou co-responsável pelos destinos e condução dos negócios do ente societário.

A fonte legal desta responsabilidade pode encontrar-se, no ordenamento jurídico português, no Código das Sociedades Comerciais (CSC). Complementarmente, serão também tratados casos específicos de responsabilidade civil em que se jogam, ainda, interesses de actores principais do fenómeno societário: credores e accionistas. Quero referir-me à responsabilidade civil de administradores nos contextos específicos da insolvência e da oferta pública e transacção em mercado de acções ou outros valores mobiliários emitidos com a finalidade de captação de recursos financeiros junto do público.

A abordagem terá como ponto de partida uma perspectiva essencialmente jurídica, buscando apurar, com a certeza e precisão possíveis, as soluções legalmente consagradas na lei. Para o efeito, a produção doutrinária e jurisprudencial sobre o tema constituirão o suporte fundamental deste trabalho. Além disso, as mudanças trazidas pela recente reforma do código das sociedades comerciais serão contrastadas com as soluções anteriores.

A análise das soluções legalmente consagradas será acompanhada, quando pertinente, de uma perspectiva crítica, de sinal positivo ou negativo, consoante o respectivo merecimento (à luz do que seja capaz de equacionar e vislumbrar, e que não será certamente tudo), que se apoiará, como referência, nas soluções que de *jure condendo* pareçam ser mais desejáveis do ponto de vista retributivo ou ético e, bem assim, do ponto de vista do contributo das soluções legais para o funcionamento óptimo ou eficiente do fenómeno societário, visto este enquanto instrumento organizador da produção e, nessa medida, promotor da criação de riqueza e de desenvolvimento.

2. Para que a bondade das soluções legais aferida na sua relação com a meta desejável de resultados eticamente aceitáveis e economicamente promotores de eficiência, possa ser avaliada, é fundamental ir além do apuramento tão rigoroso quanto possível do sentido e alcance das regras jurídicas de *per se*, e se olhe ao efeito (ainda que tão só estimável) conjugado da aplicação de uma diversidade de normas que, directa ou indirectamente, possam encontrar-se em interacção e, nessa medida, condicionar-se ou anular-se mutuamente.

Este olhar para o efeito da aplicação da globalidade de um conjunto de normas jurídicas, independentemente da sua localização sistemática no ordenamento jurídico ou da sua qualidade de normas adjectivas ou substantivas, em termos de incentivos perversos ou desejáveis que estejam intencional ou inadvertidamente a promover, é talvez aquele que com mais propriedade se pode apelidar, no contexto do objecto deste estudo, como "um olhar da perspectiva do governo das sociedades (*corporate governance*)". Num contexto mais genérico, o nome desta disciplina ou método (são indissociáveis) é, na terminologia anglo-saxónica, *economics of law and regulation*.

Este modo de olhar característico dos cultores dos diversos temas que interessam ao "governo das sociedades", entre os quais se contam o da responsabilidade civil dos administradores, baseia-se muitas vezes em ideias velhas e técnicas de análise já conhecidas (por exemplo, retiradas da psicologia humana ou assentes numa presunção – hoje já bastante criticada no seu uso em estado puro – da suposta racionalidade das reacções dos actores intervenientes aos estímulos legais/económicos).

Mas mesmo nesses casos, não deixa este método ou disciplina de constituir uma novidade e de inovar, enquanto e na medida em que promove uma aplicação sistemática e generalizada dessas ideias e técnicas, contribuindo assim para o seu desenvolvimento e avaliação crítica, como metodologia central da análise, em contraste com a utilização marginal dessas mesmas técnicas e ideias no quadro de uma análise de tipo eminentemente jurídica dos quadros legais.

3. Há hoje em dia uma forte tendência para considerar que o cultor do direito (ou de outras disciplinas), especialmente o académico, assegurado que esteja um sólido conhecimento de base específico, deve romper com os quadros e fronteiras formais da sua disciplina, artificialmente desenhadas nas universidades, e procurar respostas e novas perspectivas noutras disciplinas e temas, à margem da sua formação de base. A realidade é um "contínuo", que feliz ou infelizmente tende a não se encaixar nas gavetas da universidade (em sentido lato – está em todo o lado essa divisão por gavetas) nem a deixar-se apreender, na sua complexidade, por instrumentos e técnicas de análise únicos ou puros, produtos que são da criação intelectual (por oposição ao "real"). Estes instrumentos podem (e não se vê que possa ser de outro modo) ser utilizados para iniciar a investigação, mas não devem tomar-se como conduzindo ao ponto de chegada.

Aproximamo-nos mais do ponto de chegada – digamos, de uma simulação e antecipação do real o mais fiel possível - quanto maior for a variedade utilizada de instrumentos, técnicas e saberes distintos potencialmente relevantes para a compreensão integral do fenómeno.

Responsabilidade Civil dos Administradores 261

É verdade que isso aumenta a complexidade e, consequentemente, a frequência da ocorrência de erros, enquanto não se estiver minimamente treinado para dominá-la, mas aumenta também a aproximação ao real e, principalmente, afasta-se o erro maior: aquele que se ancora na ilusão da ausência de erro, própria de sistemas de ideias puros que se arroguem de uma qualquer auto-suficiência.

4. Se procurasse qualificar este estudo à luz das considerações anteriores, diria que está mais perto da perspectiva tradicional da análise jurídica. Mas tenta-se aqui, também, permear a análise com a perspectiva (cuja principal característica será a de ausência de fronteiras) própria dos cultores do tema do "governo das sociedades".

5. Antes de terminar estas considerações preliminares, importa dizer que utilizaremos o vocábulo "administradores" indistintamente para nos referirmos aos administradores das sociedades anónimas e aos gerentes de sociedades por quotas, excepto quando se fizerem referências específicas a um ou outro desses tipos sociais. Só marginalmente outros tipos sociais serão objecto de atenção específica. Também o termo "accionista" será usado, em paralelo com o termo "sócio", para referir indistintamente quer o sócio de uma sociedade por quotas quer o sócio de uma sociedade anónima, excepto quando esteja em causa uma referência específica às sociedades anónimas. Finalmente, todas as normas invocadas sem identificação da sua pertença, têm por fonte o Código das Sociedades Comerciais (CSC).

§ 2.º
OS DEVERES FUNDAMENTAIS DOS ADMINISTRADORES

6. Falar de responsabilidade civil dos administradores requer, em primeiro lugar, discernir os deveres inerentes ao cargo ou função. Começar-se-á pelos "deveres fundamentais", para utilizar a terminologia do artigo 64.º do CSC.

A actual redacção do artigo 64.º do CSC segue de perto o entendimento que no Reino Unido existe do que são os deveres primários dos administradores. Aí (e no mundo anglo-saxónico, mais genericamente) sintetizam-se os deveres basilares dos administradores com

262 *Código das Sociedades Comerciais e Governo das Sociedades*

recurso à expressão *fiduciary duties*. Estes deveres fiduciários seriam de dois tipos:

- *i*) dever de cuidado (*duty of care and skill*), consagrado na alínea a) do n.º 1 do artigo 64.º do CSC;
- *ii*) dever de lealdade (*duty of loyalty*), consagrado na alínea b) do n.º 1 do artigo 64.º do CSC.

A. Deveres de lealdade

i) Do conceito legal

7. A novidade em relação à redacção anterior, trazida pelo Decreto-Lei n.º 76-A/2006, de 29 de Março, é a explicitação de um dever de lealdade.

O dever de lealdade traduz, no limite, a ideia de que o administrador deverá dar prioridade à satisfação dos interesses da sociedade, se necessário em detrimento dos seus próprios interesses.

Grande parte das condutas previstas no artigo 186.º, n.º 2, do Código da Insolvência e da Recuperação de Empresas (CIRE), a propósito da qualificação da insolvência como culposa, configuram ou podem configurar violações desse dever de lealdade, principalmente aquelas condutas que se reconduzem a actuações em nome da sociedade em proveito próprio ou de terceiro, com prejuízo para a sociedade, ou a actuações (intencionais) que consistam na destruição, ocultação ou sonegação de bens do património da sociedade.

Este dever de lealdade para com a sociedade não se pode confundir com o dever de lealdade para com os sócios da sociedade, cuja expressão legal mais forte talvez se possa encontrar na proibição, no contexto das sociedades anónimas, de utilização em proveito próprio e com prejuízo directo para os accionistas, de informação privilegiada acerca dos títulos (da sociedade), negociando-os com o propósito de obter um lucro ou evitar uma perda (*vd* a este propósito o artigo 449.º e seguinte do CSC e os artigos 248.º e seguintes e 378.º e seguintes do Código dos Valores Mobiliários (CVM).

Mas essa separação entre violação de interesses da sociedade e interesses do sócio, não nos deve também impressionar em demasia, pela razão simples de que a violação de interesses da sociedade redunda, em muitos dos casos, em violação (em termos formais, apenas indirectamente) dos interesses dos accionistas. Dito de outro modo, a violação directa de um interesse dos sócios enquanto tais não redunda em violação de interesses da sociedade, uma vez que esta se não reconduz àqueles. Pelo contrário, a violação de interesses da sociedade pode redundar em violação de interesses dos sócios, uma vez que para certos (muitos) efeitos os interesses da sociedade são recortados por referência aos interesses dos sócios.

ii) Do recorte do interesse social

8. Esta questão da determinação daquilo a que se reconduzem os interesses da sociedade, vai ocupar os parágrafos seguintes deste estudo, tendo por base de partida a formulação legal da alínea b) do n.º 1, do artigo 64.º do CSC.

No recorte do dever de lealdade para com a sociedade, o legislador sentiu (e bem) necessidade de indicar por categorias as entidades por referência às quais os interesses da sociedade se poderiam identificar. As sociedades, e mais genericamente os entes colectivos, são ficções legais, puras criações mentais, em torno de cujo quadro institucional gravitam os verdadeiros interessados, as pessoas ou entidades susceptíveis de serem beneficiados ou prejudicados por virtude dos sucessos e insucessos da actividade da sociedade. Não reconhecer isto é obnibular o carácter instrumental e mediador de interesses de terceiros que a sociedade representa, erigindo uma abstracção, útil enquanto tal, num fim em si, com o consequente desligamento total da realidade cujos interesses (e não o seu "próprio") a sociedade deveria traduzir e acolher, nos termos decididos por um qualquer ordenamento jurídico.

Que interesses reais acolheu o legislador português ao formular o dever de lealdade a que se encontram sujeitos os administradores?

Devem estes <u>atender</u> "aos interesses de longo prazo dos sócios, <u>ponderando</u> os interesses dos outros sujeitos relevantes para a susten-

264   *Código das Sociedades Comerciais e Governo das Sociedades*

tabilidade da sociedade, tais como os seus trabalhadores, clientes e credores"[1]. Podem-se desde logo fazer duas constatações a partir desta formulação.

A primeira é a de que o legislador português adoptou uma perspectiva da sociedade que vai para além da dos seus accionistas, abarcando os denominados "*stakeholders*". A redacção do CSC anterior ao Decreto-Lei n.º 76-A/2006, de 29 de Março, referia-se apenas, para além dos sócios, aos trabalhadores. Agora referem-se ainda os credores e os clientes. A contraposição entre a inclusão dos clientes por um lado e a omissão dos fornecedores do outro, prender-se-á com a ideia da tutela dos consumidores, embora a expressão "clientes" abarque mais do que o atomizado consumidor final. Na medida em que estejam em causa relações entre empresas, não parece que, em abstracto, a categoria "clientes" deva merecer menção especial por contraposição à categoria "fornecedores". De qualquer modo o tipo "*stakeholders*" é um tipo aberto, nos termos da norma em análise: "sujeitos relevantes para a sustentabilidade da sociedade".

Antes de prosseguir com a segunda constatação, importa fazer a seguinte observação. O dever de lealdade é do tipo que exige uma identificação o mais precisa e unívoca possível de um único credor do mesmo. Um dever de lealdade perante (categorias de) destinatários com interesses específicos distintos, dá azo a que a pessoa sujeita a esse(s) dever(es) possa invocar o credor que mais lhe convenha para justificar as suas decisões e actuação, possibilitando-lhe jogar com as lealdades contraditórias a que esteja legalmente sujeito para justificar todas as deslealdades e promover, afinal, interesses próprios em detrimento dos interesses vários que era suposto promover.

Daí que, e esta é a segunda constatação, seja de aplaudir a hierarquia que a norma em análise veio fazer entre os interesses dos sócios (a que os administradores devem "atender") e os outros interesses (que os administradores devem apenas "ponderar").

9. É preciso ainda, na análise destes deveres, reconhecer que está em causa uma regra geral, que convive com outras regras ditas especiais, que no seu campo de aplicação específico derrogam, se for

---

[1] Sublinhado meu.

esse o caso, esta norma geral ou, se se quiser, que procedem ao recorte ou delimitação negativa desta norma geral, em função de outros interesses. É o que se exemplificará de seguida.

10. No esquema societário os credores têm prioridade na satisfação dos seus créditos, em relação à recuperação, pelos sócios, dos montantes investidos e respectiva remuneração. Na mesma linha, no esquema societário português, o capital social, incluindo prémios de emissão, acrescido das reservas legais ou contratuais, funciona como valor de referência abaixo do qual o património (líquido) da sociedade não pode diminuir por virtude de distribuições aos sócios. Há ainda regras específicas aplicáveis ao reembolso de prestações suplementares.

Como consequência desta lógica societária da relação entre credores e contribuidores de capital (financiadores sem e com compromisso de estabilidade relativamente ao financiamento da sociedade, respectivamente) variadas regras legais específicas mandam atender aos interesses dos credores em detrimento dos interesses dos sócios, derrogando evidentemente, naquilo que é o seu campo específico de aplicação, a regra geral que coloca o dever de lealdade aos interesses dos sócio no plano hierárquico cimeiro.

A esse propósito vejam-se os artigos 28.º (verificação das entradas em espécie) 31.º e seguintes (distribuição de bens aos sócios), a propósito das sociedades por quotas os artigos 213.º (reembolso de prestações suplementares), 218.º (constituição e utilização de reservas legais), 220.º (aquisição de quotas próprias) e 236.º (ressalva do capital na amortização de quotas) e, a propósito das sociedades anónimas, os artigos 29.º (especialmente o seu n.º 3, enquanto exige que o valor dos bens adquiridos ao accionista seja verificado nos termos do artigo 28.º), 295.º e seguintes (constituição e utilização de reservas legais), 316.º e seguintes (aquisição de acções próprias) 346.º (amortização de acções sem redução de capital) e 349.º (especialmente o seu número 5 – proibição de redução do capital abaixo do montante de empréstimos obrigacionistas).

Em relação ao disposto no artigo 29.º, n.º 3, enquanto norma destinada à protecção de credores (e não apenas dos "outros" accionistas), não parece compreensível a sua não aplicação a outros tipos societários, ou mesmo a aquisições fora do período temporal referido

266   *Código das Sociedades Comerciais e Governo das Sociedades*

na alínea c) do n.º 2 desse artigo, em função do peso relativo da aquisição tal como regulado no referido artigo. De qualquer modo, os administradores sempre deverão, nesse âmbito, ao abrigo do princípio que se retira de diversas normas que impõe se assegure a intangibilidade do capital social (acrescido de prémio de emissão e das reservas legais e estatutária), atender aos interesses legalmente prevalentes dos credores, nesse campo, e aos interesses dos outros accionistas, assegurando-se de que os bens são adquiridos por quantia não superior ao seu justo valor.

11. Em relação ao tratamento relativo entre credores, há normas no ordenamento jurídico que, sem mandarem atender explicitamente aos interesses de um credor prioritariamente em relação aos outros, têm por efeito, em razão de mecanismos de responsabilidade subsidiária dos administradores (com presunção de culpa, em muitos casos) pelas dívidas em causa, que instituem, uma hierarquização de facto entre credores. Pensamos nas dívidas da sociedade relativas a impostos e à segurança social.

Em minha opinião é desejável ver nessas normas legais, implicitamente, uma regra que legitima condutas do administrador que privilegiem o pagamento dessas dívidas em primeiro lugar, em detrimento de outras, em circunstâncias tais até, porventura, em que isso aumente o risco de se tornar mais difícil a viabilização da sociedade (sacrifício do interesse dos sócios e dos trabalhadores enquanto parceiros de longo prazo da sociedade).

De outro modo, o pudor do legislador em dizer claramente o que pretendeu com as referidas normas de responsabilidade subsidiária dos administradores, colocará estes na posição insustentável de, para satisfazerem os interesses dos outros credores em pé de igualdade, bem como os interesses dos sócios (na recuperação da empresa), arriscarem-se a ficar numa situação, caso a empresa não recupere, equivalente à de sócios de responsabilidade ilimitada (com respeito às referidas dívidas).

O incentivo, num cenário desses, seria para que o administrador abandonasse o barco ao primeiro sinal de perigo, para assim se subtrair a um conflito de interesses sem solução razoável possível. Seria, afinal, um incentivo para a maior das deslealdades, em sentido lato e meramente objectivo, em relação à sociedade e ao seu projecto.

iii) Do sentido e alcance da contribuição do interesse do sócio, a título principal, para a definição do interesse social

12. Tem sentido, no contexto daquilo para que serve ou desejavelmente deve servir o instrumento societário na sua contribuição para a organização da produção e desenvolvimento económico, que, ressalvadas as protecções específicas dos credores, decorrentes da prioridade do seu crédito em relação às expectativas dos sócios, seja aos interesses desta categoria de destinatários que se dirija, prioritariamente, o dever de lealdade por parte de quem (administradores) conduz ou intervém nos destinos da sociedade.

Se o interesse dos credores fosse soberano, não poderia haver sociedades tal como as conhecemos – todos tenderiam a preferir ocupar a posição de credor, uma vez que a sociedade, através dos seus administradores, estaria vinculada a agir em função dos interesses dessa categoria.

Ora, os credores de uma sociedade têm tudo a perder caso o património da sociedade se torne insuficiente para a satisfação dos seus créditos (reembolso do seu "investimento"), e nada a ganhar caso o mesmo seja acrescentado em montantes superiores aos seus direitos de crédito (para além da segurança adicional inerente ao facto de o reembolso beneficiar de garantia acrescida, cada vez menos relevante, em termos marginais, à medida que a desproporção, positiva para o primeiro, entre património e créditos, aumente).

Quer isto dizer que, num ente desse tipo, os administradores estariam vinculados a preservar, em primeira linha, a capacidade de reembolso dos créditos, ou seja, a zelar pela preservação do património da sociedade necessário à sua satisfação, com o consequente desincentivo à assunção dos riscos inerentes à grande maioria dos projectos empresariais.

Pelo contrário, elevando-se sem ambiguidades os interesses dos accionistas em interesses prioritários (para além das excepções acolhidas pela lei societária e que facilitam, aliás, teoricamente, o acesso da sociedade a outros tipos de financiadores) aos quais o administrador deve lealdade, a condução dos destinos da sociedade será efectuada em função de um perfil de risco muito distinto do do credor: o sócio, tendo embora a perder a partir do momento em que o patrimó-

268 *Código das Sociedades Comerciais e Governo das Sociedades*

nio líquido se torne inferior aos valores por si investidos, "beneficia" de um limite para essa perda – o do capital investido – e, por outro lado, esse mesmo sócio tem tudo a ganhar a partir do momento em que os ganhos ultrapassem esses valores, sem sujeição, teoricamente, a limites superiores.

Este estado de coisas tem como consequência um incentivo para a tomada de riscos e, especialmente, para a inovação, onde tendencialmente o maior grau de risco anda a par com a maior probabilidade de ganhos anormalmente elevados. Como disse já alguém, inovar é fazer pela primeira vez, é experimentar pela primeira vez, sem apoio num qualquer registo histórico para aferir probabilidades e evitar erros. A decisão de gestão que escolhe trilhar esse caminho necessitará de obedecer, tendencialmente, a interesses com menor aversão ao risco.

Daí que, sem prejuízo de se erigirem normas que determinem uma mudança da administração da empresa para posições mais alinhadas com as dos credores, logo que ocorra uma situação de insolvência, ou mesmo em momento anterior determinado por outro indicador, no geral pareça ser útil e benéfico que exista um instrumento, como a sociedade comercial, nas economias de mercado, cuja gestão não esteja de facto inibida, em razão dos interesses a quem deva lealdade, de prosseguir projectos que, encerrando risco considerável, tenham como contraponto a possibilidade de ganhos também eles consideráveis.

Como se verá melhor mais adiante, aquando da análise dos deveres de cuidado, a legitimidade para a assunção de riscos não confere carta branca à administração. Para além dos sócios, que não são evidentemente imunes ao risco, também os credores poderão, ao abrigo dos deveres de cuidado, confrontar, no lugar da sociedade (por sua conta) uma conduta ou actuação da administração que tenha feito a sociedade incorrer em prejuízos sem, por exemplo, o estudo que seria razoavelmente exigível nas circunstâncias do caso (informação insuficiente), para adequada ponderação da decisão, ou quando a actuação ou decisão seja *a priori* (sem o benefício próprio de quem, *a posteriori*, pode melhor perceber o que falhou e porque falhou) manifestamente errada, à luz de critérios de razoabilidade.

13. É de notar ainda que o interesse relevante preponderante é o dos sócios enquanto tais, isto é, nessa qualidade ou posição, exclusivamente, sem que se deva atender aos circunstancialismos particulares de qualquer sócio ou conjunto de sócios determinantes de interesses divergentes daqueles que decorrem da sua pura e simples posição de sócio.

Para ilustrar o que ficou dito acima, quando o sócio seja contraparte numa transacção com a sociedade, o administrador deve ser insensível ao interesse desse sócio naquilo que decorra da sua qualidade de contraparte na dita transacção. A preservação do interesse dos credores (enquanto tais) e dos outros sócios (enquanto tais), em suma, o interesse da sociedade enquanto síntese desses interesses realizada num determinado ponto de equilíbrio escolhido pela ordem jurídica e/ou pelos fundadores da sociedade e restantes accionistas, deve constituir a preocupação do administrador.

Já acima foram dados exemplos da concretização deste princípio, com esta caracterização, no CSC, quando se referiram as regas aplicáveis às entradas em espécie e à aquisição de bens pela sociedade aos accionistas (numa sociedade anónima ou em comandita por acções) – *vd* artigos 28.º e 29.º do CSC.

Com respeito ao artigo 29.º do CSC, impõe-se repetir aqui a consideração acima feita: o dever de promover os interesses da sociedade, de lealdade a esses interesses, impõe ao administrador que assegure que se não paga pela aquisição do bem ao sócio mais do que o seu justo valor, independentemente de se verificar ou não a *facti species* do referido artigo.

14. O interesse preponderante a que o administrador deve lealdade é o do sócio enquanto tal, como se viu acima. É preciso ainda acrescentar o óbvio: o interesse do sócio, enquanto tal, relevante, só pode ser um interesse que não colida, ou cuja prossecução não implique a colisão, com as normas legais a que deva obediência a sociedade nos espaços jurídicos em que actue – em síntese, só relevam "interesses legítimos".

15. A lei (artigo 64.º do CSC, sob análise) manda atender aos interesses de longo prazo dos sócios. A obediência a interesses de longo prazo dos sócios tem sido particularmente discutida nos últimos anos, em estreita relação com um tipo de incentivo remunerató-

270   *Código das Sociedades Comerciais e Governo das Sociedades*

rio dos administradores que, na prática, através de planos de aquisição de acções ou de atribuição de opções sobre acções (*stock option plans*), por exemplo, olha para uma fotografia da situação patrimonial da empresa e seus resultados, por referência a um período temporal relativamente curto (*vg* contas de um exercício), enquanto reflectida no preço das acções.

Os administradores, nesse contexto, têm um incentivo para administrarem a sociedade com vista ao aumento do preço das suas acções durante o período de exercício das opções de compra ou subscrição, independentemente de as medidas tomadas com esse fito serem ou não adequados para a sustentação e crescimento dos resultados da sociedade, numa perspectiva de longo prazo. Na medida em que a questão dos resultados num horizonte temporal mais alargado não encontrasse tradução no preço das acções, a actuação em causa seria, à luz dos objectivos pretendidos pelo administrador que se postula como hipótese, eficaz.

iv) Dos interesses do sócio enquanto tal e à margem do interesse social

16. Dito isto, importa aqui fazer a seguinte ressalva: uma coisa são os interesses da sociedade, interesses também do sócio, ainda que apenas indirectamente do ponto de vista formal; outra coisa são os interesses directos do sócio, enquanto tal, distintos do interesse da sociedade.

Num contexto, por exemplo, de uma oferta pública de aquisição (OPA), só com recurso a uma abstracção pura (a uma ficção) se pode dizer que está em causa o interesse do accionista mediado pelo interesse da sociedade.

Que accionista? O futuro potencial accionista, o oferente? Não pode evidentemente, a actual administração, ter a pretensão de ser a guardiã dos interesses do oferente na sua qualidade de potencial futuro accionista, aquando da formulação do seu parecer sobre a OPA.

O actual accionista, por sua vez, potencial vendedor na OPA, tem como único interesse, para efeitos da sua potencial decisão de venda, avaliar os méritos financeiros da proposta de compra. Está em causa um interesse directo do sócio, que se não reconduz ao interesse do sócio relativamente aos destinos e desempenho futuro da sociedade. Está em causa um interesse directo do sócio relativo ao activo financeiro negociável "acção", de que dispõe. Está em causa o interesse directo do sócio de poder vir a deixar de o ser, mediante adequada contrapartida.

Este interesse directo do sócio é de natureza muito distinta do interesse da sociedade enquanto recortado em função dos interesses dos seus accionistas: aqui, interesse no desempenho e condução dos destinos da sociedade, interesse prospectivo em relação à sociedade, aos resultados distribuíveis aos accionistas que possa vir a gerar; ali, interesse retrospectivo, e prospectivo também, em relação ao desempenho da sociedade, mas apenas como ponto de referência para a averiguação da adequação do preço oferecido na OPA.

O artigo 64.º do CSC só cuida do interesse da sociedade, ainda que recortado em função dos interesses dos seus accionistas enquanto tais. Não cuida dos interesses directos do sócio em relação ao produto financeiro de que é titular (a acção), cuja gestão cabe inteiramente ao sócio, cuja gestão não está colectivizada. Não pode por isso este artigo ser invocado para fundamentar a eventual oposição a uma OPA, da perspectiva dos accionistas (a perspectiva preponderante).

O relatório do órgão de administração a que se refere o artigo 181.º do CVM deve pois, da perspectiva dos accionistas, auxiliá-los, com o grau de exigência previsto no artigo 7.º do mesmo código, na avaliação da adequação das condições de compra propostas pelo oferente. Deve auxiliar os accionistas enquanto titulares de um interesse directo sobre as acções (produto financeiro negociável) cuja gestão lhes compete, e não da perspectiva do seu interesse no desempenho da sociedade (que se não joga na decisão relativa à venda das acções senão como referência para avaliar a adequação do preço proposto).

Nem parece que os interesses dos credores ou dos trabalhadores, na medida em que sobre eles se proceda ao recorte do interesse social, possam ou devam informar o referido relatório do órgão de administração. Esses interesses, na medida em que devam ser atendidos, à luz do disposto no artigo 64.º do CSC, e de outras normas mais específicas, impõem-se à actual como às futuras administrações, sem cortes ou interrupções, não sendo legítimo que a actual administração

Código das Sociedades Comerciais e Governo das Sociedades

interfira com planos das futuras administrações, que respeitem o referido normativo (e outros mais específicos que se imponham à administração), e ainda menos que mova processos de intenção relativamente à eventual violação pela futura administração das normas em discussão.

v) Considerações finais

17. Antes de terminar a análise do dever de lealdade, não quero deixar de fazer duas observações. Uma primeira para dizer que em situações, com que por vezes são confrontados os nossos tribunais, de condutas por parte do administrador que se podem qualificar como desleais, em relação aos interesses da sociedade, em especial quando estes se identificam na prática com os interesses dos credores, em casos em que o gerente é simultaneamente sócio dominante ou único, é possível com a actual formulação do artigo 64.º do CSC invocar também a violação do dever de lealdade dos administradores para com os interesses da sociedade, na medida em que estes possam ou devam mesmo ser recortados em função dos interesses dos credores[2].

Uma segunda observação para dizer que o legislador utiliza outras técnicas para assegurar o cumprimento do dever de lealdade, que se podem qualificar como preventivas. É o caso das proibições de concorrência com a sociedade, de celebração de negócios com a sociedade e de participar em processos deliberativos quando haja conflito de interesses (*vd* artigos 254.º, 397.º, 398.º, 410.º n.º 6, 428.º, 433.º e 445.º, todos do Código das Sociedades Comerciais).

---

[2] Na prática, porém, como se verá melhor mais adiante aquando da análise do artigo 79.º, o instituto do abuso do direito pode continuar a ser a melhor opção do credor.

B. Deveres de cuidado

i) Do conceito legal

18. Dispõe a alínea a) do n.º 1 do artigo 64.º do CSC, na redacção dada pelo Decreto-Lei n.º 76-A/2006, de 29 de Março, que os gerentes ou administradores devem observar "deveres de cuidado, revelando a disponibilidade, a competência técnica e o conhecimento da actividade da sociedade adequados às suas funções e empregando nesse âmbito a diligência de um gestor criterioso e ordenado".

Em relação à anterior redacção, a grande novidade, para além da utilização da terminologia "deveres de cuidado", está na exigência específica de que os administradores revelem disponibilidade, competência técnica e conhecimento da actividade da sociedade. E essa disponibilidade, competência técnica e conhecimento da actividade da sociedade são exigidos no grau que se revele adequado às funções do administrador, e não em função da formação e experiência do administrador em concreto em causa[3].

Para além desta exigência em relação às qualidades da pessoa do administrador e à sua disponibilidade e experiência, exige-se ainda que empregue no âmbito das suas funções a diligência de um gestor criterioso e ordenado, em termos que reproduzem no essencial a solução anterior.

Como é bom de ver, esta separação entre exigências na actuação do administrador (diligência de um gestor criterioso e ordenado) por

---

[3] No reino Unido, durante muitos anos o *"duty of care and skill"*, na sua vertente de *"duty of skill"* por oposição a *"duty of diligence"*, foi visto pela jurisprudência como não exigindo mais de um concreto administrador do que "(...) *a greater degree of skill than may reasonably be expected from a person of his knowledge and skill"*. Esse grau de exigência alterou-se entretanto, por virtude de uma evolução jurisprudencial, sendo agora entendido que a exigência é objectiva: *"general knowledge, skill and experience that may reasonably be expected of a person carrying out the same functions as are carried out by that director in relation to the company"*, entendendo-se mesmo que na medida em que esses conhecimentos, competências e experiência do concreto administrador sejam superiores ao exigido pelo *standard* objectivo, a sua conduta será avaliada em função deste *standard* subjectivo superior. *Vd* a este propósito, PAUL L. DAVIES, *Gower's Principles of Modern Company Law*, Sweet & Maxwel, sexta edição, 1997, (1954), pp 640 e ss.

274 *Código das Sociedades Comerciais e Governo das Sociedades*

um lado, e qualidades que se exigem ao administrador, por outro, não são na prática, para efeitos de aferição acerca da violação ou não dos deveres de cuidado, separáveis. É também a propósito da actuação do administrador que se poderá aferir se este revelou ou revela a "disponibilidade, a competência técnica e o conhecimento da actividade da sociedade adequados às suas funções".

Em síntese, na aferição do cumprimento dos deveres de cuidado, são aplicáveis dois testes objectivos:

i) diligência de um gestor criterioso e ordenado (este critério já existia e manteve-se com a reforma operada pelo Decreto-Lei n.º 76-A/2006, de 29 de Março);

ii) disponibilidade, competência técnica e conhecimento da actividade da sociedade adequados às suas funções.

Na medida em que as funções do administrador sejam essencialmente de fiscalização (não-executivos), "a disponibilidade, competência técnica" e sobretudo o "conhecimento da actividade da sociedade" adequados às suas funções não se deverá revestir da mesma intensidade e grau de exigência aplicado aos administradores executivos da mesma sociedade. Essas funções (executiva e não-executiva) encerram um grau de exigência e de envolvimento nos assuntos da sociedade por natureza diverso.

ii) Da "business judgement rule"

19. Analisado o dever de cuidado, a conclusão que à primeira vista se pode retirar é a de que as exigências são muito elevadas.

Já o eram, porém, também, embora com uma concretização menor, ao abrigo da anterior redacção do CSC, na medida em que também aí se utilizava o critério objectivo da diligência de um gestor criterioso e ordenado para aferir a correcção da actuação dos administradores à frente dos destinos da sociedade.

Em sentença de um tribunal de 1ª instância já foi adoptado o entendimento, à luz da anterior redacção do artigo 64.º, que o "dever de gestão não compreende o dever de tomar decisões adequadas", constituindo essa concepção uma "limitação da sindicabilidade do mérito das decisões empresariais (com correspondência no *"business judgement rule"*)[4].

Na doutrina portuguesa, António Menezes Cordeiro manifesta-se (à luz da anterior redacção do artigo 64.º) pela existência no ordenamento jurídico português de uma solução equivalente à da regra do *business judgment rule* (esta terminologia é originária dos Estados Unidos da América, onde a regra é genericamente acolhida e respeitada): "o art. 64.º, pela sua incompletude estrutural, nunca poderia, só por si, fundamentar a responsabilidade dos administradores, por erro de gestão" e "os tribunais não estão apetrechados para proceder à apreciação do mérito da gestão"[5].

É forçoso concordar com a afirmação de que os tribunais não estão apetrechados para apreciar o mérito da gestão. Mas se a questão for formulada em termos de aferir se um administrador decidiu um assunto de importância sem procurar informar-se, num contexto em que seja possível demonstrar que a procura dessa informação teria com probabilidade evitado a tomada de decisão que provocou os prejuízos à sociedade, nada parece obstar a que o administrador possa ser confrontado com a violação de um dever de cuidado gerador da obrigação de indemnizar, especialmente se se tiver em conta a nova concretização desse dever, enquanto requer do administrador disponibilidade, competência técnica e conhecimento da actividade da sociedade adequados à função.

O mesmo se diga num caso em que o administrador não tenha ponderado no processo de tomada de decisão um factor essencial e determinante para o sucesso ou insucesso do projecto ou actividade em causa nessa decisão ou actuação. Nada parece aconselhar a que os tribunais se alheiem dessas questões, podendo sempre as partes e o próprio tribunal recorrer a pessoas com conhecimentos na área relevante, para melhor fundamentar as tomadas de posição e esclarecer as questões. Provando-se o referido, nada parece impedir que ao

---

[4] *Vd* ABÍLIO NETO, *Código das Sociedades Comerciais, Jurisprudência e Doutrina*, Ediforum, 3ª Edição, 2005, pp 228 e 251.

[5] ANTÓNIO MENEZES CORDEIRO, *Da Responsabilidade Civil dos Administradores das Sociedades Comerciais, Lisboa*, Lex, 1997, p 523.

administrador possa ser assacada responsabilidade civil pelos danos causados, com fundamento em violação do seu dever de cuidado, na sub-modalidade de emprego da diligência de um gestor criterioso e ordenado, e na sub-modalidade de exigência de competência técnica adequada às funções.

20. Dito isto, importa agora fazer justiça aos defensores da *business judgement rule*. Na sua formulação americana, ela significa que um administrador que tenha actuado de boa-fé (sem violação dos deveres de lealdade, portanto) e esteja razoavelmente informado, goza da presunção inilidível de ter satisfeito os deveres de cuidado[6]. Como veremos mais adiante, é isso que em grande medida o n.º 2 do artigo 72.º do Código das Sociedades Comerciais, na redacção introduzida pelo Decreto-Lei n.º 76-A/2006, de 29 de Março, prescreve.

Em termos práticos, o que se quer veicular com a ideia de *business judgement rule* é que, não havendo comportamentos desleais ou de má-fé, a gestão de uma sociedade não deve ser avaliada, para efeitos de retirar consequências em sede de responsabilidade civil dos administradores, senão em caso de manifesta violação dos deveres de cuidado por parte dos administradores na sua actuação ou, se se quiser, excepto em casos de negligência patente desses administradores.

Em tribunal, esta regra traduz-se na especial exigência, ou se se quiser, na especial prudência e reserva, em relação à demonstração exigida para que se possa dar por provado que um administrador violou os seus deveres de cuidado ou as regras da arte (*vg*, especialmente, mas não exclusivamente, no que respeita à prova de que revelou na sua actuação a competência técnica que seria de esperar de quem exerce as suas funções).

Estas especiais exigências de prova compreendem-se perfeitamente, e mais não são do que uma adaptação dos tribunais aos perigos de se julgar uma actuação ou conduta à luz dos ditos deveres de cuidado, que requer, muitas das vezes, juízos complexos e consideração de probabilidades, com o benefício próprio de quem julga após a

---

[6] *Vd* BERNARD BLACK, BRIAN CHEFFINS e MICHAEL KLAUSNER, "Outside Director Liability", 2003, Stanford Law School, John M. Olin Program in Law and Economics, Working Paper No. 250 http://papers.ssrn.com/abstract=382422

verificação dos eventos e se encontra na posição cómoda de poder determinar o encadeamento causal dos mesmos após a sua ocorrência.

Nessas circunstâncias, poderá parecer óbvio aquilo que, para quem teve de decidir *a priori*, nas circunstâncias do caso e sob eventual pressão, era tudo menos isso. O que Colombo queria dizer (literalmente, não metaforicamente) com o episódio do "ovo", só se tornou evidente depois deste concluir a sua actuação, isto é, "era" evidente, mas só "*a posteriori*".

É fácil criticar, convencer do carácter grosseiro do erro ou da incipiência da capacidade de antever factores relevantes para o processo de tomada de decisões, em relação a quem faz e tenta fazer, depois da acção e seus efeitos passarem à categoria de eventos passados. Difícil é evitar o erro antes de se conhecer a cadeia de eventos e consequências desencadeadas pela acção, e isso é tanto mais assim no contexto da gestão de uma organização (e ambiente envolvente) complexa, como é muitas vezes a empresa, em que se está permanentemente a tentar evoluir e progredir, também através de processos de "tentativa e erro", numa palavra, através de processos de experimentação.

É em homenagem à constatação desta dificuldade em prever consequências das suas decisões, com que se defrontam os administradores, que os tribunais tendem a erigir padrões de exigência em relação à prova da existência de condutas negligentes, particularmente elevados.

21. Esta regra da *business judgement rule* parece ser, além disso, promotora de progresso e desenvolvimento económicos. Mais atrás referiu-se em termos técnicos aquilo que o senso comum ou intuição já ditaria: os diferentes perfis de risco de accionista e credor (para não falar da lógica societária, daquilo que diferencia uma sociedade) aconselham a que os administradores tenham na sua actuação, essencialmente (sem prejuízo de certas protecções dos credores, institucionalmente "contratualizadas", atrás analisadas) em conta os interesses dos accionistas, se se pretende promover o desenvolvimento económico através da organização da produção utilizando o esquema societário.

Retomando essa ideia a propósito da potencial responsabilidade dos administradores perante a sociedade, por alegadas violações dos

278 *Código das Sociedades Comerciais e Governo das Sociedades*

deveres de cuidado, pode-se dizer que os administradores tenderão a ser tanto mais conservadores e avessos a tentativas de inovação ou a experimentar o que nunca se fez, quanto maiores forem as probabilidades de incorrerem em responsabilidade civil como consequência da aplicação de um qualquer *standard* associado aos deveres de cuidado, a que se encontrem sujeitos. Em última análise, esse estado de coisas redundaria em prejuízo para os sócios e economia em geral, pela ausência de condições requeridas para a assunção de riscos empresariais por parte das sociedades, na pessoa de quem as representa.

Os administradores, que têm o desenvolvimento das suas competências e reputação (isto é, rendimentos futuros) ligados aos destinos de uma sociedade ou sector, tenderão a ser mais avessos ao risco do que o accionista que, querendo, poderá diversificar a sua carteira de participações sociais, directamente ou através de instrumentos como os fundos de investimento e fundos de pensões.

O regime de responsabilidade dos administradores não deverá, por isso, ser formulado em termos que reforcem esse desalinhamento entre o perfil de risco do accionista e o do administrador (para além de aconselhar, por exemplo, a que se concebam planos de remuneração dos administradores que permitam um maior alinhamento da propensão para o risco por parte do administrador, em relação àquela que é a propensão para o risco do accionista que pode diversificar a sua carteira de participações. Mas isso é outro tema).

iii) Do objecto dos deveres de cuidado

22. O objecto dos deveres de cuidado que impendem sobre os administradores reconduz-se à sua actuação enquanto (na qualidade de) guardiães e promotores do interesse societário, com a densificação acima analisada a propósito dos deveres de lealdade, pelo que mais nada acrescentaremos aqui a esse propósito.

§ 3.º
RESPONSABILIDADE CIVIL PERANTE A SOCIEDADE

23. Fazendo uma síntese do que acima se desenvolveu a propósito dos deveres fundamentais dos administradores perante a sociedade, que possa aproveitar ao próximo tema deste trabalho, poderá dizer-se que a violação de deveres de lealdade que se reconduza a condutas que preencham a *facti species* da maioria das alíneas do n.º 2, do artigo 186.º do CIRE, poderá facilmente originar responsabilidade civil dos administradores.

Já a efectivação de responsabilidade civil pela violação da regra que manda atender aos interesses de longo prazo dos sócios, será provavelmente de aplicação menos frequente, em razão da maior complexidade da prova requerida para a sua demonstração.

Menos frequente ainda, previsivelmente, tenderá a ser a efectivação de responsabilidade civil dos administradores por violações de deveres de cuidado, que tenderá a escassear fora do contexto em que se possa, com considerável margem de segurança, emitir um juízo positivo acerca da falta de cuidado ou pouca diligência que terá pautado a conduta do administrador. Os juízos de valor são, neste campo, bastante mais complexos e sujeitos a erro, pelo que o julgador, provavelmente, tenderá a compensar essa circunstância com exigências adicionais de prova ou de demonstração, para já não falar do efeito da consagração da *business judgement rule* no n.º 2 do artigo 72.º.

24. Para além destes deveres fundamentais (de lealdade e de cuidado), os administradores poderão incorrer em responsabilidade perante a sociedade por violação de outros deveres legais ou contratuais, independentemente de se poderem ou não reconduzir, também, a estes dois deveres já analisados. Mas isso é o que veremos melhor de seguida, numa parte mais descritiva deste trabalho.

A) Ilícitos susceptíveis de gerar responsabilidade

25. Esta parte do estudo começará naturalmente pelas fontes de responsabilidade civil dos administradores perante a sociedade, que se podem encontrar no Código das Sociedades Comerciais, não se

280 *Código das Sociedades Comerciais e Governo das Sociedades*

indo muito além dessas, como se advertiu no intróito. A base de partida serão os artigos 71.º e seguintes deste código.

I) Declarações ou indicações inexactas ou deficientes na constituição da sociedade (artigo 71.º)

26. Objecto de previsão específica foi a responsabilidade, solidária entre si e com os fundadores, para com a sociedade, pelas inexactidões e deficiências das indicações e declarações prestadas com vista à constituição da sociedade, designadamente no que respeita à realização das entradas, aquisição de bens pela sociedade, vantagens especiais e indemnizações ou retribuições devidas pela constituição da sociedade.

Estão em causa, nesta lista exemplificativa, faltas de correspondência entre o que se declara com vista à constituição da sociedade e a realidade, em matérias com impacto na sua situação patrimonial. O que se tutela, essencialmente, será a confiança de pessoas e entidades que possam, no futuro, vir a ser parte em transacções ou negócios com a sociedade (futuros credores, incluindo trabalhadores), bem como outros sócios ignorantes dessas inexactidões ou deficiências. Evidentemente, será necessário que se verifiquem os outros requisitos de responsabilidade civil (dano, nexo de causalidade – adequada – e culpa, que no caso se presume, como se verá melhor de seguida).

Nos termos do n.º 2, cabe ao administrador provar que desconhecia, sem culpa, a inexactidão ou deficiência da indicação ou declaração (potencialmente) geradora de responsabilidade civil. O mesmo é dizer que existe uma presunção de culpa relativamente à violação do dever de prestar indicações e declarações exactas e sem deficiências[7].

---

[7] MENEZES CORDEIRO entende que a presunção de culpa resulta das regras gerais, por se estar perante uma obrigação legal específica (atinente à correcção e completitude das declarações) a que, por isso, se aplicaria a regra dos artigos 798.º e 799.º, n.º 1, do Código Civil. No n.º 2 o que haveria seria uma segunda obrigação legal específica, de os visados se inteirarem "do andamento e teor das indicações e declarações prestadas" – MENEZES CORDEIRO, "Responsabilidade ...", pp. 34 e ss. Penso que essa poderia ser, *de jure condendo*, perspectiva a adoptar, mas não creio que tenha sido aquela que se encontra positivada na

É, no entanto, importante, fazer uma distinção. Uma coisa é a indicação de que foram feitas entregas para realização do capital social em determinado montante, que na realidade não ocorreram, ou de que houve a realização de determinada entrada em espécie, devidamente verificada por revisor oficial de contas, que determinou ser o valor dos bens entregues não inferior ao valor nominal, acrescido de prémio de emissão, das acções em causa subscritas pelo accionista, quando na realidade isso não ocorreu no todo ou em parte. Em todos estes casos está em causa responsabilidade por inexactidões ou deficiências nas indicações ou declarações prestadas.

Diferente é a hipótese em que o revisor oficial de contas, deliberada ou inadvertidamente (sem conluio com os administradores), faz no seu relatório menção a um valor para o bem objecto de entrada em espécie, superior ao seu real valor, com prejuízo para o cumprimento das regras sobre intangibilidade do capital social (acrescido de prémios de emissão)[8]. Num caso destes não parece que a indicação se possa qualificar como inexacta para efeitos deste artigo 71.º, n.º 1. No seu confronto com o documento em que legalmente se tem de basear a indicação (o relatório do revisor oficial), esta é exacta. O problema terá, porém, pouca importância prática num caso destes, uma vez que, de toda a forma, seria fácil, em muitos casos (no pressuposto de conduta honesta por parte do administrador), elidir a presunção de culpa.

---

lei. Que no n.º 1 se encontra positivado um dever de prestar declarações exactas e sem deficiências, não merece discussão (da mesma forma que na norma que pune o homicídio se pode encontrar implícita uma proibição de matar). Mas no n.º 2 o que se prescreve é, indirectamente, uma presunção de culpa, através da previsão da forma da sua elisão: provando-se que se ignorava, sem culpa, as inexactidões ou deficiências da declaração, afasta-se a responsabilidade civil. Compreende-se a tentação do legislador em ir por esse caminho: tendo em conta a natureza do dever previsto no n.º 1 (relacionado com uma declaração de ciência), é fundamentalmente ao nível da consciência ou falta dela e respectiva desculpabilidade, da inexactidão ou deficiência, que se joga o problema da culpa em sentido lato (incluindo o dolo). Em todo o caso, esta discussão terá pouco interesse, só fazendo sentido caso se vejam como "absolutos" certas categorizações da ciência do direito, entre as quais se encontram a da culpa e a do ilícito. Mais adiante será ensaiada uma relativização dessas categorias em função de um diferente eixo fixo a que se dará o nome de "deveres de conduta".

[8] *Vd.*, no âmbito do Código das Sociedades Comerciais, o artigo 82.º para a potencial responsabilidade civil do revisor oficial de contas.

282 *Código das Sociedades Comerciais e Governo das Sociedades*

Já no que respeita aos fundadores[9], a importância prática desta questão resulta da necessidade de delimitar mutuamente os campos de aplicação dos números 1 e 3 (este último aplicável apenas a fundadores) do artigo 71.º em análise, em virtude dos seus aparentemente diferentes objectos, delimitação essa que assume especial relevância em razão das diferentes regras adoptadas por um e outro relativamente ao grau de culpa exigido e ónus de prova da mesma. Este tema requer mais desenvolvimentos, que aqui não serão feitos para não desviar esforços daquilo que é o foco da nossa atenção: o administrador.

27. Para terminar este ponto, duas observações se impõem. A primeira para dizer que parece justificar-se a aplicação analógica deste regime a situações de aumento de capital (*vd.* relativamente a declarações de ciência a propósito da realização das entradas, o artigo 88.º, n.º 2, do Código das Sociedades Comerciais), sem prejuízo, evidentemente, da possibilidade de se gerarem ocorrências nesse contexto geradoras de responsabilidade civil, ao abrigo do artigo 72.º, que se analisará de seguida. A segunda observação é para dizer que, em situações em que um sócio fique beneficiado em sede de realização de entradas – porque entrou com menos do que era suposto e foi decidido, na sequência, por exemplo, de um relatório de verificação das entradas que tenha sancionado, erradamente, determinada avaliação do bem entregue –, nada justifica fazer depender o seu dever de restituir da ausência ou presença de culpa. Ficou enriquecido com a falta, à custa dos outros sócios que, simetricamente, ficaram empobrecidos, pelo que se justifica, se outro fundamento legal não for invocável (e aqui defende-se que no limite, *de jure condendo*, deveria ser: responsabilidade civil objectiva ou, talvez mais rigorosamente, responsabilidade contratual pelo incumprimento ou pelo cumprimento defeituoso), a aplicação do instituto do enriquecimento sem causa.

Há um outro fundamento legal invocável, que é o constante do artigo 25.º, n.º 2, do Código das Sociedades Comerciais, que institui um dever objectivo de restituição. Mas, estranhamente, limita-o ao

---

[9] No contexto de sociedades constituídas com apelo a subscrição pública, *vd.* artigos 279.º e seguintes do Código das Sociedades Comerciais.

Responsabilidade Civil dos Administradores 283

valor nominal da participação (com exclusão, portanto, do prémio de emissão, que pode ser, e muitas vezes é, a parte principal da justa medida daquilo que o accionista faltoso estava obrigado a contribuir através da sua entrada em espécie).

II. Actos ou omissões praticados com preterição de deveres legais ou contratuais (artigo 72º)

i) Da causalidade adequada e da transversalidade da culpa

28. O artigo 72.º do Código das Sociedades Comerciais contém a norma central para a responsabilidade civil dos administradores, dispondo que os administradores "respondem para com a sociedade pelos danos a esta causados por actos ou omissões praticados com preterição dos deveres legais ou contratuais, salvo se provarem que procederam sem culpa".

Também aqui os pressupostos gerais da responsabilidade civil se aplicam. Por mencionar, na formulação desta norma, está o pressuposto do nexo de causalidade (adequada). A responsabilidade (pelos danos) é por actos ou omissões que não só traduzam o incumprimento de deveres legais ou contratuais, mas também que, simultaneamente, sejam (em abstracto) causa "adequada" dos danos a que deram origem, conforme entendimento maioritário da nossa doutrina.

O instituto da responsabilidade civil requer que a causa seja adequada, isto é, que haja uma adequação abstracta entre facto e dano, atendendo-se "tanto às *circunstâncias cognoscíveis*, à data da produção do facto, por uma pessoa normal, como às *na realidade conhecidas* do agente"[10].

Em face desta formulação do princípio da "causalidade adequada", parece poder afirmar-se que se exige que os resultados danosos da acção, ou omissão, ou mesmo a extensão do dano, não sejam *ex ante* imprevisíveis ou, de acordo com critérios de razoabilidade, que não

---

[10] MÁRIO JÚLIO DE ALMEIDA COSTA, *Direito das Obrigações*, Almedina, 5ª Edição, 1991, pp. 632.

284   *Código das Sociedades Comerciais e Governo das Sociedades*

seja impossível, em abstracto, alguém na posição do faltoso antecipar a sua possibilidade.

Tudo somado, o requisito da causalidade adequada parece estar estreitamente relacionado com o conceito de culpa (juízo de censura), que constitui um outro requisito da responsabilidade civil normalmente apresentado, de forma autónoma, por referência exclusivamente ao facto (à prática da acção ou omissão). Com efeito, a legitimação deste requisito de responsabilidade civil conhecido como "causalidade adequada", não parece poder repousar senão numa apreciação (e consequente juízo de censura, ou exclusão da mesma) dirigida ao cuidado, ou falta dele, com que o putativo responsável mede as possíveis consequências das suas acções.

Dir-se-ia que este teste, na prática, só funcionaria quando tivesse havido intenção de praticar o facto, uma vez que só então faria sentido apurar o cuidado, ou falta dele, com que as consequências da acção teriam sido ponderadas. Este comentário permite esclarecer que o que está em causa, à semelhança, aliás, do que sucede com a aferição da culpa em sentido estrito (ou tradicional), é confrontar uma situação concreta (uma acção, querida ou consumada inadvertidamente) com um padrão ou *standard* consagrado na lei: essa acção, em abstracto ou *a priori*, é causa adequada do resultado danoso? Ou, de outra perspectiva que melhor ilumina a conexão desta matéria com a da culpa ou censurabilidade: em abstracto ou *a priori*, ainda que tendo em conta a posição daquele agente concreto (e os particulares conhecimentos que possa ter), a possibilidade de resultados danosos decorrentes dessa acção, semelhantes aos que ocorreram, eram, à luz de critérios de razoabilidade, previsíveis?

Também no campo da culpa em sentido estrito (isto é, reportada à prática do facto – sua voluntariedade ou eventual censurabilidade da sua prática, quando inadvertida) o que se faz, no caso português, é testar uma ocorrência concreta em face de um critério ou teste que consubstancia a objectivação de um conceito legal de comportamento culposo. Neste caso, será culposo o comportamento que não observe "a diligência de um bom pai de família, em face das circunstâncias de cada caso" (artigo 487.º, n.º 2, do código civil).

Na aplicação do requisito da causalidade adequada, a técnica não é diferente, apenas o *standard* de exigência (neste caso um resultado, fundamentalmente, de um desenvolvimento doutrinário que só marginalmente se encontra positivado na lei – *vd* artigo 563.º do Código Civil, especialmente no que concerne ao uso da palavra "provavelmente") varia, se é que varia no essencial para além da sua diferente concretização linguística e, porventura, melhor especificação.

Numa nota final, apetece arriscar que a culpa, bem vistas as coisas, atravessa transversalmente, sob diferentes vestes e denominações, todo o instituto das responsabilidades civil e criminal: exigência (em geral) de um juízo de censura relativamente à prática do facto (acção ou omissão) lesivo (culpa no sentido tradicional); exigência de um juízo de censura relativamente à (inerente à questão da) previsibilidade ou probabilidade dos danos e respectiva extensão (causalidade adequada); exigência de juízo de censura em relação ao conhecimento ou desconhecimento da lei e, consequentemente, das obrigações ou proibições dela decorrentes (consciência da ilicitude), especialmente desenvolvida no campo do direito penal (cfr. artigos 16.º e 17.º do código penal), e não tanto, ou mesmo nada desenvolvida, no direito civil, em virtude da adopção por este ramo do direito de um regime de "responsabilidade objectiva", neste plano da culpa[11].

ii) Do ilícito – considerações preliminares

29. Nesta parte do estudo far-se-á uma resenha de alguns dos deveres legais a que os administradores estão sujeitos, principalmente de entre os previstos no Código das Sociedades Comerciais.

Não é de excluir que noutros pontos do sistema legal se possam encontrar deveres dos administradores cuja violação, verificados que estejam os outros pressupostos da responsabilidade civil, seja susceptível de desencadear um dever de indemnizar ao abrigo deste artigo 72.º.

O que tem é de se tratar de normas que se dirijam ao administrador enquanto tal ou nessa capacidade, ou com relação ao cumpri-

---

[11] "A ignorância ou má interpretação da lei não justifica a falta do seu cumprimento nem isenta as pessoas das sanções nela estabelecidas" – artigo 6.º do Código Civil. Por outras palavras, é irrelevante a falta de consciência da ilicitude de um facto, seja ela culposa ou, pelo contrário, desculpável.

286 *Código das Sociedades Comerciais e Governo das Sociedades*

mento das quais o administrador, nessa qualidade, esteja em condições de interferir, por um lado, e, por outro, que se trate de normas que visem a tutela do interesse societário (ainda que recortado, em maior ou menor medida, em função dos seus sócios, dos seus credores, ou mesmo dos seus trabalhadores – *vd. supra* a discussão do que se deve entender por interesse societário), e não a tutela de interesses extra societários, como será o caso, para dar exemplos de fronteira, do interesse directo do credor ou do sócio, enquanto tais, não recondutível ao interesse societário.

iii) Do ilícito (cont.) – do confronto com ilícitos susceptíveis de gerar responsabilidade perante sócios ou terceiros

30. O recorte das situações (ilícitos) susceptíveis de gerar responsabilidade civil perante a sociedade, no confronto com as situações susceptíveis de gerar responsabilidade civil perante os sócios ou terceiros, só se pode fazer com recurso ao critério adoptado no artigo 79.º do Código das Sociedades Comerciais. Pegando no exemplo dos sócios, pode dizer-se que os administradores não incorrerão em responsabilidade civil perante estes na medida em que os danos sejam da sociedade e "apenas" nessa medida, indirectamente, dos sócios (diminuição do valor da sua participação social).

Situações, porém, em que o ilícito tenha causado danos directamente na esfera do sócio, isto é, danos que se não reportem à esfera patrimonial da sociedade, poderão fazer o administrador incorrer em responsabilidade civil perante os sócios.

Quer isto dizer que é possível ocorrerem situações em que um mesmo ilícito gera simultaneamente responsabilidade perante a sociedade e perante os sócios, em razão do tipo de danos e sua relação com a sociedade e os sócios. Mais adiante será exemplificado isso mesmo.

Quer isto dizer, ainda, que não é possível elaborar uma classificação única e exaustiva de ilícitos (isto é, de normas ou deveres contratuais violados) exclusivamente geradores de responsabilidade perante a sociedade, por um lado, e perante os sócios (ou terceiros), por outro lado. Tudo o que é possível fazer, se se quer tomar como base de partida hipóteses de violação de deveres legais, como se fará de seguida, é classificá-los tendencialmente entre violação de deveres que pela sua natureza tenderão a gerar danos na esfera da sociedade (responsabilidade civil perante a sociedade) e violação de deveres que, pela sua natureza, tenderão a gerar danos directamente (por oposição aos danos ditos indirectos, decorrentes de danos na esfera patrimonial da sociedade) na esfera jurídica dos sócios.

iv) Exemplos de ilícitos susceptíveis de lesar o interesse social

31. Entre os deveres cujo incumprimento (ou, pelo menos, em relação aos quais cabe aos administradores não contribuir para a consumação do seu incumprimento) é susceptível de gerar responsabilidade civil perante a sociedade, ao abrigo do artigo 72.º do Código das Sociedades Comerciais, estão:

i) o da verificação das entradas em espécie prevista no artigo 28.º, não devendo o administrador outorgar o instrumento de aumento de capital, por exemplo, sem que o prescrito neste artigo se mostre cumprido;

ii) o dever de observar as regras relativamente a aquisições de bens a accionistas, do artigo 29.º, não devendo o administrador proceder a aquisições nas condições desse artigo sem que tais regras se encontrem cumpridas;

iii) o dever de se abster de executar distribuições de bens a sócios nas circunstâncias previstas no artigo 31.º (*vd* também os artigos seguintes e o artigo 346.º, n.º 1, bem como os artigos 218.º, 295.º, 324.º, n.º 1, alínea b), 345.º, n.º 6, 347.º, n.º 7, alínea b), 349.º, n.º 6 e 463.º, n.º 2, alínea b) relativamente à obrigatoriedade de constituição das reservas legais e de algumas reservas especiais);

iv) o dever de respeitar as regras de reembolso das prestações suplementares (artigo 213.º);

v) o dever de não executar nenhuma deliberação em processos de aquisição de acções ou quotas próprias que viole as condições legais em que estas operações são permitidas (artigos 220.º e 316.º e seguintes);

vi) o dever de não executar nenhuma deliberação em processo de amortização de quotas ou acções (sem redução de capi-

288 *Código das Sociedades Comerciais e Governo das Sociedades*

tal), que viole as condições legais em que estas são permitidas (artigos 236.º e 346.º);

vii) o dever de não executar qualquer deliberação de redução de capital que viole as condições e limitações legais (artigos 94.º e seguintes e artigo 349.º, n.º 5) ou deliberação de aumento de capital sem que tenham sido atingidos os níveis mínimos de realização das entradas previstos na lei (artigo 89.º);

viii) o dever de não exercer por conta própria ou alheia actividade concorrente com a da sociedade (artigo 254.º e 398.º), de não celebrar negócios com a sociedade (artigo 397.º, para o caso das sociedades anónimas) e de se abster de participar em processos deliberativos em que esteja em situação de conflito de interesses (artigo 410.º, n.º 6), sendo de salientar a remissão, no caso das sociedades anónimas, para os artigos 397.º, 398.º e 410.º, n.º 6, a propósito dos membros do Conselho de Administração Executivo (artigos 428.º e 433.º) e do Conselho Geral e de Supervisão (artigo 445.º);

ix) o dever de respeitar as deliberações dos sócios (artigo 259.º no caso da sociedade por quotas e artigo 405.º no caso das sociedades anónimas, embora neste caso resulte claro que não é essa a regra geral, como se verá melhor mais adiante, a outro propósito) – dependendo do teor dessas deliberações, poderão estar em causa, tendencialmente, danos à sociedade, ou danos directamente aos sócios;

x) dever de lealdade, no interesse da sociedade (artigo 64.º, objecto de detalhada análise *supra*);

xi) dever de cuidado na administração da sociedade (artigo 64.º, também acima objecto de análise);

xii) fora do Código das Sociedades Comerciais, pode dar-se como exemplo o dever de apresentar a sociedade à falência (artigos 18.º, 19.º e artigo 82.º, este último no que respeita à legitimidade para propor acções de responsabilidade na pendência do processo de insolvência, todos do Código da Insolvência e da Recuperação de Empresas), cujo incumprimento, aliás, origina presunção de culpa grave para efeitos da qualificação de uma falência como culposa (artigo 186.º, n.º 3 e 189.º, do Código da Insolvência e da Recuperação de Empresas).

32. Em relação a violações do dever de lealdade, não choca que, demonstrada que esteja a existência dessa deslealdade (satisfação de interesse próprio ou de terceiro èm detrimento do interesse da sociedade), se presuma a culpa nos termos do artigo 72.º do Código das Sociedades Comerciais.

v) Da presunção de culpa no caso de violação dos deveres de cuidado

33. O mesmo sucede em relação à violação dos deveres de cuidado. Demonstrado que esteja que o administrador violou os deveres de cuidado previstos no artigo 64.º do Código das Sociedades Comerciais, não impressiona a presunção de culpa prevista no artigo 72.º.

Note-se que a dificuldade maior está precisamente na prova do ilícito, isto é, na prova de que houve uma violação dos deveres de cuidado, por virtude da tendência, compreensível e até desejável, de os tribunais aplicarem, nestes casos, um princípio inspirado na *business judgement rule* seguida nos EUA, que na prática se traduz num elevado grau de exigência em relação à prova de que houve uma violação de deveres de cuidado na condução dos negócios sociais (*vd. supra* a discussão deste tema).

Aliás, o ilícito (violação de deveres de cuidado) reconduz-se essencialmente aqui à objectivação de requisitos de diligência e competência, na qualidade de comandos legais aos quais é devida obediência, que mais não são do que elementos tipicamente utilizados para a aferição da culpabilidade em situações em que o ilícito se não reconduz ao incumprimento de determinados padrões de diligência.

Isto é, a necessidade de provar a violação de deveres de cuidado implica a demonstração de se ter violado um determinado padrão de diligência na condução dos negócios sociais, havendo apenas presunção de culpa (mas não presunção da violação desses padrões) relativamente às acções ou omissões que possam configurar, conjunta ou isoladamente, a violação desses padrões de diligência (cuja ocorrência, não é demais insistir, não se presume).

vi) Da consagração legal da "business judgement rule" para a aferição da violação dos deveres de cuidado

34. O n.º 2 do artigo 72.º do Código das Sociedades Comerciais terá aplicação prática principalmente em casos de violação de deveres de cuidado, afastando a responsabilidade civil pela sua violação caso o administrador tenha actuado de forma informada, sem interesse pessoal (sem violação dos deveres de lealdade) e segundo critérios de racionalidade empresarial. Note-se que não se exige prova de que foi uma boa decisão de gestão, mas apenas a demonstração de que os critérios a que obedeceu são, em termos empresariais, racionais (de outra perspectiva, não são irracionais). Este artigo consagra a denominada *business judgement rule*, sendo inteiramente justificável, pelas razões que, a propósito da análise dos deveres de cuidado consagrados no artigo 64.º, então se aduziram.

Note-se que não está aqui em causa uma exemplificação de circunstância em que a culpa pode ser afastada, mas antes, ainda que tão só indirectamente, uma exclusão[12] ou recorte negativo da ilicitude, por via da consideração de que nesses casos não há violação de deveres de cuidado (que, reconduzindo-se normalmente à questão da culpa, são erigidos, eles próprios, em deveres cuja violação gera ilicitude, pelo artigo 64.º do Código das Sociedades Comerciais).

Não vemos, para além dos deveres de cuidado, a que violação de outras regras se poderá aplicar esta potencial causa de exclusão da ilicitude. Tenham-se em mente as hipóteses acima elencadas de possíveis ilícitos geradores de danos para a sociedade e chegar-se-á à conclusão de que, em princípio, nada legitima que a responsabilidade civil seja excluída só porque o administrador actuou em termos informados (a não ser, mas isso é uma hipótese diferente, que tenha incorrido em erro desculpável relativamente ao conhecimento da prática do ilícito – *vg.* julgou, sem culpa, que uma distribuição de bens aos sócios não violava as regras gerais relativas à intangibilidade do capital social), livre de qualquer interesse pessoal e segundo critérios de racionalidade empresarial (que são ou devem ser irrelevantes,

---

[12] Parece preferível falar-se em causa de exclusão da ilicitude por traduzir melhor a regra de ónus da prova que a seu propósito se consagrou.

Responsabilidade Civil dos Administradores

exceptuado o caso dos deveres de cuidado, nas situações de possível ilicitude acima referidas).

vii) Exemplos de ilícitos susceptíveis de lesar interesses dos sócios não recondutíveis ao interesse social

35. É importante, nesta fase do estudo, para melhor delimitar o campo de aplicação do artigo 72.º do Código das Sociedades Comerciais, apontar exemplos de deveres cujo incumprimento dê origem a ilícitos a que, tendencialmente, se poderão associar (nexo de causalidade) apenas danos directos na esfera dos sócios:

i) o dever de promover o inquérito judicial previsto no artigo 31.º, n.º 3;

ii) fora das circunstâncias em que os administradores se devem abster de executar deliberações de distribuição de bens aos sócios (*vd.* artigo 31.º), o dever de executar a deliberação de distribuição de resultados, nos termos dos artigos 217.º e 294.º (para as sociedades por quotas e anónimas, respectivamente), com respeito pelo disposto no artigo 341.º e seguintes (accionistas titulares de acções preferenciais sem voto);

iii) o dever de se abster de qualquer acto de execução de deliberação de aumento de capital que implique violação de direitos legais de preferência (artigos 266.º, 367.º e 458.º e seguintes);

iv) o dever de respeitar as deliberações dos sócios (artigo 259.º, no caso da sociedade por quotas, e artigo 405.º, no caso das sociedades anónimas, embora neste caso resulte claro que não é essa a regra geral, como se verá melhor mais adiante) – dependendo do teor dessas deliberações, poderão estar em causa, tendencialmente, danos à sociedade ou danos directamente aos sócios;

v) o dever que indirectamente se retira do artigo 449.º do Código das Sociedades Comerciais (e do artigo 378.º do Código de Valores Mobiliários) e, directamente, do artigo 248.º, n.º 4, do Código de Valores Mobiliários (no contexto de valores mobiliários admitidos à negociação), de se abster

292   *Código das Sociedades Comerciais e Governo das Sociedades*

de transaccionar acções ou obrigações da sociedade ou de outra que com ela se encontre em relação de domínio ou de grupo, quando esteja no conhecimento de informação privilegiada (isto é, a que ainda não tenha sido dada publicidade e seja susceptível de influenciar o valor dos títulos), ou de revelar essa informação a terceiros;

vi) o dever, naquilo que deles dependa, de cumprir e fazer cumprir as regras legais relacionadas com o exercício dos direitos políticos dos sócios, previstas no Código das Sociedades Comerciais (direitos de informação e de convocação de assembleias gerais, por exemplo);

vii) fora do Código das Sociedades Comerciais, os deveres relativos à qualidade da informação no prospecto (artigo 135.º, 149.º, n.º 1, alínea b), 166.º e 243.º do Código dos Valores Mobiliários) com um regime de responsabilidade especifico (*vd.* o artigo 150.º e seguintes do Código dos Valores Mobiliários).

viii) *Exemplo de ilícito que poderá lesar interesses de terceiros*

36. Como exemplo de dever cuja violação pode gerar danos directamente na esfera de terceiros (e responsabilidade civil ao abrigo do artigo 79.º) pode indicar-se o dever de não executar nenhuma acção que viole ou contribua para a violação das proibições constantes do artigo 368.º (protecção de titulares de obrigações convertíveis em acções, potenciais futuros accionistas).

ix) *Exemplos de ilícitos que poderão lesar directamente interesses dos sócios e, simultaneamente, interesses da sociedade e/ou de credores*

37. O dever de respeitar as prescrições previstas no artigo 242.º-E (registo de quotas) é susceptível de causar principalmente danos directos aos sócios; contudo, na medida em que a sua violação pode gerar também responsabilidade civil para a sociedade (*vd.* o artigo 242.º-E), constitui um bom exemplo de ilícito que pode simultanea-

Responsabilidade Civil dos Administradores 293

mente gerar responsabilidade civil do administrador perante a sociedade (artigo 72.º) e/ou perante os sócios (artigo 79.º).

Um outro exemplo, especificamente previsto como tal (isto é, como susceptível de gerar responsabilidade civil perante, para além da sociedade, sócios e credores) no Código das Sociedades Comerciais, é o da violação do dever de cuidado relativamente à verificação da situação patrimonial das sociedades no âmbito de um processo de fusão, e na conclusão desta. Na prática, porém, parece ser mais fácil vislumbrar nestes casos hipóteses de responsabilidade perante os sócios (*vg.* por virtude de errada determinação das relações de troca – *vd* artigo 98.º, n.º 1, alínea e) do Código das Sociedades Comerciais) do que perante a sociedade ou os seus credores, salvo hipóteses em que inadvertidamente se junte na fusão o património próprio ao património de uma outra sociedade que se apresente negativo em termos líquidos, ou cuja deterioração provável no curto prazo não tenha sido detectada por negligência na actuação dos administradores da primeira sociedade.

A propósito desta responsabilidade prevista no artigo 114.º do Código das Sociedades Comerciais, impõem-se duas breves observações: uma primeira para constatar que se trata de um regime de responsabilidade civil autónomo ou especial em relação ao geral previsto nos artigos 72.º, 78.º e 79.º do Código das Sociedade Comerciais; uma segunda para referir que, porventura, se justificará a harmonização do nível de exigência do dever especial de cuidado aqui previsto, com o nível de exigência do dever geral de cuidado previsto no artigo 64.º do Código das Sociedades Comerciais, após as alterações introduzidas pelo Decreto-Lei n.º 76-A/2006, de 29 de Março.

Fora do Código das Sociedades Comerciais, e sem prejuízo de se poderem conceber cenários de ausência de culpa do administrador ou de força maior, ou de exclusão da sua responsabilidade nos termos das previsões normativas previstas no artigo 72.º do Código das Sociedades Comerciais (mais adiante objecto de análise), pode ainda referir-se o incumprimento do dever de lançamento de uma oferta pública de aquisição, na medida em que isso origine responsabilidade civil e, consequentemente, prejuízos para a sociedade (cfr. artigo 193.º do Códigos dos Valores Mobiliários), nos termos do artigo 72.º do Código das Sociedades Comerciais, ou pelos danos causados directamente na

294 *Código das Sociedades Comerciais e Governo das Sociedades*

esfera jurídica dos sócios da outra sociedade (na qualidade de terceiros), nos termos do artigo 79.º do Código das Sociedades Comerciais.

Na mesma linha, parece que a violação do dever de relatar a gestão e apresentar contas (artigo 65.º e seguintes) tanto pode originar danos directamente na esfera dos sócios como na esfera da sociedade e origina presunção de culpa grave no contexto de qualificação de uma falência como culposa (*vd* artigo 186.º, n.º 3 e 189.º do Código da Insolvência e da Recuperação de Empresas); o mesmo pode dizer-se a propósito do cumprimento defeituoso desse dever, a propósito do qual é pertinente invocar aqui, principalmente, os requisitos de exigência relativos à qualidade da informação financeira previstos no Código dos Valores Mobiliários (*vd.*, especialmente, o seu artigo 7.º).

> *x) Da ausência de referência ao administrador como destinatário do comando legal*

38. De entre os comandos legais referidos cuja violação pode desencadear responsabilidade civil dos administradores, poucos especificam como destinatário dos mesmos a categoria de "administrador". Entre os que o fazem, pode exemplificativamente referir-se o artigo 31.º, n.º 2, 114.º, n.º 1, 319.º, n.º 2, 316.º, n.º 5 (indirectamente), 254.º, 397.º, 398.º, 410.º, n.º 6, 259.º, 405.º e 449.º, todos do Código das Sociedades Comerciais.

O que importa a este propósito salientar é que nos casos (que são a maioria) em que os comandos legais não tenham qualquer categoria específica de destinatário, os administradores só incorrerão em responsabilidade civil na medida em que lhes seja imputável a autoria material ou moral da violação, ou na medida em que, por força dos seus poderes e competências, tendo podido evitar a consumação da violação, se tenham abstido de o fazer ou de adoptar as diligências razoavelmente exigíveis que a poderia ter evitado ("violação de deveres de cuidado", nesta última hipótese, de que pode eventualmente ser exemplo, pelo menos em certas circunstâncias, a não promoção da realização de *due diligence*, por entidades credíveis, no âmbito da elaboração de um prospecto para a realização de uma oferta pública). É fácil, porém, em sede de cumprimento objectivamente defeituoso do dever de informar (*vg.* informação financeira nos documentos de prestação de contas), vislumbrar hipóteses em que nem por comissão, nem por omissão, seja possível imputar subjectivamente a violação das disposições legais aos administradores.

III. Causa de exclusão de responsabilidade civil para com a sociedade e caso específico de ausência de nexo de imputação do facto ao administrador (artigo 72.º – cont.)

i) Considerações preliminares

39. Abordou-se no ponto anterior os pressupostos da responsabilidade civil tendo em conta o contexto específico do regime previsto no artigo 72.º. A ilicitude do facto, a culpa, o dano e o nexo de causalidade entre o facto e o dano, com especial relevo para as fontes de deveres legais cuja violação configure ilicitude susceptível de desencadear responsabilidade civil ao abrigo do artigo 72.º, foram passados em revista.

Procedeu-se também à delimitação do campo de aplicação desta responsabilidade no confronto com a responsabilidade perante sócios e terceiros (artigo 79.º).

E deu-se especial atenção à hipótese de violação dos deveres de cuidado, tendo-se concluído que o n.º 2 do artigo 72.º do Código das Sociedades Comerciais constitui uma causa de exclusão da ilicitude (ou, se se quiser, uma norma de delimitação negativa da ilicitude) essencialmente dirigida à violação dos deveres de cuidado previstos no artigo 64.º (consagração da *business judgement rule*).

Finalmente, fez-se referência à necessidade de imputar a violação da lei, por acção ou omissão, ao administrador, para que este pudesse ser sujeito a responsabilidade civil.

Cuidarei aqui de tratar de outras hipóteses, especificamente previstas no artigo 72.º, que mais não são do que causas de exclusão da ilicitude (artigo 72.º, n.º 5) ou a explicitação, no contexto de deliberações colegiais, de que o acto ou omissão violador da lei tem de ser imputável ao administrador (artigo 72.º, n.ºs 3 e 4).

ii) Acto ou omissão assente em deliberação dos sócios, desde que não seja nula

40. Em primeiro lugar, importa dizer que o artigo 72.º, n.º 5, do Código das Sociedades Comerciais, não exclui a ilicitude da actuação dos administradores quando a deliberação dos sócios em que assente seja nula. Isso remete-nos para o tema da necessidade de delimitação do que são ou podem ser deliberações dos sócios meramente anuláveis e nulas. Seguirei de perto as posições a este respeito de José de Oliveira Ascensão[13].

Abstraindo-nos dos casos de deliberações nulas por vício de procedimento, será aqui objecto de breve análise o confronto do artigo 56.º, n.º 1, alínea d), do Código das Sociedades Comerciais com o artigo 58.º, n.º 1, alínea a) do mesmo Código.

De entre as hipóteses previstas na alínea d) do n.º 1 do artigo 56.º, interessar-nos-á a cominação de nulidade para os casos em que o conteúdo da deliberação dos sócios, directamente ou por actos de outros órgãos que determine ou permita, seja ofensivo de preceitos legais que não possam ser derrogados, nem sequer por vontade unânime dos sócios.

A vontade unânime dos sócios aqui em causa é tanto aquela que se possa manifestar aquando da adopção originária do pacto social ou sua alteração, como aquela que se possa manifestar ao abrigo do exercício de funções na sociedade pela colectividade dos sócios, através de Assembleias Gerais ou de outra forma legalmente permitida. Com efeito, a lei não faz distinções a esse respeito.

Daí que, como observa Oliveira Ascensão[14], por preceitos legais inderrogáveis se deve entender apenas aqueles preceitos que não podem ser derrogados sequer pelo pacto social. Não se encontram abrangidos aqueles outros preceitos que, podendo ser derrogados pelo pacto social, o não tenham sido, e que, por virtude disso, se tenham convolado em imperativos (cfr. art. 9.º, n.º 3, do Código das Sociedades Comerciais), nas circunstâncias da sociedade em concreto

---

[13] José de Oliveira Ascensão, "Invalidades das deliberações dos sócios", *in Problemas do direito das sociedades*, Almedina, Julho de 2002, pp. 376 e seguintes.

[14] José de Oliveira Ascensão, op. cit. "Invalidade...", p. 382.

em causa, para os respectivos sócios, enquanto o pacto social não for alterado. Precisamente porque esse tipo de preceitos é derrogável, na pior das hipóteses, por vontade unânime dos sócios, no contexto de alterações ao pacto social, e poderia ter sido derrogado aquando da adopção originária desse pacto.

Compreende-se que assim seja. Num contexto em que esteja na disponibilidade dos sócios alterar as regras do jogo, assim assegurando a validade da deliberação, excessivo seria cominar com nulidade a deliberação que, tomada na ausência de prévia alteração das regras desse mesmo jogo, violasse disposição legal supletivamente aplicável, especialmente se se tiver em conta que importa assegurar a máxima certeza e segurança jurídicas relativamente à vida da sociedade, dado o papel fundamental do instrumento societário nas economias contemporâneas.

iii) Exemplos de deliberações dos sócios nulas

41. Sendo este o critério delimitador dos campos de aplicação dos artigos 56.º, n.º 1, alínea d) e 58.º, n.º 1, alínea a), na interpretação acima seguida, importa agora, num segundo momento, pegando em exemplos de ilicitude da actuação do administrador atrás referidos, ilustrar casos de deliberações (dos sócios) nulas.

Um primeiro caso decorre expressamente da própria lei, sem necessidade de recurso ao artigo 56.º, n.º 1, alínea d): "produz nulidade a violação dos preceitos legais relativos à constituição, reforço ou utilização da reserva legal, bem como de preceitos cuja finalidade, exclusiva ou principal, seja a protecção dos credores ou do interesse público" (cfr artigo 69.º, n.º 3, do Código das Sociedades Comerciais). A grande maioria dos casos subsumíveis a esta disposição cabe, também, sem esforço, na previsão da alínea d) do n.º 1 do artigo 56.º do Código das Sociedades Comerciais.

Deliberação dos sócios que desrespeite normas sobre a intangibilidade do capital social (incluindo reservas legais e prémio de emissão), ou que, mais latamente, viole disposições cuja finalidade principal seja a protecção dos credores, será ferida de nulidade.

Como exemplos de normas cujo desrespeito (por parte da deliberação) produz a nulidade da deliberação dos sócios, ao abrigo

298 *Código das Sociedades Comerciais e Governo das Sociedades*

deste artigo 69.º, n.º 3 e, em muitos dos casos, sem dúvida, ao abrigo também do artigo 56.º, n.º 1, alínea d), do Código das Sociedades Comerciais, cite-se o artigo 27.º n.º 1 (que, aliás, refere expressamente a nulidade da deliberação com o conteúdo aí previsto) a propósito da liberação de obrigação de entrada dos sócios (*vd.* ainda, relacionado, o artigo 25.º, n.º 2), o artigo 28.º (necessidade de prévia verificação das entradas em espécie), o artigo 29.º (prévia verificação do valor dos bens adquiridos a accionista nas condições aí previstas), os artigos 32.º e 33.º (limitações na distribuição de bens aos sócios; *vd* também os artigos 236.º e 346.º, n.º 1), os artigos 218.º, 295.º, 324.º, n.º 1, alínea b), 345.º, n.º 6, 347.º, n.º 7, alínea b), 349.º, n.º 6 e 463.º, n.º 2, alínea b) (obrigatoriedade de constituição de reservas legais e de algumas reservas especiais), o artigo 213.º (restrições à restituição de prestações suplementares), os artigos 96.º e 349.º, n.º 5 (regras condicionantes de reduções de capital) e o artigo 89.º (mínimos de realização de entradas nos aumentos de capital).

Como exemplo de normas cujo incumprimento produz a nulidade da deliberação dos sócios ao abrigo do artigo 56.º, n.º 1, alínea d) do Código das Sociedades Comerciais e, em relação a algumas das disposições nelas previstas, do artigo 69.º, n.º 3, também, estão as injunções dos regimes de aquisições de acções e quotas próprias (artigos 220.º e 316.º e seguintes).

42. O artigo 69.º, n.º 3, só comina com a nulidade as deliberações que violem preceitos cuja finalidade, exclusiva ou "principal, seja a protecção dos credores" ou do interesse público. Alguns dos preceitos atrás referenciados não têm como finalidade exclusiva a protecção dos interesses dos credores. Será o caso, certamente, das disposições que visam assegurar a equivalência entre o bem entregue pelo sócio como entrada em espécie e o valor nominal acrescido de eventual prémio de emissão das participações subscritas (e de eventual quantia que tenha o direito de receber, adicionalmente, por virtude dessa entrada em espécie). Tendo em conta, porém, a prioridade dos direitos dos credores, sobre os dos sócios, relativamente ao património social, que é, aliás, um dos traços configuradores, por excelência, do que é ser sócio de uma sociedade e, nessa medida, também, do que é uma sociedade (cfr. artigos 154.º, 156.º e 158.º, bem como as disposições atrás citadas sobre limitações de distribuições de bens aos

Responsabilidade Civil dos Administradores 299

sócios e sobre a necessidade de criar reservas legais e, nalgumas situações, reservas especiais), penso ser razoável concluir que esses preceitos têm por finalidade principal (embora não exclusiva) a protecção dos direitos dos credores. Para aquilo que aqui se encontra em discussão esta questão tem, no entanto, pouca importância prática, dada a imperatividade das normas em causa e, consequentemente, a nulidade das deliberações cujo conteúdo as viole, ao abrigo do artigo 56.º, n.º 1, alínea d) do Código das Sociedades Comerciais, independentemente do que se possa concluir ao abrigo do artigo 69.º, n.º 3, do mesmo Código.

iv) Da nulidade por violação de regras imperativas de distribuição de competências

43. Falta referir uma última categoria de normas cuja violação pode gerar a nulidade das deliberações dos sócios. Refiro-me às regras sobre competências dos órgãos sociais. Não entrarei aqui na discussão sobre o exacto alcance da alínea c) do n.º 1 do artigo 56.º do Código das Sociedades Comerciais, senão para dizer o seguinte: não parece que a distribuição de poderes e funções entre a colectividade dos sócios e os administradores, por exemplo, derive de uma ordem natural das coisas, de tal modo que haveria matérias que, por natureza, não estariam sujeitas a deliberação dos sócios, designadamente por constituírem, por natureza, o cerne do âmbito das competências dos administradores[15].

---

[15] Sigo, nesta matéria, o pensamento de ANTÓNIO MENEZES CORDEIRO *Manual de Direito das Sociedades*, Vol. I, "Das Sociedades em Geral", Almedina, 2004, pp. 643 e segs., onde se pode encontrar uma interessante hipótese interpretativa que permite conferir algum conteúdo útil à alínea c) do n.º 1, do artigo 56º. No mesmo sentido, no que respeita estritamente à questão da violação de regras de competência, JOSÉ DE OLIVEIRA ASCENSÃO, "Invalidade...", pp. 380 e segs. Note-se que, no Reino Unido, por exemplo, os sócios das sociedades comerciais são legalmente livres de, nos estatutos da sociedade (ou mesmo através da adopção de uma deliberação especial), procederem à atribuição de competências aos administradores que bem entenderem, reservando para si o que desejarem – cfr. PAUL L. DAVIES, "Gower's Principles...", pp. 183 e segs. Não se coloca a hipótese, neste sistema jurídico, de que uma determinada repartição de competências entre os órgãos sociais possa ser contrária à natureza das coisas.

300   *Código das Sociedades Comerciais e Governo das Sociedades*

O que pode é uma deliberação dos sócios ser ferida de nulidade, por violação de regras de competência imperativamente fixadas na lei, ao abrigo do artigo 56.º, n.º 1, alínea d) do Código das Sociedades Comerciais[16]. Com efeito, se não se quiser fazer uma interpretação restritiva da expressão *"cujo conteúdo ... seja ofensivo..."*[17], terá de concluir-se que uma deliberação cujo conteúdo verse sobre matérias da competência inderrogável de outros órgãos sociais é uma deliberação que preenche a *facti species* da norma que comina a nulidade aqui em análise.

Nas sociedades por quotas não há matérias onde os sócios não possam interferir, emitindo directrizes e instruções que os administradores deverão acatar. Mas, não se podem substituir, na função de gestão e de representação da sociedade, aos gerentes (cfr artigos 252.º, n.º 1, e 259.º, do Código das Sociedades Comerciais). Em síntese, em matérias de gestão e representação da sociedade os sócios podem dizer como se deve (ou não deve) e pode (ou não pode) fazer, no limite tanto quanto a sua capacidade de previsão alcançar[18], mas não podem fazer. Seria nula uma deliberação que pretendesse atribuir as funções de gestão ou de representação da sociedade à Assembleia Geral. Os negócios jurídicos por si concluídos não vinculariam a

---

[16] *Vd.* os autores portugueses citados na nota anterior.

[17] Uma interpretação restritiva possível seria a que exigisse que a ofensa a preceitos imperativos resultasse do conteúdo em si mesmo da deliberação, isto é, do sentido ou orientação da sua intencionalidade prescritiva. O facto de se estar a dispor ou deliberar sobre matéria da competência de outro órgão, não ofende norma legal em virtude do conteúdo da deliberação enquanto regulamentação ou prescrição. Ofende norma legal em virtude do conteúdo da deliberação não dizer respeito a matéria na disponibilidade do órgão em causa. Por razões que aqui não posso desenvolver, julgo indesejável e contrária aos equilíbrios que, mal ou bem (isso é, no estrito plano interpretativo em que agora me coloco, secundário, embora não necessariamente irrelevante), o legislador pretendeu consagrar na estruturação institucional do ente societário, a adopção de uma interpretação restritiva para a fórmula em análise.

[18] Em teoria, evidentemente. Na prática, isso seria provavelmente pouco racional e eficiente (seria uma espécie de economia planificada e centralizada no contexto societário) e não seria fácil contratar e manter gerentes que estivessem dispostos a concentrar as suas energias e capacidades mais a interpretar e executar instruções emitidas *a priori*, do que a analisar as condições do "terreno" no momento e a agir, com a flexibilidade exigível pelas circunstâncias, em conformidade.

Responsabilidade Civil dos Administradores 301

sociedade, por não terem sido concluídos por quem, nos termos da lei (imperativa) pode representar a sociedade.

Nas Sociedades Anónimas há uma divisão muito mais rígida, em função do que se possa qualificar ou não como matérias de gestão, entre os poderes da Assembleia Geral (ou, mais genericamente, da colectividade dos sócios) e os poderes do Conselho de Administração ou órgão equivalente. Em síntese, sobre matérias de gestão da sociedade os accionistas só podem deliberar a pedido do órgão de administração (cfr. artigo 373.º, n.º 3) e, mesmo nessa hipótese, a deliberação só vincula o órgão de administração se os estatutos assim o determinarem (cfr. artigo 405.º, n.º 1)[19].

Ou seja, na interpretação que perfilho do artigo 56.º, n.º 1, alínea d), uma deliberação dos sócios de Sociedade Anónima sobre matérias de gestão será nula, a menos que seja adoptada a pedido do órgão de administração. Mas, mesmo nesta hipótese, poderá sempre dizer-se que a actuação subsequente do órgão de administração assentou nessa deliberação, para efeitos do disposto no artigo 72.º, n.º 5? Apesar da objecção que se pode levantar a uma resposta afirmativa, julgo ainda assim que essa deve ser a solução adoptada nas situações em que a deliberação dos sócios seja vinculativa.

v) Do conceito de acto ou omissão "assente em deliberação dos sócios"

44. A última questão versada remete-nos para o problema do que se deve entender por omissão ou acção "assente em deliberação dos sócios" (artigo 72.º, n.º 5, do Código das Sociedades Comerciais). Ao que parece, só a acção ou omissão que seja determinada (imposta) por deliberação dos sócios, poderá isentar os administradores de eventual responsabilidade civil para com a sociedade (artigo

---

[19] Acompanhamos neste assunto as conclusões a que chega Pedro Maia sobre a interpretação dos artigos 373.º e 405.º do Código das Sociedades Comerciais a respeito da repartição legal de competências entre a Assembleia Geral e o órgão de administração: PEDRO MAIA, *Função e funcionamento do conselho de administração da sociedade anónima*, Stvdia Ivridica, n.º 62, Coimbra Editora, 2002, pp. 137 e segs.

302 *Código das Sociedades Comerciais e Governo das Sociedades*

72.º, n.º 1) ou para com terceiros (artigos 78.º, n.º 5 e 79.º, n.º 2). Se a deliberação não contiver um comando, uma resolução para que se proceda de determinada maneira, não poderão os administradores alegar que a sua actuação assentou em deliberação dos sócios.

Uma interpretação extensiva deste requisito não é aconselhável, sobretudo quando se leve em linha de conta que esta causa de justificação do facto, ou de exclusão da sua ilicitude, não se encontra acompanhada, simetricamente, por uma cláusula de responsabilização, nos mesmos termos da responsabilidade excluída, da colectividade dos sócios na origem da actuação danosa dos administradores. Esta observação introduz precisamente a questão que no próximo ponto nos ocupará.

Entretanto, é importante fazer o seguinte comentário. É necessário que os administradores se encontrem vinculados a obedecer à deliberação dos accionistas, caso contrário não se poderá dizer, na interpretação defendida, que a acção ou omissão assenta em deliberação dos sócios.

A esta luz, é compreensível que o legislador tenha previsto a hipótese de a actuação poder "assentar" em deliberação anulável. O facto de a deliberação ser anulável não a torna, em princípio, por si só, não-vinculativa para os administradores[20], uma vez que, ao contrário da nulidade, a anulabilidade não opera *ipso iure*. Além disso, não está na disponibilidade dos administradores promover a anulação de uma deliberação meramente anulável (pelo contrário, os vícios de nulidade previstos no artigo 56.º do Código das Sociedades Comerciais são invocáveis a todo o tempo e por qualquer interessado, ao abrigo das regras gerais da nulidade). Esse é direito potestativo que não lhes pertence (cfr. artigo 59.º do Código das Sociedades Comerciais).

Para o caso da sociedade anónima importa ainda reconhecer que, em matérias de gestão, a actuação do órgão de administração não assenta nunca em deliberação dos sócios quando os estatutos não

---

[20] Mais adiante será abordada uma categoria de hipóteses em que os administradores podem contrariar uma deliberação anulável (cfr. artigo 78.º, n.º 3, do Código das Sociedades Comerciais).

prevejam o seu efeito vinculativo (*vd. supra* a síntese do resultado interpretativo que se segue em relação aos artigos 373.º, n.º 3 e 405.º, n.º 1).

vi) Das consequências jurídicas para os sócios responsáveis pela deliberação em que assentou a actuação ilícita e danosa dos administradores

45. Se os administradores não devem recear responsabilidade civil caso exista uma deliberação prévia dos sócios a sancionar a sua actuação (e, relembre-se, uma vez que essas são as hipóteses mais preocupantes, essa exclusão de responsabilidade não se aplica apenas à responsabilidade perante a sociedade – cfr. artigo 79.º), e os sócios não ocuparem nesses casos o lugar dos administradores para efeitos desta responsabilidade civil, o sistema terá sido concebido com janelas legalmente utilizáveis para fuga à mesma, nos casos em que as deliberações dos sócios não sejam nulas.

Essa simetria, como já se disse, não foi consagrada na lei. Podem encontrar-se na lei casos dispersos de responsabilidade dos sócios. Para este efeito interessa destacar a responsabilidade por prejuízos causados, no contexto do regime dos votos abusivos (artigo 58.º, n.º 1, alínea b) e n.º 3, do Código das Sociedades Comerciais). Mas este regime só se aplica se estiverem preenchidos certos requisitos específicos previstos na lei e só responsabiliza os sócios pelos prejuízos causados à sociedade ou aos sócios (não, *vg.*, também, a terceiros).

Quando estejam em causa normas que visam a protecção dos direitos dos credores, a mera existência de deliberação da Assembleia Geral não exclui a responsabilidade directa do administrador perante os credores (cfr artigo 78.º, n.º 3). Ainda assim, subsiste toda uma possível panóplia de atropelos a direitos dos sócios que, *vg*, tenham mera fonte estatutária e, por isso mesmo, apenas originem a anulabilidade da deliberação violadora dos mesmos. Especialmente no que respeita aos sócios que se limitem, na prática, a serem meros investidores passivos, a desresponsabilização dos administradores, sem a correlativa responsabilização dos accionistas que tenham votado favoravelmente a deliberação, parece ser inaceitável.

Creio que, não obstante a falta de previsão expressa no Código das Sociedades Comerciais, os sócios que, com a sua conduta, determinem uma certa actuação dos administradores ilícita e geradora de prejuízos, deverão responder civilmente por isso nos termos gerais. A figura da autoria moral do ilícito (quando a deliberação por si só não tenha constituído a actuação que consumou o dano) é suficiente para explicar essa responsabilidade e justificá-la ética e juridicamente (no limite, poderá equacionar-se o recurso ao instituto do abuso do direito). Que "termos gerais" são esses, designadamente no que respeita à existência ou não de presunção de culpa, será tema que mais adiante, a propósito da responsabilidade dos administradores perante credores e perante sócios, será retomado, em termos aqui aplicáveis *mutatis mutandis*.

O que importa assinalar, para já, é que num caso desses deveria ser possível, com transparência e sem incertezas, transpor a responsabilidade civil dos administradores para os sócios que tenham votado favoravelmente a deliberação. Além disso, principalmente no contexto das sociedades com capital disperso pelo público, em que o accionista é muitas vezes mero investidor passivo que participa em assembleias gerais e vota, apenas ocasionalmente, sem grande envolvimento nos assuntos da sociedade, seria importante que os administradores tivessem o dever de alertar os accionistas para a invalidade da sua deliberação e para os interesses que a mesma potencialmente atinge, sob cominação de, não o fazendo, não ficarem ao abrigo da exclusão de responsabilidade. Numa palavra, a situação em causa tem especificidades que não aconselham uma pura e simples remissão para o regime geral de responsabilidade civil. Mas no quadro legal actual, não há outra solução[21].

---

[21] A requerer uma resposta do direito responsabilizadora dos sócios estão também as hipóteses em que estes elejam administradores sem capacidades mínimas para gerir uma sociedade. Já têm acontecido casos de designação de indigentes para a gerência. Estou a pensar em situações de fraude fiscal no IVA, de bastante gravidade, em que os sócios elegem administradores de "conveniência". Os aspectos criminais que envolvem esse tipo de casos permitem responsabilizar também os cérebros do crime, *vg.* os sócios. Mas a factualidade que é necessário provar torna a efectivação da responsabilidade dos sócios mais complexa, difícil e, por isso, de resultado mais incerto. Daí que, nestas hipóteses, tenha também interesse questionar se os sócios não poderão ser civilmente responsabiliza-

Responsabilidade Civil dos Administradores 305

vii) Exemplos de deliberações dos sócios meramente anuláveis

46. Outro possível exemplo de deliberação meramente anulável (para além dos exemplos que se reconduzem a todas aquelas que violem unicamente disposições estatutárias – *vg.*, disposição estatutária na parte em que determine a distribuição de um dividendo prioritário aos titulares de acções preferenciais superior ao mínimo legal previsto no artigo 341.º do Código das Sociedades Comerciais), é o da deliberação de aplicação de resultados onde, sem base estatutária (ou formação de maioria bastante) para tanto, se decida distribuir menos de 50% dos lucros do exercício distribuíveis (cfr. artigo 217.º e artigo 294.º). Nestes casos, como já se viu, estão em causa danos directos na esfera jurídica dos sócios, pelo que apenas seria de equacionar a aplicação do regime de responsabilidade civil previsto no artigo 79.º do Código das Sociedades Comerciais. Aplicar-se-ia no entanto, de todo o modo, o disposto no artigo 72.º, n.º 5, do Código das Sociedades Comerciais, por remissão expressa do artigo 79.º, n.º 2. Como se verá melhor mais adiante, não parece, no entanto, que os administradores pudessem, neste exemplo concreto, no contexto legal português, incorrer em responsabilidade civil perante os sócios prejudicados, independentemente da aplicação, por remissão, do disposto no artigo 72º, n.º 5.

viii) Da irrelevância da intervenção do órgão de fiscalização

47. Ao contrário do que ocorre com as deliberações dos sócios meramente anuláveis em que assente a acção ou omissão dos administradores, o parecer favorável ou o consentimento do órgão de fiscalização não constituem causas de exclusão da responsabilidade civil dos administradores, esclarece o artigo 72.º, n.º 6, do Código

---

dos pelos danos causados a terceiros, por culpa *in eligendo*. Isso justificar-se-ia, *de jure condendo*, pelo menos nas hipóteses extremas em que é manifesta a incapacidade do gerente para as funções (*vg*, designação pelos sócios de indigentes para o cargo). No plano do direito positivo parece ser possível fundar esta responsabilidade dos sócios no instituto do abuso do direito.

306   *Código das Sociedades Comerciais e Governo das Sociedades*

das Sociedades Comerciais. Esta disposição reforça a tese acima defendida de que a exclusão aplicável no caso do n.º 5 se explica e justifica pelo facto de a actuação dos administradores ser determinada pelos sócios, e não meramente aprovada ou consentida por estes.

ix) Da natureza individual da responsabilidade dos administradores

48. Os administradores só são responsáveis, como já foi, aliás, aflorado mais atrás, na medida em que a acção ou omissão lhes possa ser imputada. Daí que, no contexto de deliberações colegiais, se tenham expressamente excluído da sujeição a responsabilidade os administradores que não tenham votado na deliberação ou que hajam votado contra, prevendo-se inclusivamente mecanismos de publicitação do sentido de voto (*vd.* artigo 72.º, n.º 3 do Código das Sociedades Comerciais).

Por outro lado, os administradores que tendo podido opor-se a certos actos, não hajam exercido essa faculdade, respondem solidariamente por esses actos a que se poderiam ter oposto. A omissão de exercício de direito de oposição a um acto gerador de responsabilidade civil, torna o administrador co-responsável por esse acto (cfr. artigo 72.º, n.º 4, do Código das Sociedades Comerciais). O Administrador não pode evitar responsabilidade civil a coberto da sua passividade, isto é, da sua não contribuição para a acção. Tem o dever de agir, opondo-se, sempre que esteja em condições legais de o fazer, conforme resulta do normativo em análise.

Não se retiraram, porém, todas as consequências devidas desta responsabilização individual ou pessoal do administrador, como se verá de seguida a propósito de um breve comentário ao regime de solidariedade desta responsabilidade, em termos, aliás, que penalizam em demasia o administrador singularmente considerado.

B) A solidariedade na responsabilidade

49. A individualização da responsabilidade é simultaneamente uma decorrência da exigência de que a acção ou omissão seja imputável ao agente e, nos casos em que se exija também culpa, uma decorrência deste requisito legal da culpabilidade.

A solidariedade entre co-responsáveis constitui um desvio a esta individualização da responsabilidade, como que assentando na ficção, perante o lesado, de que a "parte" (a acção de um dos co-responsáveis) existiria sempre independentemente de, e provocaria sempre os efeitos do, "todo" (do conjunto das acções dos co-responsáveis). Nos casos de responsabilidade subjectiva implica ainda a desconsideração do grau de culpa individual de cada co-responsável, na sua relação com o lesado.

Entendem-se facilmente soluções legais que, em benefício do lesado, ficcionem um grau de culpa idêntico para todos os co-responsáveis, no plano das suas responsabilidades perante o lesado. Esta ficção mais não é do que a consequência do reconhecimento de que a efectivação prática da responsabilidade perante o lesado seria excessivamente complexa e onerosa, se este tivesse de individualizar e provar os graus de culpabilidade dos co-responsáveis. Num contexto de presunção de culpa nem faria sentido que se lhe exigisse tal. O apuramento dessa questão de facto faz-se de forma mais eficiente e segura no confronto dos co-responsáveis entre si, isto é, no âmbito das relações internas entre co-responsáveis. A razão é simples: nas suas relações com o lesado teriam um incentivo para coordenar a oposição à pretensão deste, de forma a impedir que o mesmo fosse capaz de individualizar e provar os graus de culpa; pelo contrário, nas relações entre si este incentivo estará ausente, o que levará, provavelmente, a que cada um actue individual e descoordenadamente em relação a todos os outros, com o inerente efeito positivo para a descoberta da verdade. Num contexto em que o que se pretenda seja a individualização de graus de culpa, é isso mesmo que urge assegurar.

O potencial efeito perverso da solidariedade está no facto de a responsabilização, na prática, tender a incidir sobre quem tenha mais património (*deep pocket*). Tem de haver um equilíbrio entre objectivos em si mesmo meritórios, mas cuja prossecução simultânea os

308 *Código das Sociedades Comerciais e Governo das Sociedades*

anula mutuamente ou impede que se obtenham os máximos efeitos em relação a cada um deles. A responsabilidade solidária simplifica o exercício dos direitos do lesado, tornando cada um dos co-responsáveis garante, a título principal, do cumprimento da "quota-parte" de responsabilidade que caiba a todos outros. Mas fragiliza-se a justificação da responsabilidade civil que assenta na imputação do dano ao agente e, porventura, teoricamente, contribui-se para o afastamento dos órgãos de administração de potenciais elementos de elevada capacidade, quando detenham património considerável, em virtude da cobertura da potencial responsabilidade dos outros co-responsáveis a que ficará afecto esse património. Diga-se também, porém, em abono da verdade, que a possibilidade de celebrar contratos de seguro que cubram riscos de responsabilidade civil, quando exista, é susceptível de contribuir para afastar o espectro desta última observação.

Não me é possível demonstrar qual possa ser a solução legal mais acertada *de jure condendo*, pelo que tudo terei de reconduzir a uma questão de sensibilidade: a meu ver, uma responsabilidade individual perante o lesado que não excedesse 200% ou 300% da responsabilidade total dividida pelo número de co-responsáveis, como se faz noutras jurisdições, salvo demonstração pelo lesado de existência de grau de culpa justificativo de responsabilização por montante superior, representaria um ponto de equilíbrio aceitável. No plano preventivo, isso seria também, porventura, suficiente para motivar com razoável grau de intensidade cada administrador individualmente considerado, a não seguir descuidada e desatentamente uma qualquer liderança de facto ou de direito (*vg.* administradores membros da comissão de auditoria na sua relação com os restantes administradores, com os usualmente denominados administradores executivos).

C) Renúncia pela sociedade aos direitos indemnizatórios; efectivação da responsabilidade civil dos administradores perante a sociedade

i) *Da renúncia pela sociedade aos seus direitos e respectivas consequências*

50. A renúncia pela sociedade aos seus direitos indemnizatórios só é exercitável perante cada caso concreto, mediante deliberação favorável dos sócios e desde que não haja voto contrário de uma minoria que represente pelo menos 10% do capital social (cfr. artigo 74.º, n.ᵒˢ 1 e 2). E a deliberação de aprovação das contas não pode ser interpretada como renúncia à efectivação de eventual responsabilidade civil em que os administradores tenham incorrido (artigo 74.º, n.º 3).

Renunciando a sociedade validamente aos seus direitos indemnizatórios, não podem os sócios ou credores em seu lugar, ao abrigos do artigos 77.º e 78.º, n.º 2, efectivar a responsabilidade civil em causa. O direito que por essas vias legais exercitam existe apenas na medida em que ainda subsista a responsabilidade dos administradores perante a sociedade, uma vez que é essa precisamente, e não outra, a responsabilidade que por essas vias legais sócios ou credores estão autorizados a efectivar no lugar da sociedade.

ii) *Da efectivação da responsabilidade pela sociedade*

51. O exercício pela sociedade dos seus direitos indemnizatórios contra os seus administradores requer uma deliberação dos sócios tomada por maioria simples (cfr. artigo 75.º, n.º 1). Recorde-se que quer nas sociedades anónimas, quer nas sociedades por quotas, uma Assembleia Geral deve sempre ser convocada quando um conjunto de sócios representando pelo menos 5% do capital social o requeira, e esta mesma minoria pode requerer que na ordem do dia de uma Assembleia Geral já convocada ou a convocar, sejam incluídos determinados assuntos (cfr. artigo 248.º, n.º 2, artigo 375.º, n.º 2, e artigo 378.º, n.º 1). Além disso, na assembleia que aprecie as contas do exercício o tema da interposição de acção de responsabilidade civil

310 *Código das Sociedades Comerciais e Governo das Sociedades*

contra administradores pode sempre ser apreciado, mesmo que não conste da convocatória (cfr. artigo 75.º, n.º 2).

A acção para efectivação de responsabilidade civil deve ser intentada no prazo de seis meses a contar da deliberação.

Para intentá-la podem ser designados representantes especiais, solução que se entende perfeitamente tendo em conta que na ausência dessa possibilidade caberia em princípio ao órgão de administração conduzir esse assunto.

Se a sociedade não nomear um representante especial para intentar a acção, aquando da deliberação que aprovou a sua interposição, é permitido a um conjunto de sócios que represente, pelo menos, 5% do capital social, que requeira ao tribunal onde decorre o processo a nomeação desse representante especial. A essa mesma minoria é permitido requerer a substituição do representante especial que tenha sido nomeado pela sociedade, caso haja justificação para tanto (cfr. artigo 76.º).

Note-se que, não nomeando a sociedade um representante especial, os accionistas nada poderão fazer para evitar que seja o órgão de administração a conduzir todo o processo até à entrada da petição inicial. Só nesse momento haverá um "processo" para o qual se poderá pedir a nomeação de representante especial ao tribunal onde o mesmo decorre. Não parece, no entanto, razoável, que, por um lado, a uma minoria de sócios seja dada a faculdade de requerer a nomeação de representante especial para acompanhar o processo de indemnização, quando a sociedade o não tenha feito na deliberação dos sócios que tenha aprovado a interposição da acção de responsabilidade civil, mas lhes esteja vedado, por outro lado, requerer a promoção da elaboração da primeira peça processual, crítica para o sucesso da acção, por esse mesmo representante especial.

Ainda sobre este ponto, importa assinalar que os custos associados à actuação do representante especial nomeado a requerimento de um conjunto de sócios, à margem de uma deliberação dos sócios[22], deverá ser reembolsado por esse conjunto de sócios à sociedade, caso esta decaia totalmente na acção. A responsabilização pelos custos neste tipo de casos, sem que se excluam situações em que a

---

[22] A norma legal não se expressa exactamente assim. Mas creio ser esta a sua *ratio*.

pretensão de nomeação de representante especial pelos sócios seja justificada, parece excessiva e promotora de comportamentos de passividade e desinteresse egoísta por parte dos sócios, em circunstâncias em que importa justamente tentar contrabalançar essa tendência para o não-exercício, na prática, por razões de puro comodismo, de faculdades legais (previstas na lei com objectivos meritórios). Em síntese, o denominado *collective action problem* é intensificado por disposições deste tipo.

  iii) Da efectivação da responsabilidade pelos sócios no lugar da sociedade ("derivative action")

  52. Exige-se que o conjunto dos sócios que se proponham accionar os administradores no lugar de sociedade, representem pelo menos 5% do capital social da sociedade, ou 2% (o que representa novidade introduzida pelo Decreto-Lei n.º 76-A/2006, de 29 de Março) no caso de sociedades emitentes de acções admitidas à negociação em mercado regulamentado (cfr. artigo 77.º, n.º 1).

  53. Um outro requisito é o de que a sociedade não tenha solicitado a reparação do prejuízo em causa. Quando se deve considerar que a sociedade não solicitou a reparação do prejuízo? Em teoria, até à prescrição dos seus direitos (cfr. artigo 174.º) não se pode em definitivo afirmar que a sociedade não solicitou a reparação dos prejuízos. Mas evidentemente que este não pode ser o critério ou seria inútil a atribuição do direito de accionar os administradores no lugar da sociedade, aos sócios.

  De jure condendo, várias soluções poderiam ser adoptadas para tratar desta questão de modo satisfatório. Uma delas poderia consistir na exigência de que previamente à instauração da acção, os sócios interessados e representando capital social bastante para interpor acção no lugar da sociedade, instassem a colectividade dos sócios a pronunciarem-se sobre o assunto, nos termos e para os efeitos do artigo 75.º e 74.º, n.º 2.

  Note-se que do ponto de vista do direito positivo só sócios representando um mínimo de 5% do capital social podem requerer uma convocatória da Assembleia Geral ou pedir que determinado assunto seja incluído na ordem do dia de uma Assembleia Geral já convocada

312   Código das Sociedades Comerciais e Governo das Sociedades

ou a convocar, não havendo regime menos exigente (salvo disposição estatutária nesse sentido) para as sociedades com acções admitidas à negociação em mercado regulamentado.

À cautela e na falta de disposição legal que esclareça este ponto, deverá ser esse ou outro equivalente, o procedimento prévio a seguir pelos sócios interessados em accionar um administrador para efeitos de efectivação de responsabilidade civil perante a sociedade.

54. Caso a sociedade, através da colectividade dos seus sócios, delibere no sentido de accionar o administrador e essa acção não seja intentada no prazo de 6 meses previsto no artigo 75.º, n.º 1, deverá entender-se que a sociedade não solicitou a reparação do prejuízo, para o efeito de se permitir aos sócios que efectivem a responsabilidade em causa, no lugar da sociedade, nos termos do artigo 77.º em análise.

55. Finalmente, deve também entender-se que uma vez proposta acção pelos sócios no lugar da sociedade, fica precludida a faculdade desta de renunciar aos seus direitos indemnizatórios. A partir desse momento, o mais tardar, cuja ocorrência está na dependência de um desinteresse manifestado pela sociedade em relação à promoção do exercício do direito de indemnização em causa, são os sócios que propuseram a acção em nome da sociedade que a representam, exclusivamente, para efeitos dos direitos indemnizatórios que aí se discutam. Solução contrária seria fortemente anuladora, na prática, do mecanismo que permite aos sócios tomar o lugar da sociedade para demandar um administrador, especialmente num contexto em que, fora do âmbito do campo de aplicação do instituto do abuso do direito, se não vê como poderiam os sócios ser ressarcidos das despesas em que entretanto tivessem incorrido.

56. *De jure condendo*, justificar-se-ia que a sociedade reembolsasse os sócios que tenham tomado a iniciativa de accionar administradores, no seu lugar, das despesas e custas que o réu teria de suportar caso perdesse a acção, nas hipóteses em que o pedido dos sócios no lugar da sociedade se pudesse qualificar como consistentemente formulado e não fosse manifesta a razão do réu. O resultado de uma acção depende de muitos e variados factores, não representando o seu resultado final, evidentemente, uma verdade absoluta. O problema da *"collective action"*, que explica a pouca efectividade, na prática, de soluções legais do tipo da aqui analisada, por virtude de os benefícios de uma acção procedente se não reflectirem directamente, e menos ainda exclusivamente, na esfera da minoria de sócios actuante, seria atenuado se, reconhecendo-se esta realidade, não se deixasse inteiramente por sua conta e risco essa minoria de sócios que se queira dar ao trabalho de exercer um potencial direito da sociedade. Evidentemente, esta qualificação da actuação dos sócios deveria ser efectuada na própria acção de indemnização – evitar-se-ia, assim, duplicação de esforços e desperdício de recursos escassos, no âmbito da disponibilização de um bem público como a administração da justiça.

57. Compreende-se que a sociedade seja chamada à causa por intermédio dos seus representantes, se com isso se quiser significar unicamente que os efeitos de caso julgado aproveitam à sociedade (cfr. artigo 77.º, n.º 4). O que será porventura excessivo é o meio utilizado para o prescrever, ou para sublinhar este efeito para que dúvidas não pudessem subsistir a esse respeito.

Mas, num contexto em que a sociedade não exerceu ela própria a acção porque não quis (sem contudo renunciar ao seu direito), parece desajustado que a esta possa ser reconhecida uma posição processual que lhe possibilite atrapalhar, ou paralisar mesmo, a condução da acção pelos sócios que tomaram a iniciativa de a propor, especialmente quando se leve em conta o facto de a possibilidade de nomeação de representantes especiais estar apenas prevista para os casos de acções interpostas pela própria sociedade. Não cremos, por isso, que se deva ver aqui um caso de litisconsórcio necessário activo[23], pela razão simples e adicional, aliás, de que existe apenas uma pretensão ou posição juridicamente tutelável (a da sociedade), com esta única especialidade: a de estar a ser exercitada através da actuação de um conjunto de sócios e mandatário judicial por eles escolhido para conduzir a acção. De outra perspectiva, existe apenas um interessado na relação material controvertida, que é a sociedade. Daí os efeitos de um julgamento favorável só a esta poderem beneficiar (cfr. artigo 77.º, n.º 1).

---

[23] Em sentido contrário, acórdão do STJ de 3 de Maio de 2000, referenciado em ABÍLIO NETO, *Código* ..., p. 250.

314 *Código das Sociedades Comerciais e Governo das Sociedades*

iv) Da efectivação da responsabilidade pelos credores no lugar da sociedade ("derivative action")

58. Esta possibilidade vem expressamente prevista no artigo 78.º, n.º 2, que remete para os artigos 606.º a 609.º do Código Civil. Exige-se que sociedade ou os sócios não hajam exercido o direito indemnizatório, sem que se estabeleça, por exemplo, um mecanismo de notificação do credor interessado à sociedade, cumulado com uma obrigação de esta informar os sócios da pretensão do credor, a que se poderia seguir a contagem de um prazo findo o qual o credor poderia exercer o direito indemnizatório no lugar da sociedade e dos sócios (salvo, eventualmente, apresentação de razão justificativa pela socie-dade e/ou sócios para adiar o exercício do direito indemnizatório). As dúvidas sobre quando se poderá qualificar a atitude do devedor (perante o credor, ou seja, a sociedade) ou dos seus sócios como inacção susceptível de desencadear a emergência do direito do credor a agir no seu lugar, são idênticas às do regime geral de sub-rogação do credor ao devedor, previsto no Código Civil.

Exige-se, além disso, que a sub-rogação seja essencial à satisfa-ção ou garantia do direito do credor (cfr. artigo 606.º, n.º 2, do Código Civil *ex vi* artigo 78.º, n.º 2, do Código das Sociedades Comerciais).

59. Os benefícios de uma acção procedente revertem para o património social (cfr. artigo 606.º, n.º 1, e 609.º do Código Civil), à semelhança do que ocorre nas situações em que o sócio toma o lugar da sociedade. Também aqui há um problema de *collective action* que desincentiva o uso deste mecanismo legal. Justifica-se aqui, também, o entendimento de que a sociedade fica impedida de renunciar ao seu direito após o credor ter intentado a competente acção judicial, pelas mesmas razões atrás expostas a propósito de acção interposta por um conjunto de sócios em lugar da sociedade. O desinteresse da sociedade e dos sócios deve ter como efeito a preclusão dos seus direitos de conduzirem a acção contra o administrador a partir do momento em que um credor o faça nos termos da disposição legal em análise[24].

---

[24] Contra, no âmbito do regime geral da sub-rogação do credor ao devedor, veja-se ALMEIDA COSTA, *Direito* ..., p 716.

Valem aqui também, *mutatis mutandis*, as considerações atrás feitas aquando da descrição da actuação dos sócios no lugar da sociedade, a propósito da posição processual da sociedade (cfr., neste caso, o artigo 608.º do Código Civil *ex vi* artigo 78.º, n.º 2, do Código das Sociedades Comerciais).

Finalmente, não é demais recordar que os direitos que o credor exerce são direitos da sociedade cuja existência e configuração depende do regime já atrás analisado. Designadamente, se a actuação dos administradores assentar em deliberação dos sócios, ainda que anulável, aqueles não incorrerão em responsabilidade civil e o credor deverá decair na acção, se a intentou ao abrigo do artigo 78.º, n.º 2. A remissão para o artigo 72.º, n.º 5, efectuada pelo n.º 5 do artigo 78.º, é, para este efeito, desnecessária, uma vez que a aplicação dessa disposição decorria já do facto de ser substantivamente regulado, também, por esse preceito, o regime de responsabilidade civil que o credor pode efectivar ao abrigo da regra adjectiva constante do artigo 78.º, n.º 2, do Código das Sociedades Comerciais.

<h1 style="text-align:center">§ 4.º</h1>

RESPONSABILIDADE CIVIL PERANTE CREDORES SOCIAIS

i) Considerações preliminares; exemplos de ilícitos

60. Vamos ocupar-nos aqui, exclusivamente, do regime especial de responsabilidade civil previsto no artigo 78.º, n.º 1. Designadamente, não trataremos aqui o regime de responsabilidade civil em que podem incorrer os administradores perante credores ou outros "terceiros", nos termos gerais, conforme expressamente previsto no artigo 79.º.

61. Os administradores respondem civilmente perante os credores da sociedade quando, pela inobservância culposa das disposições legais ou contratuais destinadas à protecção destes, o património social se torne insuficiente para a satisfação dos respectivos créditos.

Em minha opinião os deveres de lealdade e de cuidado previstos no artigo 64.º do Código das Sociedades Comerciais, isoladamente

Código das Sociedades Comerciais e Governo das Sociedades

considerados, não têm especialmente em vista os interesses dos credores, pelo que esses preceitos não se qualificarão como "disposição legal destinada à protecção dos credores". Destinam-se antes à protecção do interesse social sem especial relação com, ou recorte em função do, interesse do *stakeholder* que é o credor.

Já mais acima se teve oportunidade de referenciar, em mais de uma ocasião, normas que têm por finalidade (ainda que não necessariamente, por exclusiva finalidade) a protecção dos interesses dos credores. Entre elas, contam-se o artigo 27.º n.º 1 a propósito da liberação da obrigação de entrada dos sócios (*vd.* ainda, relacionado, o artigo 25.º, n.º 2), o artigo 28.º (necessidade de prévia verificação das entradas em espécie), o artigo 29.º (prévia verificação do valor dos bens adquiridos a accionistas nas condições aí previstas), os artigos 32.º e 33.º (limitações na distribuição de bens aos sócios; *vd.* também os artigos 236.º e 346.º, n.º 1), os artigos 218.º, 295.º, 324.º, n.º 1, alínea b), 345.º, n.º 6, 347.º, n.º 7, alínea b), 349.º, n.º 6 e 463.º, n.º 2, alínea b) (obrigatoriedade de constituição de reservas legais e de algumas reservas especiais), o artigo 213.º (restrições à restituição de prestações suplementares), os artigos 96.º e 349.º, n.º 5 (regras condicionantes de reduções de capital), o artigo 89.º (mínimos de realização das entradas nos aumentos de capital) e, mais genericamente, algumas injunções dos regimes de aquisições de acções e quotas próprias (artigos 220.º e 316.º e seguintes). Fora do Código das Sociedades Comerciais, cite-se o dever de apresentação à falência (cfr artigos 18.º e 19.º do Código da Insolvência e Recuperação de Empresas) e, na tese mais acima sustentada, o dever implícito que se deve entender ter sido consagrado nos regimes de responsabilidade subsidiária dos administradores por dívidas fiscais e à segurança social, de dar prioridade ao pagamento destas dívidas (na prática, porém, não relevam aqui estas últimas situações, por desencadearem a aplicação de regimes de responsabilidade especiais que dificilmente deixam antever qualquer utilidade para a invocação do regime de responsabilidade civil previsto no artigo 78.º, n.º 1, do Código das Sociedades Comerciais; não julgo, porém, que esses regimes derroguem em relação aos credores pelos créditos a que se aplicam, o regime geral contido nesta norma).

62. Não se referirão aqui novamente os requisitos gerais de responsabilidade civil, tratados que foram já a propósito da responsabilidade civil perante a sociedade prevista no artigo 72.º. Sublinha-se apenas que, de acordo com a generalidade da doutrina, no âmbito da responsabilidade prevista no artigo 78.º, n.º 1, a culpa não se presume. Voltarei ainda a este assunto.

ii) Do requisito da criação ilícita de risco de insuficiência patrimonial para a satisfação dos direitos dos credores

63. Requisito específico desta responsabilidade perante os credores é o de que em resultado do ilícito, o património social se torne insuficiente para a satisfação dos direitos dos credores. Em termos práticos, crê-se que a tentativa prévia em sede executiva de obter a satisfação do crédito junto da sociedade, legitima o credor a invocar com segurança a insuficiência do património do credor para a satisfação do seu crédito. Fora dessa hipótese, tudo se resume a uma questão de se fazer prova convincente dessa insuficiência recorrendo às contas da sociedade e ao testemunho de quem com ela se relacione comercial e financeiramente, por exemplo.

Com base na letra da norma que se encontra no artigo 78.º, n.º 1, parece poder afirmar-se que bastará a prova de que o património é insuficiente para a satisfação dos créditos considerados na sua generalidade (para além da prova dos outros requisitos de responsabilidade dos administradores, aplicáveis neste caso), não se exigindo essa prova relativamente ao crédito isoladamente considerado do credor em causa. Isto é, não será essencial que se demonstre a impossibilidade, em concreto, de satisfazer um particular crédito com recurso ao património social. A lei como que utilizou algo paralelo àquilo que os penalistas denominam de risco abstracto, satisfazendo-se com o risco ilicitamente criado pelos administradores de que o património não seja suficiente para a satisfação dos créditos, ainda que em concreto esse risco possa não se vir a confirmar em relação a este ou àquele crédito em particular.

iii) *Da imunidade do direito indemnizatório à vontade e actuação dos sócios*

64. Tratou-se aqui de consagrar um direito próprio do credor, pelo que se afastou, e bem, a possibilidade de esse direito poder ser coarctado por renúncia da sociedade a direito de indemnização paralelo sobre o administrador, bem como a possibilidade de a responsabilidade do administrador poder ser excluída com base na invocação de deliberação da Assembleia Geral em que porventura a sua actuação pudesse ter assentado (cfr. artigo 78.º, n.º 3).

Note-se que se a responsabilidade do administrador perante o credor não pode ser, nestes casos, afastada pela existência de deliberação da Assembleia Geral em que tenha assentado a sua conduta, deverá então entender-se, também, ser legítimo o não cumprimento pelo administrador dessa deliberação, mesmo que porventura fosse apenas anulável, por se limitar a contrariar os estatutos.

Suponha-se que existe uma cláusula estatutária a impor a constituição de uma reserva legal equivalente a 40% dos lucros de cada ano até que se atinja 10 vezes o capital social. Uma vez que a constituição de reserva que ultrapasse 5% dos lucros anuais e, em termos acumulados, 20% do capital social, não é legalmente imperativa, nos termos da doutrina acima discutida a deliberação dos sócios que viole a disposição estatutária que imponha a constituição de reserva superior a esses mínimos legais só é passível de gerar a anulabilidade da deliberação em causa (*vg* deliberação de aplicação de resultados).

Esta violação da disposição dos estatutos em causa é grave e atinge particularmente os credores. Essa cláusula do pacto social tinha a função de promessa unilateral da sociedade, neste contexto primacialmente enquanto colectividade dos seus sócios, na qual os terceiros que com ela contratem e, em consequência, se constituam credores, deveriam poder confiar e retirar consequências jurídicas e "práticas", em caso, designadamente, de não satisfação do seu crédito em razão de uma insuficiência do património social. Compreende-se, por isso, que a deliberação dos sócios não seja causa justificativa da actuação dos administradores que a executem, ainda que padeça de mera anulabilidade, devendo estes abster-se de a executar.

Responsabilidade Civil dos Administradores 319

Note-se que o Decreto-Lei n.º 76-A/2006, de 29 de Março, esclareceu, no bom sentido, a dúvida doutrinária sobre se o afastamento de deliberações dos sócios como causa justificativa da actuação dos gerentes deveria aplicar-se apenas à responsabilidade aqui em análise, ou também à responsabilidade, mais atrás referenciada, do administrador perante a sociedade, nas situações em que o credor toma o lugar da sociedade (sub-rogação do credor ao devedor), prevista no n.º 2 deste mesmo artigo 78.º. É agora claro que o afastamento desta causa de exclusão só se aplica à responsabilidade civil que origina direitos próprios dos credores, prevista no n.º 1.

> *iv) Do âmbito de aplicação da remissão operada pelo n.º 5 do artigo 78.º*

65. O artigo 78.º, n.º 5, determina que se aplica ao direito de indemnização (antecipando aqui a nossa opinião, "direito de indemnização próprio") do credor contra o administrador, o regime previsto no n.º 3 (responsabilidade no caso de deliberação colegial), n.º 4 (não exercício de oposição pelo administrador quando estava em condições de o fazer), n.º 5 (justificação da actuação do administrador com base na existência de deliberação dos sócios determinante da conduta dos administradores), n.º 6 (irrelevância do parecer favorável ou do consentimento do órgão de fiscalização), todos do artigo 72.º, no artigo 73.º (regime de solidariedade) e no n.º 1 do artigo 74.º (nulidade de cláusula que elimine ou limite direitos indemnizatórios dos credores resultantes do regime de responsabilidade civil em análise).

Parece claro que este n.º 5 do artigo 78.º se quer referir apenas, ou pelo menos também, ao regime de responsabilidade previsto no seu n.º 1, e não também, ou pelo menos não apenas, à faculdade de o credor se sub-rogar ao devedor (à sociedade) nos seus direitos de indemnização perante o administrador, prevista no seu n.º 2. É que no n.º 2 do que se trata é de exercer um direito da sociedade, que continuará a sê-lo, pelo credor, em seu lugar (em sua representação, se se quiser), e que, por isso mesmo se recorta, por definição, por referência às normas objecto da remissão em questão e, ainda, principalmente, por referência a normas que não foram objecto dessa remissão operada pelo n.º 5 do artigo 78.º – os n.ºs 1 e 2 do artigo 72.º.

320   *Código das Sociedades Comerciais e Governo das Sociedades*

Daí que a remissão operada pelo n.º 5 do artigo 78.º só adquira sentido útil se interpretada como referindo-se ao regime de responsabilidade consagrado no seu n.º 1. Aliás, diferente interpretação implicaria inevitavelmente a necessidade do confronto com raciocínios "*a contrario sensu*" que apontariam no sentido de que na acção de responsabilidade intentada ao abrigo do artigo 78.º, n.º 2, não obstante sê-lo por conta da sociedade e para exercitar os seus direitos, não se aplicaria a presunção de culpa prevista no n.º 1 do artigo 72.º, nem a possibilidade de defesa conferida ao administrador, prevista no n.º 2 desse artigo 72.º. Esta solução legal seria difícil, senão impossível, de justificar e compreender.

Há que reconhecer, no entanto, que a interpretação perfilhada também não é capaz de evitar todas as antinomias: a referência expressa à aplicabilidade do n.º 5 do artigo 72.º tem de se considerar afastada, no contexto da responsabilidade prevista no n.º 1 do artigo 78.º, por força do número 3 deste mesmo artigo, cujo conteúdo prescritivo não deixa margem para dúvidas e foi já aqui objecto de análise.

v) Do ónus da prova da culpa: as teses tradicionais

66. Resta fazer referência ao tema do ónus da prova da culpa. Para efeitos da responsabilidade prevista no artigo 72.º (perante a sociedade), está expressamente consagrado um regime de presunção de culpa (cfr. artigo 72.º, n.º 1). Vários autores sancionam a tese de que, ainda que não tivesse havido essa consagração expressa, sempre essa responsabilidade se deveria qualificar como obrigacional nos termos gerais, com a consequente aplicação de um regime de presunção de culpa.

Assim sucede com Raúl Ventura e Brito Correia, para quem o carácter obrigacional da responsabilidade resultaria da relação obrigacional que, por força da nomeação pela sociedade e respectiva aceitação da mesma pelo administrador, existiria, e, em última análise, explicaria a vinculação dos administradores aos deveres cuja violação pode originar a sua responsabilidade civil perante a sociedade. Pelo contrário, estar-se-ia perante um caso de responsabilidade delitual no caso do artigo 78.º, n.º 1, por inexistir qualquer relação obrigacional entre administrador e credor lesado, previamente ao acto ilícito.

Responsabilidade Civil dos Administradores 321

Existiria, nestes casos, apenas, um interesse juridicamente protegido, a que corresponderia um dever de carácter geral[25].

Também para Menezes Cordeiro o regime previsto no artigo 72.º, n.º 1, resultaria em qualquer caso dos artigos 798.º e 799.º, n.º 1, do Código Civil e, na mesma linha da doutrina atrás citada, o regime de responsabilidade previsto nos artigos 78.º, n.º 1 e 79.º, em que não há presunção de culpa, resultaria já também do disposto no artigo 483.º, n.º 1, do Código Civil (responsabilidade civil extracontratual ou delitual)[26].

67. A responsabilidade obrigacional define-se como toda aquela que pode ser desencadeada pela violação de um direito de crédito ou obrigação em sentido técnico, isto é, por virtude da não realização de uma prestação que uma pessoa estava obrigada a realizar perante outra. Não seria isso que ocorreria com a violação dos deveres (gerais) de conduta impostos a todas as pessoas em resultado da existência de direitos absolutos, ou com a violação das denominada normas de protecção que teriam por objectivo a defesa de interesses particulares, sem com isso procederem, contudo, à atribuição de direitos subjectivos a quem quer que seja[27].

A minha posição em relação aos conceitos ou categorias em si, *supra* descritas, só pode ser de rigorosa neutralidade. Representam eles (ou elas) uma categorização ou classificação que, em si, não tem de estar ou deixar de estar certa.

O seu uso para traçar as fronteiras dos regimes ou soluções legais aplicáveis é que pode ser mais ou menos útil, ou mais ou menos acertado. É justamente a avaliação crítica do uso dessas categorias para efeitos da distribuição do ónus da prova da culpa, nos regimes de responsabilidade civil, que me ocupará de seguida.

68. Pegue-se nas prescrições legais que proíbem a distribuição de bens aos sócios quando o património social fique (ou já esteja)

---

[25] RAÚL VENTURA e BRITO CORREIA, *Responsabilidade civil dos administradores de sociedades anónimas e dos gerentes de sociedades por quotas*, Boletim do Ministério da Justiça, n.º 193, Fevereiro de 1970, pp. 12 e segs. e n.º 194, Março de 1970, pp. 45 e segs.

[26] MENEZES CORDEIRO, *Manual ...*, pp 761 e 762.

[27] Cfr ALMEIDA COSTA, *Direito ...*, pp 49 e segs, e pp 431 e segs.

322   *Código das Sociedades Comerciais e Governo das Sociedades*

abaixo de valor correspondente ao capital social acrescido dos prémios de emissão e das reservas legais e estatutárias (cfr. artigos 31.º e seguintes). A distribuição que não respeite estas prescrições é ilícita e provoca um prejuízo à sociedade directamente correspondente ao montante cuja distribuição estava proibida.

Recorde-se que o interesse social é recortado em função não só dos interesses dos accionistas, mas também em função dos interesses dos credores e de outros *stakeholders*, pelo ordenamento jurídico e pelos estatutos da sociedade dentro dos limites da autonomia privada. São estas as fontes que determinam uma determinada composição de interesses entre os vários interessados "reais" na actividade da sociedade.

O interesse social resulta, assim, como também já se deixou dito, de uma particular síntese entre esses diversos interesses, de tal modo que, do ponto de vista jurídico, se torna então útil e significante falar de um interesse próprio da sociedade que se não esgota no, ou reconduz ao, interesse da categoria dos accionistas, ou da dos credores, por exemplo, embora os interesses destes se possam reconduzir ao interesse social, indirectamente, neste ou naquele aspecto, em razão do ponto de equilíbrio legal e estatutariamente acolhido a seu propósito.

Recorde-se, ainda, que a violação directa de interesses dos sócios (ou dos credores, por exemplo), enquanto tais, não redunda em violação de interesses da sociedade, uma vez que estes se não reconduzem àqueles. Pelo contrário, a violação de interesses da sociedade pode redundar em violação de interesses dos sócios (ou dos credores), uma vez que para certos (muitos) efeitos os interesses da sociedade são recortados por referência aos interesses dos sócios (ou dos credores).

Um dos planos em que o interesse social é recortado em função dos interesses dos credores é o das regras sobre distribuição de bens aos sócios, em virtude da adopção do princípio da intangibilidade do capital social (acrescido de prémios de emissão e reservas legais e estatutárias). A sua violação atinge o interesse social, atinge a sociedade, pelo que pode originar responsabilidade civil perante a sociedade ao abrigo do artigo 72.º. Mas, simultaneamente, pode originar responsabilidade civil perante os credores, por força da disposição expressa nesse sentido que se contém no artigo 78.º, n.º 1, aqui em análise.

vi)   Do ónus da prova da culpa (cont.) - apreciação crítica das teses tradicionais

69. Agora pergunta-se: porque razão a violação das mesmíssimas regras, pelas mesmíssimas pessoas, que origine os mesmíssimos danos (ou pelo menos sem diferenças com relevância bastante para justificarem diferentes regimes, naquilo que nos ocupa), há-de desencadear regimes de distribuição do ónus da prova distintos em relação ao requisito da culpa, consoante o titular do direito de indemnização seja a sociedade ou o credor?

Não é resposta, evidentemente, no plano em que me coloco, invocar a categorização acima referenciada da responsabilidade civil contratual e extracontratual. Do que se cuida aqui, precisamente, é de escapar a esse conceptualismo jurídico, de rasgar essa lógica circular, e questionar a razão de ser de se proceder a uma diferente distribuição do ónus da prova em função desse recorte conceptual.

No âmbito das violações dos direitos absolutos parece, à primeira vista, acertado (*vd.* nota de pé de página n.º 28, mais adiante), colocar o ónus da prova do requisito da culpa sobre quem se arrogue um direito indemnizatório. Com efeito, a pessoa a quem seja imputado o facto ilícito está apenas adstrita a uma proibição de interferir com o exercício de um direito absoluto, a uma obrigação de o respeitar. A ordem jurídica não lhe indica, nem o poderia fazer, a conduta ou comportamento que em concreto deverá seguir naquele caso, de modo a prevenir a violação do direito absoluto de terceiro.

É o agente que, em cada momento e em face das circunstâncias que enfrente, terá de ajuizar sobre a conduta mais adequada, tendo em vista o objectivo de evitar a violação de direitos absolutos de terceiros. Se se quiser, a lei oferece uma instrução genérica sobre a conduta a adoptar, que se consubstancia no critério da "diligência de um bom pai de família, em face das circunstâncias de cada caso" (cfr. artigo 487.º, n.º 2, do Código Civil). Cabe ao lesado provar que o agente violou este critério de conduta.

No âmbito da responsabilidade contratual, bem vistas as coisas, a solução não será diferente. Neste âmbito, o agente está adstrito a uma regra de conduta que tendencialmente estará definida com concretização bastante maior. O seu dever está especificado contratual

324 Código das Sociedades Comerciais e Governo das Sociedades

ou legalmente, está adstrito a uma obrigação em sentido técnico (de resultados ou de meios) de prestar algo a outra pessoa. Cabe naturalmente ao lesado provar que o agente não adoptou a regra de conduta definida (não cumpriu o dever tal como se encontrava especificado) a que se encontrava adstrito. Essa tarefa será tanto mais fácil do que a de provar a violação da regra de conduta da "diligência de um bom pai de família", quanto melhor e maior tiver sido a concretização ou especificação, legal ou contratual, dos deveres de conduta do agente.

Compreende-se que, provada que esteja a violação dos deveres de conduta contratual ou legalmente estabelecidos (*vg.*, dever de disponibilizar o espaço no caso do arrendamento; dever de pagar a renda), prova que cabe sempre ao lesado fazer (é a prova do que se denomina de "ilícito"), se dispense o lesado de provar o carácter negligente ou doloso da actuação que consubstancie essa mesma violação. Os deveres de conduta eram suficientemente específicos. E se o não eram, maior será a dificuldade do lesado relativamente à prova da sua violação, dificuldade essa que no limite poderá ser exactamente igual à da prova da falta de diligência de um bom pai de família (se a definição do dever de conduta for tão genérica quanto a desse critério, como sucede, tendencialmente, com o dever de cuidado consagrado no artigo 64.º, n.º 1, alínea a) do Código das Sociedades Comerciais – *vd.* os comentários *supra* a esse propósito).

vii) Do regime comum do ónus da prova relativamente ao cumprimento dos "deveres de conduta"

70. Em síntese, provada a violação dos deveres de conduta a que o agente estava adstrito, pelo lesado, este nada mais necessita de provar (para além do dano e do nexo de causalidade), e isto é assim quer no âmbito da denominada responsabilidade contratual quer no âmbito da responsabilidade extracontratual. A solução não difere, afinal, entre os dois regimes de responsabilidade civil, quando abordados da perspectiva das regras de conduta aplicáveis ao agente do dano. O que difere é a terminologia jurídica utilizada num caso e noutro: à violação dos deveres de conduta no caso da responsabilidade civil extracontratual chama-se "culpa"; à violação dos deveres de conduta no caso da responsabilidade civil contratual chama-se "ilícito".

Aprofundando um pouco mais esta temática, pode dizer-se que no caso da responsabilidade civil contratual tem relevância autónoma (constitui uma defesa disponível) o agente invocar e provar que não foi negligente a violação dos deveres de conduta a que estava adstrito ou a que se tinha vinculado. No caso da responsabilidade civil extra-contratual tal invocação não tem relevância autónoma, esgotando o seu efeito na negação (contradita) de algo que cabe ao lesado demons-trar: a negação de que foram violados deveres de conduta que neste caso se reconduzem ao padrão de comportamento que serve de base à própria definição legal de negligência ou culpa.

Ou seja, o agente do dano estará obrigado a indemnizar provada que esteja a violação das regras de conduta a que estava adstrito (para além dos outros pressupostos da responsabilidade civil). Em princípio, o lesado está pelo menos em tão boas condições quanto o agente do dano para produzir prova relativamente a esse aspecto, pelo que não se justificam desvios à regra de que cabe a quem invoca um direito provar os pressupostos do mesmo. Esse dever de indemni-zar é afastado, nos regimes de responsabilidade subjectiva, sempre que o lesado prove que a sua conduta foi diligente à luz do padrão fixado no artigo 487.º, n.º 2, do Código Civil (o que, no caso da responsabilidade extracontratual, não tem autonomia em relação à prova que, no nosso sistema legal, incumbe sempre ao lesado, da violação das regras de conduta a que o agente do dano se encontrava adstrito, como se viu já). Provada que esteja a violação das regras de conduta a que estava adstrito o agente do dano, compreende-se que caiba a este o ónus da prova de que actuou diligentemente. Ele, melhor do que ninguém, está em condições de explicar as circuns-tâncias psicológicas em que actuou e os factores exteriores que no momento em que actuou possam ter condicionado a sua conduta[28].

---

[28] Estas reflexões poderiam levar-nos mais longe em sede de responsabilidade extra-contratual, sempre que esteja em causa a violação de direitos absolutos. Porventura seria desejável também nesses casos estabelecer uma presunção de culpa, uma vez que o agente do dano está indiscutivelmente em melhor posição para apresentar os factos e circunstân-cias relevantes para o apuramento da culpa. É possível que, na prática, provadas que estejam a violação do direito absoluto, a emergência de um dano e o nexo de causalidade, os nossos tribunais tendam a dar facilmente como adquirido o preenchimento do requisito da culpa, salvo prova em contrário. Não tenho no entanto dados objectivos que permitam

326   *Código das Sociedades Comerciais e Governo das Sociedades*

Dito de outro modo: "não te conduziste conforme estavas obrigado; agora explica-te, se queres tentar afastar a responsabilidade que *prima facie* sobre ti impende". A conduta a que se está obrigado, no caso da responsabilidade civil extracontratual, repete-se, é a actuar com a diligência de um bom pai de família em face das circunstâncias do caso.

viii) Conclusões finais relativamente ao ónus da prova da culpa em caso de violação de "normas de protecção"

71. O que já se avançou é suficiente para, com mais segurança, se abordar agora o problema do ónus da prova da culpa a propósito da violação das denominadas normas de protecção. Na situação em análise, está em causa a violação da proibição de distribuição de bens aos sócios quando o património da sociedade já esteja ou fique abaixo de valor correspondente ao do capital social acrescido de prémios de emissão e de reservas legais e contratuais ou estatuárias.

Provada que esteja a violação desta regra de conduta por parte dos administradores, que sentido faz fazer impender sobre o credor o ónus de provar que esta conduta foi negligente? Não se exige o mesmo em relação a deveres de conduta contratual ou legalmente estabelecidos, quando dêem origem a obrigações em sentido técnico, por se entender que o que é nuclear é a prova da violação desses mesmos deveres, por um lado, e por se poder entender, por outro lado, que o agente do dano está em melhor posição do que ninguém para discorrer acerca das circunstâncias psicológicas e factores exteriores que possam ter condicionado a sua actuação no momento em que

---

comprovar isso mesmo, baseando-se em meras impressões a hipótese que aqui avanço. Finalmente, note-se que no caso dos danos puramente patrimoniais essa presunção de culpa, enquanto referida aos deveres de conduta violados, seria já inaceitável, uma vez que o dano não é neste caso uma decorrência da violação de um direito absoluto, pré-existente, mas uma simples decorrência da violação de um dever de conduta. O lesado não tinha nestes casos um direito *a se* em relação a deveres de conduta, cuja violação tivesse originado danos; tinha apenas direito a uma conduta (*vg.* artigo 64.º, n.º 1, alínea a) do Código das Sociedades Comerciais ou artigo 31.º e segs. do mesmo código) cuja não verificação terá de provar, ou de outro modo o que haveria seria uma presunção de ocorrência do ilícito sempre que houvesse dano, totalmente desadequada tanto quanto sou capaz de vislumbrar.

esta ocorreu – numa palavra, para se explicar, provada que esteja a violação de uma norma de conduta a que estava adstrito.

De jure condendo, não há razão para tratar diferentemente os casos de violação das regras de conduta que se incluem nas denominadas regras de protecção. Porém, do ponto de vista do direito positivo parece ser ponto assente entre a doutrina civilista que não é isso que prescreve a lei. Atrever-me-ia a arriscar dizer que, na aplicação prática deste mesmo direito positivo pelos nossos tribunais, a tendência para considerar verificado o requisito da culpa, logo que provada a violação da regra de conduta prevista na "norma de protecção", é bem capaz de ser muito considerável, sem prejuízo de se manter sempre em aberto, evidentemente, a possibilidade de prova em contrário pelo interessado.

§ 5.º
RESPONSABILIDADE CIVIL
PERANTE OS SÓCIOS E TERCEIROS

i) *Considerações preliminares*

72. Pouco fica para dizer de novo neste momento, apresentados que foram já, para efeitos de delimitar negativamente as situações de responsabilidade civil perante a sociedade, exemplos de ilícitos que tendencialmente originarão danos directamente na esfera jurídica dos sócios (e não da sociedade), e discutido que foi já o tema do ónus da prova da culpa, a propósito da responsabilidade civil perante os credores prevista no artigo 78.º, n.º 1 (cujas conclusões se aplicam aqui integralmente).

ii) *Exemplos de ilícitos potencialmente geradores de danos aos sócios*

73. Repetindo os exemplos mais atrás dados, principalmente por referência à fonte legal que é o Código das Sociedades Comerciais, tenderão a produzir danos directamente na esfera dos sócios a violação das seguintes prescrições (os seguintes ilícitos), entre outras:

i) o dever de promover o inquérito judicial previsto no artigo 31.º, n.º 3;

ii) fora das circunstâncias em que os administradores se devem abster de executar deliberações de distribuição de bens aos sócios (*vd.* artigo 31.º), o dever de executar a deliberação de distribuição de resultados nos termos dos artigos 217.º e 294.º (para as sociedades por quotas e anónimas, respectivamente), com respeito pelo disposto no artigo 341.º e seguintes (accionistas titulares de acções preferenciais sem voto);

iii) o dever de se abster de qualquer acto de execução de deliberação de aumento de capital que implique violação de direitos legais de preferência (artigos 266.º, 367.º e 458.º e seguintes);

iv) o dever de respeitar as deliberações dos sócios (artigo 259.º no caso da sociedade por quotas e artigo 405.º no caso das sociedades anónimas, embora neste caso resulte claro que não é essa a regra geral, como se viu já mais atrás) – dependendo do teor dessas deliberações, poderão estar em causa, tendencialmente, danos à sociedade, ou danos directamente aos sócios (para além das hipóteses, evidentemente, da ausência de danos ou de causalidade adequada);

v) o dever que indirectamente se retira do artigo 449.º do Código das Sociedades Comerciais (e do artigo 378.º do Código de Valores Mobiliários) e, directamente, do artigo 248.º, n.º 4, do Código de Valores Mobiliários (no contexto de valores mobiliários admitidos à negociação), de se abster de transaccionar acções ou obrigações da sociedade ou de outra que com ela se encontre em relação de domínio ou de grupo, quando esteja no conhecimento de informação privilegiada (isto é, a que ainda não tenha sido dada publicidade e seja susceptível de influenciar o valor dos títulos), ou de revelar essa informação a terceiros. É porém defensável que os danos que daí possam resultar para os sócios não decorrem de uma actuação dos administradores no "exercício das suas funções". Essa qualificação é especialmente importante para efeitos de aferição da eventual responsabilidade da própria sociedade pelos actos dos seus administradores. Não podemos desenvolver aqui este ponto;

vi) o dever, naquilo que dependa dos administradores, de cumprir e fazer cumprir as regras legais relacionadas com o exercício dos direitos políticos dos sócios, previstas no Código das Sociedades Comerciais (direitos de informação e de convocação de Assembleias Gerais, por exemplo);

vii) fora do Código das Sociedades Comerciais, os deveres relativos à qualidade da informação no prospecto (artigo 135.°, 149.°, n.° 1, alínea b), 166.° e 243.° do Códigos dos Valores Mobiliários) com um regime de responsabilidade próprio (*vd.* o artigo 150.° e seguintes do Código dos Valores Mobiliários);

Estão em causa violações de prescrições legais que afectem os sócios enquanto tais. Fora dessas hipóteses, os sócios são meros terceiros. Mas o regime de responsabilidade civil é o mesmo.

iii) Exemplos de ilícitos potencialmente geradores de danos a terceiros

74. Como exemplo de dever cuja violação pode gerar danos directamente na esfera de terceiros (e responsabilidade civil ao abrigo do artigo 79.°) pode indicar-se, repetindo-se o que se disse já mais atrás aquando do traçar das fronteiras da responsabilidade perante a sociedade em face da responsabilidade perante outras entidades e pessoas, o dever de não executar nenhuma acção que viole ou contribua para a violação das proibições constantes do artigo 368.° (protecção de titulares de obrigações convertíveis em acções, potenciais futuros accionistas).

A violação de deveres de lealdade ou de cuidado, previstos no artigo 64.°, não poderá fundamentar um caso de responsabilidade civil do administrador perante um credor ("terceiro", para efeitos do artigo 79.°, agora em análise), por exemplo, em virtude de, em princípio (e na medida em que assim seja), esse tipo de ilícitos gerar danos na esfera da sociedade, gerando apenas, portanto, indirectamente danos na esfera dos sócios e credores. Daí que continue a ter interes-

330 *Código das Sociedades Comerciais e Governo das Sociedades*

se a invocação do instituto do abuso do direito, especialmente nos casos em que, no contexto das sociedades "familiares", o administrador esteja, na prática, em condições de travar qualquer investida de credores ao abrigo do artigo 78.º, n.º 2 (sub-rogação do credor ao devedor), através do uso da vontade do ente societário ou do controlo da condução da acção a propor pela própria sociedade (cfr. artigos 74.º, n.º 2 e 75.º).

Em face da doutrina da eficácia relativa dos contratos, que aqui me abstenho de discutir, os administradores não poderão ser responsabilizados por incumprimentos de contratos de que as sociedades sejam partes. No limite, designadamente em situações de má-fé imputável ao administrador no exercício das suas funções, poderá eventualmente ser invocado o instituto do abuso do direito (em relação à responsabilidade da sociedade *vd.* o artigo 800.º do Código Civil).

A violação de direitos absolutos de terceiros por parte dos administradores no exercício das suas funções (ou fora delas, evidentemente), pode originar responsabilidade civil dos administradores. Não era preciso dizê-lo especificamente uma vez que isso sempre resultaria dos termos gerais, para os quais aliás este artigo 79.º remete. Por sua vez, a sociedade responde civilmente pelos actos ou omissões dos seus representantes nos mesmos termos em que os comitentes respondem pelos actos ou omissões dos seus comissários (cfr. artigo 165.º e artigo 500.º, ambos do Código Civil).

iv) Da actuação do administrador assente em deliberação dos sócios, ainda que anulável

75. À semelhança do que fazia o artigo 78.º em relação aos direitos indemnizatórios dos credores perante os administradores, o artigo 79.º, n.º 2, determina que se aplica ao direito de indemnização (próprio) do sócio ou do terceiro, contra o administrador, o regime previsto no n.º 3 (responsabilidade no caso de deliberação colegial), n.º 4 (não exercício de oposição pelo administrador quando estava em condições de o fazer), n.º 5 (justificação da actuação do administrador com base na existência de deliberação dos sócios determinante da conduta dos administradores), n.º 6 (irrelevância do parecer favo-

Responsabilidade Civil dos Administradores

rável ou do consentimento do órgão de fiscalização), todos do artigo 72.º, no artigo 73.º (regime de solidariedade) e no n.º 1 do artigo 74.º (nulidade de cláusula que elimine ou limite direitos indemnizatórios dos sócios ou terceiros ao abrigo do regime de responsabilidade civil em análise).

Vimos em relação aos direitos de indemnização próprios do credor perante os administradores (cfr. artigo 78.º, n.º 1), que apesar da remissão para o n.º 5 do artigo 72.º, dúvida não poderia haver em relação à irrelevância de qualquer deliberação em que pudesse ter assentado a actuação do administrador, para o eximir à responsabilidade perante o credor legalmente consagrada no artigo 78.º, n.º 1 (cfr. artigo 78.º, n.º 3).

Em relação à responsabilidade dos administradores por danos causados directamente na esfera jurídica de sócios ou terceiros, não é aparentemente possível concluir da mesma forma.

76. Esta solução parece ser difícil de aceitar. Parece haver uma antinomia valorativa, uma contradição axiológica irreconciliável entre duas disposições legais: de um lado impede-se que o contrato de sociedade afaste os direitos indemnizatórios dos sócios e terceiros perante os credores (artigo 74.º, n.º 1, *ex vi* artigo 79.º, n.º 2); de outro lado, permite-se que algo muito menos solene e, o que é mais grave, impossível de prever antecipadamente por quem se relacione com a sociedade, por não constar dos seus estatutos, afaste essa mesma responsabilidade (cfr. artigo 72.º, n.º 5, *ex vi* artigo 79.º, n.º 2).

E não se diga que este mesmo argumento serviria para afastar a aplicabilidade do artigo 72.º, n.º 5, em relação a casos também de responsabilidade perante a sociedade. Essa poderia ser uma opção de *jure condendo*, sobretudo num contexto em que os sócios responsáveis pela actuação danosa dos administradores não ocupem o seu (mesmíssimo) lugar para efeitos de responsabilidade civil perante a sociedade. Mas "poderia" não equivale a "ter de ser" por imperativos da lógica interna do regime de responsabilidade em análise.

Apesar de tudo encontra-se justificação, com algum mérito, para optar, em casos em que o administrador actue por determinação de um órgão da sociedade, por excluir a sua responsabilidade perante esta. Isso deve aliás ser assim, quando essa responsabilidade se possa

332   *Código das Sociedades Comerciais e Governo das Sociedades*

fundar unicamente na violação dos deveres de cuidado, quando não se possa vislumbrar à partida qualquer outra ilicitude no teor da deliberação dos sócios. Coisa diferente, que o Código das Sociedades Comerciais não abordou, é a eventual responsabilidade dos sócios responsáveis pela actuação danosa do administrador.

Mas quando não estejam em causa danos à própria sociedade, ou mais latamente, quando estejam em causa direitos indemnizatórios de terceiros (*vg.* artigo 79.º, n.º 1), independentemente de o próprio património societário ter sido ou não também afectado, já não parece que a responsabilidade devesse ser excluída com base no facto de um órgão da sociedade (que não é credora da indemnização) como a colectividade dos sócios, ter emitido deliberação em que assentou a actuação danosa dos administradores.

77. A verdade, porém, para além das aparências, é que não existe uma contradição insanável entre as regras legais. O administrador só é responsável perante sócios ou terceiros, no exercício das suas funções sociais, caso a sua actuação não assente em deliberação, ainda que anulável, dos sócios. E isto é prescrito com a publicidade e a solenidade de uma lei. O que os estatutos não podem excluir ou limitar, é a responsabilidade civil com este recorte legalmente consagrado.

O que aqui (isto é, situações de danos causados directamente aos sócios ou a terceiros) se manifesta com mais intensidade é a dificuldade da justificação (por não estarem em causa interesses patrimoniais da sociedade, em relação aos quais ainda se poderia dizer que estariam na disponibilidade dos sócios, com sujeição de quem tivesse votado contra, à vontade colectiva) da eventual omissão de regra que imponha aos sócios responsáveis a responsabilidade civil em relação à qual ficam legalmente desonerados os administradores.

78. Não é de *jure condendo* aceitável, por exemplo, que não se preveja responsabilidade dos sócios responsáveis por uma deliberação que não cumpra o disposto estatutariamente, em relação a mínimos de distribuição de lucros. E parece que no plano do direito positivo os sócios responsáveis poderão efectivamente ser responsabilizados nos termos gerais.

Mas esses "termos gerais" podem ser insuficientes para lidar satisfatoriamente com a situação equacionada. Como já se disse neste estudo e se repete agora, no contexto principalmente das sociedades com capital disperso pelo público, em que o accionista é muitas vezes um mero investidor passivo que participa em Assembleias Gerais e vota, ocasionalmente, sem grande envolvimento nos assuntos da sociedade, seria importante que os administradores tivessem o dever de alertar os accionistas para a invalidade da sua deliberação e para os interesses que a mesma potencialmente atinge, sob cominação de, não o fazendo, não ficarem ao abrigo da exclusão de responsabilidade. Numa palavra, a situação em causa tem especificidades que não aconselham uma pura e simples remissão para o regime geral de responsabilidade civil. Mas no quadro legal actual, não há outra solução.

79. Acrescente-se ainda o seguinte, a propósito das especificidades desta situação: dizer que pode haver lugar a responsabilidade da sociedade num caso destes (violação de regras sobre distribuição mínima de lucros) por se tratar de actuação de órgão da sociedade imputável a esta, não chega.

Em primeiro lugar, conviria decidir se a sanação da anulabilidade pela caducidade do direito potestativo de intentar acção de anulação afastaria os direitos indemnizatórios. A tentação é de responder afirmativamente, invocando o argumento de que essa caducidade extinguiria o próprio direito, em relação ao ano em causa, de obter a distribuição de lucros devida. Mas esta tese levanta muitas dúvidas, que aqui não poderão ser aprofundadas, especialmente se se quiser contrastar situações de ausência pura e simples de deliberação sobre aplicação de resultados com a situação atrás figurada de uma deliberação de aplicação de resultados que não respeita os mínimos estatutários ou legais de distribuição de resultados aos sócios.

Em estreita conexão com este tema, seria ainda necessário decidir se o tribunal se poderia substituir à sociedade na emissão de deliberação que respeite as regras sobre distribuição mínima de lucros (execução específica em situação análoga à prevista no artigo 830.º do Código Civil para o contrato promessa, questão que aliás se põe também quando haja uma pura e simples omissão de deliberação dos sócios sobre a matéria), bem como decidir sobre a eventual admissibilidade de sanções pecuniárias compulsórias em caso de resposta negativa à questão da execução específica. A jurisprudência

334 *Código das Sociedades Comerciais e Governo das Sociedades*

não parece colocar assim o problema, adoptando, no entanto, pragmaticamente, uma solução que, na prática, produz os mesmos efeitos de uma substituição dos sócios na emissão de uma deliberação em falta ou contrária à lei[29].

Além disso, e esta é a especificidade que porventura mais impressiona, admitindo que é possível obter sentença que imponha a distribuição de lucros mínima prevista nos estatutos ou nas disposições supletivas da lei, conforme parece ser sancionado pela nossa jurisprudência, a eventual responsabilização da sociedade perante os sócios a quem não seja imputável essa falta, pelo atraso na distribuição desses lucros[30], redundará, em parte e indirectamente, em prejuízo para o sócio credor e, de toda a forma, pareceria ser "exigível" dispor expressamente sobre a posição desse eventual crédito do sócio sobre a sociedade em relação aos demais créditos sobre a mesma (a sujeição do pagamento do mesmo às regras da intangibilidade do capital social acrescido de prémio de emissão e reservas legais e estatutárias, seria a solução adequada, ao que tudo indica).

80. Trata-se de matéria que não nos ocupará aqui mais tempo, senão para fazer uma última observação: mesmo na ausência da remissão do artigo 79.º, n.º 2, para o artigo 72.º, n.º 5, neste caso concreto de distribuição de lucros em montante inferior ao mínimo legal (disposição supletiva da lei) ou estatutário não parece que o administrador pudesse ser responsabilizado pelos danos sofridos pelos sócios alheios a essa deliberação. Com efeito, em princípio não seria sequer possível imputar o facto ilícito gerador do dano ao administrador. Na ausência pura e simples de deliberação dos sócios sobre a matéria da aplicação dos resultados do exercício, o administrador nada poderá fazer uma vez que se trata de matéria reservada à colectividade dos sócios (cfr. artigo 246.º, n.º 1, alínea e) e artigos 373.º, n.º 2 e 376.º, n.º 1, alínea b)). Caso essa deliberação exista, os admi-

---

[29] *Vd.* ABÍLIO NETO, *Código…*, pp. 430 e segs. e a jurisprudência aí referenciada, onde se fala numa acção de condenação da sociedade a pagar aos sócios o dividendo que legalmente lhes cabe, num contexto em que existe deliberação dos sócios violadora desse direito.

[30] Em relação aos juros de mora, deixa-se em aberto o problema do momento da constituição em mora, neste caso concreto (cfr., como base de partida, o artigo 805.º do Código Civil).

Responsabilidade Civil dos Administradores 335

nistradores estão de qualquer maneira impedidos de substituí-la por outra conforme à lei e aos estatutos, pelas mesmas razões.

Evidentemente, poderá não ser assim caso os administradores tenham sido os instigadores dessa deliberação contrária aos estatutos (cfr. artigo 66.º, n.º 5, alínea f)), ou lhes seja imputável a ausência de deliberação sobre a aplicação de resultados, em razão da não apresentação (culposa) das contas do exercício para aprovação pelos sócios (cfr. artigo 65.º e segs.).

§ 6.º
RESPONSABILIDADE CIVIL DE OUTRAS PESSOAS
COM FUNÇÕES DE ADMINISTRAÇÃO

81. O artigo 80.º do Código das Sociedades Comerciais é fundamental para a robustez do sistema de responsabilidade civil dos administradores instituído.

Na sua ausência, estaria ao alcance dos interessados planearem de modo a que os reais administradores se eximissem ao regime de responsabilidade civil neste código expressamente previsto. Ainda que se possa dizer que o regime de responsabilidade civil dos artigos 72.º e seguintes mais não faz do que explicitar o que já decorreria dos termos gerais, deve reconhecer-se que ainda assim é clarificador[31] e que, existindo, geraria dúvidas interpretativas caso se aplicasse expressamente apenas a quem fosse formalmente administrador.

82. Para que a norma em análise possa cumprir a sua função, tem de fazer uso, como faz, de um conceito indeterminado: "outras pessoas a quem sejam confiadas funções de administração".

Podem potencialmente cair no âmbito de aplicação desta norma, entre outros, os liquidatários (cfr. artigo 152.º e seguintes) e os mandatários, estes últimos na medida em que lhes seja de facto (e não apenas no instrumento de representação) conferida autonomia para, em relação a determinada categoria de actos, por exemplo, decidir em nome da sociedade e no lugar dos administradores (cfr. artigo 252.º, n.º 6).

---

[31] ANTÓNIO MENEZES CORDEIRO, *Manual...*, vol. I, pp. 758 e segs.

§ 7.º
CONDICIONANTES DAS EFICÁCIAS COMPENSATÓRIA E PREVENTIVA DO REGIME SUBSTANTIVO DE RESPONSABILIDADE CIVIL DOS ADMINISTRADORES

i) Da eficácia compensatória

83. O regime substantivo de responsabilidade civil pode ser rigoroso, exigente, claro na sua formulação, que isso de nada servirá se, por virtude da interferência de outros factores, não for efectivado quando se verifiquem os seus pressupostos.

O primeiro dos possíveis entraves à sua aplicação é o regime processual aplicável e as condições de facto da sua aplicação. Se litigar é caro e moroso, menor predisposição terão os lesados para tentar fazer valer os seus direitos. Se a acrescentar a isso se adicionar a incerteza, por ausência de mecanismos apropriados de coordenação da jurisprudência dos tribunais que permitam conferir estabilidade à aplicação do direito, fácil será concluir que em mais hipóteses ainda a atitude racional será desistir de tentar fazer valer os direitos aparentemente existentes à luz do regime substantivo.

Mais atrás referiram-se alguns possíveis entraves à efectivação da responsabilidade civil perante a sociedade, através da actuação dos seus sócios. O problema denominado de *"collective action"* impedirá a mais das vezes que uma minoria de sócios se abalance, por sua conta e risco, a intentar uma acção cujos resultados positivos os não beneficiarão directamente e menos ainda exclusivamente.

Algumas das soluções interpretativas aqui perfilhadas, como a que se traduz em considerar que a condução processual da acção interposta em nome da sociedade por um conjunto de sócios, após verificação do desinteresse da própria sociedade em fazê-lo, lhes pertencerá exclusivamente, e sobretudo a que se traduz em considerar que em relação aos direitos indemnizatórios em causa a representação exclusiva da sociedade passará a ser desses sócios, devendo esta considerar-se impedida de mais tarde vir a anular todos os seus esforços, através da renúncia aos seus direitos indemnizatórios, têm justamente por preocupação não fragilizar mais ainda as condições práticas para um efectivo exercício dos direitos emergentes ao abrigo do regime substantivo de responsabilidade civil aqui objecto de estudo.

Estes são claramente aspectos que interferem com o exercício legítimo, à luz dos regimes substantivos adoptados, de direitos, e, consequentemente, com a eficácia da finalidade compensatória ou indemnizatória desses regimes.

Simultaneamente, afectam também, como é evidente, a eficácia da sua função preventiva, uma vez que lei que não se consegue aplicar é como lei que não existe.

ii) Da eficácia preventiva

84. Mesmo que o regime substantivo seja acompanhado de um regime adjectivo capaz de o "animar", de lhe dar vida, é possível argumentar que a função preventiva do regime de responsabilidade civil será esbatida caso se permita que as consequências patrimoniais da obrigação de indemnizar sejam suportadas por terceiro, designadamente pela própria sociedade ou por seguradora.

Em minha opinião, da imperatividade do regime de responsabilidade civil deverá retirar-se a proibição de o próprio lesado (*vg.* a sociedade) acordar, previamente, em reembolsar o agente do dano pelas quantias devidas ao abrigo do dever de indemnizar (*vd.* artigo 74.º, n.º 1, cuja solução já decorria do regime geral). E *a posteriori*, dado que esse reembolso equivale a uma renúncia, só poderá efectuar-se, no caso da sociedade, nos termos previstos no artigo 74.º, n.º 2, do Código das Sociedades Comerciais.

O mesmo se diga em relação a direitos indemnizatórios de sócios e credores, por exemplo: *a priori* não pode ser acordado com estes o reembolso, conforme resulta da imperatividade do regime de responsabilidade civil em causa (resultante dos termos gerais e, em particular, nos casos em análise, por disposição expressa da lei – cfr. artigo 74.º, n.º 1, *ex vi* artigo 79.º, n.º 2); *a posteriori*, perante um caso concreto de responsabilidade civil, esse reembolso equivaleria a uma renúncia a um direito de indemnização em concreto, em princípio válida.

85. E que dizer do acordo prévio entre sociedade e administrador, que tivesse por objecto o reembolso a si de indemnizações que este fosse obrigado a pagar a sócios, a credores ou a terceiros?

338 *Código das Sociedades Comerciais e Governo das Sociedades*

Penso ser possível tratar esta questão em conjunto com a da admissibilidade de seguro de responsabilidade civil: na medida em que seja legítimo ao administrador cobrir o risco de responsabilidade civil junto de terceiro, também deverá ser lícito acordar na cobertura desse risco pela sociedade, quando não estejam em causa direitos indemnizatórios próprios desta última. Abstraio-me aqui da questão da eventual qualificação da sociedade, parte em tal sorte de acordo, como "exercendo uma actividade seguradora", como é sabido sujeita a autorização e a regras especiais.

iii) Da eficácia preventiva (cont.): do seguro de responsabilidade civil

86. Nada no nosso sistema jurídico parece impedir que os administradores subscrevam seguros de responsabilidade civil que cubram riscos relacionados com deveres de indemnizar que surjam no contexto do exercício das suas funções.

O artigo 396.º, n.º 2, do Código das Sociedades Comerciais confirma isso mesmo, indirecta, mas inequivocamente. Acrescente-se aliás, a este propósito, que não faz muito sentido proibir a sociedade de suportar os encargos com o seguro na parte obrigatória, uma vez que os mesmo podem sempre ser facilmente reflectidos na remuneração que em cada momento se tenha decidido pagar ao administrador.

Não obstante a duvidosa eficácia do disposto neste artigo 396.º, n.º 2, ele encerra uma determinada intenção normativa que não pode ser ignorada. Dessa intenção pode retirar-se uma primeira conclusão útil para a nossa investigação: quando a caução não possa ser dispensada por deliberação da Assembleia Geral (cfr. artigo 396.º, n.º 3), deverá também entender-se que a sociedade anónima estará impedida, até ao limite mínimo dessa caução, de reembolsar o administrador pela obrigação de indemnização em que este incorra. Este resultado interpretativo resulta da conjugação da proibição de a sociedade suportar os custos com seguro que cubra os mínimos fixados na lei (cfr. artigo 396.º, n.º 2) com a imperatividade da subscrição desse seguro ou de prestação de caução nesse valor mínimo (cfr. artigo 396.º, n.º 3). Será sobretudo para este efeito que o disposto no artigo 396.º, n.º 2 (enquanto conjugado com o n.º 3) adquire especial relevância prática.

Mas mesmo quando a caução possa ser dispensada, e independentemente de o ter sido ou não, deve considerar-se também, por força da intenção normativa revelada no artigo 396.º, n.º 2, por si só, que à sociedade anónima está vedado reembolsar o administrador, até ao valor mínimo previsto para a caução, das quantias por este dispendidas no cumprimento de uma obrigação de indemnizar originada no exercício das suas funções. Este resultado interpretativo é, porém, mais duvidoso, e de *jure condendo* é certamente menos compreensível. Com efeito, nas situações em que a lei não obriga à prestação de caução ou subscrição de seguro em sua substituição, e em que portanto não obriga também o administrador, na medida em que este não preste caução nem subscreva o seguro, a suportar o valor mínimo dessa caução ou os custos de seguro que cubra esse valor mínimo, seria porventura mais coerente solução legal que (nessas situações) permitisse à sociedade suportar o valor de indemnizações devidas pelo administrador a sócios ou a terceiros. Não é de rejeitar liminarmente este resultado interpretativo, mas não se ocupará aqui mais tempo na discussão deste assunto.

87. Fora dos casos *supra* descritos deve entender-se que se a sociedade pode suportar os custos de subscrição de seguro de responsabilidade civil, pode ela mesma, consequentemente, comprometer-se a reembolsar ao administrador as quantias por ele despendidas com o cumprimento de obrigações de indemnização originadas no exercício das suas funções (salvo razões impeditivas que possam decorrer da eventual caracterização da sociedade como exercendo uma actividade seguradora, em virtude da assunção do compromisso em questão, que aqui não debateremos).

88. Dentro das limitações *supra* descritas, o administrador pode subscrever seguro de responsabilidade civil ou obter mesmo da sociedade um compromisso de reembolso de quantias despendidas com indemnizações a sócios, credores ou outros terceiros. E isso é desejável?

Há que reconhecer que a cobertura do risco de responsabilidade civil por uma seguradora é susceptível de esbater a função preventiva desse instituto. Mas não parece que esta atenuação da eficácia preventiva seja grave e, por outro lado, a possibilidade de segurar riscos é desejável em geral e em particular no contexto da responsabilidade civil.

340 *Código das Sociedades Comerciais e Governo das Sociedades*

89. Em primeiro lugar, importa a esse propósito realçar que a função preventiva nestes casos também se cumpre através da concretização de um risco não-segurável: o risco de reputação. Com ou sem consequências patrimoniais directas para o responsável, o simples facto de ser contra ele activado um regime legal de responsabilidade civil, abala a sua reputação, com as inerentes consequências sociais e profissionais, em que se incluem consequências de ordem patrimonial muito importantes: a capacidade de ganho para o futuro.

Em segundo lugar, o seguro é um mecanismo desejável e importante por duas ordens de razão: permite a reunião de um acervo patrimonial que garante aos eventuais lesados a efectiva indemnização, independentemente da situação patrimonial do agente do dano (isto é, assegura e complementa, sob esse ponto de vista, a função compensatória); e permite impedir que riscos catastróficos possam, na prática, ter o efeito de "condenar" o agente do dano até ao fim dos seus dias, a uma espécie de "pena perpétua". O seguro impede tal através de uma acção colectiva de contribuição para um fundo comum, coordenada pela seguradora (todos os possíveis agentes do dano contribuem um pouco para cobrir danos catastróficos que um deles possa vir a ter de suportar, inadvertidamente).

Em terceiro lugar, as seguradoras, em geral, não cobrem por exemplo situações em que haja a presença de dolo, pelo que sempre em relação aos casos mais graves os administradores estarão por sua conta e risco. E impõem normalmente franquias nos contratos que celebram.

90. Esta última observação suscita um último comentário. Se porventura se entender ser desejável, à luz da função preventiva do instituto da responsabilidade civil, que o administrador suporte efectivamente os custos com a indemnização, estabeleça-se uma quantia mínima, em função dos ganhos anuais do administrador, por exemplo, não coberta pelo seguro e não reembolsável pela sociedade (estabelecimento legal de uma franquia). O que não se deve é, neste como noutros casos, levar o princípio tão longe que se adopte a solução radical de impedir que se criem fundos comuns para fazer face a riscos catastróficos para o administrador isoladamente considerado. Aliás, como se viu, esse fundo comum é também reclamado pelos interesses do lesado.

Abstract

This article reviews director's civil liability taking into account recent amendments to Portuguese Company's Law, made by Decree-Law nr. 76-A/2006. The fiduciary duties, namely the duty of loyalty, recently introduced as such, and the duty of care and skill, recently reshaped, are extensively discussed. Director's liability towards the company and towards shareholders, creditors and other third parties is thoroughly considered, both on substantive and procedural perspectives. Traditional ideas on regime differences between contractual liability and tort liability are challenged. Finally, the effectiveness of the indemnification and preventive functions of this civil liability regime is tentatively assessed.

A Responsabilidade Civil dos Auditores[1]

José Ferreira Gomes[2]

«Although there are multiple forces that drive our disclosure system, the risk of liability is one of the most significant, and it motivates independent gatekeeepers to test and, if necessary, challenge the issuer's proposed disclosure».

JENNINGS, MARSH, COFFEE & SELIGMAN
Securities Regulation: Cases and Materials (1998)

---

[1] O presente trabalho corresponde, no essencial, ao relatório apresentado, em Outubro de 2005, na cadeira de Novas Tendências da Responsabilidade Civil no Curso de Mestrado e Doutoramento em Direito Privado da Faculdade de Direito da Universidade Católica Portuguesa, regido pelo Prof. Doutor Manuel A. Carneiro da Frada, a quem agradecemos os comentários dos quais beneficiou o presente texto. Quaisquer erros ou incorrecções são da nossa exclusiva responsabilidade. Quaisquer críticas ou comentários ao presente artigo podem ser enviados para j.ferreiragomes@netcabo.pt.

[2] Assistente-estagiário da Faculdade de Direito da Universidade de Lisboa; Doutorando da Faculdade de Direito da Universidade Católica Portuguesa; Advogado, associado sénior da URÍA MENÉNDEZ.

344   *Código das Sociedades Comerciais e Governo das Sociedades*

1. Introdução

1.1. *Do problema e sua actualidade*

I. Os escândalos financeiros que abalaram os Estados Unidos entre 2001 e 2003 (entre os quais se destacaram os da Enron, World-Com e Tyco) e a Europa (com a Royal Ahold, a Skandia Insurance of Sweden e, finalmente, a Parmalat) alertaram a comunidade académica e as instituições políticas a nível mundial para a necessidade de reforma do direito societário e dos valores mobiliários.

II. Nos Estados Unidos, a doutrina tende a identificar como principais causas destes escândalos o excessivo desenvolvimento regulamentar dos princípios contabilísticos (*General Accepted Accounting Pinciples* ou GAAP), o aumento dos incentivos dos gestores para cometer fraudes contabilísticas e, sobretudo, o aumento dos incentivos aos *gatekeepers*[3] (ou "guardiões do sistema mobiliário"[4]) para serem coniventes com essas fraudes[5].

---

[3] Este conceito é comummente usado no âmbito do mercado de valores mobiliários norte-americano (e cada vez mais a nível europeu) onde se denominam normalmente por *gatekeepers* os «intermediários reputacionais que servem os investidores através da preparação, verificação ou certificação da informação que recebem». Os exemplos típicos de *gatekeepers* são os auditores, responsáveis pela revisão legal de contas, os bancos de investimento, responsáveis pela estruturação e implementação de transacções financeiras, os analistas financeiros, responsáveis pela análise da informação relativa a emitentes e valores mobiliários, as sociedades de notação de risco de crédito, responsáveis pela análise do risco de crédito e, questionavelmente, os advogados, responsáveis pela emissão de pareceres jurídicos essenciais para determinadas transacções financeiras. Como resulta do exposto, nalgumas profissões, os serviços de *gatekeeping* constituem o núcleo essencial dos serviços prestados, enquanto noutras este tipo de serviços é prestado acessória e ocasionalmente.

A estabilidade do mercado assenta no papel desempenhado por estes profissionais, cujos incentivos privados para fiscalizarem a informação recebida dos seus clientes garante a fiabilidade da mesma. Aos seus incentivos privados acrescem incentivos legais, nomeadamente os decorrentes da responsabilidade civil, disciplinar, administrativa e penal. Os seus incentivos privados decorrem do penhor da sua reputação (o seu activo mais precioso e condição de acesso ao mercado) na prestação dos seus serviços. Na medida em que arrisquem esse activo por um cliente, arriscam-se a perder os demais clientes. Os incentivos legais baseiam-se na ideia teorizada por REINIER H. KRAAKMAN no seu artigo histórico *The Anatomy of a Third-Party Enforcement Strategy* (*Journal of Law, Economics and Organization*, II:1 (1986) 53-104) que pode ser sintetizada nos seguintes termos: os

III. As duas primeiras causas não têm paralelo na Europa Continental, dado que os sistemas contabilísticos são, em geral, baseados em princípios gerais e não no desenvolvimento regulamentar e as opções sobre acções têm um peso muito menor na remuneração dos gestores[6]. O mesmo não sucede com a terceira causa que parece

---

gatekeepers, enquanto profissionais independentes, têm um benefício muito reduzido nas práticas fraudulentas dos seus clientes, mas assumem um risco muito elevado (risco de perder a sua reputação). Assim, são necessários menos incentivos legais para garantir o cumprimento da legalidade através dos *gatekeepers* do que para garanti-lo através dos seus clientes. Neste sentido, entende-se que a intervenção de *gatekeepers* diminui substancialmente a prática de irregularidades financeiras.

Vide JOHN C. COFFEE JR. – Gatekeeper Failure and Reform: The Challenge of Fashioning Relevant Reforms, *Boston University Law Review*, 84, p. 301 s. (http://ssrn.com/abstract=447940) e The Attorney as Gatekeeper: An Agenda for the SEC, *Columbia Law Review*, 103, p. 1296. Para uma perspectiva europeia deste tema, *vide* GUIDO FERRARINI e PAOLO GIUDICI – *Financial Scandals and the Role of Private Enforcement: The Parmalat Case*, ECGI Law Working Paper no. 40/2005 (http://ssrn.com/abstract=730403).

[4] De acordo com a tradução de PAULO CÂMARA – O Governo das Sociedades em Portugal: Uma Introdução. *Cadernos do Mercado de Valores Mobiliários*, 12 (Dezembro de 2001) 51. Noutro artigo, A Actividade de Auditoria e a Fiscalização de Sociedades Cotadas: Definição de um Modelo de Supervisão, *Cadernos do Mercado de Valores Mobiliários*, 16 (Abril de 2003) 94, o autor refere-se aos auditores como "guardiões da legalidade contabilística e do rigor da informação financeira".

[5] As primeiras reacções aos escândalos que se sucediam apontavam como principais causas (i) a euforia do mercado bolsista (*market bubble*), (ii) o declínio da moral no mundo dos negócios, (iii) a fraqueza dos conselhos de administração, e ainda (iv) um aumento da "ganância infecciosa". Para uma análise completa das causas destes escândalos financeiros *vide* COFFEE – *Gatekeeper Failure*. Vide também, do mesmo autor, What Caused Enron? A Capsule Social and Economic History of the 1990s, *Cornell Law Review*, 89 (2004) 269 (http://ssrn.com/abstract=373581); e Understanding Enron: It's About the Gatekeepers, Stupid, *Business Lawyer*, 57 (2002) 1403-1421 (http://ssrn.com/abstract_id=325240).

[6] No que respeita às normas contabilísticas, os GAAP são em grande medida baseados num desenvolvimento regulamentar (compreendendo dezenas de milhares de páginas de regras contabilísticas acumuladas ao longo de décadas) que estabelece regras precisas sobre práticas contabilísticas consideradas aceitáveis e inaceitáveis. Num mercado altamente dinâmico, caracterizado por sistemas de remuneração dos gestores das sociedades baseados no desempenho financeiro das respectivas sociedades (como veremos adiante) e pela inovação constante da "engenharia financeira" (em especial associada ao uso de derivados financeiros), os contabilistas e os advogados desenvolvem de forma criativa produtos e métodos contabilísticos que, permitidos pela letra da lei, limitam a capacidade das demonstrações financeiras para apresentar fielmente a situação contabilística das sociedades. Na União Europeia, a Comissão tem promovido uma política de informação contabilística baseada em

346   *Código das Sociedades Comerciais e Governo das Sociedades*

explicar, em grande medida, os principais escândalos norte americanos e europeus. Este fenómeno (aumento dos incentivos dos *gatekee-*

princípios concebidos para reflectir a realidade económica e apresentar uma imagem verdadeira da posição financeira e do desempenho das sociedades. No centro desta estratégia está a aplicação das Normas Internacionais de Contabilidade (*International Accounting Standards* ou IAS) a todas as sociedades europeias com valores mobiliários admitidos à negociação em mercado regulamentado (*cf.* Regulamento (CE) n.º 1606/2002 do Parlamento e do Conselho, de 19 de Julho de 2002, relativo à aplicação das normas internacionais de contabilidade, JO L 243 de 11.9.2002, p.1)(*Vide* COMISSÃO EUROPEIA – *Note for the informal Ecofin council (Oviedo, 12 and 13 April): A first EU response to Enron related policy issues.* (http://europa.eu.int/comm/internal_market/company/docs/enron/ecofin_2004_04_enron_en.pdf).

No que respeita aos incentivos dos gestores para cometer fraudes contabilísticas, a estrutura accionista dispersa, característica dos sistemas anglo-saxónicos (em especial do sistema inglês e norte-americano), implica a criação de incentivos aos gestores das sociedades (incluindo neste conceito não só os administradores executivos, mas também os funcionários no topo da hierarquia societária e com capacidade decisória) de forma a ultrapassar os "problemas de agência" inerentes a essas estruturas accionistas. Dito de outra forma, num sistema de estrutura accionista dispersa, em que nenhum accionista assume uma posição suficientemente forte para pressionar a administração para maximizar o valor do capital investido pelos accionistas, os gestores têm a tendência natural para maximizar o seu proveito pessoal em prejuízo dos interesses da sociedade.

O sistema de incentivos mais usado nos Estados Unidos (que teve um desenvolvimento exponencial durante a década de 90) foi o da remuneração dos gestores através de opções sobre acções. Procurou-se por este meio alinhar os interesses destes profissionais com os interesses da sociedade, na medida em que o resultado desta determina o valor das suas acções no mercado, sendo este essencial ao exercício proveitoso das opções sobre acções. Estes sistemas de remuneração estiveram, alegadamente, na origem da maioria dos escândalos verificados nos Estados Unidos, caracterizados pela adulteração das demonstrações financeiras das sociedades envolvidas, para que estas apresentassem resultados que permitissem um proveitoso exercício das opções pelos gestores. A forma como foram estruturados esses sistemas de remuneração não só não alinhou os interesses dos gestores e das sociedades a longo prazo – na medida em que o interesse dos gestores se resumia à maximização dos proveitos da sociedade pelo prazo suficiente ao exercício das suas opções que era, em geral, curto – como criou incentivos à criação de esquemas fraudulentos que permitissem aumentar artificialmente os resultados da sociedade.

Ao contrário, num sistema caracterizado por estruturas accionistas concentradas, como os sistemas típicos da Europa Continental, os accionistas dominantes podem exercer pressão directa sobre a administração para assegurar o cumprimento de determinados objectivos por si fixados, através do seu poder de supervisão e substituição da administração (*command and control*). Deixam assim de fazer tanto sentido sistemas de incentivos como os das opções sobre acções. Neste contexto, os gestores têm menos espaço e menos incentivos para implementar esquemas para aumentar artificialmente os resultados da sociedade (à revelia dos accionistas dominantes). Acresce que os accionistas dominantes têm um

pers para serem coniventes com as fraudes contabilísticas) deve ser visto como uma causa conjuntural e, como tal, deve ser conjugado com a principal causa estrutural das crises tipicamente europeias, isto é, a concentração accionista e a obtenção de "benefícios privados" (numa tradução literal do termo económico comummente usado a nível internacional, por oposição aos benefícios comuns a todos os sócios que caracterizam o interesse social[7]) pelos accionistas dominantes[8], em prejuízo da sociedade e dos seus *stakeholders*[9]. O caso

---

interesse diminuto nas variações diárias da cotação das acções da sociedade no mercado. Primeiro, porque o seu investimento é tendencialmente de longo prazo (por oposição ao investimento dos pequenos investidores). Segundo, porque, caso decidam alienar a sua posição accionista, essa alienação decorrerá na sequência de negociações privadas em que procurarão extrair o maior "prémio de controlo" possível. Este sistema apresenta no entanto riscos próprios relativos à obtenção de "benefícios privados" pelos accionistas dominantes, como veremos adiante. Apesar de estas considerações se referirem, na sua origem, ao governo das sociedades cotadas, não deixam de fazer sentido, com as necessárias adaptações, a propósito das sociedades não cotadas.

[7] Sobre a noção de interesse social, *vide* o nosso *Da Fiscalização Privada das Sociedades Comerciais: Contributo para a sua justificação à luz dos interesses subjacentes e da teoria económica da sociedade comercial* (inédito).

[8] Enquanto nos mercados emergentes a expropriação de "benefícios privados" pelos accionistas dominantes ocorre tendencialmente através de transacções financeiras (por exemplo, quando o capital social é disperso através de uma oferta pública e depois readquirido através de aquisições potestativas abaixo do valor de mercado)[(*)], nos mercados mais desenvolvidos utilizam-se mecanismos operacionais (por exemplo, quando os accionistas dominantes pressionam a administração da sociedade a contratar bens ou serviços de sociedades por si detidas)[(**)]. Este tipo de mecanismos, que permite aos accionistas dominantes transferir recursos de uma sociedade onde têm uma participação menor para uma sociedade onde têm uma participação maior, parecem ser frequentes nas economias europeias[(***)], levando alguns autores a defender que a concentração accionista (nas mãos de accionistas com maioria absoluta de capital social) é simplesmente ineficiente por permitir demasiados comportamentos predatórios[(****)].

[(*)] Para um maior desenvolvimento sobre as práticas de *"tunneling"*, *vide* SIMON JOHNSON, RAFAEL LA PORTA, FRANCISCO LOPEZ-DE-SILANES e ANDREI SCHLEIFER – Tunneling, *American Economy Review*, 90 (2000) 22. O exemplo clássico é a experiência búlgara verificada entre 1999 e 2002, quando cerca de dois terços das sociedades cotadas na bolsa de valores búlgara deixaram de o ser na sequência de aquisições potestativas das participações minoritárias a preços inferiores aos do mercado. *Vide* VLADIMIR ATANASOV, CONRAD S. CICCOTELLO e STANLEY B. GYOSHEV – *How does Law Affect Finance? An Empirical Examination of Tunneling in an Emerging Market*, William Davidson Institute Working Paper No. 742 (Janeiro de 2005)(http://ssrn.com/abstract=670362). [(**)] *Vide* MARIANNE BERTRAND, PARAS MEHTA e SENDHIL MULLAINATHAN – *Ferreting Out Tunneling: An Application to Indian Business Groups*, MIT Dept. of Econ. Working Paper

348 *Código das Sociedades Comerciais e Governo das Sociedades*

Parmalat, que conjugou estas causas, constitui o exemplo paradigmático das fraudes europeias, tal como a Enron e a Worldcom são os exemplos típicos das fraudes norte-americanas[10]. Sem a colaboração dos *gatekeepers* nas práticas fraudulentas dos seus clientes nunca se teriam verificado os escândalos referidos, dado que não teria sido possível aos gestores das sociedades envolvidas estruturar e executar as complexas operações que estiveram na sua origem[11]. Na base

---

No. 00-28 (Setembro de 2000)(http://ssrn.com/abstract=246001). [***] *Vide* TOM KIRCH-MAIER e JEREMY GRANT – *Financial Tunneling and the Revenge of the Insider System: How to Circumvent the New European Corporate Governance Legislation* (Outubro de 2004)(http://ssrn.com/abstract=613945). [****] *Vide* TOM KIRCHMAIER e JEREMY GRANT – *Corporate Ownership Structure and Performance in Europe*, CEP Discussion Paper No. 0631 (Abril de 2004)(http://ssrn.com/abstract=616201).

De acordo com ALEXANDER DYCK e LUIGI ZINGALES – Private Benefits of Control: An International Comparison, *Journal of Finance* 59 (2004) 537, os benefícios privados extraídos pelos accionistas dominantes variam substancialmente de jurisdição para jurisdição, entre -4% e +65%, dependendo em grande medida da protecção legal dos accionistas minoritários. *Vide* também TATIANA NEVONA – *The Value of Corporate Votes and Control Benefits: A Cross-Country Analysis* (Julho de 2000)(http://ssrn.com/abstract=237809). Apesar de os estudos indicarem que o mercado se preocupa com o nível de benefícios privados extraídos pelos accionistas dominantes, parece que o mesmo tem pouca capacidade para distinguir em tempo útil os benefícios que estão de facto a ser extraídos. *Cf.* OLAF EHRARDT e ERIC NOWAK – *Private Benefits and Minority Shareholder Expropriation (or What Exactly Are Private Benefits of Control)*(Junho de 2003), EFA Annual Conference Paper No. 809 (http://ssrn.com/abstract=423506).

[9] Expressão anglo-saxónica, comummente usada a nível internacional, para referir todos aqueles que detêm um interesse legítimo na sociedade, isto é, accionistas, trabalhadores e credores (incluindo o próprio Estado).

[10] No caso Parmalat, o auditor certificou as contas desta sociedade, não obstante o historial de extracção de benefícios privados pela família Tanzi, em prejuízo da sociedade, dos seus accionistas minoritários, trabalhadores e credores. Com efeito, o escândalo Parmalat tornou-se do conhecimento público quando se comprovou que uma conta de 3,9 mil milhões de Euros aberta junto do Bank of America era fictícia. Parece que cerca de 2,3 mil milhões de Euros foram indevidamente pagos a pessoas ligadas à empresa e ao accionista dominante. Tudo indica que o accionista dominante obteve benefícios privados, através de transacções com terceiros, ao longo de uma década. Para uma descrição detalhada do caso Parmalat, *vide* ALESSANDRA GALLONI e DAVID REILLY – How Parmalat Spent and Spent, *Wall Street Journal*, 23 de Julho de 2004. *Vide* tb. ANDREA MELIS, *Corporate Governance Failures. To What Extent is Parmalat a Particularly Italian Case?* (30 de Setembro de 2004)(http://ssrn.com/abstract=563223).

[11] Hoje parece ser indiscutível que alguns dos mais prestigiados bancos de investimento colaboraram activamente na estruturação financeira dessas operações, que advogados prestaram a necessária assessoria jurídica, que auditores certificaram as contas das

dessa colaboração estiveram graves conflitos de interesses que explicam porque é que estes profissionais arriscaram a sua reputação e se sujeitaram ao risco da responsabilidade em benefício de um cliente.

IV. Perante esta situação e como refere PAULO CÂMARA, assumiu forma um movimento reformista a nível internacional, porquanto nenhum modelo de regulação se considerou imune aos problemas detectados. «Pelo impacto que estes temas revestem para a competitividade do mercado de capitais e da economia nacionais, Portugal não poderá alhear-se deste esforço de aperfeiçoamento do enquadramento normativo, devendo antes procurar activamente soluções que se adaptem às singularidades do tecido empresarial português e que simultaneamente se mostrem suficientemente avançadas para robustecer a confiança dos investidores nacionais e para se considerarem à altura das novas expectativas globais»[12].

V. Como reacção aos escândalos e atendendo à pressão da opinião pública e à insegurança dos investidores nos mercados bolsistas, o Congresso norte-americano aprovou o chamado *Sarbanes Oxley Act* em 2002[13], que foi depois complementado por normas da *Securities and Exchange Commission* ("SEC") e das próprias bolsas de valores. As normas adoptadas foram em determinados casos duras[14], mantendo-se ainda hoje a discussão sobre a sua razoabilidade e eficiência. Entre estas medidas destacam-se aquelas que visam combater

---

sociedades, e que os analistas financeiros e as sociedades de notação de risco fizeram por ignorar determinados indícios de práticas ilícitas. Paralelamente, os investidores actuavam no mercado baseando as suas opções de investimento em pressupostos totalmente errados, vivendo o mercado à margem da realidade, dando por certo um conjunto de informações que na realidade fora produzido para o efeito.

[12] Vide PAULO CÂMARA – *A Actividade de Auditoria*, p. 93-94.

[13] *Public Company Accounting Reform and Investor Protection Act of 2002*, 15 U.S.C. §7201 et seq., 107 Pub. L. No. 204, 116 Stat. 745.

[14] Para uma descrição do conteúdo *Sarbanes Oxley Act*, vide JOHN C. COFFEE JR. – *An introduction and progress report on the Sarbanes Oxley Act* (inédito); e MICHAEL A. PERINO – *Enron's Legislative Aftermath: Some Reflections on the Deterrence Aspects of the Sarbanes-Oxley Act of 2002*, Columbia Law and Economics Working Paper No. 212, p. 2 (http://ssrn.com/abstract=350540), onde destacamos uma frase do autor pela sua expressividade: «*as the political firestorm increased and the Dow Jones Average plunged, there was clearly a sense in Washington that Congress had to do something (anything) and do it fast*».

350   *Código das Sociedades Comerciais e Governo das Sociedades*

os incentivos dos auditores para colaborar com os seus clientes em práticas fraudulentas e aquelas que visam assegurar a sua independência.

VI. Na União Europeia, os sucessivos escândalos reflectiram-se no programa de reforma do direito societário e do mercado de serviços financeiros, inicialmente de forma tímida ou prudente (consoante a perspectiva) e, posteriormente, de forma mais decidida. As primeiras reacções surgiram através do Relatório Winter II[15] e de um instrumento legislativo não vinculativo, a Recomendação da Comissão 2002/590/CEE, de 16 de Maio de 2002, «sobre a independência dos revisores oficiais de contas na UE: Um conjunto de princípios fundamentais»[16]. Mas, à medida que os escândalos europeus começaram a

---

[15] THE HIGH LEVEL OF COMPANY LAW EXPERTS – *Report on a modern regulatory framework for company law in Europe* (2002), encomendado pela Comissão Europeia e apresentado em 4 de Novembro de 2002.
(http://europa.eu.int/comm/internal_market/en/company/company/modern/consult/report_en.pdf).
[16] JO L 191, 19.7.2002, p.0022-0057
(http://europa.eu.int/eur-lex/pri/pt/oj/dat/2002/l_191/l_19120020719pt00220057.pdf).
Nesta recomendação, a Comissão promoveu um entendimento comum quanto aos requisitos de independência dos auditores, recomendando a aplicação de princípios fundamentais e padrões de independência comuns (sempre reafirmando as virtudes dos sistemas baseados em princípios gerais – *"principles based systems"* – por oposição ao sistema norte-americano baseado no desenvolvimento de regras específicas para cada questão – *"rules based system"*). A Comissão reafirmou ainda nesta recomendação que, antes de mais, deve caber aos profissionais do ramo garantir a sua independência, apoiando a auto-regulação face à regulação externa. A linha de orientação da Comissão era «Ao efectuar uma revisão legal de contas, o revisor oficial de contas deve agir com independência, tanto de espírito como em relação aos seus actos, face ao cliente da revisão legal de contas. Um revisor oficial de contas não deve efectuar uma revisão legal de contas se existirem quaisquer relações financeiras, comerciais, laborais ou de outra natureza entre o revisor oficial e o seu cliente (ou se lhe forem prestados certos serviços que não sejam de revisão legal de contas) susceptíveis de levar um terceiro razoável e informado a concluir que as mesmas poderão comprometer a independência do revisor oficial.»
Com base nesta linha de orientação, a Comissão recomendou, entre outros, os seguintes princípios: (a) Os auditores devem agir e parecer agir com objectividade e independência, pelo que os princípios e normas sobre a independência dos auditores devem permitir que qualquer terceiro informado e actuando razoavelmente possa avaliar os procedimentos e acções levadas a cabo por um auditor para fazer face a circunstâncias que ameaçam ou representam um risco para a sua objectividade. (b) É da responsabilidade do auditor assegurar que os requisitos de independência são cumpridos. (c) A avaliação do

vir a público, a Comissão Europeia foi sujeita a uma crescente pressão para tomar medidas mais agressivas, emitindo assim a Comunicação "Reforçar a revisão oficial de contas na UE"[17]. Nesta Comunicação, a Comissão reconheceu que o plano em curso já não era suficiente[18], entendendo que a situação pós-Enron exigia novas ini-

---

risco à independência dos auditores deve tomar em consideração diferentes tipos de ameaças – incluindo interesse pessoal, auto-revisão, representação, familiaridade ou confiança com os clientes e intimidação – e tomar em consideração a relação com o cliente, tanto antes como durante o decurso da auditoria. Nesta recomendação a Comissão afirma expressamente que as relações de negócios entre o auditor e o seu cliente podem prejudicar a sua independência e, como tal, deveriam ser proibidas, a menos que surjam no decurso normal da actividade profissional e sejam insignificantes em termos da ameaça que representam para a independência do auditor. Adicionalmente, a Comissão indicou diversas circunstâncias em que a prestação de serviços ao cliente de auditoria (como a prestação de serviços de auditoria interna e a implementação de sistemas tecnológicos de informação financeira) deveria ser proibida, na medida em que causam um risco considerado inaceitável para a independência dos auditores. Finalmente, a Comissão sugeriu a rotação dos sócios das sociedades de auditores responsáveis pelos clientes de sete em sete anos, bem como a sua proibição de voltar a prestar serviços ao cliente da revisão de contas até terem decorrido, pelo menos, dois anos desde a sua substituição. (d) Os auditores devem divulgar todos os honorários cobrados aos seus clientes, tanto por serviços de auditoria como por outros serviços. Para uma análise mais detalhada deste tema *vide* o nosso A Fiscalização Externa das Sociedades Comerciais e a Independência dos Auditores: a Reforma Europeia, a Influência Norte-Americana e a transposição para o Direito Português. *Cadernos do Mercado dos Valores Mobiliários* 24 (Novembro de 2006) 180-216.

Vide tb. ANDRÉ FIGUEIREDO – *Auditor Independence and the Joint Provision of Audit and Non Audit Services*, p. 195-256.

[17] Apresentado em 1998 na "Comunicação relativa ao futuro da revisão oficial de contas na União Europeia", JO 236, de 2.10.2003, p. 0002-0013

(http://europa.eu.int/eur-lex/lex/LexUriServ/site/pt/com/2003/com2003_02 86pt01.pdf).

[18] Pela sua importância, apresentamos aqui a posição da Comissão: «Após o colapso da Enron, com os subsequentes escândalos financeiros, fizeram-se ouvir inúmeros apelos na União Europeia no sentido de uma reflexão mais aprofundada sobre as questões relacionadas com a prestação de informações financeiras, a revisão oficial de contas, o governo das sociedades e os mercados de valores mobiliários.

Nos últimos 12 meses, assistiu-se a uma erosão da confiança dos investidores nos mercados de capitais a nível mundial, tendo sido claramente afectada a credibilidade do público relativamente ao sector da auditoria. As repercussões do caso Enron, bem como a reacção dos EUA para restabelecer a confiança dos investidores, a chamada Lei Sarbanes--Oxley (*Sarbanes-Oxley Act – SOA*), bem como os problemas que surgiram recentemente na UE em matéria de prestação de informações financeiras, apelam a uma redefinição das prioridades europeias no que diz respeito à revisão oficial de contas, no âmbito das iniciativas da Comissão com vista ao reforço do governo das sociedades. A Comissão emitirá, em paralelo com a presente comunicação sobre as prioridades no domínio da revisão de contas,

352   *Código das Sociedades Comerciais e Governo das Sociedades*

ciativas para reforçar a confiança dos investidores nos mercados de capitais e para fomentar a confiança do público nos auditores. As novas iniciativas foram apresentadas num plano de acção que viria a culminar na apresentação da Proposta de Directiva relativa à revisão legal das contas individuais e consolidadas[19], em Março de 2004 que originou a Directiva 2006/43/CE do Parlamento Europeu e do Conselho, de 17 de Maio de 2006, relativa à revisão legal das contas anuais e consolidadas, que altera as Directivas 78/660/CEE e 83/349/CEE do Conselho e que revoga a Directiva 84/253/CEE do Conselho[20].

VII. No entanto, nem nos Estados Unidos nem a nível europeu se abordou uma das principais questões inerentes à reforma da fiscalização das sociedades comerciais: a responsabilidade civil dos auditores[21].

Nos Estados Unidos, esta omissão foi duramente criticada por determinados sectores da doutrina que apontam a diminuição do efeito dissuasor da responsabilidade civil como causa da fragilidade da independência dos auditores[22]. Na sequência desta discussão, um

---

uma comunicação intitulada "Modernizar o direito das sociedades e reforçar o governo das sociedades na União Europeia"».

[19] Proposta de Directiva do Parlamento Europeu e do Conselho relativa à revisão legal das contas individuais e consolidadas e que altera as Directivas 78/660/CEE e 83/349/ /CEE do Conselho
   (http://europa.eu.int/eur-lex/pt/com/pdf/2004/com2004_0177pt01.pdf).

[20] JO L 157, de 9.6.2006, p.0087-0107.

[21] Neste sentido, *vide* a afirmação de JENNINGS *et alia*, segundo os quais «*Although there are multiple forces that drive our disclosure system, the risk of liability is one of the most significant, and it motivates independent gatekeeepers to test and, if necessary, challenge the issuer's proposed disclosure*». RICHARD W. JENNINGS, HAROLD MARSH, JR., JOHN C. COFFEE JR. & JOEL SELIGMAN – *Securities Regulation: Cases and Materials*, 8th ed., 1998, p. 924.

[22] A evolução registada ao longo dos anos 90 nos Estados Unidos, na sequência de determinadas decisões do Supremo Tribunal e de determinadas iniciativas legislativas, implicou uma diminuição do efeito dissuasor da responsabilidade civil dos *gatekeepers*. Entre as decisões judiciais destacam-se (1) *Lampf. Pleva. Lipkind & Petigrow v. Gilbertston*, 501 U.S. 350, 359-61 (1991) que reduziu os prazos de prescrição da responsabilidade civil relativa aos crimes contra o mercado, e (2) *Central Bank of Denver. N.A.. v. First Interstate of Denver, N.A.*, 511 U.S. 164 (1994) que eliminou a responsabilidade civil por cumplicidade na prática de crimes contra o mercado. Entre as iniciativas legislativas destacam-se (1) *Private Securities Litigation Reform Act of 1995* e (2) *Securities Litigation Uniform Standards Act of 1998*. Para uma análise deste desenvolvimento, *vide* COFFEE – *Gatekeeper Failure*, p. 28 e s., e RICHARD PAINTER – Responding to a False Alarm: Federal Preemption of State Securities Fraud Causes of Action, *Cornell Law Review*, 84 (1998).

conjunto de autores norte americanos tem mantido acesa a discussão sobre a reforma deste regime nos Estados Unidos[23].

A nível europeu, a Comissão Europeia preferiu não abordar esta questão na Directiva relativa à revisão legal das contas, atendendo às advertências de WERNER EBKE, segundo o qual «a questão da responsabilidade do auditor para com o seu cliente e para com terceiros é extremamente complexa. As tremendas diferenças existentes na União Europeia nesta área do direito resultam não só de diferentes tradições jurídicas, mas também de diferentes técnicas de distribuição de risco e de prejuízos e de diferentes estruturas de governo de sociedades»[24].

No entanto, nos termos da Directiva, a Comissão decidiu analisar o impacto económico das actuais regras sobre responsabilidade civil dos auditores nos diversos Estados-Membros. Neste âmbito, encomendou um estudo à consultora London Economics que foi apresentado ao público em Outubro de 2006. Na sequência da divulgação deste relatório, a Comissão abriu um processo de consulta pública que terminou no dia 15 de Março de 2007. O próximo capítulo desta história consistirá na preparação de um relatório sobre este assunto pela Comissão Europeia.

Entretanto, considerando o papel fundamental da responsabilidade civil dos auditores na fiscalização societária – através do incen-

---

[23] Com destaque para FRANK PARTNOY – Barbarians at the Gatekeepers?: A Proposal for a Modified Strict Liability Regime, *Washington University Law Quarterly*, 79 (2001) 91 (http://ssrn.com/abstract=281360); COFFEE – *Gatekeeper Failure*; novamente FRANK PARTNOY – Strict Liability for Gatekeepers: A Reply to Professor Coffee, *Boston University Law Review*, 84 (2004) 365 (http://ssrn.com/abstract=620841); e JOHN C. COFFEE JR. – Partnoy's Complaint: A Response, *Boston University Law Review*, 84 (2004) 377. *Vide* tb. ASSAF HAMDANI – Gatekeeper Liability, *Southern California Law Review*, 77 (2003) 53, p. 63 (http://ssrn.com/abstract=466040).

[24] WERNER F. EBKE – The Statutory Auditor's Professional Liability, *Act of the Conference on The Role, the Position and the Liability of the Statutory Auditor within the European Union*, 5 e 6 de Dezembro de 1996, p. 195 (http://europa.eu.int/comm/internal_market/auditing/docs/other/act_en.pdf). A responsabilidade dos auditores foi discutida a nível comunitário a propósito da proposta de 5.ª Directiva do Conselho (abandonada desde 1991). Esta questão foi ainda abordada por determinados eurodeputados com assento na Comissão dos Assuntos Jurídicos do Parlamento Europeu, a propósito da Proposta de Directiva do Parlamento Europeu e do Conselho relativa à revisão legal das contas individuais e consolidadas, entretanto aprovada e publicada (*vide supra* nota 19).

tivo ao adequado cumprimento dos deveres inerentes à revisão legal de contas – impõe-se também a sua discussão a nível nacional. Com efeito, ao contrário do que foi defendido por autores como BENITO ARRUÑADA[25], entendemos que, infelizmente, a reputação não é um incentivo suficiente para garantir a prestação adequada de serviços pelos auditores, assegurando a estabilidade do mercado. Ainda que alguns estudos económicos indiquem ser preferível incentivar os auditores potenciando apenas os mecanismos de pressão do mercado, não podemos deixar de considerar a responsabilidade civil como essencial no equilíbrio dos incentivos dos auditores[26].

Só uma adequada discussão deste tema a nível nacional permitirá uma adequada participação de Portugal no processo legislativo

---

[25] BENITO ARRUÑADA apresenta uma visão mais liberal, baseada na força do mercado para corrigir estes problemas, nos seguintes termos: «*Let us consider an extreme case in which the law does not provide any system of sanctions against auditors and it is also impracticable to sue them. It is foreseeable that in such a situation there would be greater development of private enforcement and sanctioning instruments. These would be based on the auditor's reputation and the castigation of underperformance through switching decisions. Firstly, there is no doubt that in this situation auditing firms have incentives to develop a good professional reputation since there will be clients who demand auditing with an optimum degree of independence and this would not be the outcome of a very lax legal system. On the other hand, there is no risk that the market will itself generate an excessive level of sanctions, which would be equivalent to a situation of excessively stringent rules, because the market is probably more competent than the legal system when it comes to verifying qualitative information* (...)».

Segundo ARRUÑADA, a intervenção legislativa deveria ser limitada a uma intervenção indirecta para potenciar os mecanismos de controlo judicial e do mercado – nomeadamente protegendo a reputação, definindo padrões de qualidade, produzindo informação relevante para o funcionamento do mercado e supervisionando o cumprimento dos padrões de qualidade – acrescentando ainda que a intervenção directa é necessariamente ineficiente. Apesar de concordarmos com o entendimento de que qualquer intervenção legislativa deve reforçar os mecanismos do mercado, não concordamos com os limites à intervenção sugeridos. Deve, no entanto, ser tido em consideração o argumento de que quanto maior for a intervenção, maior será a probabilidade de os auditores (por exemplo) adoptarem políticas de "auditoria defensiva", baseando os seus relatórios apenas em informação facilmente verificável ("*hard information*") – criando o risco de os relatórios serem menos informativos, mas mais defensáveis em tribunal. Esta consequência perversa do excesso de intervenção leva a que o mercado, ao contrário do pretendido, obtenha informação em menor quantidade e qualidade. *Vide* BENITO ARRUÑADA – *Audit Quality: Attributes, Private Safeguards and the Role of Regulation*, Univ. Pompeu Fabra, Economics and Business Working Paper No. 452, p. 5-6 e 14-17 (http://ssrn.com/abstract=224593).

[26] *Ibidem.*

comunitário que se adivinha, sendo fundamental que a sua posição não se resuma à perspectiva unilateral e naturalmente interessada que é defendida pela Ordem dos Revisores Oficiais de Contas ("OROC"). Com efeito, como vimos, não basta que se considerem os interesses dos auditores e a necessidade de criar um mercado único de auditoria. Acima de tudo, é necessário atender ao interesse público (tal como reconhecido pelo artigo 40.º, n.º 1, alínea a) do Estatuto da Ordem dos Revisores Oficiais de Contas ou "EOROC") relativo à fiscalização das sociedades comerciais.

VIII. Acrescem ainda outras considerações. Independentemente do que venha a ser determinado de *iure condendo,* na medida em que se reconhece o interesse público da revisão legal de contas e se concita a confiança de todos os *stakeholders* no serviço prestado pelos auditores, é essencial clarificar de *iure constituto* em que medida podem esses terceiros ser ressarcidos dos prejuízos sofridos em virtude dessa confiança[27].

1.2. *Plano de Exposição*

É com base nestas considerações que nos propomos discutir neste trabalho a problemática da responsabilidade civil dos auditores frente a terceiros.

Começamos por analisar o seu regime *de iure constituto*, clarificando o seu âmbito e limites. Neste âmbito, seguimos uma análise sistemática, começando pela responsabilidade obrigacional, passando depois pela responsabilidade delitual e finalizando com a chamada "terceira via" da responsabilidade civil.

---

[27] CARNEIRO DA FRADA escreveu em 1997 que «a responsabilidade civil dos consultores financeiros e auditores de empresas perante terceiros adquirentes de empresas constitui um dos mais relevantes temas da discussão da dogmática civilística do fim do século», acrescentando que este era um «tema a que não falta, por outro lado, importância prática». MANUEL A. CARNEIRO DA FRADA – *Uma «Terceira Via» No Direito Da Responsabilidade Civil*, Coimbra: Almedina, 1997, p. 11. Estas afirmações, quando lidas à luz dos escândalos verificados e da profunda crise económica sentida em seguida, assumem um peso redobrado. Cremos, no entanto, que a questão da responsabilidade civil destes profissionais se coloca hoje, mais do que nunca, também face a outros terceiros que não os adquirentes de empresas.

356 *Código das Sociedades Comerciais e Governo das Sociedades*

Analisamos depois as novas tendências da discussão tanto nos Estados Unidos como a nível europeu. Terminamos com um breve contributo para esta discussão.

2. Da responsabilidade civil dos Auditores *de iure constituto* no Direiro Português

I. A responsabilidade civil consiste numa fonte de obrigações baseada no princípio de ressarcimento de danos[28]. Esta fórmula revela desde logo o papel fundamental deste instituto jurídico «que comunga da tarefa primordial do Direito que consiste na ordenação e distribui-

---

[28] *Cf.* LUÍS M. MENEZES LEITÃO – *Direito das Obrigações*, Vol. 1, 4.ª Ed., Coimbra: Almedina, 2005, p. 267.

Note-se que alguns autores afirmam que a responsabilidade contratual não gera deveres primários de prestação, mas apenas deveres secundários, porquanto pressupõe uma obrigação pré-existente, de que a obrigação de indemnizar seria um mero sucedâneo em caso de incumprimento (*cf.* artigo 798.º) ou como paralelo em caso de mora (*cf.* artigo 804.º). Assim, GUILHERME MOREIRA – *Instituições do Direito Civil Português*, Vol. 2 – *Das Obrigações*, Coimbra: s.e., 1916, p. 117 e s.; MANUEL A. DOMINGUES DE ANDRADE – *Teoria Geral da Relação Jurídica*, Vol. 2 – *Facto jurídico, em especial negócio jurídico*, Coimbra: Almedina, reimp. 1974, p. 21; INOCÊNCIO GALVÃO TELLES – *Direito das Obrigações*, 7.ª Ed., Coimbra: Coimbra Editora, 1997, p. 58 e 211 e s.; JOÃO DE MATOS ANTUNES VARELA – *Das Obrigações em Geral*, Vol. 1, 10.ª Ed., Coimbra: Almedina, 2000, p. 520, nota (1); CARLOS MOTA PINTO – *Cessão da Posição Contatual*, Coimbra: Almedina, reimp. 2003, p. 426 e s.; JORGE SINDE MONTEIRO – *Estudos sobre a responsabilidade civil*, Coimbra: Almedina, 1989, p. 8-9 e JOÃO CALVÃO DA SILVA – *Cumprimento e Sanção Pecuniária Compulsória,* Coimbra: Separata do BFD 30, 1987, p. 146 e s.

Em sentido oposto, para além de MENEZES LEITÃO (tal como *supra* referido), a doutrina tradicionalmente seguida pela Faculdade de Direito de Lisboa, *v.g.*, PAULO CUNHA – *Direito das Obrigações (Apontamentos das aulas da 2ª cadeira de Direito Civil da Faculdade de Direito da Universidade de Lisboa) (regência do Prof. Dr. Paulo Cunha)*, por MARGARIDA PIMENTEL SARAIVA e ORLANDO GARCIA BLANCO COURRÉGE, II, Lisboa, 1938-1939, p. 239-240 e FERNANDO PESSOA JORGE – *Ensaio sobre os pressupostos da responsabilidade civil*, Lisboa: CEF, 1968, reimp. Coimbra: Almedina 1999, p. 40-41.

Tendemos a concordar com os argumentos de MENEZES LEITÃO, para quem a obrigação de indemnização em caso de incumprimento ou mora não se confunde com a obrigação inicialmente violada, uma vez que apresenta um fundamento distinto: o princípio do ressarcimento de danos, desta vez resultantes da violação do direito de crédito. Conclui este autor que «a responsabilidade obrigacional deve assim ser considerada como sendo fonte de obrigações, à semelhança da responsabilidade delitual e não como uma mera

ção dos riscos e contingências que afectam a vida dos sujeitos e a sua coexistência social»[29], promovendo a institucionalização das expectativas e a promoção da segurança[30].

A responsabilidade civil é, tradicionalmente, classificada em responsabilidade contratual – quando resulta da falta de cumprimento das obrigações emergentes de contratos, negócios unilaterais ou da lei – e extracontratual – quando resulta da violação de direitos absolutos, normas gerais destinadas à protecção doutrem ou à prática de *Tatbestände* delituais específicos[31].

A expressão "responsabilidade contratual" não é, no entanto, inteiramente rigorosa, na medida em que esta modalidade de responsabilidade pode resultar também da violação de obrigações que não provenham de contratos, mas sim de negócios jurídicos unilaterais[32] ou da lei. O mesmo se diga da expressão responsabilidade extracontratual, na medida em que se admita a existência de formas de responsabilidade não obrigacionais que não correspondem à violação de delitos civis (e, como tal, não sujeitos ao regime dos artigos 483.º e ss. do Código Civil, doravante "CC"). Preferimos então as expressões "responsabilidade obrigacional" – que compreende o não cumprimento de obrigações em sentido técnico e é regulada nos artigos 798.º e ss. – e "responsabilidade delitual" – que compreende a responsabilidade prevista e regulada na secção do Código Civil designada genericamente por responsabilidade civil (artigos 483.º e ss.)[33].

---

modificação da obrigação inicialmente constituída. A sua especialidade resulta da circunstância de a sua fonte ser a frustração ilícita de um direito de crédito, o qual era primariamente tutelado através da acção de cumprimento. No entanto, o dever de prestar violado não se confunde com o dever de indemnizar originado em consequência dessa violação tendo antes este uma fonte autónoma: a responsabilidade obrigacional». *Cf.* MENEZES LEITÃO – *Direito das Obrigações*, Vol. 1, p. 269-270.

[29] CARNEIRO DA FRADA – *Uma «Terceira Via»*, p. 15.

[30] *Ibidem.*

[31] *Cf.* ANTUNES VARELA – *Das Obrigações*, Vol. 1, p. 519-522; MENEZES LEITÃO – *Direito das Obrigações*, Vol. 1, p. 268; e MÁRIO JÚLIO DE ALMEIDA COSTA – *Direito das Obrigações*, Coimbra: Almedina, 1998, p. 467, nota (1).

[32] Sobre a classificação dos negócios jurídicos em unilaterais ou bilaterais, *vide* MANUEL DE ANDRADE – *Teoria Geral*, Vol. 2, p. 37-39.

[33] *Vide*, em especial, ANTUNES VARELA – *Das Obrigações*, Vol. 1, p. 519, nota (1) e CARNEIRO DA FRADA – *Uma «Terceira Via»*, p. 21-22.

358 *Código das Sociedades Comerciais e Governo das Sociedades*

II. Analisaremos seguidamente em que medida o regime estabelecido pelo nosso CC para estas duas modalidades de responsabilidade permite solucionar o problema objecto deste trabalho. Analisaremos ainda em que medida, na ausência de resposta satisfatória pelas responsabilidades obrigacional e delitual, a chamada "terceira via" da responsabilidade civil permite dar solução a casos em que há violação de direitos sem tutela primária (através da acção de cumprimento), que surgem no âmbito de relações específicas e constituem um *plus* relativamente ao dever geral de respeito. Nesta modalidade podem incluir-se situações como a violação de deveres de boa fé, geradoras de responsabilidade pré-contratual e pós-contratual[34].

2.1. *Da responsabilidade contratual. Em especial, do contrato a favor de terceiro*

I. O contrato de auditoria[35] é, em geral, celebrado entre o auditor e a sociedade a ser auditada[36]. Este contrato pode ter por base uma obrigação legal[37] ou a vontade das partes, atendendo ao papel de intermediação *reputacional* dos auditores[38].

---

[34] *Cf.* MENEZES LEITÃO – *Direito das Obrigações*, Vol. 1, p. 270.

[35] Tanto quanto pudemos apurar, o verbo "auditar" não consta da maioria dos dicionários da língua portuguesa, sendo um neologismo entre nós. Apesar disso, usamo-lo aqui atendendo à sua disseminação na prática do mercado.

[36] De acordo com o modelo fixado pela OROC, nos termos do artigo 53.º do EOROC.

[37] Em Portugal, o CSC determina a obrigação de certificação legal das contas das sociedades anónimas (*cf.* artigo 451.º, n.º 3), das sociedades por quotas que tenham um conselho fiscal e das que, embora não tendo conselho fiscal, ultrapassem dois dos três seguintes limites durante dois anos consecutivos: (a) total do balanço: 1.500.000 euros; (b) total das vendas líquidas e outros proveitos: 3.000.000 euros; e (c) número de trabalhadores empregados em média durante o exercício: 50 (*cf.* artigos 262.º, n.ºs 1 e 2, e 263.º, n.ºs 5 e 6).

Já o CVM determina que deve ser objecto de relatório elaborado por auditor registado na CMVM a informação financeira anual contida em documento de prestação de contas ou em prospectos que: *(a)* devam ser submetidos à CMVM; *(b)* devam ser publicados no âmbito de pedido de admissão à negociação em mercado regulamentado; ou *(c)* respeitem a instituições de investimento colectivo (*cf.* artigo 8.º, n.º 1 do CVM).

[38] Tal como referimos anteriormente, os auditores são considerados pela doutrina anglo-saxónica como o exemplo paradigmático dos *gatekeepers*, profissionais que se assu-

Nesta medida, em princípio e de acordo com o princípio da relatividade dos contratos previsto no artigo 406.º, n.º 2 do CC, o contrato de auditoria não produz efeitos relativamente a terceiros, pelo que estes não poderão derivar desse contrato um direito próprio contra o auditor pelo incumprimento do mesmo.

Acontece que o princípio da relatividade dos contratos não é um princípio absoluto, como resulta da própria letra lei, admitindo excepções como a do contrato a favor de terceiro, previsto nos artigos 443.º a 451.º do CC.

II. O contrato a favor de terceiro consiste no contrato pelo qual uma das partes (promitente) se compromete perante outra (promissário) a realizar uma atribuição patrimonial a favor de um terceiro, podendo essa atribuição patrimonial consistir na realização de uma prestação, na liberação de uma obrigação, na cessão de um crédito, ou na constituição, modificação, transmissão ou extinção de um direito real[39].

Essencial na caracterização desta figura típica autónoma é que os contraentes procedam com a intenção de atribuir, através dele, um direito a um terceiro[40]. Este, apesar de não ser parte no contrato, assume assim um direito subjectivo próprio contra o promitente, independentemente de aceitação ou até de conhecimento da celebração do contrato[41]. De acordo com LEITE DE CAMPOS[42], verifica-se um fenómeno de concorrência funcional dos créditos deste e do promissário. Já de acordo com TEIXEIRA DE SOUSA[43], existe apenas uma

---

mem, antes de mais, como intermediários reputacionais, diminuindo os custos associados a determinadas transacções através do penhor da sua reputação na verificação ou certificação de determinada informação, cuja veracidade é de difícil ou onerosa verificação pela contraparte nessa mesma transacção. Sobre o conceito de intermediários *reputacionais* e seu papel, *vide* GILSON e KRAAKMAN – The Mechanisms of Market Efficiency, *Virginia Law Review*, 70, p. 549 (*vide* em especial p. 613-622).

[39] *Cf.* artigo 443.º, n.ᵒˢ 1 e 2 do CC.

[40] *Cf.* ANTUNES VARELA – *Das Obrigações*, Vol. 1, p. 410.

[41] *Ibidem*, p. 420. *Cf.* artigo 444.º, n.º 1 do CC.

[42] DIOGO LEITE DE CAMPOS – *Contrato a favor de terceiro*, 2.ª ed., Coimbra: Almedina, 1991, p. 141 e 151-152.

[43] MIGUEL TEIXEIRA DE SOUSA – *O concurso de títulos de aquisição da prestação. Estudo sobre a dogmática da pretensão e do concurso de pretensões*, Coimbra: Almedina, 1988, p. 56.

360 *Código das Sociedades Comerciais e Governo das Sociedades*

única posição jurídica objectiva que permite a aquisição da prestação, que é o direito de crédito do terceiro, independentemente de a vinculação subjectiva do promitente ocorrer tanto em relação ao terceiro como ao promissário[44].

III. Coloca-se, então, a questão de saber se o contrato de auditoria poderia ser considerado um contrato a favor de terceiros[45].

Entende CARNEIRO DA FRADA que, na ausência de estipulação expressa, têm de valorar-se indícios para determinar a intenção das partes, sendo esta o critério jurídico fundamentante da atribuição do direito ao terceiro, e nada depõe no sentido de que essa seja a regra nos contratos de auditoria. O autor fundamenta esta posição afirmando que, normalmente, pelo contrato de auditoria prosseguem-se apenas os interesses da sociedade a auditar. Ainda que a auditoria seja requerida com o intuito de utilizar os respectivos resultados junto de credores e entidades financiadoras ou investidores, não pode presumir-se que a sociedade objecto de auditoria tem qualquer intenção de o fazer no interesse de terceiros e de lhes atribuir o direito correspondente. Acrescenta o autor que é do interesse dos auditores limitar a sua exposição ao risco e, logo, o leque de beneficiários directos da auditoria, pelo que «não é curial admitir-se a vontade de celebração de um contrato deste tipo fora de circunstâncias que deponham com clareza nesse sentido»[46].

CARNEIRO DA FRADA chama ainda a atenção para o facto de a figura do contrato a favor de terceiro ultrapassar, como solução dogmática, o problema que visamos resolver. Efectivamente, o que está tipicamente em causa nos casos de responsabilidade do auditor é o mero ressarcimento dos danos que a sua conduta ocasionou a terceiros. Ora, o contrato a favor de terceiro implica a atribuição ao terceiro de um direito ao cumprimento (*cf.* artigo 444.º, n.º 1 do CC). Anteci-

---

[44] *Cf.* MENEZES LEITÃO – *Direito das Obrigações*, Vol. 1, p. 252-253.

[45] Para um maior desenvolvimento sobre o contrato a favor de terceiro em geral, *vide* por exemplo LEITE DE CAMPOS – *Contrato a favor de terceiro*; ANTUNES VARELA – *Das Obrigações*, Vol. 1, p. 408-427; MENEZES LEITÃO – *Direito das Obrigações*, Vol. 1, p. 249-256; ALMEIDA COSTA – *Direito da Obrigações*, p. 296-301. Sobre a análise deste regime à luz do problema em análise, *vide,* uma vez mais, CARNEIRO DA FRADA – *Uma «Terceira Via»*, p. 25.

[46] CARNEIRO DA FRADA – *Uma «Terceira Via»*, p. 25-30, em especial p. 27.

Responsabilidade Civil dos Auditores 361

pando uma crítica fácil, o autor refere que poderia «insistir-se em que, estando a atribuição de um direito ao cumprimento sujeita, no contrato a favor de terceiro, ao princípio dispositivo, nada obsta a que as partes confinem voluntariamente o terceiro a uma simples pretensão de indemnização. Não se elimina porém o perigo da ficção (à luz das razões precedentemente invocadas, tendo em conta a ausência habitual de estipulação nesse sentido)»[47].

IV. Sentimo-nos tentados a trazer novos elementos à colação. Com efeito, subscrevemos a posição de CARNEIRO DA FRADA quando estejam em causa auditorias voluntárias, mas temos dúvidas sobre a aplicação da mesma à "revisão legal de contas" (*i.e.*, aquela que decorre de uma imposição legal, *cf.* artigo 41.º do EOROC). Propomos então, sem afirmar certezas, pistas de reflexão para uma diferente perspectivação desta questão.

V. Dito isto, passamos a analisar o caso específico da revisão legal de contas. Entendemos que o legislador, movido pela necessidade de garantir a transparência societária, definiu parâmetros específicos para o contrato de revisão legal de contas que estão para além da vontade das partes. Desde logo, a revisão legal de contas é definida pelo artigo 40.º, n.º 1 alínea a) do Estatuto dos Revisores Oficiais de Contas ("EOROC") como sendo uma função de interesse público. Esta norma determina, pois, que a prestação principal do contrato de revisão legal de contas deve ser realizada no interesse (a favor) do interesse público, o que nos permite qualificar este contrato como um contrato a favor de terceiros, independentemente da vontade das partes manifestada no contrato.

Apesar de a fixação da prestação contratual no interesse público ter suscitado questões no passado, hoje a lei admite expressamente essa possibilidade quando, no artigo 445.º do CC, determina o titular do direito de reclamar a prestação devida. Como refere ANTUNES VARELA, «o destinatário da prestação estipulada nos contratos a favor de terceiro é, em regra, uma ou são várias as pessoas determinadas; mas pode suceder (...) que a prestação vise proteger um *interesse*

---

[47] CARNEIRO DA FRADA – *Teoria da Confiança e Responsabilidade Civil*, Coimbra: Almedina, 2004, p. 145, nota 109.

362 *Código das Sociedades Comerciais e Governo das Sociedades*

público ou se destine a um *conjunto indeterminado de pessoas*»[48]. Acrescenta este autor que «a natureza dos interesses favorecidos e a falta de pessoa determinada que zele pelo cumprimento da prestação forçam naturalmente a lei a introduzir certas especialidades no tratamento jurídico destas espécies.

Bem sabemos que o legislador tinha em mente disposições patrimoniais voluntárias[49], mas isso não invalida a imposição legal da prestação a favor do interesse público. Neste caso é limitada a liberdade de estipulação das partes (sociedade e auditor)[50], sendo o conteúdo do contrato parcialmente fixado pelo disposto na lei. Não estamos assim perante uma lacuna do contrato que cumpra suprir por integração através de uma norma supletiva (*naturalia negotii*)[51], mas sim perante uma fixação legal (parcial) do conteúdo do contrato que limita a liberdade de estipulação das partes (*heterolimitação* da liberdade contratual)[52].

Com efeito, neste caso, na medida em que a lei impõe a prestação dos serviços de revisão legal de contas em favor do interesse público, deixa de ser necessário determinar a vontade das partes no contrato para averiguar se estamos ou não perante um contrato a favor de terceiro[53]. Qualquer estipulação das partes em sentido con-

---

[48] ANTUNES VARELA – *Das Obrigações*, Vol. 1, p. 426. LEITE DE CAMPOS – *Contrato a favor de terceiro*, p. 110, explica que, no início, a admissibilidade dos contratos a favor do interesse público suscitou certos problemas que foram ultrapassados com a admissão do contrato a favor de terceiro como figura geral, sendo hoje aceite pacificamente pela doutrina e jurisprudência o contrato a favor do interesse público.

[49] Também ANTUNES VARELA tinha em mente disposições patrimoniais voluntárias, como sejam as liberalidades modais ou com encargos.

[50] Sobre o princípio da liberdade contratual, *vide* CARLOS FERREIRA DE ALMEIDA – *Os Direitos dos Consumidores*, Coimbra: Livraria Almedina, 1982, p. 11 a 27; ANTUNES VARELA – *Das Obrigações*, Vol. 1, p. 230 e s. e ALMEIDA COSTA – *Direito da Obrigações*, p. 197 e s.

[51] Sobre a integração da vontade das partes manifestada num contrato, *vide* INOCÊNCIO GALVÃO TELLES – *Manual dos Contratos em Geral*, Lisboa: Lex, reimp. 3.ª Ed. de 1965, 1995, p. 362-363.

[52] Sobre a "intromissão dos poderes públicos na vida dos contratos" *vide* GALVÃO TELLES – Manual, p. 62-64.

[53] Segundo LEITE DE CAMPOS, apurar se, num contrato, as partes quiseram atribuir a outrem o direito a uma prestação depende da indagação do conteúdo da sua vontade (*Contrato a favor de terceiro*, p. 51-52).

Responsabilidade Civil dos Auditores 363

trário ao determinado pelo EOROC seria nula[54], na medida em que sua liberdade contratual está sujeita àquele limite legal (*cf.* artigo 405.º, n.º 1 do CC).

VI. O passo seguinte desta construção passa pela definição da natureza deste "interesse público" e da forma como este se projecta sobre os *stakeholders*[55]. GOMES CANOTILHO e VITAL MOREIRA definem o interesse público como um «interesse do próprio Estado e demais entes territoriais, regionais e locais». Mas esse mesmo interesse, na medida em que se reflecte sobre indivíduos, assume a natureza de "interesse difuso", enquanto «refracção em cada indivíduo de interesses unitários da comunidade global e complexivamente considerada»[56].

---

[54] Nos termos conjugados dos artigos 294.º e 292.º do CC, operaria uma redução do negócio por nulidade parcial.

[55] Como referimos anteriormente, esta é a expressão anglo-saxónica, hoje comummente usada na discussão dos temas societários a nível internacional, para referir todos aqueles que detêm um interesse legítimo na sociedade, isto é, accionistas, trabalhadores e outros credores (incluindo o próprio Estado).

[56] *Cf.* GOMES CANOTILHO e VITAL MOREIRA – *Constituição da República Portuguesa Anotada*, 3.ª Ed., Coimbra: Coimbra Editora, 1993, p. 282. Como veremos em seguida, esta definição de "interesse difuso" corresponde à definição de "interesse individual homogéneo" de MIGUEL TEIXEIRA DE SOUSA – *A Legitimidade Popular na Tutela dos Interesses Difusos*, Lisboa: Lex, 2003, p. 53.

Para FIGUEIREDO DIAS, «interesses difusos propriamente ditos ou em sentido próprio são, como é sabido, aqueles interesses (...) que, encontrando-se ancorados numa categoria mais ou menos ampla de pessoas, não estão todavia subjectivados num ente representativo; e que, nesta medida, apresentam natureza «híbrida», pois se supõem uma certa «pessoalidade», são indeterminados quanto aos seus titulares» (JOSÉ EDUARDO DE OLIVEIRA FIGUEIREDO DIAS – *Tutela Ambiental e Contencioso Administrativo (Da Legitimidade Processual e das suas consequências)*, Coimbra: Coimbra Editora, 1997, p. 147). Para COLAÇO ANTUNES, interesse difuso «é o interesse, juridicamente reconhecido, de uma pluralidade indeterminada ou indeterminável de sujeitos» (LUÍS FILIPE COLAÇO ANTUNES – *A tutela dos interesses difusos em direito administrativo*, Coimbra: Almedina, 1989, p. 20).

Na delimitação conceptual do "interesse público", TEIXEIRA DE SOUSA afirma que, apesar de este interesse poder coincidir com um interesse difuso, os dois não se confundem conceptualmente. Assim, distinguindo "interesses públicos" e "interesses difusos", afirma que os primeiros consubstanciam os «interesses gerais (ou o que se julga corresponder a eles) de uma colectividade» e os segundos «os aferidos pelas necessidades efectivas que por eles são (ou deviam ser) satisfeitas aos membros de uma colectividade». Nestes termos, continua o autor, os interesses públicos abstraem dos interesses individuais que são ou podem ser satisfeitos. TEIXEIRA DE SOUSA – *A Legitimidade Popular*, p. 31-32.

364   *Código das Sociedades Comerciais e Governo das Sociedades*

Para TEIXEIRA DE SOUSA esta definição de interesse difuso corresponde ao conceito de "interesse individual homogéneo" que, juntamente com os conceitos de "interesse colectivo" e "interesse difuso *stricto sensu*", integra o conceito de "interesse difuso *lato sensu*"[57].

Os "interesses difusos *lato sensu*" «são interesses que conjugam o individual e o colectivo,(...) pertencem a muitos, mas, por esta circunstância, não deixam de pertencer a pessoas singulares»[58]. Esta construção é essencial para evitar o «absurdo jurídico segundo o qual, em termos civis, situações que prejudicam muitos não prejudicam ninguém»[59].

Podemos então dizer que o interesse difuso tem uma componente insusceptível de apropriação individual ou *dimensão supra-individual* (veja-se, por exemplo, o ambiente, o consumo ou a qualidade de vida), mas tem também uma componente de refracção nos indivíduos que dele aproveitam legitimamente ou *dimensão individual*[60]. Assim, o interesse difuso é susceptível de concretização em sujeitos determináveis. Na medida em que se concretize em situações de contitularidade, estaremos perante "interesses colectivos" e, na medida em que se concretize em situações de titularidade singular, estaremos perante "interesses individuais homogéneos"[61]. Já os "interesses difusos *stricto sensu*" são aqueles que se referem a bens públicos (na acepção económica da expressão), ou seja, «de bens que só podem ser gozados numa dimensão colectiva»[62].

Podemos assim concluir que o interesse público afirmado pelo EOROC se projecta nos *stakeholders* como um interesse individual homogéneo (ou interesse difuso, segundo a definição menos precisa de GOMES CANOTILHO e VITAL MOREIRA). Dito de outra forma, os

---

[57] TEIXEIRA DE SOUSA– *A Legitimidade Popular*, p. 43 e s.

[58] TEIXEIRA DE SOUSA– *A Legitimidade Popular*, p. 22-23 e 34-35.

[59] GUGLIELMO MARCONI – *La tutela degli interessi colletivi in âmbito penale*, RIDPP 22 (1979), 1052-1119, *apud* TEIXEIRA DE SOUSA – *A Legitimidade Popular*, p. 23.

[60] *Cf.* TEIXEIRA DE SOUSA – *A Legitimidade Popular*, p. 35.

[61] Neste sentido, *vide* SOFIA NASCIMENTO RODRIGUES – *A Protecção dos Investidores em Valores Mobiliários*, Coimbra: Almedina, 2001, p. 62; e TEIXEIRA DE SOUSA – *A Legitimidade Popular*, p. 53.

[62] TEIXEIRA DE SOUSA – *A Legitimidade Popular*, p. 43 e s.

stakeholders, como um todo, são titulares do "interesse colectivo" a que o auditor realize adequadamente a revisão legal de contas. Já o interesse de cada um dos *stakeholders* na adequada revisão legal de contas (enquanto concretização daquele interesse colectivo) consubstancia um "interesse individual homogéneo".

VII. Outra questão fundamental nesta construção consiste na definição da natureza da responsabilidade do auditor pela violação deste interesse público. Ora, vimos que o EOROC [artigo 40.º, n.º 1, al. a)], ao impor uma prestação no interesse público, fixa parcialmente o conteúdo do contrato. Estamos assim perante uma prestação contratual (obrigação em sentido técnico) cuja violação pelo devedor acarreta a correspondente responsabilidade obrigacional, nos termos gerais dos artigos 798.º e seguintes do CC.

VIII. Questão mais complexa é a de saber quem pode reclamar a prestação contratual ou o ressarcimento dos danos causados pelo seu incumprimento. Dispõe o artigo 445.º do CC que se a prestação for estipulada no interesse público, o direito de a reclamar pertence não só ao promissário[63], mas também às «entidades competentes para defender os interesses em causa».

À primeira vista estamos perante um problema de difícil resolução, dado que nenhuma destas possibilidades parece ser, à partida, adequada à tutela dos interesses dos terceiros. Por um lado, na maioria dos casos o promissário (*i.e.*, a sociedade auditada) não tem qualquer interesse na tutela dos interesses dos terceiros. Por outro lado, aparentemente não existe nenhuma entidade competente para defender este interesse público.

No entanto, partindo da nossa análise anterior da qualificação deste interesse público e do seu reflexo nos *stakeholders* como um interesse individual homogéneo, entendemos que a lei nos confere uma solução para este aparente beco sem saída. Com efeito, o n.º 3 do artigo 52.º da Constituição ("CRP") consagra a acção popular dirigida à protecção de interesses difusos (incluindo não só os interesses difusos *stricto sensu*, mas também os interesses colectivos e os interesses individuais homogéneos) e à indemnização dos lesados

---

[63] Ou aos seus herdeiros, possibilidade que não se pode verificar neste caso.

366 *Código das Sociedades Comerciais e Governo das Sociedades*

pela violação dos mesmos, cujo regime foi desenvolvido pela Lei n.º 83/95, de 31 de Agosto (Lei de Acção Popular ou "LAP").

Nestes termos e tal como explicaremos em seguida, entendemos que no conceito de «entidades competentes para defender os interesses em causa» se devem incluir os *stakeholders,* enquanto titulares de um interesse individual homogéneo na adequada revisão legal de contas.

IX. A acção popular pode assumir diversas modalidades. A mais debatida é a acção popular administrativa, mas tanto a CRP como a LAP admitem a acção popular civil e uma quase-acção popular penal[64].

A acção popular civil, aquela que ora nos interessa, pode revestir qualquer das formas previstas no CPC (*cf.* artigo 12.º, n.º 2 da LAP) e pode destinar-se à defesa do património da Administração Pública ou à defesa de interesses gerais da colectividade que não se reconduzem aos bens de entidades públicas[65]. É naturalmente nesta segunda perspectiva que recorremos à acção popular civil para a protecção dos interesses dos *stakeholders,* enquanto interesses individuais homogéneos.

X. É verdade que a acção popular de responsabilidade civil, tal como concebida originalmente, estava destinada a assegurar o ressarcimento dos danos de massas, através da responsabilidade delitual. Não foi pensada para ressarcir danos ao abrigo da responsabilidade obrigacional, que surge tradicionalmente (e de acordo como o princípio da relatividade dos contratos) entre as partes no negócio, logo, determinadas *a priori* e, em princípio, com meios mais expeditos para tutelar os seus direitos.

Mas, atendendo à evolução do comércio jurídico, facilmente podemos identificar situações de contratação em massa onde se colocam problemas semelhantes aos que originaram este instituto. Veja-se por exemplo o mercado de valores mobiliários, onde o nosso legislador decidiu aplicar directamente o regime da acção popular para protecção dos direitos dos investidores (*cf.* artigo 31.º do Código dos Valores Mobiliários, "CVM"). Este é um caso, entre outros, onde faz

---

[64] PAULO OTERO – *A Acção Popular: Configuração e Valor no Actual Direito Português,* Lisboa : Separata da ROA, Ano 59, III, 1999, p. 880 e s.

[65] *Ibidem.*

sentido aplicar o regime da acção popular para ressarcimento de danos ao abrigo da responsabilidade obrigacional.

Nestes termos, não vemos qualquer impedimento (seja na letra ou no espírito da lei) ao recurso à acção popular pelos *stakeholders* para ressarcirem os seus danos face ao auditor.

XI. Já quanto ao objecto da acção popular (tal como definido pelo artigo 52.º, n.º 3 da CRP e concretizado pelo artigo 1.º, n.º 2 da LAP), referimos anteriormente que abrange os interesses difusos *stricto sensu*, os interesses colectivos, bem como os correspondentes interesses individuais homogéneos, mas não os direitos subjectivos e os interesses meramente individuais.

Podemos constatar facilmente pela letra da lei que nem a enumeração da CRP nem a enumeração da LAP são taxativas (a CRP usa a expressão "nomeadamente" e a LAP a expressão "designadamente"), pelo que não excluem que outros interesses difusos possam ser protegidos por meio da acção popular[66]. Temos assim por permitido o recurso a este meio para defesa dos interesses individuais homogéneos dos *stakeholders*.

XII. Quanto à legitimidade para intentar a acção popular, mesmo seguindo a visão restritiva de MIGUEL TEIXEIRA DE SOUSA – para quem «não basta que o autor popular possua poderes de representação dos titulares de um interesse difuso, pois que também é necessário que esse autor tenha uma relação com aquele interesse que justifica que, no caso concreto, ele possa instaurar a acção popular»[67] – os *stakeholders*, enquanto titulares do interesse individual homogéneo consubstanciado na adequada revisão legal de contas, sempre teriam legitimidade para intentar uma acção popular para defesa deste interesse.

---

[66] Neste sentido, GOMES CANOTILHO e VITAL MOREIRA – *CRP Anotada*, p. 283; TEIXEIRA DE SOUSA– *A Legitimidade Popular*, p. 29, e *Tutela Jurisdicional dos Interesses Difusos*, disponível em http://www.judicium.it/archivio/teixeira01.html, p. 11; e ainda NASCIMENTO RODRIGUES – *A Protecção dos Investidores...*, p. 60.

[67] O autor continua afirmando que «Não é qualquer defensor dos interesses difusos – em última análise, qualquer cidadão (*cf.* artigo 52.º, n.º 3 proémio, CRP; art. 2.º, n.º l, [LAP]) – que possui legitimidade popular, mas apenas aquele que mostra uma relação pessoal ou estatutária com o interesse difuso». Em sentido oposto, por exemplo, FIGUEIREDO DIAS – *Tutela Ambiental*, p. 208-209. A questão prende-se com a interpretação do disposto no artigo 2.º, n.º 1 da LPA, segundo o qual são titulares do direito de acção popular todos os cidadãos independentemente de terem ou não interesse directo na demanda.

XIII. Concluindo, perante a violação culposa da prestação contratual que, por determinação legal, o auditor deve realizar também no interesse público, podem os *stakeholders* recorrer à acção popular para ressarcir os seus danos (*cf.* artigo 22.º da LPA) ao abrigo da responsabilidade obrigacional, tutelando directamente o seu interesse individual homogéneo e, indirectamente, o interesse difuso *stricto sensu* que concretizam aquele interesse público[68].

Reconhecemos que esta solução suscita resistências de diversa ordem. Recordamos em especial as palavras de CARNEIRO DA FRADA ao afirmar que a mesma ultrapassa, como solução dogmática, o problema que visamos resolver, na medida em que confere aos *stakeholders* não apenas um direito de indemnização, mas também um direito ao cumprimento (cfr. artigo 444.º, n.º 1 do CC).

Reconhecemos ainda a dificuldade da determinação dos terceiros protegidos, questão analisada pelo famoso juiz norte-americano Cardozo, em Ultramares Corporation v. Touche (1931) em termos que são hoje uma referência a nível internacional e que abordamos detalhadamente no parágrafo II do ponto 2.3.1.

Não obstante, esta poderá ser uma alternativa a explorar, em especial caso não se aceite a solução conferida pela figura do contrato com eficácia de proteção para terceiros.

2.2. *Da responsabilidade delitual*

I. Tal como referimos antes, o regime da responsabilidade delitual em Portugal é delineado, antes de mais, pelo artigo 483.º, n.º 1 do CC que, seguindo a tendência das codificações modernas desde a elaboração dogmática do jusnaturalismo, define uma cláusula geral segundo a qual aquele que ilícita e culposamente causa um dano é obrigado a repará-lo[69].

---

[68] Para um resultado idêntico (se bem entendemos) face ao direito brasileiro, *vide* JOÃO CÉSAR GUASPARI PAPALEO – *Contrato a Favor de Terceiro*, Rio de Janeiro / São Paulo: Renovar, 2000, p. 309.

[69] ERWIN DEUTSCH – *Haftungsrecht, Erster Band: Algemeine Lehren*, Köln/Berlin/ Bonn/München, 1976, p. 12, *apud* JORGE SINDE MONTEIRO – *Responsabilidade por Conselhos, Recomendações ou Informações*, Coimbra: Almedina, 1989, p. 175.

Responsabilidade Civil dos Auditores 369

Atendendo a que os bens jurídicos gerais "pessoa" e "património" são demasiado extensos para que qualquer ingerência ou ataque possa dar lugar a uma obrigação de indemnização[70], o nosso legislador sentiu a necessidade de delimitar os danos ressarcíveis por este meio, através da definição do conceito de ilicitude[71].

Na esteira do legislador alemão que definiu uma cláusula geral limitada nos termos dos §§ 823, I[72] e II[73] e 826[74] BGB[75], o legislador português determinou que a ilicitude do acto é determinada pela violação de uma norma de conduta expressa numa disposição legal ou resultante do reconhecimento pela ordem jurídica de direitos subjectivos dotados de eficácia *erga omnes*[76]. Afastou-se assim de regimes como o francês (artigo 1382 do *Code Civil*)[77], o italiano (artigo 2043 do *Codice Civile*)[78] ou o espanhol (artigo 1902 do *Codigo Civil*)[79] que estabelecem uma ampla cláusula geral em que não são definidos os bens jurídicos cuja lesão envolve responsabilidade, cabendo essa definição ao julgador.

---

[70] Neste sentido, SINDE MONTEIRO – *Responsabilidade por Conselhos*, p. 175.

[71] *Vide* ANTUNES VARELA – *Das Obrigações*, Vol. 1, p. 532-533.

[72] Estabelece a responsabilidade do agente pelos danos causados se este, com dolo ou negligência, lesou ilicitamente a vida, a saúde, a liberdade, a propriedade ou outro direito.

[73] Estabelece a responsabilidade do agente pelos danos causados se tiver violado culposamente uma lei dirigida à protecção doutrem.

[74] Estabelece a responsabilidade no caso de violação dolosa dos bons costumes.

[75] *Bürgerliches Gesetzbuch.*

[76] SINDE MONTEIRO – *Responsabilidade por Conselhos*, p. 176.

[77] No sistema francês basta a causação de um dano a outrem através de uma *faute*, expressão ampla que abrange simultaneamente o facto voluntário, a ilicitude e a culpa, mas que normalmente é apreciada globalmente a partir da simples avaliação do facto com base em considerações de ordem moral ou social. *Cf.* JEAN CARBONNIER – *Droit Civil*, vol. 4 – *Les Obligations*, 22. Ed., Paris: Presses Universitaires de France, 2000, p. 402; e MENEZES LEITÃO – *Direito das Obrigações*, Vol. 1, p. 273-274.

[78] No direito italiano a responsabilidade resulta da prática de qualquer facto doloso ou culposo, que cause a outrem dano injusto. Assim o critério para a obtenção de indemnização é a valoração negativa do dano, critério esse que depende de uma ampla apreciação judicial. *Ibidem*, p. 274.

[79] No direito espanhol basta a causação de um dano «*interveniendo culpa o negligencia*». Na medida em que o Código Civil espanhol não define o requisito da ilicitude, cabe ao julgador determinar o carácter antijurídico do acto causador de danos para que nasça a obrigação de indemnização.

Temos assim desenhadas duas alternativas pelo artigo 483.º, n.º 1 do CC, correspondendo a primeira à ofensa de um direito subjectivo (pressupondo necessariamente a sua existência) e a segunda à existência de uma norma legal de protecção de interesses alheios, independentemente da natureza que estes assumam (direito subjectivo ou outra).

Ao contrário do que sucede no sistema alemão (§ 826 BGB), o nosso Código Civil não inclui, na secção das fontes das obrigações atinente à responsabilidade por actos ilícitos, nenhuma obrigação de indemnização por danos causados dolosamente contra os bons costumes. Perante esta situação, SINDE MONTEIRO recusa a existência de uma lacuna, remetendo a solução para a figura do abuso de direito consagrada na parte geral do nosso Código Civil (artigo 334.º), através da qual se poderia deduzir a obrigação de indemnização por violação dos bons costumes[80]. Analisaremos esta questão mais adiante[81].

Para além da cláusula geral expressa no artigo 483.º do CC e do recurso à figura do abuso do direito, nos termos do artigo 334.º do CC, devemos ainda considerar os regimes especialmente configurados pelo legislador para a salvaguarda dos interesses de terceiros face à conduta ilícita e culposa dos auditores, nos termos dos artigos 82.º do Código das Sociedades Comerciais ("CSC"), 10.º e 149.º do CVM.

II. Analisemos então a responsabilidade delitual dos auditores à luz destas alternativas.

2.2.1. *A violação de um direito subjectivo de outrem*

I. Os direitos subjectivos abrangidos por esta alternativa são, principalmente, os direitos absolutos, dado que os direitos de crédito são abrangidos pela responsabilidade contratual[82].

---

[80] SINDE MONTEIRO – *Responsabilidade por Conselhos*, p. 179-181 e 535-582. Em especial, p. 545 e s.

[81] *Vide infra* capítulo 2.2.3.

[82] *Cf.* ANTUNES VARELA – *Das Obrigações*, Vol. 1, p. 533; e MENEZES LEITÃO – *Direito das Obrigações*, Vol. 1, p. 277; ALMEIDA COSTA – *Direito das Obrigações*, p. 451. Em sentido contrário, CARLOS COSTA PINA – *Dever de Informação e Responsabilidade pelo Prospecto no Mercado Primário de Valores Mobiliários*. Coimbra: Coimbra Editora, 1999, p. 141.

Responsabilidade Civil dos Auditores

II. Da análise do complexo de relações inerentes à auditoria de uma sociedade, rapidamente concluímos pela inexistência de direitos subjectivos de terceiros. Com efeito, nenhum terceiro dispõe de qualquer direito à prestação diligente de serviços pelos auditores, tal como não dispõem de qualquer direito a realizar investimentos nas melhores condições económico-financeiras possíveis (seja esse investimento a compra e venda de valores mobiliários, o financiamento de um projecto ou outro).

A prestação de serviços deficientes pelos auditores viola um mero interesse patrimonial puro (por exemplo, a diferença entre o montante efectivamente pago na aquisição de uma participação social e o preço que teria sido pago se o auditor tivesse prestado diligentemente o seu serviço)[83].

III. Como refere SINDE MONTEIRO, a noção de dano mera ou puramente patrimonial aparece sempre apresentada de forma negativa: é aquele que uma pessoa sofre sem que tenha existido prévia violação de um direito ou bem absolutamente protegido. É um dano patrimonial diferente dos danos de pessoas ou de coisas e independente dos mesmos[84].

O facto de um interesse deste tipo não consubstanciar um direito subjectivo absolutamente protegido não quer dizer que não seja objecto de qualquer protecção. Essa protecção depende, no entanto, da existência de uma disposição legal específica nesse sentido (*cf.* artigo 483.º, n.º 1, 2.ª parte, do CC).

IV. Somos assim levados a concluir que os terceiros não gozarão, em princípio, da protecção concedida aos direitos subjectivos pelo disposto na primeira parte do artigo 483.º, n.º 1 do CC[85].

---

[83] A violação de um interesse patrimonial puro consubstancia um dano primariamente patrimonial (*pure economic loss* ou *financial loss, primärer Vermögensschaden*). Para mais desenvolvimentos vide CARNEIRO DA FRADA – *Uma «Terceira Via»*, p. 37, e SINDE MONTEIRO – *Responsabilidade por Conselhos*, p. 187-223 (*Vide* em especial a nota 33, bem como o exemplo da p. 189 relativo a prestação de informações sobre as perspectivas de mercado a respeito das acções de certa companhia).

[84] SINDE MONTEIRO – *Responsabilidade por Conselhos*, p. 187 e s.

[85] Podemos no entanto encontrar na doutrina e na jurisprudência entendimentos de que é ilícita não apenas a violação de direitos absolutos, mas também de direitos relativos (PESSOA JORGE – *Ensaio*, p. 296 s. e AC. STJ 6/1/1988, BMJ 373, 499-505, 503).

2.2.2. A violação de normas de protecção

I. A outra alternativa de ilicitude constante do artigo 483.º, n.º 1 refere-se às chamadas normas de protecção. Tal como referimos anteriormente, os danos patrimoniais puros, como aqueles de que são normalmente titulares os terceiros face aos auditores, só serão ressarcíveis no nosso ordenamento jurídico perante uma norma desta natureza.

II. Começaremos então por delimitar o conceito de norma de protecção ou, nas palavras do legislador português, «qualquer disposição legal destinada a proteger interesses alheios».

A definição de disposição legal consta do artigo 1.º, n.º 2, 1.ª parte, do Código Civil, segundo o qual «consideram-se leis todas as disposições genéricas provindas dos órgãos estaduais competentes [...]». Esta definição corresponde ao conceito de lei material[86], incluindo quer os regulamentos do Governo, quer os das Autarquias Locais[87].

Quanto ao seu conteúdo, as normas de protecção são leis que protegem interesses particulares (sem conferir no entanto um direito subjectivo a essa tutela) ou interesses colectivos, atendendo no entanto aos interesses particulares subjacentes (sejam interesses de determinadas pessoas ou de classes ou grupos de pessoas). Importante é que sejam determinadas as pessoas ou círculo de pessoas protegidas pela norma (não bastando a protecção da colectividade em geral)[88].

Acresce que, tal como refere SINDE MONTEIRO, existe em Portugal uma tradição de reconhecimento de uma noção ampla de direito subjectivo (*v.g.* o Código Civil de 1867 admitia um "direito à liberdade", englobando o livre exercício das faculdades físicas e intelectuais)(JORGE SINDE MONTEIRO – Hipóteses típicas de responsabilidade civil ("trabalhos de casa" do Grupo de Tilburg). *Revista Jurídica da Universidade Moderna*, 1 (1998), p. 7).

[86] Para mais desenvolvimentos sobre o conceito de lei material, *vide* JORGE MIRANDA – *Manual de Direito Constitucional*, Tomo V – *Actividade Constitucional do Estado*, Coimbra: Coimbra Editora, 1997, p. 130-137.

[87] *Cf.* SINDE MONTEIRO – *Responsabilidade por Conselhos*, p. 246. Segundo este autor, não deverão ser consideradas normas de protecção aquelas que estejam incluídas em regulamentos ou "códigos" profissionais, mesmo provindo de instituições de direito público, como a OROC, na medida em que não sejam aprovados por diploma legislativo. *Ibidem*, p. 248, nota (228).

[88] *Vide* ANTUNES VARELA – *Das Obrigações*, Vol. 1, p. 536-544; e SINDE MONTEIRO – *Responsabilidade por Conselhos*, p. 237-257. Como refere este último autor, em

Nesse âmbito, as normas de protecção têm de proibir determinado comportamento (definido em termos precisos), seja por acção ou por omissão, sob pena de serem vazias de conteúdo, requerendo outras normas que as completem[89].

Segundo ANTUNES VARELA, a indemnização ao abrigo de uma norma de protecção depende da verificação de três requisitos: (i) que à lesão dos interesses do particular corresponda a violação de uma norma legal; (ii) que a tutela dos interesses particulares figure, de facto, entre os fins da norma violada; e (iii) que o dano se tenha registado no círculo de interesses privados que a lei visa tutelar[90].

Nem sempre é fácil determinar se uma determinada disposição tem a natureza de norma de protecção. SINDE MONTEIRO percorre esta problemática, apresentando os critérios auxiliares defendidos por KNOEPFLE para a filtragem destas normas – praticabilidade, diferente dignidade de protecção dos bens jurídicos ou interesses e carácter mais ou menos censurável da conduta[91] – bem como a posição de CANARIS – que, quando estejam em causa danos patrimoniais privados, sugere como regra interpretativa que a qualidade de disposição legal de protecção só seja concedida, em caso de dúvida, aquando da existência de um "reforço" de carácter penal (*Strafbewehrung*) – posição esta por si apoiada[92].

---

cada caso será necessário averiguar se a norma visa a protecção daquela pessoa contra aquela espécie de danos e contra esse tipo de perigos.

Nestes termos, é excluída do conceito de norma de protecção a disposição do artigo 40.º do EOROC que qualifica a revisão legal de contas como uma função de interesse público.

[89] *Cf.* SINDE MONTEIRO – *Responsabilidade por Conselhos*, p. 245-247; e MENEZES LEITÃO – *Direito das Obrigações*, Vol. 1, p. 280-281.

Assim sendo, não podemos recorrer ao disposto no artigo 64.º, n.º 2 do CSC para completar o disposto na II parte do n.º 1 do artigo 483.º do CC.

[90] ANTUNES VARELA – *Das Obrigações,* Vol 1, p. 539-542.

[91] ROBERT KNÖPFLE – *Zur Problematik der Beurteilung einer Norm als Schutzgesetz im Sinne des § 823 Abs. 2 BGB*, NJW 1967, 697-702, *apud* SINDE MONTEIRO – *Responsabilidade por Conselhos*, p. 245-247; e MENEZES LEITÃO – *Direito das Obrigações*, Vol. 1, p.252-253.

[92] CLAUS-WILHELM CANARIS – Schutzgesetze – Verkehrspftchteri – Schutzpflichten, *FS Larenz zum 80*, Geburtstag, München, 1983, 27-110, *apud* SINDE MONTEIRO – *Responsabilidade por Conselhos*, p. 245-247; e MENEZES LEITÃO – *Direito das Obrigações*, Vol. 1, p.252.

374   *Código das Sociedades Comerciais e Governo das Sociedades*

III. Atenta esta definição, podemos concluir pela ausência de normas genéricas de protecção de terceiros face à actuação do auditor no regime jurídico português[93].

2.2.3. *A violação dos bons costumes*

I. Tal como referido em cima, o nosso Código Civil não inclui, na secção das fontes das obrigações atinente à responsabilidade por actos ilícitos, nenhuma obrigação de indemnização por danos causados dolosamente contra os bons costumes, ao contrário do que sucede no direito alemão, que no § 826 BGB consagra uma terceira disposição básica de responsabilidade civil delitual[94]. No entanto, de acordo com SINDE MONTEIRO, não se trata de uma lacuna, na medida em que podemos encontrar idêntica cláusula residual de ilicitude (baseada na causação de danos com violação dos bons costumes) na teoria do abuso de direito[95], regulada na Parte Geral do nosso Código Civil (*cf.* artigo 334.º)[96].

Tal como refere este autor, já nos trabalhos preparatórios do Código Civil, VAZ SERRA afirmava que a teoria do abuso de direito devia ser «enunciada na parte geral», «mas dada a sua particular relevância para o efeito da responsabilidade civil, também nesta matéria deve fazer-se-lhe referência»[97]. Não foi no entanto essa a

---

[93] GABRIELA FIGUEIREDO DIAS alerta para a tentação de se qualificarem como normas de protecção, para efeitos de responsabilização do auditor face a terceiros, aquelas normas que envolvem a atribuição de deveres profissionais aos ROC, como, por exemplo, os artigos 62.º e 64.º do EOROC ou os artigos 420.º e 420.º-A do CSC. *Vide* GABRIELA FIGUEIREDO DIAS – Controlo de Contas e Responsabilidade dos ROC, *in* J.M. COUTINHO DE ABREU [*et alia*] – *Temas Societários*, Coimbra: Almedina, 2006, p. 193.

[94] CARNEIRO DA FRADA – *Uma «Terceira Via»*, p. 39-64.

[95] Segundo VAZ SERRA, «há abuso do direito quando o direito, legítimo (razoável) em princípio, é exercido, em determinado caso, de maneira a constituir clamorosa ofensa do sentido jurídico socialmente dominante; e a consequência é a de o titular do direito ser tratado como se não tivesse tal direito ou a de contra ele se admitir um direito de indemnização baseado em facto ilícito extracontratual». ADRIANO PAES DA SILVA VAZ SERRA – *Abuso do Direito (em matéria de responsabilidade civil)*, BMJ 85 (p. 243-343), p. 253.

[96] SINDE MONTEIRO – *Responsabilidade por Conselhos*, p. 179-181 e 535-582. Em especial, p. 545 s.

[97] VAZ SERRA – *Abuso do Direito* p. 252 (*vide* tb. o n.º 12, p. 327-328).

opção do legislador, que reduziu o articulado inicial ao disposto no artigo 334.º. SINDE MONTEIRO defende, apesar de tudo, que nem por isso o abuso de direito deixou de relevar para efeitos de responsabilidade civil. Afirmando que este facto significa apenas que «a tarefa de desentranhar da proibição genérica daquele abuso uma cláusula operacional de ilicitude extra-obrigacional [...] é assim, com grande latitude, entregue à doutrina e aos tribunais»[98].

II. Analisemos então a operacionalidade desta figura no âmbito do nosso tema.

O regime do abuso de direito desempenha um papel importante na tutela dos interesses puramente patrimoniais. Com efeito, o artigo 334.º proíbe o exercício de direitos excedendo manifestamente os limites impostos pela boa fé, pelos bons costumes e pelo fim económico e social desse direito, independentemente da natureza da posição jurídica afectada por esse abuso[99].

Apesar de o artigo 334.º compreender diversas modalidades de abuso – violação dos limites impostos pela boa fé, pelos bons costumes e pelo fim social e económico do direito – a solução para a questão em análise passa pela figura dos bons costumes. Com efeito, a revisão legal de contas não corresponde ao exercício de um direito subjectivo, mas sim a uma liberdade genérica de agir, pelo que nos falta a base para a ponderação teleológica da terceira modalidade[100]. Por outro lado, inexiste uma relação especial entre o auditor e os terceiros face à relação contratual com a sociedade auditada, pressuposto normalmente requerido para a actuação do princípio da boa fé[101].

---

[98] SINDE MONTEIRO – *Responsabilidade por Conselhos*, p. 547.

[99] Ao contrário do que sucede no direito alemão (*cf.* § 826 BGB), a aplicação do disposto no artigo 334.º não depende da existência de uma conduta dolosa por parte do titular do direito.

[100] Como escreveu CARNEIRO DA FRADA, «a referência à função económica e social não serve para fundamentar a responsabilidade dos auditores. Ter de exercer uma posição jurídica de modo a não causar danos não é o mesmo que admitir uma funcionalização dessa posição jurídica. *Não há pois em estrito rigor qualquer funcionalização da liberdade de prestar informações atenta a ratio do seu reconhecimento pelo ordenamento, mas um simples imperativo de não causação de danos no seu exercício»* (*Uma «Terceira Via»*, p. 52). *Vide* tb. SINDE MONTEIRO – *Responsabilidade por Conselhos*, p. 548.

[101] SINDE MONTEIRO – *Responsabilidade por Conselhos*, p. 549, e CARNEIRO DA FRADA – *Uma «Terceira Via»*, p. 52-54. Como refere este último autor, «não deveria

376 *Código das Sociedades Comerciais e Governo das Sociedades*

III. A modalidade de abuso de direito por violação dos bons costumes contém uma desaprovação dirigida à moral social ou negocial dominante[102] e exprime uma referência a padrões de conduta mínimos a observar em geral pelos sujeitos, estejam ou não inseridos

---

identificar-se a boa fé pura e simplesmente com os padrões de conduta genericamente exigíveis pela ordem jurídica, sob pena de uma descaracterização dela. A boa fé exprime um parâmetro qualificado de conduta reclamado em certas circunstâncias pelos sujeitos, a saber, essencialmente no âmbito de relacionamentos específicos entre eles. Fora desse contexto de uma relação intersubjectiva, a ordem jurídica apenas exige dos membros a necessidade de adopção de uma conduta que não seja danosa para as posições alheias que ela protege; não exige boa fé, contenta-se apenas com a não perturbação e a não lesão de esferas alheias». Já A. MENEZES CORDEIRO – *Da Boa Fé no Direito Civil*, 2.ª reimpressão, Coimbra: Almedina, 2001, p. 647, esclarece que «A boa fé intervém em situações de relacionamento específico entre as pessoas. Para as pessoas não relacionadas, ou estranhas ao relacionar entre outros, está disponível a cláusula dos bons costumes». Noutro ponto (p. 1223) acrescenta que «Depreende-se a existência de diferenças profundas entre boa fé, bons costumes e ordem pública. A primeira prescreve condutas, nos termos já reconhecidos, ou pode fazê-lo e intervém, de modo preferencial, em relações específicas; os segundos vedam apenas certos comportamentos e concretizam-se, em absoluto, sem dependência de um relacionamento particular. Além disso, no que tem um significado profundo, boa fé e bons costumes apresentam origens históricas diferentes, evoluções diversas e sentidos jusculturais distintos, colocando, na Ciência do Direito, temas próprios de discussão e aprofundamento. Em consequência, têm conteúdos inconfundíveis: os bons costumes exprimem a Moral social, nas áreas referidas da actuação sexual e familiar e da deontologia profissional, proibindo os actos que a contrariem, enquanto a boa fé, mais complexa, manda assumir uma série de atitudes correspondentes a exigências fundamentais do sistema».

Apesar destes esclarecimentos, assalta-nos a dúvida sobre a possibilidade de a relação do auditor com os *stakeholders* da sociedade auditada consubstanciar uma "relação especial", porquanto todo o desenvolvimento da dogmática da fiscalização das sociedades os une numa complexa relação em torno da sociedade como um todo, gerando deveres específicos para o auditor face a esses terceiros. Esse complexo relacional consubstancia uma teia de relações entre o auditor e os *stakeholders* (que podem ser indeterminados num dado momento, mas são sempre determináveis) distinta da ligação social global que une entre si todos os membros de uma sociedade (sobre esta distinção entre "ligação especial" e "ligação social global" *vide* JÜRGEN SCHMIDT – «Sonderverbindungen» – eine Problemskizze, *Gedächtnisschrift für Dietrich Schultz*, Köln, Berlin, München, 1987, p. 341-375, *apud* CARNEIRO DA FRADA – *Contrato e Deveres de Protecção*, Separata do Suplemento ao Boletim da FDUC, 38, Coimbra, 1994, p. 236. Atendendo à complexidade desta questão, deixamos a sua análise para outra oportunidade, em especial no tocante à verificação dos pressupostos da existência de uma relação de confiança (tal como delineados por MENEZES CORDEIRO e CARNEIRO DA FRADA e expostos *infra* em 2.3.2) entre o auditor e os *stakeholders*. deixando aqui apenas esta pista de reflexão.

[102] SINDE MONTEIRO – *Responsabilidade por Conselhos*, p. 550.

Responsabilidade Civil dos Auditores 377

em relações contratuais[103]. Atendendo ao papel de interesse público desempenhado pelos auditores[104], pode facilmente entender-se que a violação grave de deveres profissionais causadora de danos puramente patrimoniais é ofensiva dos bons costumes.

IV. Nos termos do artigo 334.º a operacionalidade deste regime não depende da existência de dolo dos auditores (por oposição ao regime do § 826 BGB, cujos requisitos de aplicação incluem o dolo, ainda que eventual). Não obstante sermos sensíveis à afirmação de SINDE MONTEIRO[105] de que, em determinados casos, o "excesso manifesto" dos limites impostos pelos bons costumes deve exigir causação dolosa de danos, entendemos não ser esse o caso neste contexto, na medida em que a exigência de dolo implicaria uma negação do papel e conceito do auditor, enquanto perito contabilista e financeiro que concita em si a confiança do público (e em especial dos *stakeholders*) no desenvolvimento de uma função de interesse público. Bastará então a mera negligência.

No âmbito da responsabilidade por conselhos, recomendações ou informações, CARNEIRO DA FRADA afirma que o critério é o da negligência consciente, abrindo em seguida a porta à leviandade e ligeireza «sobretudo em situações em que o prestador da informação dispunha de uma preparação profissional específica e actuava no exercício da sua actividade e em que a sua conduta tenha revelado uma insensibilidade especialmente grave e incorrecta, ponderadas essas circunstâncias, em face do risco de danos a que terceiros ficavam sujeitos»[106].

V. Esta modalidade de responsabilidade por violação dos bons costumes não está isenta de dificuldades técnico-jurídicas, porque, como refere MENEZES CORDEIRO, o exercício inadmissível, por disfuncionalidade face ao sistema, foi fixado com referência ao direito subjectivo[107]. Ora, a revisão legal de contas não corresponde a nenhum

---

[103] CARNEIRO DA FRADA – *Uma «Terceira Via»*, p. 55.

[104] *Vide* artigo 40.º do EOROC.

[105] *Responsabilidade por Conselhos*, p. 555.

[106] CARNEIRO DA FRADA – *Uma «Terceira Via»*, p. 58. SINDE MONTEIRO parece ir mais longe, exigindo a conduta consciente para determinar a violação dos bons costumes e a existência de dolo eventual para determinar a obrigação de indemnização (*Responsabilidade por Conselhos*, p. 558-559)

[107] MENEZES CORDEIRO – *Da Boa Fé*, p. 898.

378 Código das Sociedades Comerciais e Governo das Sociedades

direito subjectivo do auditor, mas apenas a uma liberdade genérica de agir[108].

MENEZES CORDEIRO defende que o âmbito de inadmissibilidade deve ser alargado, mas sempre no âmbito de "permissões normativas específicas"[109]. Neste sentido, mesmo indo além do conceito de direito subjectivo em sentido rigoroso, estendendo o seu âmbito a poderes, faculdades ou excepções, não parece admissível que se abdique de uma «posição jurídica (co)determinada por normas específicas permissivas de conduta cujo exercício não seja admissível em resultado de uma ponderação do sistema jurídico no seu conjunto, apesar de não haver regra imediatamente aplicável»[110].

Assim, concluímos que o artigo 334.º não abrange liberdades genéricas de agir[111], como aquela que determina a conduta do ROC na revisão legal de contas.

VI. Segundo CARNEIRO DA FRADA, estamos perante uma lacuna regulativa que cumpre fechar. Segundo este autor, deve «reconhecer-se no sistema jurídico vigente uma *proibição genérica de condutas danosas contrárias aos bons costumes*, independentemente da verificação de uma situação de abuso de direito *stricto sensu*». Acrescenta ainda que esta proibição é a «concretização de um *princípio de tutela delitual do mínimo ético jurídico*» que se impõe independentemente-de previsão delitual explícita[112]. O autor conclui, afirmando a existência de fundamento para uma pretensão indemnizatória de terceiros contra os auditores (apesar de o dano sofrido ser puramente económico) desde que haja por parte destes um comportamento susceptível de ser qualificado como atentatório dos bons costumes.

---

[108] Estamos assim perante uma questão apresentada por CARNEIRO DA FRADA – *Uma «Terceira Via»*, p. 61, de uma forma sugestiva e simples: «para que haja abuso de direito, é imprescindível haver um direito de que se abuse».

[109] MENEZES CORDEIRO – *Da Boa Fé*, p. 898.

[110] *Cf.* CARNEIRO DA FRADA – *Uma «Terceira Via»*, p. 62. Nesse sentido, MENEZES CORDEIRO – *Da Boa Fé*, p. 898.

[111] Contrariamente ao que defende MENEZES LEITÃO – *Direito das Obrigações*, Vol. 1, p. 899. Na medida em que o autor não justifica a sua posição, não podemos apresentar uma análise crítica da mesma.

[112] *Ibidem*, p. 63-64. *Vide* também VASCO DA GAMA LOBO XAVIER e FERRER CORREIA – Efeito Externo das Obrigações; abuso de direito; concorrência desleal. *Revista de Direito e Economia*, 5 (1979) p. 12.

2.2.4. O regime do artigo 82.º do Código das Sociedades Comerciais

I. O artigo 82.º do CSC regula a responsabilidade dos revisores oficiais de contas ("ROC") perante a sociedade auditada, os seus sócios e credores, no âmbito da prestação de serviços de revisão legal de contas[113]. Esta norma substitui parcialmente o disposto no artigo 28.º, n.º 1 do Decreto Lei n.º 49.381, de 15 de Novembro de 1969, cujo regime passou em grande medida para o CSC. O referido artigo 28.º, n.º 1 mandava aplicar aos revisores oficiais de contas[114] o regime de responsabilidade dos membros do conselho fiscal, previsto no artigo 27.º do mesmo diploma[115], hoje praticamente reproduzido pelo artigo 81.º, n.º 2 do CSC.

Rejeitando esta formulação do legislador de 1969, o legislador do CSC preferiu autonomizar o regime de responsabilidade dos ROC consoante as suas funções. Assim, por um lado temos as funções próprias do órgão de fiscalização, também designadas por funções de fiscalização política[116] – exercidas também pelo ROC quando seja

---

[113] E não enquanto membros do órgão de fiscalização, situação regulada pelo artigo 81.º do CSC e que analisaremos adiante. Nos termos do n.º 1 do artigo 82.º do CSC, os revisores oficiais de contas respondem, solidariamente (*ex vi* artigo 73.º) perante a sociedade e os sócios pelos danos que lhes causarem com a sua conduta culposa. Nos termos do n.º 2 do mesmo artigo, que remete para o disposto no artigo 78.º, os ROC respondem perante os credores da sociedade quando, pela inobservância culposa das disposições legais ou contratuais destinadas à protecção destes, o património social se torne insuficiente para a satisfação dos respectivos créditos. Esta responsabilidade é solidária (artigo 73 *ex vi* artigo 78, n.º 5) e não pode ser limitada ou excluída contratualmente, sujeita a parecer ou deliberação dos sócios ou dependente de prévia decisão judicial sobre a existência de causa de responsabilidade ou de destituição do responsável (artigo 74.º, n.º 1 *ex vi* artigo 78, n.º 5).

[114] O artigo 28.º, n.º 1 referia-se apenas às sociedades de ROC, mas não vemos motivo para não estender o seu regime aos ROC que exerçam a sua profissão a título individual.

[115] Como veremos adiante, não se devem confundir os papeis do ROC enquanto membro do órgão de fiscalização e enquanto autor da revisão legal de contas.

[116] *Vide* artigos 262.º, n.º 1, 420.º, n.º 1 e 452.º, todos do CSC. Sobre o termo "fiscalização política", *vide* GABRIELA FIGUEIREDO DIAS – *Fiscalização de sociedades e responsabilidade civil*, Coimbra: Coimbra Editora, 2006, p. 14, e PAULO OLAVO CUNHA – *Direito das Sociedades Comerciais*, Coimbra: Almedina, 2.ª Ed., 2006, p. 443-444.

380   *Código das Sociedades Comerciais e Governo das Sociedades*

membro do mesmo – e, por outro, temos as funções de revisão legal de contas, próprias e exclusivas do ROC, que correspondem a funções de fiscalização financeira e contabilística[117]. O revisor responderá então pelos danos causados aos sócios e credores da sociedade auditada pela revisão legal de contas nos termos do artigo 82.º, e pelos danos causados no exercício das demais funções do conselho fiscal nos termos do artigo 81.º.

Para o tema *sub judice* importa apenas o disposto no artigo 82.º que estabelece um regime de responsabilidade subjectiva – como resulta da letra da lei e como é regra no nosso Direito – face à sociedade e aos sócios (*cf.* n.º 1), bem como face aos credores da mesma (*cf.* n.º 2). Na medida em que o CSC não regula especificamente esta responsabilidade, devemos recorrer ao regime geral do Código Civil.

Facilmente constatamos que o n.º 1 do artigo 82.º do CSC determina a protecção dos interesses dos sócios da sociedade auditada, quando completado com a definição legal das obrigações do auditor na revisão legal de contas[118]. Quando o auditor viole essas obrigações com culpa, o mesmo será responsável pelos danos causados aos sócios da sociedade auditada.

Já no que respeita ao n.º 2 do artigo 82.º, que remete para o artigo 78.º, podemos constatar que só por si não protege os credores da sociedade auditada, na medida em que faz depender a responsabilidade do auditor da violação de uma norma de protecção. Ora, «quais sejam as disposições destinadas à tutela dos credores sociais é questão a analisar caso a caso»[119]. Como refere SINDE MONTEIRO, «a norma que liga uma obrigação de indemnizar à violação de uma norma de protecção não tem vida própria. Isto é, ela não nos diz directamente quando há-de ter lugar a consequência jurídica que estatui, só ganhando vida e conteúdo uma vez posta em relação ou conexão com as normas de protecção para que abstractamente reme-

---

[117] *Vide* arts, 262.º, n.º 2, 263.º, n.º 5, 420.º, n.º 3 e 446.º, n.º 1, todos do CSC.

[118] Estabelecidas no EOROC e nas normas técnicas emitidas pela OROC.

[119] *Cf.* RAUL VENTURA e BRITO CORREIA – *Responsabilidade Civil dos Administradores de Sociedades Anónimas e dos Gerentes de Sociedades por Quotas*, Separata do BMJ n.ºs 192, 193, 194 e 195, Lisboa, 1970, p. 447 (estudo apresentado ainda a propósito do Decreto Lei n.º 49.381, de 15 de Novembro de 1969).

te»[120]. Acresce que, nos termos do disposto no artigo 78.º, n.º 1.º[121], o auditor só será responsável perante os credores na medida em que o património social se torne insuficiente para a satisfação dos seus créditos, pelo que a sua responsabilidade, nos termos deste regime, será sempre limitada aos danos indirectos. Estes danos não atingem imediatamente o património do lesado (credor social), nem sequer o seu crédito em si mesmo, mas apenas a garantia do mesmo[122].

II. Somos assim levados a rejeitar a posição de CARLOS COSTA PINA para quem, se bem o compreendemos, o artigo 82.º dá resposta às pretensões da sociedade, sócios e credores, ficando desprotegidos apenas os demais terceiros (que não caibam nas categorias de sócios e/ou credores)[123].

III. Poderia ainda entender-se que estes terceiros são protegidos pelo disposto no artigo 81.º do CSC que, em conjugação com o artigo 79.º do mesmo código, dispõe que os membros do órgão de fiscalização[124] respondem solidariamente[125] para com os sócios e terceiros pelos danos que directamente lhes causarem no exercício das suas funções. Contudo, tal como referimos anteriormente, o CSC distingue claramente as diferentes funções desempenhadas pelo ROC, face às quais foram definidos os regimes de responsabilidade dos artigos 81.º e 82.º do CSC.

Face ao artigo 111.º do Estatuto dos Revisores Oficiais de Contas ("EROC")[126] – entretanto revogado pelo diploma que aprovou o EOROC – que, ao definir a responsabilidade civil das sociedades de ROC, remetia, pura e simplesmente, para o disposto nos artigos 81.º e

---

[120] SINDE MONTEIRO – *Responsabilidade por Conselhos*, p. 247.

[121] Que, como vimos, é aplicável aos ROC por remissão do artigo 82.º, n.º 2.

[122] *Cf.* RAUL VENTURA e BRITO CORREIA – *Responsabilidade Civil dos Administradores*, p. 446, a propósito da responsabilidade civil dos administradores nos termos do artigo 23.º, n.º 1 do Decreto Lei n.º 49.381, de 15 de Novembro de 1969.

[123] COSTA PINA – *Dever de Informação*, p. 201-205.

[124] Entre os quais se inclui necessariamente o ROC nos termos dos artigos 262.º 413.º e 414.º do CSC.

[125] Por remissão do n.º 2 do artigo 79.º para o artigo 73.º do CSC.

[126] Aprovado pelo Decreto-Lei n.º 422-A/93, de 30 de Dezembro, entretanto revogado pelo Decreto-Lei n.º 487/99, de 16 de Novembro, que aprovou o novo Estatuto da Ordem dos Revisores Oficiais de Contas.

82.º do CSC[127], CARLOS COSTA PINA defendia que, por esta via, se podia concluir pela inexistência de qualquer diferença entre a responsabilidade dos revisores pelos actos praticados enquanto membros do órgão de fiscalização ou no âmbito da função de revisão e certificação de contas. Conclusão esta que permitia ao autor afirmar que, apesar de a norma do artigo 81.º do CSC não ser, por si mesma, aplicável à responsabilidade do revisor enquanto tal, a mesma acabava por lhe ser aplicável em resultado da referida remissão do EROC[128]. Hoje, face ao disposto no artigo 114.º do Estatuto da Ordem dos Revisores Oficiais de Contas ("EOROC"), tal interpretação não é possível, na medida em que a letra da lei deixou de fazer referência aos artigos 81.º e 82.º do CSC, limitando-se a remeter genericamente para o disposto no CSC. Deixou assim de haver espaço hermenêutico para ignorar o diferente âmbito de aplicação daqueles artigos

IV. Concluindo, o artigo 81.º do CSC não é aplicável aos ROC no exercício das suas funções de revisão legal de contas; o artigo 82.º, n.º 1 assegura a protecção da sociedade (em princípio já protegida contratualmente) e dos sócios, quando conjugado com as normas que fixam as obrigações do auditor na realização da revisão legal de contas; o artigo 82.º, n.º 2 não assegura, só por si, a protecção dos credores, limitando-se a remeter para outras normas de protecção; e o artigo 82.º não confere protecção a outros terceiros.

2.2.5. *O regime do artigo 10.º do Código dos Valores Mobiliários*

I. Nos termos do artigo 10.º, n.º 1 do CVM, «pelos danos causados aos emitentes ou a terceiros por deficiência do relatório ou do parecer elaborado por auditor respondem solidária e ilimitadamente: a) Os revisores oficiais de contas e outras pessoas que tenham assinado o relatório ou parecer; b) As sociedades de revisores oficiais de contas e outras sociedades de auditoria, desde que os documentos auditados tenham sido assinados por um dos seus sócios».

---

[127] O texto do artigo 111.º, n.º 1 do Estatuto dos Revisores Oficiais de Contas era o seguinte: «No exercício das funções de revisão legal, as sociedades de revisores respondem nos termos previstos nos artigos 81.º e 82.º do CSC e em idênticas disposições legais relativas às demais empresas ou outras entidades».

[128] COSTA PINA – *Dever de Informação*, p. 204.

Podemos constatar que esta norma protege interesses puramente patrimoniais de terceiros face a actos lesivos do auditor, mas apenas quando esteja em causa um *relatório do auditor externo*[129].

II. Quanto à culpa, contrariamente ao que dispunha o artigo 107.º do antigo Código do Mercado de Valores Mobiliários, o artigo 10.º do actual CVM não a refere expressamente como pressuposto da responsabilidade do auditor. No entanto, como é regra no nosso direito, parece-nos que não pode ser outro o entendimento, pelo que a responsabilidade do auditor estará sempre dependente da sua culpa.

III. De resto, este é um «preceito incolor que não altera os pressupostos da obrigação de responder tal como são estabelecidos nas normas gerais ou especiais existentes, não dispensando uma interpretação à luz do direito comum»[130]. Temos portanto que o artigo 10.º, n.º 1 do CVM assegura a protecção de interesses patrimoniais puros de terceiros quando conjugado com as normas que estabeleçam as obrigações do auditor na revisão legal de contas prevista no artigo 8.º do CVM.

2.2.6. *O regime do artigo 149.º do Código dos Valores Mobiliários*

I. O artigo 149.º do CVM regula a responsabilidade pelo prospecto[131]. Esta modalidade de responsabilidade constitui um desenvolvimento dogmático relativamente novo no quadro actual da responsabilidade civil. Começou por surgir no Direito alemão, nos anos 60,

---

[129] Imposto pelo artigo 8.º do CVM, segundo o qual «deve ser objecto de relatório ou parecer elaborados por auditor registado na CMVM, à excepção da informação trimestral, a informação financeira contida em documento de prestação de contas, em estudo de viabilidade ou em outros documentos que: a) devam ser submetidos à CMVM; b) devam ser publicados no âmbito de pedido de admissão à negociação em mercado regulamentado; ou c) respeitem a instituições de investimento colectivo». Ainda no âmbito do Código do Mercado de Valores Mobiliários, *vide* CARNEIRO DA FRADA – *Uma «Terceira Via»*, p. 42-45.

[130] CARNEIRO DA FRADA – *Teoria da Confiança*, p. 182, nota 132.

[131] Nos termos do artigo 149.º, n.º 1 do CVM, «são responsáveis pelos danos causados pela desconformidade do conteúdo do prospecto com o disposto no artigo 135.º, salvo se provarem que agiram sem culpa: [...] f) [...] as sociedades de revisores oficiais de contas, os revisores oficiais de contas e outras pessoas que tenham certificado ou, de qualquer outro modo, apreciado os documentos de prestação de contas em que o prospecto se baseia».

384   *Código das Sociedades Comerciais e Governo das Sociedades*

como reacção aos prejuízos sofridos pelos investidores em virtude da inclusão de informações falsas em prospectos, especialmente no "mercado cinzento de capitais" (que abrange o mercado dos títulos não cotados em bolsa)[132]. Passou também para o Direito português onde foi regulada pelo Código do Mercado de Valores Mobiliários de 1991[133] (artigos 160.º e ss.) e depois pelo actual CVM[134] (artigos 149.º e ss.), onde aparece como modelo da responsabilidade por informações no âmbito do CVM (*cf.* artigo 251.º).

II. Esta é uma área de especial sensibilidade, atendendo à necessidade de tutela de valores jurídicos normalmente não considerados no regime geral da responsabilidade civil, como a confiança dos investidores e o regular funcionamento do mercado[135]. Efectivamente, o prospecto constitui um elemento decisivo na captação de capital, através da divulgação da informação essencial à formação da vontade de investimento[136].

---

[132] No Direito Alemão desenvolveram-se dois trilhos distintos pelos quais flui a responsabilidade pelo prospecto, ao ponto de na doutrina alemã se ler que a responsabilidade pelo prospecto é *"zweipurig"*. Paralelamente à responsabilidade legal pelo conteúdo do prospecto, destinada à protecção dos investidores em valores mobiliários, a prática jurisprudencial consagrou uma autêntica responsabilidade de direito comum. *Vide* HEINZ DIETER HASSMAN – *Entwicklungstendenzen der Prospekthaftung*, WM 1983, 138-144, I ("*Zweispurigkeit der Prospekthaftung*"), e JOHANNES KÖNDGEN – *Zur Theorie der Prospekthaftung*, separ. de AG, ano 28 (1983), 85-99, e 120-132, Köln, 1983, II, *apud* SINDE MONTEIRO – *Responsabilidade por Conselhos*, p. 97, e CARNEIRO DA FRADA – *Teoria da Confiança*, p. 181.

[133] Aprovado pelo Decreto-Lei n.º 142-A/91, de 10 de Abril.

[134] Aprovado pelo Decreto-Lei n.º 486/99, de 13 de Novembro.

[135] LUÍS M. MENEZES LEITÃO – A responsabilidade civil no âmbito da O.P.A., *Direito dos Valores Mobiliários*, Vol. 4, Coimbra: Coimbra Editora, 2003, p. 113.

[136] Tal como refere MENEZES LEITÃO, o prospecto reveste simultaneamente natureza informativa, publicitária e contratual, na medida em que além de proporcionar a informação aos investidores, promove a aceitação da oferta pública e vincula as entidades referidas no artigo 149.º, n.º 1 pelo seu conteúdo. MENEZES LEITÃO – *A responsabilidade civil no âmbito da O.P.A.*, p. 117. AMADEU FERREIRA – *Direito dos Valores Mobiliários*, Lisboa: AAFDL, 1997, p. 357, defende a natureza contratual do prospecto, afirmando que as condições contratuais da oferta são apresentadas tanto no prospecto como no anúncio de lançamento. Afirma ainda que a natureza contratual do prospecto não é prejudicada pelo facto de o prospecto ser imposto por um dever legal. Já COSTA PINA – *Dever de Informação*, p. 81 e s., nega esta qualificação, considerando que o anúncio de lançamento da oferta é que constitui a verdadeira declaração negocial, sendo o prospecto uma mera declaração de ciência com função integrativa da anterior.

III. Na medida em que a informação incluída no prospecto não seja completa, verdadeira, actual, clara, objectiva e lícita, os auditores serão responsáveis pelos prejuízos causados aos destinatários do mesmo, se não conseguirem provar que agiram sem culpa (*cf.* 149.º, n.º 1 e artigo 135.º do CVM), sendo esta apreciada de acordo com elevados padrões de diligência profissional (*cf.* artigo 149.º, n.º 2 do CVM). Serve assim de fundamento à reparação de danos puramente económicos (aqui a regra) independentemente da existência ou não de uma relação contratual entre lesado e responsável e mesmo do conhecimento prévio entre eles[137]. Devemos no entanto realçar o seu âmbito restrito de aplicação[138].

IV. Já quanto ao regime desta norma (que relativamente aos auditores é norma especial face artigo 10.º do CVM), descreveremos os aspectos mais relevantes (de forma necessariamente breve, na medida em que este exercício cai já fora do âmbito deste trabalho) seguindo os passos de MENEZES LEITÃO[139].

Este regime apresenta uma delimitação subjectiva da responsabilidade, baseada em delitos subjectivos próprios, que demonstram uma relação do agente com a informação divulgada por meio de prospecto.

A ilicitude inerente à responsabilidade pelo prospecto reconduz-se à violação do dever de informação, instituído pelo artigo 135.º do CVM (que desenvolve o princípio geral sobre qualidade de informação constante do artigo 7.º), pelo que se enquadra na previsão do artigo 485.º, n.º 2 do CC, enquanto responsabilidade por informações impostas por dever jurídico.

No que se refere à culpa, o artigo 149.º, n.º 1 do CVM inverte o ónus da prova através de uma presunção de culpa, de forma a evitar a *probatio diabolica* inerente à demonstração da censurabilidade da

---

[137] *Cf.* CARNEIRO DA FRADA – *Teoria da Confiança*, p. 183.

[138] Para compreender esse âmbito é necessário recorrer ao disposto nos artigos 134.º, relativo à exigibilidade do prospecto nas ofertas públicas (e 109.º e 110.º quanto à definição de oferta pública e de oferta particular), 236.º relativo à exigibilidade do prospecto na admissão de valores mobiliários à negociação (*vide* também artigo 243.º que remete para o regime da responsabilidade fixado nos artigos 149.º a 154.º) e 251.º que define o regime do artigo 149.º a 154.º como modelo da responsabilidade por informações.

[139] MENEZES LEITÃO – *A responsabilidade civil no âmbito da O.P.A.*, p. 116-122.

conduta de qualquer das pessoas responsáveis pelo prospecto. Quando ao critério da culpa, o n.º 2 do mesmo artigo dispõe que «a culpa é apreciada de acordo com elevados padrões de diligência profissional», apontando para um critério de culpa levíssima. Refira-se, por fim, que o n.º 3 deste artigo exclui a responsabilidade perante a culpa do lesado (à semelhança do que dispõe o artigo 570.º, n.º 2 do CC para as hipóteses de culpa presumida).

Quanto ao dano, o artigo 152.º, n.º 1 do CVM[140] apresenta uma formulação absolutamente idêntica à do artigo 562.º do CC que estabelece o regime geral da obrigação de indemnização. Como refere MENEZES LEITÃO, esta solução parece impor a demonstração dos danos concretamente sofridos por cada investidor e abre a porta à discussão, nesta sede, sobre a admissão da relevância negativa da causa virtual[141].

Quanto ao nexo de causalidade entre o facto e o dano, ao contrário do que sucedia no anterior Código do Mercado dos Valores Mobiliários [artigo 161.º, n.º 2 alínea e)], o novo código não estabelece uma presunção de causalidade, pelo que o investidor lesado, em principio, terá de provar que leu o prospecto e que o seu dano se deveu ao facto de a informação nele contida violar o disposto no artigo 135.º do CVM[142]. Atendendo à relevância desta matéria[143],

---

[140] «A indemnização deve colocar o lesado na exacta situação em que estaria se, no momento da aquisição ou alienação de valores mobiliários, o conteúdo do prospecto estivesse conforme com o disposto no artigo 135.º».

[141] Tal como refere este autor, este critério é discutível porque, atendendo à natureza difusa destes danos, é extremamente complexo demonstrar em juízo os danos concretamente sofridos por cada investidor. MENEZES LEITÃO – A responsabilidade civil no âmbito da O.P.A., p. 120.

[142] Note-se que esta evolução legislativa contraria a evolução verificada em países como os Estados Unidos onde a doutrina tende a defender a presunção da causalidade como condição essencial ao adequado funcionamento do sistema de responsabilidade civil no ressarcimento dos prejuízos dos lesados, bem como no incentivo aos responsáveis pelo prospecto para cumprirem adequadamente os seus deveres de informação.

[143] A presunção de causalidade é extremamente relevante, na medida em que muitos investidores, apesar de não se basearem directamente no prospecto, aquando da realização dos seus investimentos, tendem a basear-se no mesmo de forma indirecta. Com efeito, muitos investidores não lêem o prospecto, mas seguem os conselhos ou opiniões dadas ou divulgadas por determinados profissionais (analistas e intermediários financeiros) que têm o dever de analisar cuidadosamente o prospecto. Muitos outros investidores seguem apenas

seguimos MENEZES LEITÃO, quando admite o estabelecimento de presunções judiciais, atendendo à proximidade entre a disponibilização do prospecto e a aceitação da oferta por parte dos investidores[144].

Por fim, referimos ainda o regime de responsabilidade objectiva, baseada em nexos funcionais de comissão, previsto no artigo 150.º do CVM.

2.3. Da "terceira via" da responsabilidade civil

Na ausência de uma resposta satisfatória através das modalidades clássicas de responsabilidade (obrigacional e delitual), na esteira de CLAUS-WILHELM CANARIS alguns autores têm sugerido uma «terceira via» de responsabilidade civil (via intermédia de responsabilidade, de auto-vinculações sem contrato ou de comprometimentos não negociais[145]).

Esta modalidade de responsabilidade civil visa cobrir a violação de determinados deveres específicos que, embora constituindo um *plus* relativamente à responsabilidade delitual, não são obrigações em sentido técnico[146]. Visa assim solucionar problemas jurídicos próprios destas vinculações específicas, cuja solução não cabe integralmente nem no regime da responsabilidade delitual nem no regime da responsabilidade obrigacional.

Entre os institutos abrangidos por esta nova categoria destacam-se em geral a violação positiva do crédito, o contrato com eficácia de protecção para terceiros e a *culpa in contrahendo*, onde se geram deveres específicos de protecção (superiores aos deveres genéricos) quer de direitos, quer de interesses puramente patrimoniais. Analisa-

---

uma tendência de mercado assegurada pela estabilidade inerente ao trabalho desses profissionais (analistas e intermediários financeiros). A ausência de qualquer presunção (legal ou judicial) implica que a maioria dos investidores não possa recorrer a este regime da responsabilidade civil, apesar de a sua confiança no mercado se basear, indirectamente, no prospecto.

[144] *Ibidem*, p. 122.

[145] CARNEIRO DA FRADA – *Uma «Terceira Via»*, p.87.

[146] De acordo com CARNEIRO DA FRADA – *Uma «Terceira Via»*, p. 85, à data da publicação dessa obra era francamente minoritária a doutrina que, entre nós, admitia uma "terceira via" de responsabilidade civil.

388   *Código das Sociedades Comerciais e Governo das Sociedades*

remos em seguida os dois últimos institutos de forma a determinar se e em que medida podem os auditores ser responsabilizados nos seus termos face a terceiros.

2.3.1. *O contrato com eficácia de protecção para terceiros*

I. Designam-se por contratos com eficácia de protecção para terceiros aqueles que conferem uma certa tutela a terceiros que nele não são parte – através de deveres acessórios de protecção – sem no entanto lhes estender o direito a qualquer prestação contratual (contrariamente ao que sucede nos contratos a favor de terceiro[147]). Estes terceiros não são partes no contrato, mas, atendendo à sua proximidade com o credor, justifica-se a extensão aos mesmos do círculo de protecção do contrato[148].

Os terceiros são assim tutelados por deveres de boa fé cuja violação lhes atribui um direito indemnizatório. Na medida em que esta indemnização não se reconduz aos deveres genéricos de respeito, nem aos da responsabilidade obrigacional, estamos no âmbito da terceira via da responsabilidade civil[149], à qual se aplicam normas de responsabilidade delitual e contratual[150].

---

[147] O reconhecimento destes *Verträge mit Schutzwirkung für Dritte* pela jurisprudência alemã possibilitou o abandono da ficção de um verdadeiro contrato a favor de terceiro, de que a mesma jurisprudência se servira anteriormente. *Cf.* C. MOTA PINTO – *Cessão*, p. 420. Note-se, todavia. que nalguns casos é viável a aplicação directa das regras do contrato a favor de terceiro, não havendo razão para não o fazer. Neste sentido, MENEZES CORDEIRO – *Da Boa Fé*, p. 623, e SINDE MONTEIRO – *Responsabilidade por conselhos*, p. 519.

[148] C. MOTA PINTO – *Cessão*, p. 419 e s.; MENEZES CORDEIRO – *Da Boa Fé*, p. 619 e s.; SINDE MONTEIRO – *Responsabilidade por conselhos*, p. 518 e s.; CARNEIRO DA FRADA – *Contrato*, p. 43-44 e 71-72 e nota (143), *Uma «terceira via»*, p. 88 e s. e *Teoria da confiança*, p. 103 e s., nota (108); e MENEZES LEITÃO – *Direito das Obrigações*, Vol. 1, p. 341. Vide tb. ANTUNES VARELA – *Das Obrigações,* Vol. 1, p. 411).

[149] CARNEIRO DA FRADA – *Teoria da confiança*, p. 136, nota (108), agrupa as várias propostas de ordenação dogmática que têm sido defendidas em duas orientações essenciais:

(1) Por um lado temos aquelas que visam um enquadramento desta figura (ainda) dentro da fenomenologia negocial, procurando nas declarações negociais das partes e na sua adequada interpretação um fundamento para essa eficácia protectora. Nesta perspectiva inclui-se a perspectivação desta figura como um tipo mais fraco de contrato a favor de

II. Analisemos então em que medida podem decorrer deveres de protecção face a terceiros do contrato celebrado entre a sociedade a auditar e o auditor.

A principal dificuldade reside na determinação dos terceiros protegidos. Esta questão foi abordada pelo famoso juiz norte-americano CARDOZO, de uma forma extraordinariamente clara e sugestiva, em *Ultramares Corporation v. Touche* (1931) que se tornou referência a

terceiros "em sentido amplo" (*vide* C. MOTA PINTO – *Cessão*, p. 425 e s. e SINDE MONTEIRO – *Responsabilidade por conselhos*, p. 520). Esta perspectiva apresenta dificuldades, na medida em que obriga à identificação das estipulações contratuais que determinem a protecção de terceiros que raramente existem. Na sua ausência poderíamos ainda considerar a integração de lacunas, mas mesmo estas são escassas. Perante esta dificuldade, a doutrina tem procurado sustentar a integração do contrato «numa zona cinzenta entre o contrato e o direito objectivo, entre autonomia privada e disciplina heterónoma de uma relação» (*vide* CARNEIRO DA FRADA – *Teoria da confiança*, p. 137; *Contrato*, p. 73 s.). Verifica-se, assim, uma certa ambiguidade da doutrina que parte da interpretação ou integração da vontade das partes como fundamento do contrato com eficácia de protecção para terceiros e vacila entre a ordenação à vontade das partes e o recurso a uma ponderação objectiva de interesses (neste sentido SINDE MONTEIRO – *Responsabilidade por Conselhos*, p. 521--522, considerando a integração de acordo com os ditames da boa fé abre espaço para um aperfeiçoamento do direito por via judicial, mesmo sendo presumivelmente outra a vontade das partes. Segundo este autor cabe ao juiz a possibilidade de admitir, face às circunstâncias do caso, a existência de lacuna e a integração do terceiro no âmbito de protecção do contrato de acordo com os "ditames da boa fé". Admite ainda que o artigo 239.º fornece «uma boa base para a construção de uma eficácia em relação a terceiros centrada numa consideração objectiva dos interesses, sem que seja indispensável verificar se, em concreto, existe lacuna», solução criticada por CARNEIRO DA FRADA – *Teoria da confiança*, p. 137, por implicar «uma miscigenação de planos e uma descaracterização da integração»).

(2) Por outro lado temos aquelas que procuram um fundamento em factores diversos da vontade das partes, «defendendo um desenvolvimento *praeter legem* do direito objectivo, através da formulação de critérios (susceptíveis de generalização em termos normativos) que reflectem "puras" considerações de justiça e razoabilidade, ainda que, não raro, dissimuladas sob o nome de integração» (CARNEIRO DA FRADA aponta como um dos pontos de vista mais em voga neste sentido aquele que reconduz o contrato com eficácia de protecção para terceiros à responsabilidade pela confiança, na esteira de CANARIS. *Cf. Teoria da confiança*, p. 136 e *Contrato*, p. 43 e s., 103 e 251 e s.).

CARNEIRO DA FRADA defende ser essencial para uma adequada redução dogmática diferenciar os dois fundamentos. Afirma ainda que esta diferenciação tem também evidentes reflexos práticos. A primeira orientação implica a aplicação dos preceitos que regulam a vida do contrato e a segunda a aplicação de regras próprias (por exemplo as relativas à confiança).

[150] *Cf.* SINDE MONTEIRO – *Responsabilidade por Conselhos*, p. 529 e s., onde o autor expõe a sua posição quanto ao regime jurídico desta figura.

390   *Código das Sociedades Comerciais e Governo das Sociedades*

nível internacional. De acordo com este juiz, a indeterminação dos terceiros protegidos «*may expose accountants to a liability in an indeterminate amount for an indeterminate time to an indeterminate class*»[151].

Neste sentido, defende SINDE MONTEIRO, a propósito da responsabilidade por informações, que a eficácia da protecção para terceiros depende do conhecimento ou patente cognoscibilidade do fim de utilização, da pessoa ou círculo delimitado de pessoas cujas decisões irão ser influenciadas, bem como do tipo de negócio em causa, a fim de que o autor da informação possa avaliar o risco envolvido[152].

SINDE MONTEIRO vai mais longe, afirmando que «no caso de relatórios ou pareceres nos quais um grande número de pessoas deposita confiança, não é em regra de admitir uma eficácia para terceiros»[153]. Apesar de entendermos a preocupação subjacente a esta afirmação, consideramos que, dentro do universo indeterminado de

---

[151] 174 NE 441, p. 444. Mantivemos a citação na sua versão original pelo seu valor histórico. Pela mesma razão apresentamos aqui uma citação mais completa: «*The defendants owed to their employer a duty imposed by law to make their certificate without fraud, and a duty growing out of contract to make it with the care and caution proper to their calling. Fraud includes the pretense of knowledge when knowledge there is none. To creditors and investors to whom the employer exhibited the certificate, the defendants owed a like duty to make it without fraud, since there was notice in the circumstances of its making that the employer did not intend to keep it to himself. Eaton, Cole & Burnham Co. v. Avery, 83 N. Y. 31, 38 Am. Rep. 389; Tindle v. Birkett, 171 N. Y. 520, 64 N. E. 210, 89 Am. St. Rep. 822. A different question develops when we ask whether they owed a duty to these to make it without negligence. If liability for negligence exists, a thoughtless slip or blunder, the failure to detect a theft or forgery beneath the cover of deceptive entries, may expose accountants to a liability in an indeterminate amount for an indeterminate time to an indeterminate class. The hazards of a business conducted on these terms are so extreme as to enkindle doubt whether a flaw may not exist in the implication of a duty that exposes to these consequences*» (sublinhado nosso).

[152] SINDE MONTEIRO – *Responsabilidade por Conselhos*, p. 528, seguindo de perto as formulações de Lord DENNING no seu voto de vencido em *Candler v. Crane, Christmas & Co. Ltd. Vide* tb. CARNEIRO DA FRADA – *Teoria da confiança*, p. 141 e s. (ainda na nota 108).

[153] SINDE MONTEIRO – *Responsabilidade por Conselhos*, p. 529, onde o autor cita ainda RUDOLF WELSER – *Die Haftung für Rat, Auskunft und Gutachten, Zugleich ein Beitrag zur Bankauskunt*, Wien, 1983, p. 88, segundo o qual, devendo partir-se sempre de um «limitado fim de utilização do parecer», «uma responsabilidade face a quaisquer pessoas não é de afirmar, na dúvida, mesmo quando o autor sabe que a sua tomada de posição será publicada ou de outra forma divulgada».

Responsabilidade Civil dos Auditores 391

interessados a quem é divulgada a informação relativa à revisão legal de contas, haverá grupos determinados de terceiros cujas intenções são patentes para o auditor. Nestes termos, o recurso a esta figura dependeria de uma análise, caso a caso, da posição dos terceiros face ao auditor.

III. Note-se ainda que, tal como referido anteriormente (no ponto 2.1), a revisão legal de contas é definida pela alínea a) do n.º 1 do artigo 40.º do EOROC como uma função de interesse público. Assim, mesmo que se entenda que a mesma não permite configurar o contrato que lhe serve de base como um contrato a favor de terceiros (alternativa seguida no ponto 2.1), sempre deverá fundamentar deveres acessórios de protecção dos *stakeholders*, interpretação esta que se afasta da posição de SINDE MONTEIRO.

A preocupação afirmada por este autor não pode implicar a desprotecção de terceiros que a lei visou proteger. Quanto muito poderia discutir-se se a mera conduta negligente do ROC, aquando da revisão legal de contas, serviria de base à prestação indemnizatória ou se deveria recorrer-se ao critério da conduta dolosa, como sugere CARDOZO na decisão citada anteriormente (solução que analisamos e rejeitamos adiante no ponto 3.2.3).

IV. CARNEIRO DA FRADA apresenta no entanto outro fundamento de oposição à aplicação ao nosso caso da figura do contrato com eficácia de protecção para terceiros. De acordo com este autor, condição essencial da aplicação desta figura é que os terceiros tenham um interesse substancialmente idêntico ao do credor da prestação, só assim se compreendendo que um terceiro retire a pretensão indemnizatória de um contrato alheio[154]. Se bem entendemos, a preocupação subjacente a esta posição é que, em muitos casos, havendo interesses contrapostos entre o credor e terceiro, o ganho de um corresponde à perda de outro[155].

Mesmo que seguíssemos este autor quanto ao princípio de fundo (segundo o qual, os deveres de protecção não são extensíveis a ter-

---

[154] *Cf.* CARNEIRO DA FRADA – *Uma «Terceira Via»*, p. 92; *Teoria da confiança*, p. 143 e s. (ainda na nota 108).

[155] *Ibidem.*

ceiros com interesses contraditórios aos do credor) não poderíamos concordar com a sua conclusão quando esteja em causa uma revisão legal de contas. Na verdade, não obstante entendermos que a preocupação deste autor é legítima em casos de auditoria voluntária aquando da venda da empresa, em que se contrapõe o interesse do vendedor (que é normalmente quem encomenda a auditoria) e do comprador, não podemos seguir o mesmo entendimento nos casos de revisão legal de contas. Nestes casos, quem encomenda a auditoria é a sociedade a auditar, cujos interesses, apesar de não coincidirem com os dos seus *stakeholders,* em princípio não se contrapõem aos mesmos. Apesar de tudo, todos têm um interesse comum na viabilidade da sociedade enquanto *ongoing enterprise.*

No entanto, o nosso desacordo face ao nosso Mestre, CARNEIRO DA FRADA, é mais profundo, na medida em que seguimos SINDE MONTEIRO[156] e MENEZES LEITÃO para quem «a presença de interesses contraditórios não deve obstar à aplicação da figura, ainda mais quando a actuação do devedor se destina a influenciar pessoas diferentes do credor da prestação, perante as quais ela surge numa posição independente»[157].

V. Nestes termos e tal como referimos anteriormente, o recurso à figura do contrato com eficácia de protecção para terceiros parece ser uma solução adequada para o problema em análise quando esteja em causa uma revisão legal de contas.

2.3.2. A *culpa in contrahendo*

I. A qualificação da responsabilidade pré-contratual (*cf.* artigo 227.º do CC), como responsabilidade obrigacional ou delitual não tem sido pacífica na nossa doutrina. A maioria da doutrina, incluindo GALVÃO TELLES, CARLOS MOTA PINTO e MENEZES CORDEIRO qualifica-a como responsabilidade contratual[158]. Mas há quem defenda,

---

[156] SINDE MONTEIRO – *Responsabilidade por conselhos*, p. 524-525.

[157] LUÍS M. MENEZES LEITÃO – Actividade de intermediação e responsabilidade dos intermediários financeiros, *Direito dos Valores Mobiliários*, Vol. 2, Coimbra: Coimbra Editora, 2000, p. 141, nota (15).

[158] GALVÃO TELLES – *Direito das Obrigações*, p. 72 e s.; C. MOTA PINTO – *Cessão*, p. 351; MENEZES CORDEIRO – *Da Boa Fé*, p. 585.

Responsabilidade Civil dos Auditores

como ALMEIDA COSTA, estarmos perante responsabilidade delitual[159].

Fora da dicotomia tradicional, autores como SINDE MONTEIRO, CARNEIRO DA FRADA e MENEZES LEITÃO defendem a integração da responsabilidade pré-contratual na "terceira via" da responsabilidade civil[160], na medida em que não resulta do incumprimento de uma obrigação previamente assumida, nem da violação de direitos absolutos ou de normas de protecção, mas sim de deveres específicos surgidos no âmbito de relações especiais entre as partes num negócio.

A *culpa in contrahendo* vincula as partes, no período de negociações e formação do contrato, ao princípio da boa fé. De acordo com MENEZES CORDEIRO, deste princípio decorrem três tipos de deveres: deveres de protecção, deveres de informação e deveres de lealdade[161]. A sua violação implica o ressarcimento dos danos causados culposamente (bastando a mera negligência), incluindo os danos puramente patrimoniais[162].

II. Uma questão mais complexa prende-se com a extensão da *culpa in contrahendo* a certos terceiros que intervêm na negociação ou na formação do contrato. No seguimento da doutrina de BALLERSTEDT[163] a doutrina tem aderido à extensão da *culpa in contrahendo* a certos terceiros (que a jurisprudência alemã denomina *Sachwalter*) que intervêm na negociação ou na formação do contrato[164].

---

[159] MÁRIO JÚLIO DE ALMEIDA COSTA – *Responsabilidade civil pela ruptura das negociações preparatórias de um contrato*, Coimbra: Coimbra Editora, 1994 reimp., p. 98.

[160] SINDE MONTEIRO – *Responsabilidade por conselhos*, p. 516; CARNEIRO DA FRADA – *Contrato*, p. 257-258, *Uma «Terceira Via»*, p. 95 e s.; e MENEZES LEITÃO – *Direito das Obrigações*, Vol. 1, p. 339.

[161] MENEZES CORDEIRO – *Da Boa Fé*, p. 547 e s.

[162] A preocupação do legislador de limitar os danos indemnizáveis por via delitual não se verifica a este nível, onde a responsabilidade está limitada aos sujeitos intervenientes na negociação. Neste sentido, CARNEIRO DA FRADA – *Uma «Terceira Via»*, p. 96-97.

[163] *Cf.*, do autor, *Zur Haftung für culpa in contrahendo bei Geschüftsabschluss durch Stellvertreter*, AcP 151 (1950/51), 501-531, *apud* CARNEIRO DA FRADA – *Uma «Terceira Via»*, p. 98.

[164] SINDE MONTEIRO – *Responsabilidade por conselhos*, p. 52 e s. e 549, nota (330); CARNEIRO DA FRADA – *Teoria da confiança*, p. 115 e s., *Contrato*, p. 104-105, *Uma «Terceira Via»*, p. 98 e s.; MENEZES CORDEIRO – *Da Boa Fé*, p. 634. De acordo com SINDE MONTEIRO, a doutrina tem tido alguma dificuldade em enquadrar dogmatica-

394 Código das Sociedades Comerciais e Governo das Sociedades

Essa extensão baseia-se em duas linhas de argumentação, normalmente usadas pela jurisprudência e doutrina alemãs. Por um lado, o reconhecimento da influência do *Sachwalter* (introduzido nas negociações por uma das partes) no processo de formação da vontade das partes envolvidas no negócio e, por outro, o reconhecimento da existência de uma relação de proximidade entre o *Sachwalter* e o negócio em discussão e formação, reflectida num interesse económico próprio, directo ou indirecto, na conclusão do mesmo[165].

O *Sachwalter*[166] (no nosso caso, o auditor) será assim responsável na medida em que, não procedendo segundo as regras da boa fé, cause danos culposamente às partes envolvidas na negociação. Deverá entender-se que não actua de acordo com a boa fé aquele que concita em si a confiança da contraparte e defrauda essa confiança[167].

III. Coloca-se a questão de saber se esta solução cabe na letra da lei. O artigo 227.º dispõe que «quem negoceia com outrem deve, tanto nos preliminares como na formação dele, proceder segundo as regras da boa fé, sob pena de responder pelos danos que culposamente causar à outra parte». Segundo CARNEIRO DA FRADA, a letra deste artigo não é concludente no sentido de que os sujeitos da relação de negociação têm de ser necessariamente as partes no futuro contrato. Muitos peritos, consultores e auditores intervêm em processos negociais de forma autónoma e independente, podendo ser considerados "sujeitos autónomos da relação de negociações"[168].

Este autor sugere uma interpretação teleológica deste preceito, alargando o conceito de negociações «de forma a potenciar a eficácia

---

mente a extensão da responsabilidade ao *Sachwalter* e os seus contornos estão longe de ser pacíficos.

[165] *Cf.* CARNEIRO DA FRADA – *Teoria da Confiança*, p. 118.

[166] Desde logo são considerados como *Sachwalter* os advogados, notários, conselheiros de investimentos, conselheiros fiscal e peritos contabilistas (*Wirtschaftprüfer*), bem como outras profissões que exijam um elevado nível de formação profissional e cujo acesso ao exercício ou controle do mesmo depende de associações profissionais (como as "ordens"), características que suscitam uma especial confiança de terceiros. *Cf.* SINDE MONTEIRO – *Responsabilidade por conselhos*, p. 54.

[167] *Cf.*, a propósito, KARL LARENZ – *Lehrbuch des Schuldrechts*, I (*Algemeiner Teil*), 14.ª ed., München 1987, 115, *apud* CARNEIRO DA FRADA – *Uma «Terceira Via»*, p. 99.

[168] CARNEIRO DA FRADA – *Uma «Terceira Via»*, p. 100-101.

Responsabilidade Civil dos Auditores 395

deste instituto em ordem ao desempenho da sua função»[169]. Acrescenta ainda que uma interpretação restritiva desta norma, no sentido de por sujeitos das negociações se entenderem apenas as partes no futuro contrato, não impediria a responsabilização de terceiros por *culpa in contrahendo*, na medida em que esta concretiza princípios fundamentais da ordem jurídica que o legislador não pretendeu limitar[170]. Assim, «não está vedado um desenvolvimento *praeter legem* de acordo com esses princípios»[171].

IV. A delimitação das situações em que os auditores podem ser responsabilizados de acordo com este entendimento é pressuposto da sua aplicação. Para tanto, CARNEIRO DA FRADA recorre ao conceito de ligação especial, vínculo específico ou relação particular (*Sonderverbindung*)[172] que, atendendo à função da *culpa in contrahendo* na tutela da confiança, se assume como uma relação de confiança baseada nos seguintes pressupostos: (i) uma situação de confiança, pela qual alguém confia no comportamento ou nas declarações de outrem; (ii) uma justificação dessa confiança, porquanto a imprudência ou a incúria do confiante tornam injustificada a sua protecção; (iii) um investimento de confiança, traduzido na necessidade de ter havido, por parte do confiante, o desenvolvimento de uma actividade cujo resultado ficaria comprometido se a confiança não fosse respeitada; (iv) a possibilidade de imputar a confiança àquele contra quem actua a protecção da confiança[173].

CARNEIRO DA FRADA testou e verificou a aplicação destes pressupostos num caso-modelo em que se questionava «se existe, face à

---

[169] *Ibidem.*

[170] CARNEIRO DA FRADA afirma ainda que esta solução não é alheia ao direito positivo português que, por exemplo, no Decreto-Lei n.º 285/92, de 19 de Dezembro, disciplina alguns aspectos do exercício da importante actividade da mediação imobiliária, impondo aos mediadores determinadas condutas, não apenas no interesse da parte por quem foram incumbidos da mediação e à qual se encontram contratualmente ligados, mas também no da contraparte (*Ibidem*, p. 101).

[171] *Ibidem*, p. 102.

[172] Por nós anteriormente abordado na nota 101. *Vide* CARNEIRO DA FRADA – *Contrato*, p. 229 s.

[173] CARNEIRO DA FRADA – *Uma «Terceira Via»*, p. 103-104. *Cf.* MENEZES CORDEIRO – *Da Boa Fé*, p. 1248-1249.

ordem jurídica portuguesa, uma forma de imputar o prejuízo sofrido por adquirentes de empresas ou de participações sociais nas sociedades que as detêm aos auditores que tenham avaliado deficientemente essas empresas ou sociedades, contribuindo para uma base de decisão errónea daqueles adquirentes, na ausência de uma relação contratual entre eles»[174].

Primeiro pressuposto: a demonstração da situação de confiança (realidade de foro íntimo e psíquico) passará pela demonstração de situações típicas de confiança, o que não será difícil atendendo à posição de prestígio e autoridade dos auditores.

Segundo pressuposto: a confiança é justificada (segundo pressuposto) pela elevada preparação profissional e prestígio dos auditores, bem como pela publicidade conferida aos resultados das auditorias.

Terceiro pressuposto: o nexo causal é, tal como a situação de confiança, uma questão de foro interno, pelo que a sua prova dependerá da demonstração de situações típicas. Factos como a preparação dos auditores, a posição que eles ocupam na actividade de auditoria, a sua independência face à sociedade auditada e a publicitação dos resultados, podem fundamentar a presunção do nexo de causalidade entre a actuação culposa do auditor e o investimento de terceiro. Pode ainda aceitar-se a inversão do ónus da prova se o investimento realizado corresponder ao tipo de investimento expectável em circunstâncias semelhantes para quem age com a diligência exigível naquele género de situações.

Quarto pressuposto: a imputação da confiança ao auditor é justificável, no âmbito da *culpa in contrahendo,* atendendo à verificação dos seguintes elementos: (i) a auditoria consubstancia um acto livre e voluntário que, pela sua natureza e com consciência do auditor, concita a confiança de terceiros; (ii) o terceiro prejudicado inclui-se no círculo daqueles a quem o parecer era destinado, para tanto bastando a consciência do auditor (ou o dever dessa consciência) de que era presumível que esse terceiro viria a, razoavelmente, ponderar essa informação nas suas decisões; (iii) o auditor não limitou ou impediu a confiança desses terceiros qualificando as suas opiniões; e (iv) o

---

[174] CARNEIRO DA FRADA – *Uma «Terceira Via»*, p. 104-111.

auditor procedeu com negligência, incumprindo os critérios habituais das auditorias. Poderá ir-se mais longe, admitindo uma presunção de culpa do auditor com base na violação dos deveres específicos, análogos do ponto de vista estrutural às obrigações em sentido técnico. Esta solução seria justificada «pelo *nível de segurança exigido em determinadas áreas do tráfico jurídico-negocial in contrahendo*, mormente naquelas em que os intervenientes actuem de forma profissional e disponham de competência técnica especializada».

V. Uma vez mais somos tentados a estabelecer diferenciações face ao exposto por CARNEIRO DA FRADA. Por um lado devemos diferenciar consoante estejamos perante (i) uma auditoria voluntária, solicitada a um auditor no âmbito de uma transacção específica, ou (ii) uma revisão legal de contas. Dentro desta última devemos ainda diferenciar consoante estejamos perante (a) um relatório do auditor independente para efeitos do disposto no CVM ou (b) uma certificação legal de contas para efeitos do disposto no CSC.

No caso da auditoria voluntária será mais fácil demonstrar a existência de uma relação de confiança, tal como propõe CARNEIRO DA FRADA, na medida em que esta tem destinatários certos e determinados.

No caso do relatório do auditor independente, previsto no CVM será mais árdua a tarefa de demonstrar a existência de uma relação de confiança, mas ainda é possível invocar o especial papel desempenhado pelo auditor na estabilidade do mercado e na concitação da confiança dos investidores, bem como o facto de esse relatório se destinar apenas a investidores ou potenciais investidores cujo investimento de confiança (terceiro pressuposto da relação de confiança e que neste caso corresponderá à compra e venda de valores mobiliários) é esperado pelo auditor no momento em que assina o relatório.

Tudo se complica no caso da certificação legal de contas imposta pelo CSC. Neste caso será muito mais difícil demonstrar a existência de uma relação de confiança, por não ser tão clara a verificação dos requisitos terceiro e quarto.

Comecemos pelo quarto requisito (destinatário da certificação legal de contas). O destinatário da certificação legal de contas é o público em geral, ainda que dentro deste se identifiquem claramente grupos de pessoas com interesses legítimos na sociedade (*stakeholders*) que, como tal, serão destinatários preferenciais dessa certificação. Nestes termos, será mais difícil a um terceiro demonstrar que se inclui no círculo daqueles a quem a certificação de contas era destinada, porque quanto mais amplo é o círculo de destinatários da informação, mais difícil será demonstrar que o auditor os visava proteger ao abrigo de uma relação especial.

No que respeita ao terceiro requisito (nexo de causalidade), atendendo ao alargado universo de destinatários da certificação legal de contas, em muitos casos será mais difícil demonstrar o nexo de causalidade entre o acto negligente do auditor e o investimento de confiança realizado. Ora vejamos, se o relatório do auditor independente (divulgado nos termos do CVM) tem por destinatários específicos os investidores ou potenciais investidores, cujo investimento de confiança será necessariamente a compra e venda de valores mobiliários, já o mesmo não acontece com a certificação legal de contas.

Entre os destinatários preferenciais da certificação legal de contas (aqueles que têm um interesse legítimo na sociedade) encontramos não apenas os sócios e potenciais sócios da sociedade, mas também credores da mais variada espécie (desde os trabalhadores[175] aos bancos financiadores da actividade da sociedade, passando pelo Estado e pelos fornecedores). Podemos assim identificar um conjunto diversificado de interesses que geram diferentes investimentos de confiança, o que dificultará a prova de que o auditor os previu a todos.

VI. Perante estas considerações, entendemos assumir uma atitude mais cautelosa face à possibilidade de demonstrar a existência de uma relação de confiança entre o auditor e terceiros, baseada na certificação legal de contas, que permita a responsabilização do primeiro por *culpa in contrahendo*[176]. No entanto, a resposta definitiva a esta questão dependerá sempre das circunstâncias próprias de cada caso concreto e da particular posição dos terceiros face ao auditor.

---

[175] Os trabalhadores dificilmente consultarão as contas certificadas e depositadas da sociedade, mas confiam no facto de que "alguém" as consulta e verifica, facto esse que gera pelo menos uma ilusão de que as contas têm de corresponder à realidade da sociedade, gerando uma confiança da qual também eles aproveitam.

[176] Remetemos para a nossa pista de reflexão apresentada no final da nota 101, sobre a consideração da existência de uma relação de confiança entre o auditor e os *stakeholders* da sociedade auditada.

3. Das Propostas de *Iure Condendo*

I. Na sequência da nossa deambulação pelo actual regime jurídico da responsabilidade civil do auditor para com terceiros, podemos concluir pela existência de um regime fragmentado que protege terceiros em determinadas circunstâncias, nalguns casos com alguma segurança, e noutros com muitas incertezas e sem garantias de aceitação pela jurisprudência, como no caso da "terceira via" da responsabilidade civil.

Já quanto à nossa interpretação do contrato de revisão legal de contas como um contrato a favor de terceiro, estamos conscientes das resistências suscitadas pela mesma. Parece-nos, no entanto, que esta poderia ser uma alternativa a considerar e explorar salvaguarda dos interesses de terceiros face à conduta do auditor.

II. No entanto, considerando as deficiências verificadas recentemente a nível da fiscalização de sociedades, seria positivo clarificar a responsabilidade civil do auditor face a terceiros, como verdadeiro e adequado incentivo ao cumprimento dos seus deveres[177]. Estas razões, só por si, são fundamento para defendermos a criação de um regime jurídico unitário de responsabilidade civil dos auditores para com terceiros, de forma a que todos aqueles que têm um interesse legítimo na sociedade possam determinar com clareza a sua posição face ao auditor, enquanto responsável pela fiscalização externa da sociedade.

Começamos por apresentar as novas tendências sobre este tema nos Estados Unidos, onde têm sido discutidos modelos de responsabilidade objectiva, analisando depois a discussão do mesmo ao nível da União Europeia. Terminaremos com um breve contributo para esta discussão.

---

[177] Essas mesmas deficiências demonstraram ainda que o papel dos auditores tem de ser conjugado com o de outros profissionais (também incluídos no conceito de *gatekeepers*) que, em maior ou menor medida, prestam serviços fundamentais à estabilidade do mercado e da economia. Atendendo ao escopo limitado deste trabalho, entendemos não ser este o momento para essa abordagem.

400   *Código das Sociedades Comerciais e Governo das Sociedades*

3.1. Das novas tendências nos EUA: Responsabilidade objectiva

3.1.1. Considerações preliminares

A discussão da responsabilidade civil dos auditores nos Estados Unidos tem estado quase sempre integrada na problemática mais vasta da responsabilidade dos *gatekeepers* que, como vimos anteriormente, são os profissionais independentes que servem os investidores através da preparação, verificação ou certificação da informação que recebem[178].

Analisaremos então brevemente o conceito de *gatekeeper* antes de abordarmos as novas propostas de responsabilidade objectiva.

3.1.2. Do conceito de gatekeeper

O conceito de *gatekeeper* é usado comummente nos Estados Unidos, tanto a nível académico como pela SEC[179], para referir os intermediários reputacionais que prestam serviços de verificação e certificação de informação aos investidores. Dito por outras palavras, os *gatekeepers* são profissionais independentes que empenham a sua reputação e demais activos na verificação ou certificação de informação, essencial ao cumprimento de requisitos legais ou à limitação de excessivos custos transaccionais[180].

Estes serviços podem consistir, por exemplo, na revisão e certificação de demonstrações financeiras pelos auditores, na avaliação do risco inerente à concessão de crédito a uma determinada sociedade, a cargo das sociedades de notação de risco, na avaliação das perspectivas económicas e financeiras de uma sociedade por comparação com

---

[178] A discussão conjunta dos modelos de responsabilidade civil destes profissionais justifica-se na medida em que têm por base objectivos comuns no âmbito da fiscalização das sociedades comerciais. Idênticas considerações levaram o legislador português, em 1969, a regular no diploma relativo à reforma da fiscalização de sociedades anónimas (Decreto Lei n.º 49.381, de 15 de Novembro de 1969) a responsabilidade civil dos administradores.

[179] *Vide Securities Act Release* No. 7870 (30 de Junho de 2000).

[180] *Cf.* FERREIRA GOMES – *Auditors As Gatekeepers*, p. 6.

os seus pares, a cargo dos analistas financeiros, ou na avaliação das condições de uma transacção específica pelos bancos de investimento. Também os advogados podem ser considerados *gatekeepers,* quando colocam a sua reputação profissional ao serviço de um cliente numa determinada transacção, como forma de concitar a confiança de terceiros[181].

O conceito de *gatekeepers* tem sido mais discutido no âmbito do mercado de valores mobiliários, mas o seu alcance extravasa o mesmo. Neste sentido ASSAF HAMDANI define *gatekeepers* de uma forma mais abrangente, como profissionais que prestam serviços ou vendem produtos necessários à entrada num determinado mercado ou ao desenvolvimento de determinadas actividades pelos seus clientes[182].

RONALD J. GILSON e REINIER H. KRAAKMAN foram provavelmente os primeiros autores a usar o conceito de *gatekeeper*[183], sem no entanto o nomear, quando em 1983 apresentaram os bancos de investimento como "intermediários reputacionais"[184]. Esta descrição focava o papel destes intermediários na prossecução da eficiência do mercado[185].

Em 1986, num artigo histórico, REINIER H. KRAAKMAN definiu *gatekeepers* como entidades privadas com poder para prevenir a prá-

---

[181] Não será este o caso na maior parte das situações em que os advogados intervêm, não como *gatekeepers,* mas sim como consultores legais na estruturação de transacções (*transaction engineers*). Sobre os diferentes papeis desempenhados pelos advogados *vide* o nosso estudo *The Role of Lawyers.*

[182] HAMDANI – *Gatekeeper Liability,* p. 63.

[183] De acordo com JOHN C. COFFEE JR. – *The Acquiescent Gatekeeper: Reputational Intermediaries, Auditor Independence the Governance of Accounting,* Columbia Law and Economics Working Paper No. 191 (disponível em http://papers.ssrn.com/paper.taf?abstract_id=270944), p. 8.

[184] GILSON e KRAAKMAN – *The Mechanisms of Market Efficiency,* p. 613 a 622.

[185] Senão vejamos, «*If information costs are high enough, the issuer might not realize any return on its investment in developing a better security, and market inefficiency would operate as a complete barrier to innovation. (...) Our approach to market efficiency leads to considering the role of the investment banker as an agent for economizing on information costs. (...) The investment banker rents the issuer its reputation. The investment banker represents to the market (...) that it has evaluated the issuer's product and good faith and that it is prepared to stake its reputation on the value of the innovation».* Ibidem.

402   *Código das Sociedades Comerciais e Governo das Sociedades*

tica de actos ilícitos através da recusa de prestação dos seus serviços ao agente[186]. Passou-se assim da consideração dos *gatekeepers* na redução de custos inerentes a determinadas transacções para a sua integração numa estratégia de *third-party enforcement*, ou seja, numa estratégia pela qual se impõe determinada conduta a um agente através da responsabilização de um terceiro, que se vê assim forçado a fiscalizar o agente. Tal como refere o autor, esta estratégia só faz sentido quando a responsabilização do agente necessária à prossecução do mesmo fim é demasiado onerosa ou inviável.

Mais tarde, JOHN C. COFFEE, JR. procurou restringir o conceito de *gatekeeper* pondo em destaque o seu capital *reputacional* e o seu poder de dissuasão[187]. Sugerindo a definição de *gatekeepers* como intermediários reputacionais que prestam serviços de verificação ou certificação de informação aos investidores[188].

3.1.3. *Das propostas de responsabilidade objectiva*

I. A dificuldade de provar a negligência dos *gatekeepers* nos Estados Unidos originou uma discussão sobre novos modelos de responsabilidade civil, tendo em vista três objectivos principais[189]: (i) aumentar os incentivos à diligência dos *gatekeepers* no exercício das suas funções, de forma a diminuir as fraudes cometidas em prejuízo das sociedades, dos investidores e do mercado em geral; (ii) diminuir

---

[186] REINIER H. KRAAKMAN – Gatekeepers: The Anatomy of a Third-Party Enforcement Strategy, *Journal of Law & Economics*, 2 (1986) 54. Neste seu artigo histórico, KRAAKMAN evidenciou o poder de determinados terceiros independentes para evitar condutas ilícitas no meio societário, bem como os custos da imposição de *gatekeeping liability*, com e sem incentivos próprios para evitar as ditas condutas ilícitas. *Vide* tb. REINIER H. KRAAKMAN – *Corporate Liability Strategies and the Costs of Legal Controls*, Yale Law Journal, 93 (1984) 888-896 (que avalia a responsabilidade dos *gatekeepers*).

[187] Usando um exemplo expressivo, como é seu costume, afirmou que a fórmula de KRAAKMAN era tão vasta que permitia abranger as pessoas que vendiam os lápis com que Al Capone preenchia os registos contabilísticos das suas cervejeiras e cervejarias.

[188] COFFEE – *Gatekeeper Failure*, p. 12.

[189] FRANK PARTNOY, numa perspectiva menos abrangente, realça que os dois principais problemas a enfrentar são os custos excessivos e a insuficiente eficácia dos *gatekeepers* (*Barbarians*, p. 2-3).

os custos associados à actividade dos *gatekeepers*, que incluem necessariamente os custos da exposição ao risco de ser demandado em acções de responsabilidade civil; e (iii) diminuir os custos associados à administração da justiça neste âmbito, de forma a assegurar uma adequada reparação dos lesados, com o menor custo possível tanto para as partes na acção como para o Estado.

II. O primeiro autor a apresentar uma proposta de responsabilidade objectiva dos *gatekeepers* foi FRANK PARTNOY em 2001. De acordo com esta proposta, os *gatekeepers*[190] funcionariam mais como entidades seguradoras dos emitentes de valores mobiliários e não tanto como entidades fiscalizadoras. Responderiam objectivamente pelos danos causados pela conduta fraudulenta dos emitentes, desde que estes últimos fossem judicialmente condenados no pagamento de uma indemnização (ou chegassem a acordo extrajudicial nesse sentido). Os *gatekeepers* não teriam assim possibilidade de invocar a sua diligência em sua defesa. No entanto, de acordo com este autor, os *gatekeepers* deveriam poder limitar *ex ante* a sua responsabilidade, por via contratual, a uma percentagem dos danos causados pelo emitente.

Num sistema deste tipo, um auditor seria responsável sempre que o seu cliente, o emitente de valores mobiliários, tivesse omitido informações relevantes ou prestado falsas informações nas suas contas anuais, independentemente de o auditor desconhecer esse facto ou da diligência que empregou na análise dessas contas.

A vantagem deste tipo de sistema reside no incentivo aos auditores para adoptar as medidas de controlo mais eficazes à detecção de irregularidades financeiras (fraudulentas ou não), retirando aos tribunais o peso actual da determinação da sua culpa.

Claro que, num sistema deste tipo, os auditores, na medida em que não podem impedir os emitentes de apresentar informação irregular, aumentariam os seus honorários para fazer face à maior exposição ao risco, obrigando os emitentes a pagar *ex ante* o custo social esperado da sua fraude. Assim, num mercado perfeito, o emitente

---

[190] Note-se que este autor parece partir de um conceito de *gatekeepers* mais restrito, englobando apenas auditores, bancos de investimento e advogados.

404 *Código das Sociedades Comerciais e Governo das Sociedades*

que não conseguisse convencer o auditor sobre a sua credibilidade pagaria honorários mais elevados e, nessa medida, apenas acederiam ao mercado aqueles emitentes para quem os benefícios do financiamento público superassem os danos causados pela sua fraude[191]. Dito de outra forma, o aumento dos honorários dos auditores limitaria o acesso de emitentes fraudulentos ao mercado.

A implementação deste sistema apresenta dificuldades notórias. Logo à partida, os *gatekeepers* podem não conseguir determinar *ex ante* a honestidade dos seus clientes. Nesses termos, os seus honorários serão estipulados atendendo à probabilidade média de fraude de um determinado tipo de emitentes. Logo, se os honorários não podem ser adaptados às características de cada emitente, este sistema não garante que estes entrem no mercado apenas quando é socialmente desejável que o façam[192].

Acrescem outros problemas como, por exemplo, o erro judicial que neste modelo poderia implicar graves consequências. Num modelo deste género, o auditor estaria sujeito não apenas ao risco de não conseguir detectar uma fraude de um cliente (pela qual seria responsável objectivamente se o cliente fosse condenado), mas também ao risco de um tribunal condenar erradamente um cliente inocente (despoletando a sua responsabilidade objectiva).

Num sistema como o norte-americano, em que os pedidos de indemnização ascendem a milhares de milhões de dólares, os erros judiciais poderiam levar à insolvência dos *gatekeepers*, principalmente porque a possibilidade de obter indemnizações dessa magnitude através da responsabilidade objectiva dos *gatekeepers* poderia exacerbar o problema do excesso de litigância.

III. Em 2003, já depois dos escândalos financeiros que assolaram os Estados Unidos, JOHN C. COFFEE, JR. apresentou uma nova proposta para resolver este problema[193]. Este autor começa por afirmar que a melhor solução passa por equiparar funcionalmente os *gatekeepers* a seguradores, mas impondo que a sua responsabilidade

---

[191] HAMDANI – *Gatekeeper Liability*, p. 59-60.
[192] *Ibidem.*
[193] COFFEE – *Gatekeeper Failure*, em especial p. 67-73.

seja limitada a um nível realístico e assegurada por uma apólice de seguro.

De acordo com este autor, o limite da responsabilidade do *gatekeeper*, e logo também o valor mínimo da apólice, deveria corresponder a um múltiplo (pré-determinado legalmente) dos seus rendimentos máximos anuais provenientes do cliente em causa, num determinado número de anos.

Esta proposta procura maximizar os benefícios da responsabilidade objectiva, limitando os inconvenientes derivados da responsabilidade ilimitada. Procura ainda manter uma elevada pressão sobre os *gatekeepers* ao impor a internalização de grande parte dos custos da sua exposição ao risco (*i.e.*, custos derivados da apólice de seguro contratada), sob pena de, não o fazendo (passando esse custo para os seus clientes), estarem a aumentar o seu limite de responsabilidade.

IV. De acordo com COFFEE, a diferença entre esta proposta e a de PARTNOY apresentada em cima assenta nos seguintes aspectos fundamentais[194]: (i) a proposta de PARTNOY é essencialmente contratual, enquanto a proposta de COFFEE é essencialmente legal; (ii) PARTNOY indica uma percentagem dos danos como limite da responsabilidade dos *gatekeepers* (o que implica a impossibilidade a previsão da exposição ao risco de responsabilidade civil), enquanto COFFEE indica um múltiplo dos rendimentos anuais provenientes do cliente em causa; (iii) a solução de PARTNOY poderia implicar frequentemente a insolvência dos *gatekeepers*, enquanto a solução de COFFEE dificilmente implicaria esse inconveniente.

3.2. *Da discussão a nível Comunitário: a limitação da responsabilidade civil dos auditores*

3.2.1. *Considerações preliminares*

I. A discussão da responsabilidade civil a nível europeu esteve desde o seu início relacionada com a harmonização dos sistemas de fiscalização de sociedades, de acordo com os objectivos da Comissão

---

[194] *Ibidem*, p. 69.

406 *Código das Sociedades Comerciais e Governo das Sociedades*

Europeia de criar um verdadeiro mercado interno de auditoria através da harmonização do direito societário e dos valores mobiliários[195].

A discussão começou com a proposta da Quinta Directiva do Conselho, sobre a estrutura das sociedades abertas e os poderes e obrigações dos seus órgãos[196]. Com o abandono desta proposta em 1991, subsistiram as diferenças substanciais de regime entre os diversos Estados-Membros, situação que, na perspectiva da Comissão Europeia, não era compatível com as necessidades de um mercado único europeu. De acordo com esta perspectiva, a Comissão promoveu diversos estudos[197] que culminaram na publicação do Livro Verde sobre o "Papel, Estatuto e Responsabilidade do ROC na UE"[198].

---

[195] Neste trabalho não pretendemos tomar parte na discussão sobre a bondade desta opção da Comissão Europeia. Chamamos apenas a atenção para o facto de os Estados Unidos terem alcançado o mais desenvolvido mercado interno sem harmonização do direito societário.

[196] Dado não ser possível obter o consenso dos Estados Membros sobre a solução a adoptar para a responsabilidade civil dos auditores, a proposta inicial foi modificada. O texto inicial propunha responsabilidade ilimitada dos auditores face a terceiros. Já a versão modificada regulava apenas a responsabilidade dos auditores face às sociedades auditadas, não regulando a responsabilidade face a terceiros. Afirmava no entanto não excluir a responsabilidade dos auditores para com os accionistas das sociedades auditadas e outros terceiros, nos termos da lei de cada Estado Membro. Por fim, mesmo esta segunda versão foi revista, sendo clarificado pelo grupo de trabalho do Conselho de Ministros que caberia a cada Estado Membro regular a responsabilidade civil dos auditores de forma a assegurar a compensação de sociedades auditadas, seus accionistas ou outros terceiros pelos actos ilícitos dos auditores. De acordo com esta última posição, os Estados Membros poderiam limitar a responsabilidade civil dos auditores por negligência face à sociedade auditada ou permitir a sua limitação pela via contratual.

[197] Entre os quais destacamos *A Study on Systems of Civil Liability of Statutory Auditors In the Context of a Single Market for Auditing Services in the European Union*, 15 de Janeiro de 2001, disponível em http://europa.eu.int/comm/internal_market/auditing/docs/other/auditliability_en.pdf. Na conclusão pode ler-se que as diferenças de regime a nível europeu incluem a natureza legal da acção intentada pela sociedade auditada contra o auditor; a legitimidade de terceiros para intentar acções de responsabilidade civil contra o auditor; diferentes prazos prescricionais; e a possibilidade de limitar a responsabilidade civil dos auditores, seja através de limites legais ou contratuais, seja através da forma assumida pelas entidades autorizadas a prestar serviços de auditoria.

[198] Disponível em http://europa.eu.int/comm/internal_market/auditing/docs/other/700996pt.pdf.

No entanto, na sequência desses estudos e da conferência que se lhes seguiu[199], a Comissão decidiu abandonar os seus projectos de harmonização da responsabilidade civil do auditor a nível comunitário, continuando a ressoar até hoje as advertências de WERNER EBKE, segundo o qual «a questão da responsabilidade do auditor para com o seu cliente e para com terceiros é extremamente complexa. As tremendas diferenças existentes na União Europeia nesta área do direito resultam não só de diferentes tradições jurídicas, mas também de diferentes técnicas de distribuição de risco e de prejuízos e de diferentes estruturas de governo de sociedades»[200].

Esse abandono não durou muito, porquanto, aquando da preparação da proposta que originou a Directiva relativa à revisão legal das contas, a Comissão voltou a debruçar-se sobre este assunto. Esta questão acabou por não ser regulada nesta Directiva, mas o seu artigo 31.º impôs à Comissão que apresentasse, até 1 de Janeiro de 2007, «um relatório sobre o impacto das disposições nacionais vigentes em matéria de responsabilidade inerente à realização de revisões legais de contas nos mercados europeus de capitais e sobre as condições de seguro dos revisores oficiais de contas e das sociedades de revisores oficiais de contas, incluindo uma análise objectiva das limitações da responsabilidade financeira».

Neste âmbito, e tal como referido na introdução, a Comissão encomendou um estudo à consultora London Economics que foi apresentado ao público em Outubro de 2006. Na sequência da divulgação deste relatório a Comissão abriu um processo de consulta pública que terminou no dia 15 de Março de 2007, devendo agora preparar o relatório referido pelo artigo 31.º da referida Directiva.

II. A discussão deste tema a nível comunitário foi sempre perspectivada no sentido da criação de um mercado interno de serviços de auditoria. Neste sentido, tanto os estudos efectuados, como as intervenções registadas na conferência realizada sobre este tema,

---

[199] Conferência Sobre o Papel, Estatuto e Responsabilidade do ROC na UE.

[200] EBKE – *The Statutory Auditor's*, p. 195. Não obstante a sensata advertência do Prof. WEBKE, alguns eurodeputados pretendem, com alguma ligeireza, voltar a colocar este assunto na agenda, no âmbito da discussão da Proposta de Directiva do Parlamento Europeu e do Conselho relativa à revisão legal das contas individuais e consolidadas.

408 Código das Sociedades Comerciais e Governo das Sociedades

apontavam como principais preocupações, por um lado, a delimitação dos pressupostos da responsabilidade civil dos auditores face à sociedade auditada e face a terceiros e, por outro lado, a limitação dessa mesma responsabilidade, de forma a proteger os auditores face a um eventual excesso de litigância e a pedidos de indemnização exagerados.

Em contraposição com esta perspectiva, entendemos que a discussão deste tema deveria ser orientada no sentido da reforma do sistema de fiscalização das sociedades comerciais, garantindo uma mais adequada protecção dos terceiros com interesses legítimos na sociedade auditada, como forma de redução dos custos inerentes à obtenção de capital e crédito no mercado, de desenvolvimento das relações comerciais, e de defesa dos interesses dos trabalhadores e do interesse público em geral.

Com esta posição não pretendemos diminuir a importância da criação de um mercado único e equilibrado de auditoria. Simplesmente parece-nos que este tema deve ser entendido como acessório da razão da existência dos auditores enquanto tal, ou seja, como acessório da adequada fiscalização das sociedades auditadas. Assim, só acessoriamente deveria ser considerada a limitação da responsabilidade do auditor, a fim de garantir as condições essenciais à prestação do seu serviço (incluindo os incentivos para iniciar esta actividade)[201].

VI. Partindo destas considerações, apresentaremos em seguida a discussão europeia em torno dos seguintes aspectos: (i) a delimitação dos terceiros com direito a demandar os auditores, (ii) o padrão da culpa enquanto pressuposto da responsabilidade civil dos auditores, (iii) a responsabilidade conjunta *versus* responsabilidade solidária, (iv) as cláusulas limitativas ou de exclusão da responsabilidade civil e, finalmente, (iv) os limites legais de responsabilidade civil.

---

[201] De acordo com a informação divulgada no Estudo sobre Sistemas de Responsabilidade Civil (*supra* nota 197), parece-nos que a maioria dos Estados Membros não enfrentam problemas de excesso de litigância. De acordo com esse estudo, na maioria dos Estados Membros (incluindo Portugal) não houve ainda qualquer decisão judicial transitada em julgado sobre, por exemplo, responsabilidade civil por certificação irregular de demonstrações financeiras (*vide* tabela na página 43) ou por não revelação de práticas fraudulentas (vide tabela na página 45). No que respeita ao caso português, esta informação foi confirmada por buscas próprias em Agosto de 2005 e por contactos verbais com a Ordem dos Revisores Oficiais de Contas.

3.2.2. Da delimitação dos terceiros com direito a demandar os auditores

I. Tal como vimos anteriormente a propósito de diversos aspectos do nosso regime actual de responsabilidade civil delitual, uma das principais preocupações do nosso legislador ao redigir o n.º 1 do artigo 483.º do CC foi a delimitação dos terceiros beneficiários dessa responsabilidade. É nesse sentido que deve ser entendida a opção por um sistema de cláusula geral limitada, em que os danos patrimoniais puros só são indemnizáveis quando abrangidos por uma norma de protecção.

II. A mesma preocupação esteve patente na discussão da responsabilidade dos auditores a nível europeu, onde WERNER EBKE defendeu que a lei não deveria atribuir direito de acção a todos os terceiros que potencialmente se baseiem na certificação legal de contas para demandar os auditores por simples negligência[202]. Segundo este autor, um modelo desse tipo em ultima análise acarreta mais prejuízos do que benefícios, na medida em que estudos económicos indicam que o processo de expansão da responsabilidade civil dos auditores por simples negligência a todos esses terceiros implica uma socialização dos custos e uma individualização dos benefícios[203]. A distribuição dos prejuízos de um indivíduo pelo público, com os seus enormes custos operacionais para a sociedade (*v.g.* custos da administração da justiça), é legal, económica e socialmente indesejável na medida que os correspondentes benefícios para o público são marginais[204].

III. Não podemos concordar com este autor, nem quanto à conclusão nem quanto às suas premissas, por duas razões fundamentais.

---

[202] Um vez mais, baseamo-nos na discussão em torno da responsabilidade civil dos auditores para promover a discussão sobre a responsabilidade civil dos *gatekeepers*.

[203] O acerto deste comentário é fácil de constatar. O terceiro lesado será ressarcido, havendo uma individualização dos benefícios, mas a exposição ao risco de litigância leva o auditor a reflectir esse custo nos seus honorários, pelo que, em última análise, são os accionistas como um todo quem absorve esses custos. Temos assim uma transferência de custos do indivíduo lesado para os accionistas como um todo.

[204] *Cf.* EBKE – *The Statutory Auditor's*, p. 198.

410   *Código das Sociedades Comerciais e Governo das Sociedades*

Em primeiro lugar, na maioria dos países europeus, em especial em Portugal, onde (pelo que pudemos apurar) até à data não existe nenhum caso transitado em julgado sobre esta questão, não se coloca qualquer problema de excesso de litigância sobre responsabilidade civil dos auditores por indevida certificação legal de contas. Como refere GUIDO FERRARINI e PAOLO GIUDICI, «*the numbers are striking*»[205].

Em segundo lugar, o facto de não haver excesso de litigância demonstra não só que muitas das preocupações apresentadas como WERNER EBKE não assumem as proporções sugeridas, mas também que são reduzidos os incentivos dos particulares para responsabilizar os auditores. Esta falta de incentivos dos particulares poderia ser mais ou menos irrelevante se os demais mecanismos e incentivos destinados a assegurar a adequada prestação de serviços pelo auditor fossem suficientes. Ora, como vimos anteriormente, não é essa a realidade, razão pela qual defendemos que, atendendo à inevitavelmente lenta, ineficaz e ineficiente responsabilização disciplinar, contra-ordenacional e penal dos auditores, é essencial reconsiderar a responsabilidade civil face a terceiros como um incentivo à adequada prestação de serviços pelo auditor.

IV. Concluímos assim pela necessidade de instituição de um regime jurídico unitário de responsabilidade civil dos auditores face aos *stakeholders* da sociedade auditada, assegurando não só o ressarcimento dos danos sofridos em virtude da confiança depositada por todos estes terceiros na sua função de interesse público, mas ainda a criação de um adequado incentivo ao cumprimento dos seus deveres[206].

---

[205] FERRARINI e GIUDICI – *Financial Scandals*, p. 33.

No Estudo sobre o Impacto Económico dos Regimes Jurídicos de Responsabilidade Civil dos Auditores, preparado pela London Economics a pedido da Comissão Europeia, é afirmado que, em 31 de Outubro de 2005, existiam sete litígios pendentes em Portugal e Espanha relativos às quatro grandes sociedades de revisores oficiais de contas, à Grant Thornton e à BDO. Esta informação não é porém individualizada relativamente a Portugal (LONDON ECONOMICS – *Study on the Economic Impact of Auditors' Liability Regimes, Setembro de 2006*, p. 159-161).

[206] Tal como referem FERRARINI e GIUDICI – *Financial Scandals*, p. 4, tanto quanto possível, a "explosão" temporária e cíclica de processos crime em alturas de crise ou de escândalos financeiros deveria ser substituída pela pressão continua, constante e de níveis reduzidos dos processos de responsabilidade civil, de forma a manter a dissuasão no dia-a--dia.

3.2.3. Da culpa

I. Outra das questões debatidas a nível europeu foi a do grau da culpa exigida como pressuposto da responsabilidade dos auditores. Autores como WERNER EBKE defenderam que o auditor só deveria responder pelos danos causados dolosamente ou por negligência grosseira[207].

II. Atendendo à posição dos terceiros face à sociedade auditada e ao auditor, na maioria dos casos é praticamente impossível demonstrar o dolo ou mesmo a negligência grosseira do auditor. Com efeito, os terceiros não têm acesso à documentação contabilística da sociedade auditada, não têm acesso aos documentos próprios dos auditores, à correspondência trocada entre ambos, etc., pelo que, considerando as limitações inerentes ao sistema de produção de prova em Portugal (e no resto da Europa[208]) e, em especial, ao requerimento de apresentação de documentos (*cf.* artigos 528.º e s. do CPC)[209], seria muito difícil provar dolo ou negligência grosseira, salvo nos casos em que pudesse ser produzida adequada prova testemunhal.

III. Defendemos, assim, como pressuposto da responsabilidade civil dos auditores face aos *stakeholders*, a mera culpa (incluindo a culpa leve e levíssima), assegurando a acessibilidade e funcionalidade deste mecanismo.

3.2.4. *Da responsabilidade conjunta versus responsabilidade solidária*

I. A instituição de um regime de responsabilidade conjunta entre o auditor e a sociedade auditada (ou os membros do seu órgão de administração, consoante o caso) foi outra das posições defendi-

---

[207] WERNER EBKE defende que esta é uma das melhores formas de limitar a responsabilidade dos auditores a níveis adequados e susceptíveis de serem assegurados por uma apólice de seguro. EBKE – *The Statutory Auditor's*, p. 198.

[208] FERRARINI e GIUDICI – *Financial Scandals*, p. 50-51, onde os autores contrapõem as regras europeias de produção de prova às norte-americanas.

[209] Sobre o regime de produção de prova em Portugal, *vide*, por exemplo, ANTUNES VARELA, J. MIGUEL BEZERRA e SAMPAIO E NORA – *Manual de Processo Civil*, 2.ª Ed., Coimbra: Coimbra Editora, 1985, p. 495 s.

412 *Código das Sociedades Comerciais e Governo das Sociedades*

das a nível europeu, por autores como WERNER EBKE[210], ANDRÉ BIDENGA[211] e IAN BRINDLE[212], para limitar a exposição dos auditores a excesso de litigância bem como os elevados custos de administração de justiça associados a esse fenómeno.

Esta tem sido uma das mais frequentes exigências dos auditores e seus representantes a nível nacional e internacional. Na base das suas preocupações está o facto de, perante a insolvência da sociedade auditada, todos os lesados procurarem ressarcir os seus danos através dos auditores (usando a ilustrativa expressão norte-americana, *everyone turns to the auditors' "deep pockets"*). De acordo com os auditores, esta solução seria não só mais justa, na medida em que os auditores não devem responder pelo dolo ou negligência da administração da sociedade auditada, mas também mais eficaz na prevenção de irregularidades financeiras, porquanto forçaria os administradores a assumirem as suas responsabilidades.

II. Apesar de no Reino Unido ter havido um significativo aumento de litigância contra os auditores[213], segundo afirma IAN BRINDLE[214], esse problema não afecta o resto da Europa, como vimos anteriormente. Assim, a questão coloca-se apenas ao nível da justiça da imposição ao auditor do ónus de responder pelo dolo ou negligência dos administradores da sociedade auditada, correndo o risco de não conseguir valer o seu direito de regresso face aos mesmos (nem face à sociedade auditada que na maior parte dos casos terá sido declarada insolvente). Ora, face a esta questão, somos obrigados a afirmar que

---

[210] EBKE – *The Statutory Auditor's*, p. 198

[211] ANDRÉ BINDENGA – The Statutory Auditor's Professional Liability, *Act of the Conference on The Role, the Position and the Liability of the Statutory Auditor within the European Union*, 5 e 6 de Dezembro de 1996, p. 195 (http://europa.eu.int/comm/internal market/auditing/docs/other/act en.pdf).

[212] See IAN BRINDLE – The Statutory Auditor's Professional Liability, *Act of the Conference on The Role, the Position and the Liability of the Statutory Auditor within the European Union*, 5 e 6 de Dezembro de 1996, p. 195 (http://europa.eu.int/comm/internal market/en/company/audit/docs/act en.pdf).

[213] Acompanhado de um idêntico aumento de acordos extrajudiciais, o que significa que há falta de jurisprudência (*precedent case law*) sobre este problema. Os custos dos auditores em tempo, dinheiro e reputação associados aos processos judiciais tornam a resolução de conflitos extrajudicialmente muito atractiva.

[214] BRINDLE – *The Statutory Auditor's*, p. 195.

esta também não parece ser a solução correcta para limitar a responsabilidade dos auditores.

Os auditores têm o dever de fiscalizar a conduta da administração da sociedade auditada tal como reflectida nas suas demonstrações financeiras, procurando detectar, de acordo com os padrões de exigência que regem a sua profissão, quaisquer condutas dolosas ou negligentes por parte dessa administração. A adopção de um sistema de responsabilidade conjunta negaria este dever, isolando a negligência dos auditores da negligência da administração, quando estas têm de estar intrinsecamente ligadas.

O mesmo princípio pode ser extraído do artigo 491.º do CC, isto é, as pessoas obrigadas à vigilância de outrem respondem pelos actos desta, salvo se mostrarem que cumpriram o seu dever de vigilância ou que os danos se teriam produzido ainda que o tivessem cumprido[215].

3.2.5. *Das cláusulas limitativas e de exclusão de responsabilidade civil*

Outra das soluções para a limitação da responsabilidade civil dos auditores, frequentemente sugerida e existente em diversos Estados Membros, passa pela admissão de cláusulas limitativas e de exclusão de responsabilidade civil.

Ainda admitindo a sua validade em Portugal[216], estas cláusulas, acordadas entre os auditores e as sociedades auditadas, nunca poderiam afectar os direitos de terceiros lesados pela conduta negligente do auditor. Com efeito, em todos os Estados Membros onde é expressamente admitida a limitação contratual da responsabilidade do auditor, *i.e.* Dinamarca, Luxemburgo, Holanda e Espanha, essas limitações não são oponíveis a terceiros[217].

---

[215] Para uma análise profunda deste regime *vide* HENRIQUE SOUSA ANTUNES – *Responsabilidade civil dos obrigados à vigilância de pessoa naturalmente incapaz*, Lisboa: Universidade Católica Ed., 2000.

[216] Sobre a admissibilidade destas cláusulas em Portugal *vide* ANTÓNIO PINTO MONTEIRO – *Cláusulas Limitativas e de Exclusão de Responsabilidade Civil*, Coimbra: Almedina, 2003. No sentido da sua inadmissibilidade, *vide* JOÃO DE MATOS ANTUNES VARELA – *Das Obrigações em Geral*, Vol. 2, 7.ª Ed., Coimbra: Almedina, reimp. 2004, p. 135 s.

[217] De acordo com *A Study on Systems of Civil Liability*.

414 *Código das Sociedades Comerciais e Governo das Sociedades*

3.2.6. *Dos limites legais de responsabilidade civil*

I. Por fim, analisamos a proposta de limitação legal da responsabilidade civil dos auditores. Acreditamos ser esta a solução mais simples e adequada para este problema, desde que a fórmula adoptada seja flexível, de forma a reflectir as posições financeiras do auditor e da sociedade auditada.

II. Em Janeiro de 2001, data em que foi publicado o estudo europeu sobre responsabilidade civil dos auditores[218], vigoravam limites legais de responsabilidade civil dos auditores em três Estados-Membros: Alemanha, Áustria e Grécia[219].

A Áustria tinha um limite fixo por auditoria de aproximadamente €363.400 e a Alemanha de €1.000.000 para sociedades não cotadas e €4.000.000 para sociedades cotadas em mercado oficial[220]. Em ambos os casos, os limites eram aplicáveis independentemente do número de pessoas envolvidas na auditoria e do número de actos ou omissões lesivos.

A Grécia tinha um sistema mais flexível, de acordo com o qual a responsabilidade do auditor por violação de deveres não podia exceder o maior dos seguintes montantes: o quíntuplo do salário anual do Presidente do Supremo Tribunal de Justiça ou o montante total dos honorários do auditor no ano anterior.

Estes limites aplicavam-se aos pedidos de indemnização não só da sociedade auditada, mas também de terceiros, excepto na Alemanha onde, até Janeiro de 2001, a jurisprudência ainda não tinha resolvido definitivamente este assunto[221].

---

[218] *A Study on Systems of Civil Liability.*

[219] A proposal of the Belgium government for the enactment of legal liability cap for auditor civil liability was declined by the Belgium Parliament on the basis of the difficulty to create an exception to the general rules of civil liability.

[220] Valores indicados em 2001 em *A Study on Systems of Civil Liability.*

[221] De acordo com a lei alemã, um terceiro não tem legitimidade para demandar o auditor por negligência, excepto quando esteja em causa um contrato a favor de terceiros. Neste tipo de casos a questão da aplicabilidade do limite legal de responsabilidade ainda não foi decidida (informação datada de 2001). *The Study on Systems of Civil Liability*, nota 107, apresenta a discussão deste tema na Alemanha à data de Janeiro de 2001: «*In its decision of 2 April 1998 (NJW 1998, p. 1948) the Supreme Court stated that Article 323 HGB does not exclude possible liability of statutory auditors under a contract with protec-*

III. Em Setembro de 2006, de acordo com o Estudo sobre o Impacto Económico dos Regimes Jurídicos de Responsabilidade Civil dos Auditores[222], para além dos países já referidos, também a Bélgica e a Eslovénia apresentavam limites legais de responsabilidade civil.

Assim, em 2006, a Alemanha e a Grécia mantinham os mesmos limites, mas a Áustria passou a apresentar um limite por auditoria de €2.000.000 para pequenas e médias sociedades; €4.000.000 para grandes sociedades; montantes que ascendem a €8.000.000 e €10.000.000 quando verificados determinados indicadores de que uma sociedade é de grande dimensão (para além dos montantes especialmente fixados para bancos e companhias de seguros). Note-se ainda que estes limites se aplicam apenas aos casos de negligência e não aos de dolo. Por sua vez, a Bélgica apresentava um limite por mandato de €3.000.000 para sociedades não cotadas e de €12.000.000 para sociedades cotadas. Tal como no regime austríaco, estes limites aplicam-se apenas aos casos de negligência e não aos de dolo. Quanto à Eslovénia, o estudo indica apenas a existência de um limite de €150.000 (sem especificar se este limite é referente a cada auditoria, mandato ou outro elemento) aplicável apenas à sociedade auditada e seus accionistas e, mesmo nesses casos, não se aplica quando o auditor tenha agido com dolo[223].

IV. Os limites fixos não são adaptáveis às condições financeiras de cada auditor. Assim, o mesmo limite pode ser irrisório para uma grande sociedade de auditoria, com dezenas de colaboradores distribuídos por cada auditoria, e pode ser demasiado elevado para uma

---

tive effects to third parties. supra p. 25. At the same time the Court considered that the limitation of liability in Article 323 HGB must be taken into consideration in the relationship between the auditors and the third party. Some authors conclude that the limitation is generally applicable. Sieger/Gätsch, BB 1998, p. 1408. A good reason for such application seems to be that, otherwise, the third party would profit by a higher amount than the audited company itself, which paid for the audit. However, the District Court of Passau expressed the contrary opinion in a recent decision. The Court reasoned that the cap from Article 323 HGB is not applicable to contractual liability towards third parties. LG Passau, 28 May 1998, not final, BB 1998, 2052.»

[222] LONDON ECONOMICS – *Study on the Economic Impact of Auditors' Liability Regimes,* p. 159-161 (*vide* nota 205).

[223] *Ibidem*, p. 187-188.

416 *Código das Sociedades Comerciais e Governo das Sociedades*

pequena sociedade de auditoria ou para um auditor que exerça a título individual.

Nos mesmos termos, estas soluções não são adaptáveis às condições da sociedade auditada. Os mesmos auditores podem prestar serviços a grandes e a pequenas sociedades. O limite fixo pode ser irrisório face aos danos causados na auditoria a uma grande sociedade, mas pode ser igualmente desproporcional face aos serviços prestados a um pequeno cliente.

V. Defendemos assim a instituição de um limite legal de responsabilidade civil, por cada revisão legal de contas, correspondente à multiplicação dos honorários mais elevados do auditor num determinado número de anos por um determinado múltiplo fixado por lei[224].

Este mecanismo deveria ser conjugado com um regime de seguro de responsabilidade civil obrigatório[225], impondo não só um valor mínimo de cobertura (variável de acordo com o limite máximo de responsabilidade civil em cada caso), mas também limites mínimos e máximos de franquia (correspondentes a uma percentagem dos pedidos de indemnização).

Esta solução apresenta diversas vantagens quando comparada com as soluções com limites fixos. Primeiro, é uma solução flexível adaptável ao auditor e à sociedade auditada, cujas dimensões se reflectem nos honorários pagos pelo serviço de auditoria. Segundo, permite aos auditores e à correspondente companhia de seguros calcular rácios de responsabilidade máxima possível e determinar prémios de seguros adequados a cada caso. Terceiro, desincentiva o auditor a reflectir o custo dos prémios de seguros nos honorários cobrados aos

---

[224] Esta solução baseia-se em argumentos apresentados por JOHN COFFEE na sua proposta de responsabilidade objectiva referida anteriormente em 3.1.3. *Vide* COFFEE – *Gatekeeper Failure*, p. 67. Esta solução apresenta ainda algumas semelhanças com a solução grega, na medida em que o limite é fixado por auditoria em vez de por violação, permitindo uma maior certeza na determinação da exposição anual ao risco de responsabilidade. Esta certeza facilita a contratação de apólices de seguro adequadas.

[225] Na maioria dos Estados-Membros a contratação de um seguro de responsabilidade civil pelos auditores é já imposta por lei (Áustria, Dinamarca, França, Alemanha, Grécia, Itália, Holanda, Portugal, Espanha, Suécia), ou por normas de auto-regulação das associações representativas dos auditores (Bélgica, Irlanda, Reino Unido) (dados do *The Study on Systems of Civil Liability*, Janeiro de 2001)

seus clientes, obrigando à *internalização* dos custos da sua possível negligência. Com efeito, na medida em que o auditor aumente o valor dos seus honorários para cobrir o custo do prémio do seguro, estará a aumentar o limite da sua futura responsabilidade, porque esse limite depende do montante dos honorários cobrados. Quarto, na medida em que o limite de responsabilidade é fixado por referência aos honorários do auditor, não haverá necessidade de o actualizar de acordo com a inflação e a evolução do mercado. Finalmente, esta proposta é adaptável a múltiplas opções de política legislativa, bastando fixar um múltiplo (dos honorários para determinação do limite da responsabilidade) adequado a cada opção.

No que respeita ao segundo elemento da proposta, a determinação de limites máximos e mínimos da franquia permitiria que (i) parte do pedido fosse efectivamente pago pelo auditor (mantendo o efeito dissuasor da responsabilidade civil[226]), (ii) que o montante pago é proporcional ao pedido[227] (assegurando a correlação entre as consequências da conduta negligente e o montante pago) e (iii) que os auditores não negociarão elevadas franquias em troca da redução dos prémios de seguro, mantendo assim adequados limites máximos de responsabilidade civil (que são fixados em função desses prémios) e assegurando a estabilidade financeira dos auditores (que poderia ser posta em causa se tivessem de suportar uma elevada franquia correspondente a uma percentagem de um avultado pedido de indemnização).

Parece-nos que esta solução permite alcançar um equilíbrio fundamental entre, por um lado, a necessidade de assegurar uma ade-

---

[226] Um problema comum identificado por um orador na Conferência Sobre o Papel, Estatuto e Responsabilidade do ROC na UE, é que, perante a existência de seguro de responsabilidade civil, os tribunais tendem a condenar os auditores no montante máximo segurado acrescido de um montante adicional destinado a garantir a punição do auditor pela sua conduta. Esta posição foi transcrita no *Study on Systems of Civil Liability*, p. 81.

[227] Na União Europeia os Estados-Membros implementaram diferentes métodos para calcular o montante máximo da franquia. Por exemplo, na Alemanha a franquia é calculada por referência à cobertura mínima do seguro. Em França é por referência ao valor do pedido na acção, e no Reino Unido (para o *Institute of Chartered Accountants of England and Wales*) é por referência ao tamanho da sociedade de auditoria. Para mais detalhes *vide The Study on Systems of Civil Liability*, p. 85.

418   *Código das Sociedades Comerciais e Governo das Sociedades*

quada fiscalização financeira e contabilística das sociedades comerciais pelos auditores e, por outro, a necessidade de promover um mercado de serviços de auditoria mais equilibrado (e desconcentrado).

4. Síntese Conclusiva

I. Num apanhado do caminho percorrido ao longo deste trabalho, podemos começar por referir que a responsabilidade civil dos auditores é uma questão cuja discussão se impõe hoje mais do que nunca, no âmbito mais vasto da reforma do sistema de fiscalização de sociedades exigida na sequência dos escândalos verificados tanto nos Estados Unidos como na Europa.

De acordo com os dados disponíveis, uma das principais causas desses escândalos foi o aumento exponencial dos incentivos dos *gatekeepers* (e, em especial, dos auditores) para serem coniventes com os seus clientes, levando à ruptura do sistema de fiscalização de sociedades, assente na sua independência e capacidade para impedir, em determinada medida, práticas fraudulentas dos seus clientes.

As reacções aos escândalos foram distintas dos dois lados do Atlântico, mas houve uma opção comum quanto à não inclusão do tema da responsabilidade civil dos auditores nas iniciativas legislativas. A nível europeu, esta omissão deveu-se à dificuldade de harmonização de diferentes tradições jurídicas, diferentes técnicas de distribuição de risco e de prejuízos e de diferentes estruturas de governo de sociedades. Sem prejuízo de a discussão deste tema continuar a nível comunitário, impõe-se a sua discussão também a nível nacional, de forma a reforçar o papel da responsabilidade civil dos auditores face a terceiros enquanto incentivo à adequada prestação do seu serviço de interesse público, no âmbito da reforma do sistema de fiscalização de sociedades.

Acresce a necessidade de clarificar em que medida o reconhecimento do interesse público da revisão legal de contas se reflecte na responsabilidade civil dos auditores para com os *stakeholders*, isto é, todos aqueles terceiros que têm um interesse legítimo na sociedade.

Com base nestas considerações discutimos neste trabalho a problemática da responsabilidade civil dos auditores frente a terceiros *de iure constituto*, clarificando o seu âmbito e limites, analisámos as novas tendências da discussão tanto nos Estados Unidos com na União Europeia e apresentámos um breve contributo para esta discussão.

II. Assim, na análise do regime actual da responsabilidade civil dos auditores face a terceiros e começando pela responsabilidade obrigacional, vimos que, em princípio e de acordo com o princípio da relatividade dos contratos, o contrato de auditoria não produz efeitos relativamente a terceiros, pelo que estes não poderão derivar desse contrato um direito próprio contra o auditor pelo incumprimento do mesmo.

Vimos também que o princípio da relatividade dos contratos não é um princípio absoluto, como resulta da própria letra lei, admitindo excepções como a do contrato a favor de terceiro. Essencial na caracterização desta figura típica autónoma é que os contraentes procedam com a intenção de atribuir, através dele, um direito a um terceiro. Ora, tal como refere CARNEIRO DA FRADA, na ausência de estipulação expressa, têm de valorar-se indícios para determinar a intenção das partes, sendo esta o critério jurídico fundamentante da atribuição do direito ao terceiro, e nada depõe no sentido de que essa seja a regra nos contratos de auditoria.

Apesar de em geral concordarmos com este autor, somos tentados a discordar da sua posição no caso da revisão legal de contas, por entendermos que, neste caso, o cenário assume uma configuração diferente. Desde logo, a revisão legal de contas é definida pelo EOROC como uma função de interesse público. Sugerimos então neste trabalho que, na medida em que a lei impõe a prestação dos serviços de revisão legal de contas em favor do interesse público, deixa de ser necessário determinar a vontade das partes no contrato para averiguar se estamos ou não perante um contrato a favor de terceiro.

Ora, este interesse público projecta-se sobre todos os *stakeholders* da sociedade auditada como um "interesse colectivo" a que o auditor realize adequadamente a revisão legal de contas. Por outro lado, o interesse de cada um dos *stakeholders* na adequada revisão legal das contas, enquanto concretização daquele interesse colectivo (enquanto «refracção em cada indivíduo de interesses unitários da

420 *Código das Sociedades Comerciais e Governo das Sociedades*

comunidade global e complexivamente considerada»), consubstancia um "interesse individual homogéneo".

Quanto à natureza da responsabilidade do auditor neste caso, na medida em que a prestação contratual em favor do interesse público consubstancia uma obrigação em sentido técnico, defendemos estar perante responsabilidade obrigacional.

Questão mais complexa reside na determinação de quem pode reclamar a prestação devida ou o ressarcimento dos danos causados pelo seu incumprimento, mas, partindo da nossa qualificação anterior do interesse público e do seu reflexo nos *stakeholders* enquanto interesse individual homogéneo, sugerimos que no conceito de «entidades competentes para defender os interesses em causa», referido pelo artigo 445.º do CC, se devem incluir os *stakeholders* da sociedade auditada, que poderão tutelar os seus interesses através da acção popular consagrada pelo artigo 52.º, n.º 3 da CRP (e desenvolvida na Lei de Acção Popular). Na sustentação desta posição, defendemos: (i) a aplicação da acção popular civil ao ressarcimento de danos através da responsabilidade obrigacional; (ii) a extensão do objecto da acção popular aos interesses individuais homogéneos dos *stakeholders*; e (iii) a legitimidade dos *stakeholders* para intentar este tipo de acções.

III. Já no que respeita à responsabilidade civil delitual, dividimos a nossa análise de acordo com as duas alternativas apresentadas pelo artigo 483.º, n.º 1 do CC (determinação da ilicitude por violação de um direito subjectivo e por violação de uma norma de protecção), abordando seguidamente a responsabilidade delitual por violação dos bons costumes. Na análise da primeira alternativa do artigo 483.º, n.º 1 do CC, concluímos que nenhum terceiro detém qualquer direito subjectivo a uma diligente prestação de serviços pelo auditor ou a um investimento de acordo com as melhores condições económico-financeiras. Na análise da segunda alternativa, vimos que não existe nenhuma norma geral de protecção dos interesses de terceiros face à prestação de serviços pelo auditor.

Na análise da responsabilidade por violação dos bons costumes, apresentámos a posição de SINDE MONTEIRO para quem a ausência, na secção das fontes das obrigações atinente à responsabilidade por actos ilícitos, de uma norma idêntica ao § 826 BGB, não consubstancia uma lacuna, na medida em que podemos encontrar idêntica cláusula residual de ilicitude (baseada na causação de danos com violação dos bons costumes) na teoria do abuso de direito regulada no artigo 334.° do CC. Concluímos, no entanto, pela inaplicabilidade desta norma residual ao caso *sub judice*, dado que a realização da auditoria pelo auditor não consubstancia um direito do qual se possa abusar, mas apenas uma liberdade genérica de agir. Por fim, apresentámos a posição de CARNEIRO DA FRADA, para quem esta lacuna deve ser integrada através do reconhecimento, no sistema jurídico vigente, de «*uma proibição genérica de condutas danosas contrárias aos bons costumes*, independentemente da verificação de uma situação de abuso de direito *stricto sensu*».

Por fim, vimos que determinadas normas concediam protecção parcial a determinados terceiros, em determinadas circunstâncias, a saber, (i) o artigo 82.°, n.° 1 do CSC protege a sociedade auditada e os seus sócios face aos danos causados pela certificação legal de contas; (ii) o artigo 10.°, n.° 1 do CVM protege a sociedade auditada e terceiros face aos danos causados pelo relatório do auditor externo; e (iii) o artigo 149.° do CVM protege os destinatários do prospecto face aos danos causados por informação nele incluída que não seja completa, verdadeira, actual, clara, objectiva ou lícita.

IV. Vimos em seguida que há determinadas situações de violação de deveres específicos inerentes à boa fé a que, por não se enquadrarem nos moldes nem da responsabilidade obrigacional nem da responsabilidade aquilina, a doutrina tem procurado dar resposta através da chamada "terceira via" da responsabilidade civil. Analisámos então os institutos abrangidos por esta nova categoria de responsabilidade com potencialidade para resolver a questão em análise: o contrato com eficácia de protecção para terceiros e a *culpa in contrahendo*.

Na análise do instituto do contrato com eficácia de protecção para terceiros procurámos ultrapassar as dificuldades apresentadas por SINDE MONTEIRO e CARNEIRO DA FRADA relativas à determinação dos terceiros protegidos pelo contrato de auditoria, bem como aqueloutras apresentadas por este último autor relativamente à identidade de interesses entre o credor da prestação contratual e os terceiros protegidos. Concluímos então pela possibilidade de extrair do contrato de auditoria deveres de protecção face aos *stakeholders* atendendo à qualificação da revisão legal de contas como uma função de interesse público pelo EOROC.

Terminámos analisando a possibilidade de responsabilizar os auditores por *culpa in contrahendo*, seguindo os passos de CARNEIRO DA FRADA na demonstração da existência de uma relação de confiança entre os auditores e os terceiros que confiam nos seus serviços. Adoptámos, no entanto, uma atitude mais cautelosa face à possibilidade de demonstrar uma relação de confiança entre o auditor e terceiros quando estejamos perante uma certificação legal de contas, efectuada nos termos e para os efeitos do CSC (e divulgada ao público em geral através do depósito das contas certificadas da sociedade auditada na competente Conservatória do Registo Comercial). Concluímos, apesar de tudo, afirmando que uma resposta definitiva sempre dependeria das circunstâncias próprias de cada caso concreto e da particular posição dos terceiros face ao auditor.

V. Na sequência da nossa deambulação pelo actual regime jurídico da responsabilidade civil do auditor para com terceiros, concluímos pela existência de um regime fragmentado que protege terceiros em determinadas circunstâncias, nalguns casos com alguma segurança e noutros com muitas incertezas e sem garantias de aceitação pela jurisprudência, como no caso da "terceira via" da responsabilidade civil.

Cremos que a nossa interpretação do contrato de revisão legal de contas como um contrato a favor de terceiro, apesar das resistências que suscita, poderá ser uma alternativa a explorar para tutela da confiança dos terceiros na função de interesse público desenvolvida pelo auditor.

No entanto, considerando as deficiências verificadas recentemente a nível da fiscalização de sociedades, seria positivo clarificar a responsabilidade civil do auditor face a terceiros, como verdadeiro e adequado incentivo ao cumprimento dos seus deveres, pelo que defendemos a criação de um regime jurídico unitário de responsabilidade civil dos auditores para com terceiros, de forma a que todos aqueles que têm um interesse legítimo na sociedade possam determinar com clareza a sua posição face ao auditor enquanto responsável pela fiscalização externa da sociedade.

No âmbito desta breve discussão sobre soluções *de iure conden-do* apresentámos as novas tendências sobre este tema nos Estados Unidos, onde têm sido discutidos modelos de responsabilidade objectiva, e analisámos as soluções propostas a nível comunitário para limitar a responsabilidade dos auditores, defendendo a necessidade de reorientar esta discussão em função dos interesses dos terceiros que legitimamente depositam a sua confiança no trabalho dos auditores, oferecendo um breve contributo nesse sentido.

Defendemos assim a instituição de um limite legal de responsabilidade civil, por cada revisão legal de contas, correspondente à multiplicação dos honorários mais elevados do auditor num determinado número de anos por um determinado múltiplo fixado por lei. Este mecanismo deveria ser conjugado com um regime de seguro de responsabilidade civil obrigatório, impondo não só um valor mínimo de cobertura (variável de acordo com o limite máximo de responsabilidade civil em cada caso), mas também limites mínimos e máximos de franquia (correspondentes a uma percentagem dos pedidos de indemnização).

Com esta sugestão procurámos estabelecer um equilíbrio entre os interesses daqueles que depositam a sua confiança na adequada revisão legal de contas e a necessidade de criar um mercado único de auditoria mais equilibrado (e desconcentrado), onde as companhias de seguros estejam disponíveis para oferecer adequadas apólices de seguro que permitam aos auditores diminuir a sua exposição ao risco de responsabilidade civil, sem no entanto perderem o incentivo para uma diligente actuação decorrente da sua (limitada) exposição àquele risco.

Abstract

The role of auditors in companies' supervision has been widely discussed worldwide, especially considering the problems identified after the financial scandals that swept the United States and Europe in the beginning of the new millennium. This issue has been also discussed in Portugal in the context of the undergoing corporate governance reform.

The increasing incentives for auditors (and other gatekeepers) to be lenient with their clients' frauds were pointed as one of the major causes of the financial scandals. This problem must be analysed in light of the main structural cause of the European financial crisis: companies' concentrated ownership and the inherent expropriation of private benefits by controlling shareholders.

Considering that civil liability is one of the major incentives for auditors to comply with their obligations when carrying out a statutory audit - which is a public interest function pursuant to Portuguese law - in this article, I examine auditors' civil liability vis a vis third parties according to the Portuguese legal system, both de iure constituto *(clarifying its content and limits not only under the contractual and extra-contractual civil liability regimes, but also under the so called "third way" of civil liability) and* de iure condendo *(analyzing the recent proposals that have been discussed in the United States and in Europe on this matter). I conclude by proposing a unitary legal framework for auditors' civil liability* vis a vis *third parties (replacing the current fragmented legal regime) that may stand as an adequate incentive for auditors to comply with their duties allowing stakeholders to clearly determine when they can hold auditors liable for the damages caused by their malpractice.*

ÍNDICE GERAL

APRESENTAÇÃO 5

O GOVERNO DAS SOCIEDADES E A REFORMA DO CÓDIGO
DAS SOCIEDADES COMERCIAIS – Paulo Câmara 9

§ 1.º Introdução 10

§ 2.º Temas Gerais 25

§ 3.º Os Modelos de Governo das Sociedades Anónimas 66

§ 4.º O Modelo Clássico 83

§ 5.º O Modelo Anglo-Saxónico 94

§ 6.º O Modelo Dualista 110

§ 7.º Balanço intermédio 119

§ 8.º O Código depois da reforma: balanço final e prospectiva 134

O ADMINISTRADOR INDEPENDENTE – Rui de Oliveira Neves 143

§ 1.º Introdução 144

§ 2.º A recepção em Portugal do administrador independente 161

§ 3.º Enquadramento do administrador independente na estrutura societária 180

§ 4.º Síntese conclusiva 191

AUDITOR INDEPENDENCE AND THE JOINT PROVISION OF AUDIT AND
NON-AUDIT SERVICES – André Figueiredo 195

I. Introduction 196

II. The concept of auditor independence: a uniform approach 198

III. The provision of non-audit services: the U.S. and E.U. regulatory actions 207

IV. The effect of non-audit services on auditor independence 213

V. The benefits of the joint provision of non-audit services 233

VI. Market-based incentives to keep independence; 227

426 Código das Sociedades Comerciais e Governo das Sociedades

VII. The joint provision of audit and non-audit services: how to regulate? 229

VIII. C A look towards the regulatory developments to come 250

RESPONSABILIDADE CIVIL DOS ADMINISTRADORES
– António Fernandes de Oliveira 257

§1.º Considerações preliminares 258

§ 2.º Os deveres fundamentais dos administradores 261

§ 3.º Responsabilidade civil perante a sociedade 279

§ 4.º Responsabilidade civil perante credores sociais 315

§ 5.º Responsabilidade civil perante os sócios e terceiros 327

§ 6.º Responsabilidade civil de outras pessoas com funções de administração 335

§ 7.º Condicionantes das eficácias compensatória e preventiva do regime substantivo de responsabilidade civil dos administradores 336

A RESPONSABILIDADE CIVIL DOS AUDITORES – José Ferreira Gomes 343

1. Introdução 344

2. Da responsabilidade civil dos auditores de *iure constituto* no Direito português 346

3. Das propostas de *iure condendo* 399

4. Síntese e Conclusões 418